江苏建设创新型省份：
战略、模式与路径研究

赵喜仓 等 著

江苏大学出版社

JIANGSU UNIVERSITY PRESS

镇 江

图书在版编目(CIP)数据

江苏建设创新型省份:战略、模式与路径研究/赵
喜仓等著.—镇江:江苏大学出版社,2013.12
ISBN 978-7-81130-599-9

Ⅰ.①江… Ⅱ.①赵… Ⅲ.①省—地区经济—技术革
新—研究—江苏省 Ⅳ.①F127.53

中国版本图书馆 CIP 数据核字(2013)第 315646 号

江苏建设创新型省份:战略、模式与路径研究
JIANGSU JIANSHE CHUANGXINXING SHENGFEN:
ZHANLUE MOSHI YU LUJING YANJIU

著　者/赵喜仓等
责任编辑/张　平
出版发行/江苏大学出版社
地　址/江苏省镇江市梦溪园巷 30 号(邮编:212003)
电　话/0511-84446464(传真)
网　址/http://press.ujs.edu.cn
排　版/镇江文苑制版印刷有限责任公司
印　刷/句容市排印厂
经　销/江苏省新华书店
开　本/718 mm×1 000 mm　1/16
印　张/21
字　数/360 千字
版　次/2013 年 12 月第 1 版　2013 年 12 月第 1 次印刷
书　号/ISBN 978-7-81130-599-9
定　价/48.00 元

如有印装质量问题请与本社营销部联系(电话:0511-84440882)

目　录

绪　言 | 001

第 1 章　创新型国家的理论与实践 | 007

1.1　创新、创新型国家的相关理论 | 007
1.2　创新型国家的实践进程 | 023
1.3　创新型国家实践经验对我国建设创新型国家的启示 | 036

第 2 章　中国创新型国家的建设历程 | 039

2.1　中国科技发展规划的形成与演变 | 039
2.2　创新型国家建设的初步架构 | 043
2.3　中国创新能力的国际化水平 | 048
2.4　中国创新型省份的建设历程 | 061

第 3 章　江苏创新型省份建设的目标、任务及总体情况 | 080

3.1　江苏创新型省份建设的内涵 | 080
3.2　江苏创新型省份建设的目标及主要任务 | 083
3.3　江苏创新型省份建设的总体情况 | 087

第 4 章　江苏创新型省份建设各主体的投入产出状况 | 112

4.1　江苏创新型省份建设企业主体的投入产出状况 | 112
4.2　江苏创新型省份建设高校主体的投入产出状况 | 119
4.3　江苏创新型省份建设研究机构主体的投入产出状况 | 122
4.4　江苏创新主体的创新活动对创新型省份建设影响的
　　　实证研究 | 126

第 5 章　江苏创新型省份建设政策变迁及效应分析 | 137

　5.1　江苏创新型省份建设政策变迁 | 137

　5.2　江苏创新型省份建设政策效应 | 145

　5.3　相关对策与建议 | 150

第 6 章　江苏创新型省份建设的战略选择 | 153

　6.1　江苏创新型省份建设的战略演进 | 153

　6.2　江苏创新型省份建设的战略分析 | 156

　6.3　江苏创新型省份战略的 QSPM 分析 | 161

第 7 章　江苏创新型省份建设模式分析 | 165

　7.1　基于产业集群的创新型省份建设模式分析 | 165

　7.2　主动学习型创新型省份建设模式分析 | 166

　7.3　跨行政区创新型省份建设模式分析 | 167

　7.4　基于创新主体的创新型省份建设模式分析 | 168

　7.5　多元网络型创新型省份建设模式分析 | 173

　7.6　江苏建设创新型省份的模式 | 174

第 8 章　江苏创新型省份建设的进程评价 | 177

　8.1　创新型省份建设评价的目的和对象 | 177

　8.2　创新型省份建设评价指标体系的构建 | 178

　8.3　创新型省份建设评价方法的选择 | 183

　8.4　江苏创新型省份建设实证分析 | 185

　8.5　江苏区域创新实证研究——基于苏南、苏北、苏中比较
　　　视角 | 209

第 9 章　江苏建设创新型省份的路径研究 | 214

　9.1　全面认识并实施创新驱动发展战略，开启江苏发展
　　　新时代 | 215

　9.2　发展创新型经济，推进江苏经济"稳中有升" | 216

　9.3　多元化推进，率先实现创新型省份建设目标 | 219

结论与展望 | 226

专题分析一　江苏省工业企业科技资源配置研究 | 230

专题分析二　江苏工业企业自主知识产权和
自主品牌产品状况调查与分析 | 275

专题分析三　江苏创新型城市建设的实证研究 | 319

课题负责人相关成果(2010—2013) | 326

后　记 | 328

绪　言

创新型省份是推进国家创新体系建设和建设创新型国家的重要载体,是加快国家新型城镇化进程与全面建成小康社会的重要路径,也是推进区域经济协调可持续发展的迫切要求。2006 年全国科学技术大会提出了我国未来 15 年科技发展的目标:2020 年建成创新型国家,使科技发展成为经济社会发展的有力支撑。在国家提出建设创新型国家的背景下,《江苏省国民经济和社会发展第十一个五年规划纲要》明确提出强化科技进步和自主创新,推进创新型企业、创新型城市、创新型省份建设。进入"十二五",江苏省进一步把科教与人才强省战略确立为经济社会发展的基础战略,将创新驱动战略提升为核心战略。2012 年全国科技创新大会之后,江苏省迅速研究并提出了深化科技体制改革、加快技术创新体系建设的一系列重大举措。江苏省不断推进创新型省份建设既是大势所趋,更是建设创新型国家、全面落实科学发展观、提升发展质量和综合竞争力的必然要求。

目前,我国已进入"2020 年建成创新型国家"的重要阶段,江苏创新型省份建设也取得了显著成效,正处于向创新型区域跃升的重要节点。借鉴发达国家创新型国家建设的实践经验,分析我国创新型国家建设的历程,科学评估江苏创新型省份建设的进展、现状与存在问题,进而提出具有针对性和前瞻性的江苏创新型省份建设的战略、模式和路径等,对于有效应对经济全球化和国际金融危机带来的外在压力,切实解决好自主创新发展和建设和谐社会中制约全局的深层次矛盾和问题,对于增强江苏自主创新能力和区域竞争力,推动经济发展方式的实质性转变,破解资源环境瓶颈制约,推动经济社会又好又快发展,乃至加快我国创新型国家进程,均具有重要的理论价值和现实意义。

1. 国内外研究现状

创新型省份的研究源于创新型国家的研究。由于国情的差异性,国外学者的研究普遍集中在创新型国家的层面，围绕创新、创新型国家、国家创新体系、国家竞争力等进行了系统的理论研究和深入的实证分析，取得了丰富的研究成果。OECD（Organization for Economic Co-operation and Development，经济合作与发展组织，简称经合组织）、欧盟统计署、联合国教科文组织、美国国家科学委员会等机构也发布了诸多研究报告或统计规范，其中最著名的当数 OECD 和欧盟统计署联合完成并出版的《奥斯陆手册》。该手册自 1992 年首次出版以来，目前已修订至第三版。《奥斯陆手册》已成为国际认可的创新调查指南，为世界各国有效地测度创新提供了方法论指导。目前，不论是研究的广度，还是研究的深度和精密度，国际上对创新型国家的研究都步入了一个新阶段。

国内学者基于"2020 年建成创新型国家"的目标，展开了对创新型国家、创新型省份和创新型城市的研究。

（1）对创新型国家的相关研究。国内学者主要在战略、模式、路径、制度、政策和评价指标体系等方面展开相关研究。方在农（2006）从理论发展脉络角度阐述了创新型国家的理论渊源、现实基础及其战略部署。费隐（2006）讨论了建设创新型国家与国家创新体系的关系。张丹华（2006）通过对制定技术创新基础的哲学反思，提出了制定创新型国家的战略，认为我国的技术创新战略应坚持整体性。祝俊（2007）从产学研战略联盟角度分析了我国创新型国家的建设路径。曹艳（2007）分析了创新型国家建设过程中政府的制度供给与参与维度。林贤郁等（2007）探讨了创新型国家进程监测指标体系框架，编制了创新型国家进程统计监测报告。谢子远等（2008）分析了创新型国家建设中的政府干预方式及政策取向。谢富纪（2009）在对创新型国家概念和特征进行探讨的基础上，归纳了国际上创新型国家建设的四种典型模式，提出了我国创新型国家建设的"全面创新协调推进模式和政策建议"。夏斌（2010）从高校科技供给策略角度分析了我国创新型国家的科技战略。薛二勇等（2010）通过分析欧洲国家科技园发展的典型模式，探讨了创新型国家科技园发展的战略模式。辜胜阻等（2010）探讨了创新型国家建设中的制度创新与企业技术创新，指出为建设创新型国家，政府应进行制度创新，完善财税及金融制度，解决融资困境。张义芳等（2011）针对现阶段我国政府科技研发组织体系中存在的主要问题，提出了创新型国家目标下的政府科技研发组织体系的变革方向。郭淡泊（2011）借鉴创新前沿理论，建立了创新型国家的评价指标体系，并使用主成分分析法和熵值法相结合的方法，测度了我国创新型省份建设的战略成效、优势和劣势。徐德荣等

(2012)认为大学创新文化建设是彰显与提升国家文化"软实力",推动创新型国家建设的重要路径。邓华(2012)通过研究《全球竞争力报告》和《全球创新指数》,对照我国现有的评价指标体系,分析了我国与世界主要创新型国家的差距。李玉梅(2013)结合世界创新型国家的建设模式及经验,采用博弈论的分析方法,探讨了我国创新型国家的体制和机制。梁宏辉等(2013)从知识产权视角探讨了我国创新型国家的建设路径。

(2) 对创新型城市的相关研究。国内学者主要从内涵、模式、路径和指标体系等方面展开相关研究。杨冬梅等(2006)分析了创新型城市的内涵、构成要素和建设发展模式。汤进(2009)通过对日本川崎市进行变迁过程分析,探讨了创新型城市的建设路径。赵清(2010)采用系统分析的方法对创新型城市的起源与特征进行了理论上的梳理和分析。隋映辉(2010)结合国家创建创新型城市规划实践,探讨了国内外创新型城市的战略和发展思路。尤建新(2011)以上海和深圳为例,通过对这两个城市的城市创新战略和驱动要素进行对比分析,总结了创新型城市建设的"上海模式"和"深圳模式"。代明等(2011)分析了基于结构方程模型的创新型城市与创新型企业发展的潜因素路径。朱孔来等(2012)在建立创新型城市评价指标体系的基础上,对山东省 17 座城市创新型城市建设进程进行了实证分析。

(3) 对创新型省份的相关研究。政府部门管理者、国内学者主要从建设的意义、建设的着力点、关键因素、制度和评价指标体系等方面展开相关研究。李源潮(2006)指出江苏省科技创新大会的主要任务是深入贯彻全国科学技术大会精神,按照科学发展观的要求,对落实科教优先方针、推进自主创新和科技创业、努力建设创新型省份作出规划和部署。梁保华(2006)指出建设创新型省份是江苏面向未来的战略抉择,科学技术是第一生产力,科技进步与创新是经济社会发展的首要推动力。殷翔文(2006)认为,从2006 年起力争用 10 年左右的时间,使江苏在全国率先建设成为创新型省份,这是江苏省委、省政府从江苏省情出发,贯彻落实全国科学技术大会精神而作出的重大战略。张玉明(2006)则提出加快山东创新型省份建设应采取建立健全鼓励自主创新的体制和机制、促进自主创新主体系统的融合发展等对策建议。李冬、张序旦(2007)从文化创新方面对浙江创新型省份建设的动力进行了分析。叶敏弦(2008)认为人才是创新型省份建设最关键的因素,并从人才需求、人才配置、人才创新等方面提出对策和建议。刘露萍(2009)基于 EIS(欧洲创新计分牌)方法,对江苏省创新型省份建设进程进行了综合评价。徐小阳、赵喜仓(2012)使用两阶段数据包络分析方法,探讨了创新型省份建设的绩效及其影响因素。庞鑫培(2013)以浙江省为例,探讨了创新型省份建设中创新创业人才培养的路径。

综上所述,学者们围绕创新型国家、创新型省份和创新型城市的内涵、战略、模式、路径和评价指标体系等展开了大量的研究,创新型国家、省份、城市的建设实践也在快速推进,但对创新型省份的系统性、跟踪性研究成果相对较少,对江苏创新型省份建设相关研究成果的深度和广度仍需进一步拓展,主要表现为:第一,江苏创新型省份建设受到资源和环境等多重约束,这些瓶颈制约因素有待破解。第二,研究方法仍可进一步整合,如多元统计方法、系统动力学、经济实验等方法的集成运用可增加研究的深度和精密度。第三,研究应考虑植入微观思维和方法,如企业层面如何在技术创新、管理创新等方面支持创新型省份的建设。

2. 研究思路与内容

本书以创新理论、区域经济管理理论为指导,以"江苏建设创新型省份:战略、模式与路径研究"为主线,从创新型国家的理论与实践、中国创新型国家建设历程分析入手,科学界定了创新型省份的基本内涵,运用经济学、管理学、统计学等多学科分析方法,从多维度、多层面分析评价了江苏创新型省份建设的现状、存在问题及成因,分析了江苏创新型省份的实施战略和模式,进而提出了具有系统性、前瞻性、针对性和可操作性的江苏创新型省份建设的路径与对策。主要研究内容如下:

(1)创新型国家的理论与实践及我国创新型国家的建设历程

在回顾创新基本理论脉络基础上,探讨了创新型国家的内涵、基本特征、核心要素及自主创新与创新型国家的关系,并对典型创新型国家进行了对比分析,为我国创新型国家、创新型省份建设提供理论指导和经验借鉴。在此基础上,从我国科技发展规划的形成与演变入手,分析了我国创新型国家建设的初步架构及我国创新能力的国际化水平,分析了我国创新型省份的建设历程。

(2)江苏创新型省份建设的目标、任务、总体情况及各主体的投入产出状况

在全面系统界定江苏创新型省份建设内涵、目标、任务的基础上,从创新环境、创新投入、创新产出等不同维度分析了江苏创新型省份建设的总体状况,并采用实证分析方法,分析了江苏创新型省份建设中企业、高校、研究机构

及政府等不同创新主体的投入及产出状况及其对创新型省份建设的影响。

(3) 江苏创新型省份政策变迁及效应分析

在系统梳理近年来江苏省高新技术产业政策、企业科技创新激励政策、人才政策、鼓励产学研合作政策、创新城市和创新平台政策等变迁的基础上,分析评价了江苏建设创新型省份政策的社会经济效应。

(4) 江苏创新型省份建设的战略选择

在系统梳理江苏创新型省份建设战略演进历程的基础上,通过对江苏创新型省份建设的内部优势和劣势因素、外部机会和威胁因素的调查分析,构建了 SWOT 战略矩阵,进而运用 QSPM 分析明确了未来时期江苏建设创新型省份的总体战略。

(5) 江苏创新型省份建设的模式分析

基于江苏建设创新型省份的战略,探讨了基于产业集群的创新系统模式、主动学习型创新系统模式、跨行政区创新系统模式、基于创新主体的创新系统模式和多元网络型创新系统模式的基本规定性,探讨了适合江苏建设创新型省份的模式。

(6) 江苏创新型省份建设的进程评价

运用相适应的评价方法,通过构建创新型省份建设评价指标体系,将江苏置于国内甚至国际先进平台进行创新型省份的综合评价。采用修正的创新型省份建设评价指标体系对江苏 13 个地级市创新型城市建设进行综合评价。同时,基于苏南、苏北、苏中比较视角,应用数据包络分析方法对江苏区域创新绩效进行对比研究,进一步明确了江苏创新型省份建设的水平和存在的问题。

(7) 江苏建设创新型省份的路径研究

以全面认识并实施创新驱动发展战略为基础,以最终建成创新型省份为目标,从企业、市场、创新平台、人才及政府等角度对江苏省创新型省份建设的路径进行研究,并提出相关政策建议。

3. 研究方法

本研究的主要方法包括以下 4 种:

(1) 演绎法与归纳分析法相结合。对国内外创新型国家建设和创新型省份建设进行广泛地归纳分析,得出一般规律,再将一般规律运用到江苏建设创新型省份的具体研究中。

（2）定性分析和定量分析相结合。选择层次分析、因子分析等方法对江苏建设创新型省份进行系统分析和综合评价，采用计量经济模型、结构方程模型、经济实验等方法揭示影响转变的关键因素，进而对江苏建设创新型省份进一步展开定性地研究和探索。

（3）比较分析。国际比较体现在对典型创新型国家的比较分析上；国内比较主要从时间和区域两个维度分析江苏建设创新型省份存在的差距及问题。

（4）静态分析和动态分析。本研究不仅着眼于当前格局，更着眼于未来的发展可能，特别是在战略、模式和对策研究部分采用动态分析方法，体现了未来实现江苏创新型省份目标的长远战略构架。

4. 创 新 点

本研究的创新点主要有：

（1）科学界定了江苏创新型省份建设的基本内涵，建立了江苏创新型省份建设分析体系，并从多维度和多层面分析评价了江苏创新型省份建设的现状、问题及成因，研究成果丰富和发展了创新型国家（省份）建设的理论体系。

（2）运用经济学、管理学、统计学等多学科集成方法，系统分析了江苏建设创新型省份政策的变迁及其所产生的社会经济效应，分析了江苏创新型省份建设中各创新主体的创新活动及其对创新型省份建设的影响，提高了创新政策评价和实施效果分析的深度和精密度，是创新政策研究和创新型省份建设进程管理的方法创新。

（3）本研究顺应我国建设创新型国家和江苏建设创新型省份、开启江苏发展新时代的战略需求，以全面认识并实施创新驱动发展战略为基础，所提出的一系列具有系统性、前瞻性、针对性和可操作性的江苏创新型省份建设路径与对策方面的研究成果，不仅对推动江苏建设创新型省份和实现"两个率先"具有重要的实际意义，而且对我国创新型国家建设，对其他地区推进创新型省份及创新型城市建设亦具有重要的借鉴作用和参考价值。

第 1 章

创新型国家的理论与实践

从 20 世纪 90 年代开始,世界上一些发达国家便开始将综合国力的竞争转移到创新领域,纷纷制定和实施创新型国家战略,迈上了创新型发展之路。学术界也随之开始了对创新型国家建设的理论与实践这一热点问题的研究。本章简要回顾创新的基本理论脉络,探讨创新型国家的内涵、基本特征、核心要素及自主创新与创新型国家的关系,并对典型创新型国家进行对比分析,以为我国创新型国家、创新型省份建设提供理论指导和经验借鉴。

1.1 创新、创新型国家的相关理论

从 20 世纪 90 年代以来,世界上众多国家都在各自不同的起点上寻求强国之路。有些国家主要依靠自身丰富的自然资源增加国民财富;有些国家主要依附于发达国家的资本、市场和技术;还有一些国家把科技创新作为基本发展战略,大幅度提高自主创新能力,形成日益强大的竞争优势。国际学术界把第三类国家称为"创新型国家",如美国、日本、芬兰等。

1.1.1 创新的基本理论

(1) 早期的创新思想

最早把"创新"这一概念作为一个经济学基本范畴纳入理论体系的,是美籍奥地利经济学家约瑟夫·熊彼特(J. Schumpeter)。因此提起创新,大多数人首先会将其与熊彼特联系起来。但事实上,在熊彼特之前,亚当·斯密和马克思等人就已经重视技术发明和技术创新在经济发展中的作用了。

亚当·斯密在 1776 年发表的《国民财富的性质和原因的研究》中,论

述了分工的重要性、改进劳动生产力的理由和如何改进的问题。他认为，分工可以增加产出，使人们的交换更容易。我们把这种分工看作技术上的改进与创新，它推动了经济的发展。当然，由于历史条件所限，亚当·斯密只能针对农业、制造业及手工业加以论证。

马克思在《资本论》中阐述了生产力与生产关系的辩证关系，用历史唯物主义的观点分析了技术对资本主义社会的影响。他指出"资产阶级除非使生产工具不断革命化，否则就不能生存下去"，进一步说明了技术进步在经济发展中的力量之大。马克思虽然没有明确使用技术创新的概念，但却从哲学高度阐述了技术创新的基本思想，并对科学发明和技术进步在社会经济发展中的重要作用有过许多精辟论述。

此外，美国经济学家萨斯坦·维布伦把技术和经济联系了起来。他认为，技术不是一个外部的力量，而是经济发展中的一个组成部分。这个观点在其著作《商业企业理论》和《工程和价格系统》中均有体现。马歇尔曾在他的著作《经济学原理》中也将知识描述为经济进步的发动机。

然而，早期思想多数是将技术创新作为经济增长的"外生力量"，真正第一个明确提出创新理论的是约瑟夫·熊彼特。

（2）熊彼特的创新理论

1912年，美籍奥地利经济学家约瑟夫·熊彼特在其《经济发展理论》中首次提出创新的概念，提出了"创新是现代经济增长的核心"的著名论断。他将生产要素和生产条件的新组合引入生产体系中，将创新界定为"建立一种新的生产函数"[1]，即"生产要素的重新组合"。随后，熊彼特又在20世纪30年代出版的《经济周期：资本主义过程的理论、历史和统计分析》和40年代出版的《资本主义、社会主义与民主》两本书中对创新做出了进一步全面的概述。熊彼特认为创新不只是单纯指技术上的改革或创造，而引入了经济层面的内容。随着认识的不断深入，人们进而认为创新是在经济发展中出现的一种新事物，并被应用到经济发展的若干领域，其内涵也在实践中得到了不断完善，从而形成了比较系统的创新理论体系[2]。

熊彼特认为所谓"经济发展"就是指整个资本主义社会不断地实现这

① EUGENE. J, MCCANN. Inequality and Politics in the creative city-region: Questions of Livability and State Strategy. *International Journal of Urban and Regional Research*, 2007.

② MARTA-CHRISTINA SUCIU. Creative Economy and Creative Cities. *Romanian Journal of Regional Science*, 2009(02): 83-86.

种"新组合",因此,经济发展的本质含义就是创新结果的连续出现,创新是最大限度地获取超额利润的关键。熊彼特明确提出"创新"概念包括 5 个方面的内容:① 引进一种新产品,或提供一种产品的新质量;② 采用一种新的生产方法;③ 开辟一个新的市场;④ 取得或控制原材料或半成品的一种新的供给来源;⑤ 实现任何一种新的企业组织方式。[①]

熊彼特的创新理论可以从以下 5 个方面加以阐述:

① 创新的内涵。熊彼特提出的"创新"是对于生产原料、生产方式、生产条件等生产要素的重新组合。熊彼特提出的"创新"理念并不单纯指生产技术上的创新,而是从经济学角度对"创新"的透视,既包括生产产品过程中采用新的生产原料或半成品、运用技术不一定成熟但绝对是新的生产方式或经营销售方法、出售新的市场所不熟悉的产品,又包括开拓与原有市场相区别的新兴市场、行业内工业组织形式的改变。

② 以企业家为主体的创新。熊彼特提出资本主义经济发展的基础是企业家精神,只有在企业家精神的带领下,企业的创新才能更好地发展,经济才有发展和壮大的契机。企业家精神是经济发展的原动力。

③ 资本市场的建立和完善是实现创新的制度保障。在资本主义经济发展过程中,企业家创新必须在完善的信用制度条件下具备足够的资本。资本是企业家实现商品和货币之间的兑付手段,连接了企业家和商品之间的关系。而完善的信用制度则降低了企业家在创新活动中对货币资本的需求,在一定程度上扩大了企业家进行创新的自由空间。因此,资本市场的建立和完善是企业家进行创新的制度保障。

④ 实现创新的途径。熊彼特认为实现创新有两种途径:一种是强调企业家的创新活动,由企业家作为驱动力实现创新;另一种是强调垄断企业对于创新的主导作用,垄断企业相对于较小企业具备更多的生产优势,其对于经济发展的作用也更大,由垄断企业进行创新更能带动整体经济活动中创新的发展。

⑤ 创新衰竭的结果是资本主义的衰退乃至灭亡。熊彼特用理论证明了创新衰竭将会导致资本主义的崩溃。

熊彼特分析了一般均衡理论,区别于静态与比较静态的分析模式,他创立了由内部因素解释经济发展的"动态经济发展理论"。该理论的意义在于:

---

① 陈伟:《创新管理》,科学出版社,1996 年。

① 创造性地提出了创新的新理念。西方主流经济学家一般立足于一般均衡理论，侧重于研究商品供需对于经济的影响。熊彼特则跳出了传统的视野，开创式地提出了"创新"的理念，将创新作为资本主义经济发展的驱动力，拓宽了西方经济学的研究领域。

② 全面阐述了创新的内涵。熊彼特将创新的内涵拓宽至科技创新以外的制度创新和组织创新，将社会环境的创新也一并纳入了创新体系。熊彼特对技术创新的理解，强调的是技术创新与经济发展之间的相互作用，不能将二者相互独立；关于制度创新，熊彼特则侧重于信用制度的建立，强调了创新制度对于为企业家创新提供创新环境的重要性。熊彼特的理论影响深远，后人对于创新的研究主要分为两方面：一是研究技术创新与经济发展的技术创新理论；二是研究制度创新与经济发展的制度创新理论。

熊彼特创造性地提出了创新理论之后，学界对于创新的研究更加积极。迈克尔·波特（1990）研究创新与竞争力之间的关系，认为创新能够为企业赢得竞争优势做出贡献。James Simmie（2002）提出了创新的应用研究，认为创新不仅是对于产品、技术等生产要素的改进变革，也是对这些生产要素的重新组合。因此，这些创新理论的研究都是对熊彼特创新理论在特定情况下的分析，细化了熊彼特创新理论的内涵，但与熊彼特创新理论并无根本区别。

（3）新熊彼特学派

新熊彼特学派保留了熊彼特理论中创新推动经济发展的理念，重点分析"黑箱"内部运作机制，侧重于企业发展与科技创新之间关系的研究，提出了各种技术创新模型。该理论学派为技术创新的发展做出了杰出贡献。

卡曼、施瓦茨等人的研究重点在于创新与企业竞争之间的关系，在市场结构中融入了"竞争、垄断"强度和企业规模，分析了市场结构与技术创新之间的相互关系，并在此基础上提出了市场结构模型。该研究认为竞争程度是创新的动力——激烈的竞争会促使企业进行创新；企业规模的大小决定创新市场的大小——企业规模越大，企业进行创新所具备的条件就越丰富，越能开拓更大的创新市场；垄断程度决定了技术创新的持久度——垄断程度越高的企业对市场的控制力就越强，也就越能进行持久的创新。该研究还针对完全竞争和完全垄断两种极端市场条件下的企业创新进行了分析：在完全竞争市场下，企业规模普遍不大，企业进行创新所需的创新要素不丰富,难以维持创新的持久度,难以开拓广阔的创新市场;在完全垄断市场下,垄断企业具备进行创新的条件,但是缺乏竞争对手,没有进行创新的动力,也不利于创新的发展。因此,研究认为介于完全竞争和完全垄断两种极端情况中间的市场结构最能激发市场创新的活力。

卡曼、施瓦茨的研究拓展了熊彼特创新理论,创造性地将熊彼特创新理论中整体的技术创新要素按照市场结构进行了细化,丰富了熊彼特创新理论中技术创新与经济之间的关系论述。他们创新理论研究的解释力较强。但是卡曼、施瓦茨仅是对于市场结构进行了较为宽泛的分析,并没有具体解释介于完全竞争和完全垄断之间的市场结构还可以具体细化为寡头垄断和垄断竞争,他们并没有细化说明在这两种市场结构条件下技术创新的发展状况。

新熊彼特学派系统地分析了熊彼特创新理论的技术创新,不同程度地丰富了熊彼特创新理论的内涵。该学派在坚持创新驱动经济发展的前提下,侧重于创新的机制研究,为传统熊彼特理论研究开辟出了更为丰富的研究内容。

综上所述,新熊彼特学派对技术创新注重从思考、设计、研究到产业化的整个过程的研究,核心在于新技术的研发和产业化。

(4) 创新理论的分化

在熊彼特的创新理论研究出现之后,创新理论开始朝着两个方向发展,分别形成了以索罗、弗里曼、曼斯菲尔德、斯通曼为代表的技术创新学派,以及以道格拉斯·诺斯为代表的制度创新学派。

① 技术创新学派

按照时间顺序和技术创新研究发展状况,可以将技术创新的研究分为三个阶段:技术创新研究的复兴、繁荣和综合发展阶段[①]。

a. 技术创新研究的复兴阶段

这一阶段大致是从 20 世纪 50 年代初到 60 年代末,在新技术革命浪潮推动下,技术创新研究迅速复兴,技术创新的起源、效应和内部过程也得到了专门的研究。美国经济学家索罗对技术创新理论重新进行了较全面的研究,他认为只有存在技术进步,经济才可能持续地增长。索罗还提出了技术创新的两个条件——新思想的来源和随后阶段的实现发展,这

---

① 李士、徐治立、李成智:《创新理论导论》,中国科学技术大学出版社,2009 年,第 3-5 页。

又被称为"两步论"。

除了索罗之外,这一时期还有许多技术创新理论的研究出现。伊诺思从行为集合的角度明确地对技术创新进行定义。他认为技术创新是资本投入保证、组织建立、计划制订、工人招用和市场开辟等行为综合作用的结果。而林恩首次从创新时序过程的角度定义技术创新,他认为技术创新是始于对技术的商业潜力的认识而终于将其完全转化为商业化产品的整个行为过程。

美国国家科学基金会(National Science Foundation,NSF)将创新定义为技术变革的集合,认为技术创新是一个复杂的活动过程,从新思想、新概念开始,通过不断地解决各种问题,最终使一个有经济价值和社会价值的新项目得到实际的成果应用。

这一阶段技术创新研究的主要特征是:研究方法主要是案例分析总结,尚未形成完整的理论框架,处于研究领域的开发阶段。创新只是作为一个整体变量来研究的,尚未进入创新过程的细节和规律问题的研究阶段。

b. 技术创新理论的繁荣

这一时期大概是从20世纪70年代初至80年代中叶,随着技术进步在经济增长中的贡献率日益提高,技术创新的规律及其对经济增长的影响问题引起了各国经济学家的关注。到70年代下半期,人们对技术创新的界定大大扩充了。

NSF的报告《1976年:科学指示器》,将创新定义为"技术创新是将新的改进的产品、过程或服务引入市场",而且明确地将模仿和不需要引入新技术知识的改进作为最终层次上的两类创新而划入技术创新定义范围中。英国经济学家弗里曼建立了第一个系统的创新经济学理论体系,并认为技术创新就是指新产品、新过程、新系统和新服务的首次商业性转化。

美国经济学家曼斯菲尔德认为"技术创新是技术的、工艺的和商业化的全过程,其导致新产品的市场实现和新技术工艺与装备的商业应用"。他就技术创新中的技术推广问题,以及技术创新与模仿之间的关系和两者的变动速度问题进行了相当深入和透彻的研究,创立了技术模仿创新论。该理论主要解释一项新技术首次被某个企业采用后,究竟需要用多久才能被该行业的多数企业所接受和采用。

曼斯菲尔德重点研究了新技术推广问题,建立了新技术推广模式。

他提出了四点假设。假设一：完全竞争市场假设，即新技术完全开放，任何市场行为人都可以使用该项新技术。假设二：专利权对于技术模仿者影响较小的假设。专利权对于模仿的限制较小，任何市场参与者都可以模仿该技术。假设三：新技术推广过程中不变假设。排除新技术变革对于模仿的影响。假设四：企业规模差异不影响新技术采用的假设。在以上四点假设条件下，曼斯菲尔德对新技术推广研究后，提出影响新技术推广的三个主要因素和四个次要因素。[①] 三个主要因素分别是模仿比例、模仿相对盈利率和采用新技术的投资额，其中模仿比例和模仿相对盈利率与新技术推广速度成正比，而采用新技术需要的投资额与新技术推广速度成反比。四个次要因素包括旧设备尚可使用的年限、单位时间内使用新技术部门销售量的增长速度、新技术首次使用时间和模仿使用的时间间隔，以及新技术在初次使用时的经济周期状态。其中，"旧设备使用年限和初次使用时间"与"模仿使用时间之间的间隔"越久，新技术的推广也就越慢，单位时间内使用新技术部门销售量越大则新技术推广越快，不同的经济周期状态，推广速度不同。

曼斯菲尔德着重于新技术推广速度的因素研究，是对熊彼特创新理论内涵的重要补充，但该理论的假设过于理想化，与现实情况相差过大，对实际市场经济发展的解释度有限。

美国经济学家门斯（G. Mensch）在其代表作中，继承和发展了熊彼特的长波技术理论，利用统计资料证实了技术长波论，把创新分为基础创新、改进创新和虚假创新三种类型，由此提出了基础创新的前提和环境。他认为，技术创新是经济增长和长期波动的主要动因，并运用统计资料证实了熊彼特的理论，在基础技术创新的前提、环境和长波变形模式方面对熊彼特的理论进行了补充。

c. 技术创新理论的综合发展

这一时期主要是从 20 世纪 80 年代中叶开始的。缪尔塞对几十年来有关技术创新定义的论点和表述，进行了整理和分析，认为技术创新是以其构思新颖和成果实现为特征的有意义的非连续事件。

综上所述，技术创新的新熊彼特学派坚持熊彼特创新理论的传统，强调技术创新和技术进步在经济发展中的核心作用，认为企业家是推动创新的主体，侧重研究企业的组织行为、市场结构等因素对技术创新的影

---

① 张凤海等：《技术创新理论述评》，《东北大学学报（社会科学版）》，2008 年第 2 期。

响,提出了技术创新扩散、企业家创新和创新周期等模型。关于企业规模对技术创新的影响方面,即大企业还是小企业技术创新作用大的问题,一直是理论和实践上争论的焦点之一。①

② 制度创新学派

制度创新学派以科斯、诺斯等经济学家为代表,遵循新古典经济学中一般静态和比较静态均衡方法研究创新与经济之间的关系,为新古典经济学拓展了研究空间。

诺斯提出,制度创新就是创新人员以对制度进行改变和发展为手段来追求更多的利益的过程。该理论认为:制度创新推动了经济的增长,而推动制度进行创新的则是技术进步、市场规模扩大等带来的制度需求,并且制度创新受制于制度创新的成本,市场条件下,制度创新的预期收益必须超过制度创新所需成本,制度才会发生变革。

科斯研究认为,市场交易存在成本,有效率的制度会提高市场资源的配置效率,降低交易成本对于经济增长的不利影响,从而推动经济的发展。将交易成本和制度联系起来进行分析,科斯提出了科斯第一定理和科斯第二定理。

科斯第一定理提出:有必要知道损害方是否对引起的损失负责,因为没有这种权利的初始界定,就不存在权利转让和重新组合的市场交易。但是,如果价格机制的运行毫无成本,最终的结果(产值最大化)是不受法律状况影响的。也就是说,假设市场成本——交易费用为零,初始时市场主体的权力安排会被忽略,市场机制会驱使人们通过谈判的形式将市场主体的权力进行重新安排,这种驱动机制是市场为达到资源配置最优状态而自发进行的。该定理为分析正向的市场交易费用奠定了基础。

面对市场中交易成本必然存在的现实,科斯提出了科斯第二定理。将市场交易成本纳入考虑范围后,制度创新就受限于交易成本,只有当制度创新带来的预期收益高于其产生的交易成本后,该制度创新才有可能实现。那么,经济制度效率的高低就涉及对市场中交易主体权利的界定。正交易费用(交易费用大于零)假设下,对交易主体进行的权力界定会直接影响资源配置效率,法律对于交易主体权利的界定就显得十分重要。这种在正交易费用条件下的、将权力界定与资源配置效率直接联系的结论,就是科斯第二定理。

---

① 段平方:《技术创新的理论与实践》,《现代经济信息》,2010 年第 44 卷。

综上所述,制度创新学派发现并研究了制度创新对于经济增长的作用,但将制度局限于具体的政治经济制度,而对于社会政治环境的研究并不深入,解释力有限。此外,戴维斯和诺斯的制度创新理论其实是在"理性人"的假设基础上提出的,而忽视了实际经济活动中,虽然市场规模扩大和技术进步等带来的制度需求推动了制度创新,但同时制度创新也是决定市场规模大小和技术水平高低的主要因素。

③ 国家创新系统学派

技术创新的国家创新系统学派以英国学者克里斯托夫·弗里曼、美国学者理查德·纳尔逊等人为代表。该学派认为技术创新不仅仅是企业家的功劳,也不是企业的孤立行为,而是由国家创新系统推动的。国家创新系统是参与和影响创新资源的配置及其利用效率的行为主体、关系网络和运行机制的综合体系,在这个系统中,企业和其他组织等创新主体通过国家制度的安排及其相互作用,推动知识的创新、引进、扩散和应用,使整个国家的技术创新取得更好的绩效。

20 世纪 80 年代弗里曼在考察日本企业时发现,日本的创新活动无处不在,创新者包括工人、管理者、政府等。日本在技术落后的情况下,以技术创新为主导,辅以组织创新和制度创新,只用了几十年的时间,就使国家的经济出现了强劲的发展势头,成为工业化大国。这个过程充分体现了国家在推动技术创新中的重要作用,也说明一个国家要实现经济的追赶和跨越,必须将技术创新与政府职能结合起来,形成国家创新系统。由此,弗里曼在《技术和经济运行:来自日本的经验》一书中提出国家创新系统理论。他认为国家创新系统有广义和狭义之分,即前者包括国民经济中所涉及引入和扩散新产品、新过程和新系统的所有机构,而后者则是与创新活动直接相关的机构。

纳尔逊以美国为例,分析国家支持技术进步的一般制度结构。他在1993 年出版的《国家创新系统》一书中指出,现代国家的创新系统在制度上相当复杂,既包括各种制度因素和技术行为因素,也包括致力于公共技术知识研究的大学和科研机构,以及政府部门中负责投资和规划等的机构。纳尔逊强调技术变革的必要性和制度结构的适应性,认为科学和技术的发展过程充满不确定性,因此国家创新系统中的制度安排应当具有弹性,发展战略应该具有适应性和灵活性。

弗里曼和纳尔逊的研究为国家创新系统理论建立奠定了坚实的基础,使人们认识到国家创新体系在优化创新资源配置上的重要作用,尤其可以更好地指导政府如何通过制订计划和颁布政策,来引导和激励企业、科研机构、大学和中介机构相互作用、相互影响,从而加快科技知识的生产、传播、扩散和应用。但弗里曼和纳尔逊的研究集中在对一国创新体系结构中各组成部分效率和结合的研究上,没有对各国创新体系进行比较研究。

因此,对不同国家支持技术创新的组织和机制、国家之间的异同和这些异同是如何形成的,以及这些差别能在何种程度上以什么方式来解释各国不同的经济绩效等问题没有深入的研究。

1.1.2 创新系统

关于创新系统的思想,最早可追溯到马歇尔的产业区理论。早在熊彼特之前的 1890 年,马歇尔就指出:在一个小企业聚集区域,存在着浓郁的创新气氛,新工艺、新思想能很快被接受、传播。也就是说,马歇尔所描述的产业区形成了一个创新环境,各个中小企业通过这个网络进行有效竞争与合作交流,促进了新技术、新思想的产生和传播。可见,创新系统是由创新主体、创新网络和创新文化共同构成的体系。

目前,创新系统还没有一个被普遍接受的定义,界定创新系统仍然是一个令人困惑的问题。尽管人们对创新系统的认识还存在较大分歧,但在某些方面已形成了一些共同看法:① 人们已日益认识到创新"网络"或"系统"特征。② 创新系统理论以国家或区域为前提,国家或区域在推动创新过程中发挥着重要作用。③ 创新不是孤立的,是行为主体产生、分配和应用各种知识的一组复杂过程的结果。深刻认识有关的创新行为者之间的联系,对于推动技术进步是非常关键的。④ 创新系统理论为制定创新政策提供了新思路。

作为一种理论分析框架,创新系统理论的方法论意义在于:通过创新系统这个概念将一国或区域的技术变迁与其经济发展问题紧密地结合在一起,从系统的角度分析了系统要素或创新参与者之间复杂的互动关系,体现了创新是多要素相互作用的结果。创新系统理论方法不仅说明了技术创新在影响一国或区域竞争力方面的决定性作用,而且为分析两者之间联系的内在机制指明了方向;不仅拓展了创新研究的理论视野,也在实践上为各个国家和地区制定创新政策提供了依据。① 创新系统研究已经

---

① 王春法:《国家创新体系理论的八个基本假定》,《科学研究》,2003 年第 5 期。

呈现出一些明显特征,艾奎斯特总结为以下几点:

(1)以创新和学习过程作为研究的核心。技术创新本质上是一个生产新知识或者重新组合现有知识的活动,因此,广义上是一个学习过程。

(2)采用整体的和跨学科的方法。创新系统囊括众多重要的创新决定因素,所以必须采取整体研究方法;创新系统不仅包括经济因素,还包括组织、社会和政治等多方面因素,所以必须运用跨学科方法来研究。

(3)采取历史分析方法。创新过程要经历一定的时间,包含多种多样的影响因素和反馈过程,因此,对创新系统的研究应当从知识、创新、组织和制度的演化过程来进行。

(4)强调系统之间的差异,而不是系统的最优化。创新系统方法不是要从现实的创新系统中抽象出理论模型,并研究创新系统的最优运作方式,而是强调比较和研究不同创新系统之间的差异。

(5)强调要素之间的相互作用和非线性机制。所有的组织并非在与外界隔绝的环境中从事创新活动,而是或多或少与其他组织发生复杂的互动,这种关系常常是互惠互利的,存在着多种反馈回路。企业与其他组织之间的互动受现存法律、法规、规则、文化习俗等因素的制约。事实上,创新不仅取决于系统的构成要素,而且取决于要素之间的相互关系。

(6)既包含技术创新,又包含组织创新。传统的创新模型一般只考虑技术创新,而要理解创新与经济增长、就业之间的关系,必然要考虑组织创新问题。

(7)强调制度在创新系统中的核心作用。创新活动具有"路径依赖"的特征,要理解创新行为的社会类型,离不开对法律、法规、习俗、组织等制度安排的分析。

(8)在创新系统的演化过程中,制度因素和学习过程居于突出的地位,这种研究对于企业战略和公共政策的开发具有重要意义。从创新系统的角度看,创新政策的重点应该是支持创新系统中各要素之间的良性互动,促使创新主体抓住技术上和经济上的发展机会,或促使其创造新的机会。①②③

目前,创新系统还没有一个被普遍接受的定义,界定创新系统仍然是

---

① Charles Edquist, Leif Homlnen. System of Innovation: Theory and Policy for the Demand Side. *Technology in Soeiety*, 1999(21): 63-79.

② 刘立:《创新系统研究述评》,《中国科技论坛》,2001 年第 5 期。

③ 彭宜新、邹珊刚:《创新系统研究方法述评》,《自然辩证法研究》,2002 年第 6 期。

一个令人困惑的问题。尽管人们对创新系统的认识还存在较大分歧,但在某些方面已形成了一些共同看法:① 人们已日益认识到创新的"网络"或"系统"特征。② 创新系统理论以国家或区域为前提,国家或区域在推动创新过程中发挥着重要作用。③ 创新不是孤立的,是行为主体产生、分配和应用各种知识的一组复杂过程的结果。深刻认识有关的创新行为者之间的联系,对于推动技术进步是非常关键的。④ 创新系统理论为制定创新政策提供了新思路。[①]

综合现有研究成果,本书认为:创新系统是由与创新全过程相关的机构、组织和实现条件构成的网络体系,它包括技术、经济、社会三个领域,由主体、环境和连接三个部分构成,具有输出技术知识、物质产品和效益三种功能。创新系统包括宏观(跨国、国家)、中观(区域、产业)和微观(企业、产品、技术)三个层次[②],如图 1.1 所示。

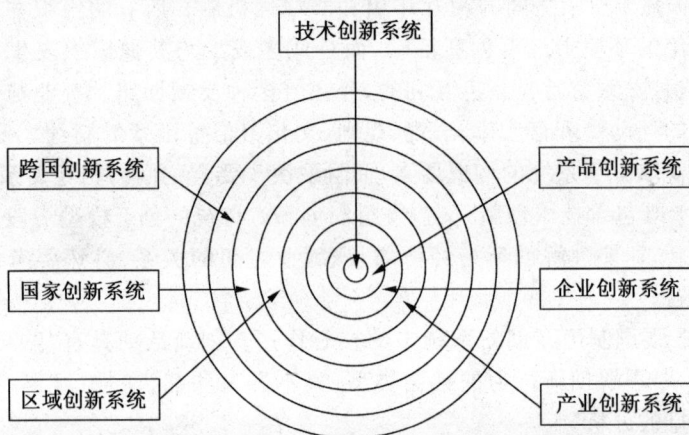

图 1.1 创新系统空间结构

图 1.1 说明,技术创新系统的空间结构呈现出 7 个层次:一是跨国技术创新系统;二是国家技术创新系统;三是区域创新系统;四是产业创新系统;五是企业技术创新系统;六是产品创新系统;七是技术创新系统。需要特别说明的是,上述各系统间没有严格的界限,不同级别的系统间均在不同程度上存在着知识、信息、技术、产品的交换,存在着广泛的相互作用。特别是区域创新系统,本书认为,区域可大可小,大至若干国家组成

---

① 顾新:《区域创新系统论》,四川大学出版社,2005 年。
② 张治河:《面向"中国光谷"的产业创新系统研究》,武汉理工大学博士论文,2003 年。

的大区域,如欧盟;小可至一个县、乡,甚至一个街道。我们进行区域创新系统研究时,普遍意义的区域是小于国家范围的一个特定区域。

理论和实践的成果均表明,创新系统对技术、产业、经济具有重大影响。创新系统是经济发展的影响因素之一。

1.1.3 创新型国家的内涵

创新型国家是人类社会发展到一定阶段的产物,它把科技创新作为国家发展的基本战略取向,以科技创新为国家发展的驱动因素,并立足于向别国出口创新产品,从而处在科学技术与经济社会发展链条高端的一种国家类型。其具体内涵包括三个方面:

其一,在发展动力上,创新型国家的经济增长主要依靠科技进步和自主创新来推动。科技进步对经济增长的贡献率要比传统的以从事生产链最低端工作为主的国家要高得多,主要以自主创新和科技进步为竞争优势,以此来发展自己的综合竞争力。因此,在科研、教育、人才培养上会有更大的投入。

其二,在发展资源选择和对外依赖程度上,创新型国家与资源型、依附型国家不同。如 1.1.4 所述,资源型国家主要依靠自身丰富的自然资源增加国民财富;依附型国家的经济发展主要依附于发达国家的资本、市场和技术;创新型国家则主要依靠知识和技术来增加国民财富,对外技术的依存度均在 30% 以下。

其三,在战略设计和发展的特色上,创新型国家是一个动态的概念,是一个不断实现、不断向目标逼近的过程。随着时间的推移,各国都开始重视科技进步,创新型国家的标准也会越来越高。一些国家迈入创新型国家的行列,一些创新型国家也可能由于科技发展竞争力的下降达不到创新型国家的标准,而退出创新型国家的行列。尽管目前已经有一些国家进入创新型国家的行列,但每一个国家的人口、资源、环境、发展的基础及发展的道路不同,其创新型国家建设的模式以及创新型国家建立后的未来发展模式也不同,因此模式可以借鉴但绝不可以照搬。[①]

1.1.4 国家的发展类型及创新型国家的衡量标准

美国学者迈克尔·波特(2002)是创新型国家的最早提出者之一。波

---

① 谭智勇:《我国建设创新型国家面临的机遇、挑战及对策》,西南大学硕士论文,2007 年。

特等人认为，在全球生产和技术分工体系中，创新型国家的技术来源主要是创新，而非创新型国家的技术来源主要是采用领先国家的技术；在一个国家和地区发展的不同阶段，技术影响经济增长的途径不同，竞争优势的来源也不同；创新型国家是相对于一个国家发展阶段而言的。为此，波特按照发展阶段将世界上的国家分为以下三类：

第一类是要素驱动型国家，这些国家主要依靠自身丰富的自然资源增加国民财富，如中东产油国，属于资源型国家。这些国家缺乏创新的能力，技术主要是引进的，比较优势来自于成本和资源。

第二类是投资驱动型国家，这些国家主要依附于发达国家的资本、市场和技术发展，属于依附型国家。随着一国由低收入国家向中等收入国家迈进，竞争性质开始变成投资驱动，经济增长主要依靠利用全球技术资源进行本土生产和外国直接投资、合资，以及业务外包等。这些都会使一个国家融入全球生产体系，使当地的技术得以改进，从而使国家经济得以增长。大多数发展中国家处于这一阶段。

第三类是创新驱动型国家，这些国家主要以自主创新能力为主导，在创新投入、知识产出、创新产出和自主创新能力等方面，均远高于其他国家，属于创新型国家。这些国家把科技创新作为基本战略，通过在全球吸纳创新人才、建立研究与开发机构、控制知识产权等方式，不断提高自主创新能力，形成并提升竞争优势，如美国、日本、芬兰、韩国等。当今世界的发展主要是由这些创新型国家主导的。[①]

从定量的角度看，创新型国家一般具有 4 个基本特征，也就是说，判断一个国家是不是创新型国家，有 4 个衡量标准：

第一，创新资金投入必须达到一定标准。目前的创新型国家，研究与发展资金投入占国民生产总值的比重都在 2％以上。2013 年，由 OECD 公布的全球创新指数（GII2013）显示：2012 年，世界前十位的创新经济体分别为瑞士、瑞典、英国、荷兰、美国、芬兰、中国香港、新加坡、丹麦、爱尔兰。除中国香港外（R&D 投入占 GDP 的比重为 0.8％），其他九个经济体2012 年的 R&D 投入占 GDP 的比重均在 1.8％以上，日本和美国分别为3.3％（第 5 位）和 2.8％（第 10 位），芬兰达到 3.8％（第 2 位），而排名第21 位的韩国 R&D 投入占 GDP 的比重达到 3.7％（第 3 位）。中国排名34 位，R&D 投入占 GDP 的比重为 1.8％（第 21 位）。R&D 投入占 GDP

---

① 肖敏：《创新型国家建设的 R&D 资源配置研究》，上海交通大学博士论文，2010 年。

的比重是反映一个国家科技进步的重要指标。据世界银行统计，在全球研究与发展资金投入中，美国、日本和欧盟的创新型国家占 86%。

第二，科技创新必须成为促进国家发展的主导战略，创新综合指数必须明显高于其他国家。目前的创新型国家，科技进步贡献率一般都已达到 70% 以上。这些国家的高技术产业都已成为制造业产品贸易的主体，服务业也向高端迅猛发展，美国、爱尔兰、英国和韩国制造业出口尤其具有技术密集的特征。

第三，必须具有很强的自主创新能力。目前的创新型国家，对外引进技术依存度均在 30% 以下。例如芬兰和韩国，利用自主创新，在 10～15 年的时间内就实现了经济增长方式的根本转变。在绝大多数领域内，引领未来的科技制高点主要被创新型国家所控制。

第四，创新产出高。世界公认的 20 个创新型国家拥有的发明专利总数占到全世界发明专利的 99%。而仅占全球人口 15% 的富国几乎拥有世界上所有的技术创新成果。此外，这些国家所获得的三方专利（美国、欧洲和日本授权的专利），也占世界的绝大多数；在国际技术贸易收支方面，他们也获得了全球技术转让和许可收入的 98%。[1]

与一些有较强创新能力的国家相比，中国已具备了自主创新的一些基本条件，但与创新型国家还有一定的距离。用创新型国家的四个衡量标准与中国的相应数据进行比较可以看出：2011 年，创新型国家的研究与发展资金投入占 GDP 的比重都在 1.7% 以上，而中国研发投入占 GDP 的比重是 1.84%；创新型国家的科技进步贡献率都已达到 70% 以上，中国科技进步贡献率目前是 51% 左右；创新型国家对引进技术的依存度都在 30% 以下，2009 年中国对国外引进技术的依存度为 41.4% 左右；世界公认的 20 个创新型国家拥有三方专利（美国、欧洲和日本授权的专利）占世界的绝大多数，而我国拥有极少。总之，创新型国家的创新型能力很强，而目前我国科技创新能力较弱。

1.1.5　创新型国家的核心要素

综上分析，创新型国家是指把科技创新作为基本战略，大幅提高自主创新能力，形成日益强大的竞争优势的国家。不难得出：自主创新是创新型国家的核心要素。所谓自主创新，是指创新主体独立自主产生创新想

---

[1]　李琰：《江苏省企业技术创新综合评价研究》，东南大学硕士论文，2005 年。

法，或在借鉴他人的基础上，通过再创造、再开发，并最终拥有自主知识产权的创新。自主创新具体包括原始创新、集成创新和引进消化吸收再创新三种形式，后两者都是在合作和借鉴他人技术基础上的再创造，从而获得优于原有技术的新技术。其内涵和特征至少包括以下 4 个方面：

第一，自主创新是拥有自主知识产权的创新。从创新成果的拥有性质上看，自主创新是创新者自己占有这些创新成果，而且这些成果往往体现在专利、商标等受到法律保护的知识产权上。也就是说，自主创新者享有这个成果的知识产权，这是自主创新最核心的特性。

第二，自主创新是获取超额利润与高风险性并存的创新。从创新成果的收益上看，或从创新目的看，自主创新往往可以获得比跟进者更大的利润。正是对超额利润的追求，投资者才敢于投入，创新者才敢于尝试。一些领域高技术的利润比传统产业高 30％～50％。

第三，自主创新是具有连续性、系列性和扩张性的创新。从创新成果产生的相关性上看，由于自主创新或者原始创新都集中于开发能力比较大的企业，这些企业研究开发力量雄厚、资金雄厚、技术储备雄厚，为了长期独霸市场，已经形成了一整套的市场调研、开发战略等项目管理经验。正是由于开发战略的指导，自主创新的连续性、系列化才表现得极为突出。这正是人才、技术基础、创新成果和创新文化继承及一脉相传的结果。[1]

第四，自主创新是以自己为主而有独创性的创新。从创新活动执行者的角度看，自主创新强调创新主体以自己为主，从创新思想产生到研究和开发，主要靠自己。当然不排斥合作和部分借鉴他人的技术，但必须保证由此创造的知识产权是属于自己的，可制约别人而不是受制于人。

建立创新型国家与自主创新是一个相辅相成的过程，两者互为手段、目的、保障和前提。一方面，自主创新需要有国家创新体系的保障，比如要有有利于创新的政策法律、文化环境、科研教育基础、中介组织等。国家创新体系的建立决定了自主创新的成败，从这个意义上说，创新型国家是自主创新的根本保障。另一方面，自主创新是国家发展战略转变的催化剂。国家的发展战略转变，是以具体经济增长方式的确立和战略能力的提高为前提的，没有自主创新能力的提升，创新型国家的建设将是一句空话。因此，自主创新又是建立创新型国家的最基本的前提条件。

---

[1] 谭智勇：《我国建设创新型国家面临的机遇、挑战及对策》，西南大学硕士论文，2007 年。

1.2 创新型国家的实践进程

目前,世界上公认的创新型国家有 20 个左右,包括德国、美国、日本、芬兰、韩国等。这些国家的共同特征是:创新综合指数明显高于其他国家,科技进步贡献率在 70% 以上,研发投入占 GDP 的比例一般在 2% 以上,对外技术依存度指标一般在 30% 以下,政府高度重视科学技术和创新战略在国家发展战略中的作用。大多数创新型国家主要经历了三个阶段:① 由产业或行业需求带动科学研究的逆向国家创新体系,其时间大致在 20 世纪 40 年代至 70 年代。该阶段的国家创新体系属于工业经济时代的国家创新体系,其特点是强调技术创新与行为主体的相互作用,主要以技术进步理论为基础。② 以科学研究和技术研发推动产业升级的正向国家创新体系,时间大致在 20 世纪 70 年代至 90 年代。其特点是强调技术创新的同时,更加重视知识的扩散和应用,主要是以新经济增长理论为基础的。③ 以知识扩散为重点、双向推动的国家知识创新体系。目前美国等发达国家就是属于此种类型,其特点是强调知识创新和知识传播,以推动知识经济发展。

本研究选取日本、韩国、美国和芬兰等创新型国家进行典型分析,力求为我国创新型国家建设及江苏省创新型省份建设提供宝贵的借鉴经验。

1.2.1 日本:实施科技创新计划,制定知识产权战略

(1) 创新型国家建设历程

① 实施科技创新计划

第二次世界大战以来,日本在建设创新型国家的过程中,逐渐从依靠引进国外的先进技术转变为拥有自主知识产权和专有技术的自主创新型国家,主要原因是其实施了"科技创新立国战略",更加重视技术立国和知识产权立国的发展战略。

1946 年日本《宪法》规定:"对科学研究和发明创造,国家应予以奖励;在国民事业发展过程中,应优先发展那些有利于科学技术进步的行业。"这在法律上确认了科技在经济发展过程中的重要地位。1995 年,日本颁布了《科学技术基本法》。该法是日本有史以来第一部有关科学技术的大法,其核心是以科技创新推动社会、经济发展,强调依靠科技创新提高日

本的整体竞争力和综合国力。为促进日本高校、企业的自主创新和产学研合作,日本政府于 1998 年出台了新的《研究交流促进法》和《大学技术转让促进法》,以促使高校、研究机构和企业之间的合作。随着这些法律的颁布和实施,很多技术转移机构应运而生。这些技术转移机构很好地促进了大学科技研究成果的转化,专利申请量连年显著上升,专利许可的数量在短期内成倍增长。为促进产学研合作,日本还进行了科技体制改革,主要内容有:改革官、产、学组织架构,强化产业和行业竞争力;改善知识基础环境,提高区域科技竞争力;改革有关科技教育和人才培养的各项管理制度。

在《科学技术基本法》颁布后不久,日本政府在 1996 年、2000 年、2006 年和 2011 年相继出台了四期"科学技术基本计划",每期提出日本未来五年的科技发展计划。作为国家创新体系的重要组成部分,该计划主要根据发展需要,不断调整科技发展的方向,提出科技发展的大政方针,以促进基础研究、应用研究和开发研究。第一期基本计划(1996—2000 年)的重点是:构建研发新体系,加大研发投入,不断提高基础研究投入比例。第二期基本计划(2001—2005 年)的重点是:选择包括生命科学、信息通信、纳米和新材料、环境保护技术等有发展前景、影响深远的领域进行重点发展。第三期基本计划(2006—2010 年)的重点是:大力推进基础性科学研究;加强对战略性重点课题的研究,如全球变暖、航天、海洋探测、超级计算机等研究;深化科技制度改革,加大对各种科技领军人才的培养力度。第四期基本计划(2011—2015 年)定位于服务日本"新成长战略",是贯彻和落实"新成长战略"的重要科技计划,在创新政策方面有新的突破和提升。其发展方向是加强科技创新与社会需求的关系,且重点突出绿色创新和生命创新。其基本方针是:努力实施"科技创新新政策";重视人才培养和建立相关的人才培养新组织;全社会共同进行自主创新。此外,该计划提出到 2020 年,日本的 R&D 投入占其当年 GDP 的比重将超过 4%[1]。

② 制定知识产权战略

日本以高度中央集权化的管理、完善的知识产权体系为特色,建立起了政府同"产学合作"积极互动的国家创新体系,其知识产权战略尤其值得学习和借鉴。

---

① 李绚亚、林伟华:《日本创新型国家建设模式与借鉴》,《宏观经济管理》,2011 年第 3 期。

2002 年，日本建立了知识产权战略委员会，从《知识产权战略大纲》的确立、《知识产权基本法》的发布、知识产权战略本部的成立，到 2003 年 7 月具体而切实的《知识产权创造、保护、应用的推进计划》的出台，日本在短短一年间完成了其知识产权战略的全局性布置。①

（2）日本创新型国家建设的主要特色

① 强调创新型国家制度保障体系的建立与维护。日本第二次世界大战之后由技术落后的国家逐步发展成为创新型国家，原因在于其选择了适合日本国情的先模仿学习、后创新的道路。在模仿的过程中，日本用最短时间学习了他国长时间积累下来的科学技术。在创新的道路上，日本则以他国的科学技术为依托，结合市场需求和竞争进行创新。在完成技术学习和二次创新之后，日本政府即提出了"科技立国战略"，并作为基本国策进行贯彻实施，完成了日本模式创新型国家制度保障体系的建立与维护。

② 日本建立了层次分明的创新型国家建设过程中的组织体系。日本于 2001 年成立了"综合科学技术会议"，以此作为总指挥管辖下属"省厅、总务省、财务省、文部科学省、厚生劳动省、农林水产省、经济产业省，以及国土交通省"的科学技术创新。

③ 日本的研发体系以企业为主体。企业的发展壮大与 R&D 经费支出密切相关，研发经费的多少决定着企业创新能力的高低和创新成果的多少。虽然日本在 20 世纪 90 年代遭遇了经济过快发展所导致的泡沫，使得这段时期日本国内企业对于研发经费的投入减少。但是，随着日本经济的逐步恢复，国内企业对于新兴科学技术的研发投入保持着持续增长的态势。

④ 日本重视科技立国和知识产权立国的发展战略。日本政府注重知识产权制度的建设，为知识产权的信息检索做好基础建设，满足专利使用者的需要，使专利信息服务具有更高的附加值；加快知识产权的审查过程；充分利用知识产权振兴地方经济，使其真正发挥服务地方经济的功能；在知识产权应用方面，不断创新知识产权制度的建设，提高知识产权的利用率。②

---

① 盛垒：《国外创新型国家创新体系建设的主要经验及其对我国的重要启示》，《世界科技研究与发展》，2006 年第 5 期。

② 同①。

1.2.2　韩国:实施"科技立国"战略

(1) 创新型国家的建设历程

① 20 世纪 60 年代,科学技术发展启动阶段

20 世纪 60 年代的韩国是一个相对落后的农业国家,韩国政府为了推动生产力的发展,实施了第一个经济增长的五年计划。20 世纪 60 年代中期,韩国开始对外出口纺织、服装等劳动密集型的轻工业产品,凭借劳动力优势,其经济得以迅速发展。在此期间,韩国政府还树立起科技进步推动经济发展的基本理念,成立了韩国科学技术研究院和"科学技术处",宏观科学技术管理体系雏形初见。

② 20 世纪 70 年代,调整科技发展战略

20 世纪 70 年代,韩国传统的劳动密集型产业遭受挑战,韩国政府不得不重新思考产业结构调整的问题,最后决定将劳动密集型轻工业为主的产业结构向重化工转移。为了进行产业转移,韩国政府实施了一系列政策措施,旨在提高教育水平,培养更多的科学技术人才,鼓励企业引进国外先进的技术、吸收学习国外技术、自主进行研发创新,以提高国家的科学技术创新能力。

在科技管理体系方面,韩国政府先后建立了众多科研机构,其中具有代表性的是"韩国科学院"和"韩国开发院"。为了更有效地对科研机构实施宏观管理,韩国于 1972 年成立了"国家综合科学技术审议会"协调各方面的科技创新管理。

③ 20 世纪 80 年代,"科技立国"战略逐步形成

20 世纪 80 年代,正是各个创新型国家进行科技创新的繁荣阶段,国际竞争加剧,高新技术产业发展如火如荼。韩国经过之前的技术积累,为了应对竞争,逐步形成了"科技立国"的基本战略。1986 年的《面向 2000 年科学技术中长期计划》明确提出了韩国科技立国的战略思路,即通过提高科技创新能力带动经济发展,将重化工产业结构向技术密集产业转移。由此,韩国 20 世纪 80 年代基本确定并实施了科技立国战略,带动了韩国经济的新一轮发展。

④ 20 世纪 90 年代,强化核心领域技术创新与突破

20 世纪 90 年代,发达国家越发注重保护具有自主产权的新技术,使得韩国不再像日本以前那样对先进技术进行模仿创新。为了应对日益激烈的国际竞争,韩国根据自身发展状况选择合适的核心领域,并开始着重

于强化核心领域技术的创新与突破,不断提高技术创新能力,获得了较好的国际竞争力,进一步发展了经济。

韩国对于科技发展计划的制订采取了双向模式,即先由政府选择发展的核心领域,制定长期的宏观科技发展目标,然后由相关专家进行讨论,反复调整,最终达成一致。

20 世纪 90 年代的韩国为了实施新的科技政策,不断修订科技发展计划,例如《科学技术革新五年计划》,以此来提高韩国的科技创新能力,提高韩国的国际竞争力,推动经济发展。

⑤ 21 世纪,面向未来的科技战略与政策

21 世纪的韩国充分认识到了科技对于经济发展的重要性,面对多变而竞争激烈的国际环境,韩国对科学技术战略进行了各方面的调整,建立了面向未来的科技战略与政策。2005 年,韩国科技部发布了《2025 年构想:韩国科技发展长远规划》,明确提出了韩国在 2025 年各项科技发展指标的要求,选出了重点发展的产业领域,着力将这些领域培养成为将来经济发展的重心,并再次重申了"科技立国"战略在 21 世纪的重要性。韩国将科技部部长提升到副总理级别,不断加强政府对于科技创新的协调与引导。同时,更加注重科技创新效率问题,力求运用高新技术弥补韩国资源短缺的问题,积极开展国际合作。

(2)韩国创新型国家建设的主要特色

① 以政府为主导,构建完善的国家科技管理体系并制定相关法律。为确保中央政府从全局角度推进并实施国家科技创新计划,韩国建立了由国家科技委员会、科技部、国家科技咨询委员会等部门(机构)组成的宏观科技管理体系。另外,韩国还制定了一系列法律法规以促进国家科技创新,主要有《技术引进促进法》《技术开发促进法》《科技研究所培养法》《科学技术框架法》《科技振兴法》《基础科学振兴法》。这一系列法律法规的颁布和实施,对韩国的科技进步、社会经济发展起到了极大的推动作用。此外,韩国还不断增加 R&D 投入,重视科学研究的评估和监管。最值得一提的是,韩国政府非常重视对本国自主创新技术和引进技术的知识产权保护。[1][2]

② 实施技术引进、吸收和自主创新战略。纵观韩国的经济发展,技术

---

① 李安方:《建设创新型国家的韩国经验与中国借鉴》,《世界经济研究》,2006 年第 10 期。

② 杨蕊:《韩国"科技立国"战略及其对中国建设创新国家的启示》,吉林大学硕士论文,2008 年。

引进、吸收和自主创新贯穿了其经济发展的全过程。韩国在引进技术的同时，非常重视对引进技术的消化、吸收和再开发，在消化吸收先进技术的基础上进行技术创新，并形成自己的知识产权。此外，韩国政府鼓励企业有针对性地引进关键技术和设备，禁止引进成套技术设备。①

③ 重视提高中小企业技术创新能力。韩国创新型国家建设战略是实行扶持特大企业集团在特定领域重点突破和培养其国际竞争力的战略。20世纪80年代，韩国企业所设立的研究所主要集中在大中型企业，中小企业不进行自主研发。1995年以来，韩国中小企业附属研究所的数量增加很快，超过了大企业研究所的数量，随之带来国家支持的创新重心也逐渐开始转移。韩国大企业集团的崛起得益于政府的重点扶持，大企业集团为韩国经济的腾飞和创新性国家的建设做出了巨大贡献，但也产生了一系列问题。由于大企业集团的平均负债率过高，形成了企业、金融机构和政府的恶性循环，最终导致了严重的金融危机。因而，韩国政府对大企业集团进行了调整，开始重点扶持中小企业的创新和发展。② 韩国政府对中小企业提供的鼓励政策主要有：增加对中小企业的R&D投入，中小企业研发人员可以免服兵役；为提高中小企业产学研结合的积极性，政府为合作研究提供援助资金，并对其产学研合作后所生产的技术产品实施有限购买的制度；为中小企业提供技术支持并提供优惠贷款。

④ 重视科技教育、培训和科技人力资源开发和使用。韩国对尖端科技人才的培养主要有三种途径：自主培养、出国进修和引进人才。人才的自主培养，主要通过高校、政府、企业的研发机构。韩国还提供特殊政策，鼓励培养专门产业人才，加强职业技术学校和企业间的"产学合作"。此外，韩国每年派遣2000多名博士后出国进修，鼓励他们学成后报效祖国。在引进人才方面，韩国制定了海外科技人才聘用制度，对海外高科技人才实行高薪招聘，并为他们创造良好的工作环境。

⑤ 建设创新型国家出现的重要转变是由政府推动型转变为市场主导的类型。这主要表现为：更加注重对企业的创新投入；通过优惠政策对企业研究所的重点扶持；促进风险投资的发展。此外，政府在建设创新型国家中的职能发生了变化，主要为：逐渐完善科技政策法令体系；配套相关

---

① 秦涛等：《韩国科技发展战略和政策初探》，《科学学与科学技术管理》，2005年第3期。

② 牛盼强、谢富纪：《韩国建设创新型国家的特色及对我国的启示》，《科学管理研究》，2009年第1期。

科技政策;制订较为科学的科技发展规划;建立权威性的科技行政体系。

1.2.3　美国:建立最完善的国家创新体系

(1)创新型国家建设历程

① 20 世纪 60 年代之前,市场调节机制

20 世纪 60 年代之前的美国信奉市场万能,认为市场可以完全按照供需进行调节,进行合理的资源配置。但到了肯尼迪执政期间,这种对于市场万能主义的信奉理念发生了变化。肯尼迪政府认为,应该由政府来促进科学技术的创新,并且出台了相关的政策措施。

② 20 世纪 70 年代,政府科技创新政策重大转折

20 世纪 70 年代,面对石油危机、失业率上升等一系列经济问题,美国开始深入分析科学技术发展对于经济的影响。“新技术计划”虽然由于客观原因最终夭折,但仍可被视作美国创新政策的重大转折。美国政府开始重视科学技术的创新与发展,加大了对科学技术的投入力度,1979 年通过了《国家技术创新法》。但这一时期的观念转变并不彻底,依旧受到新古典学派技术创新理论的影响,认为良好的市场机制可以达到最优资源配置,政府只需在市场机制失灵时进行干预,因此政府的任务主要是以资金的形式资助大学、科研机构的科技创新,而不是鼓励企业对科学技术的开发及应用。

③ 20 世纪 80 年代,制度创新

美国政府认识到必须将新的科学技术运用到市场中进行商业化,只有这样,科技才能真正转化为生产力。因此,美国政府出台了一系列政策法律,强调科学技术创新的重要性,并以此为基础强调科学技术创新制度完善的重要性。其中,较为重要的三项联邦技术转移法是贝荷—道尔法、史蒂文森—怀德勒技术创新法和国家合作研究法。

④ 20 世纪 90 年代,国家创新体系建设

20 世纪 90 年代,随着苏联解体,欧洲、日本等经济发展强劲,美国的经济龙头地位受到了威胁。美国政府意识到,在创新过程中,不仅存在“市场失灵”问题,还存在“体系失灵”问题,即美国现有的创新体系内部不规范,使得以科学技术创新为依托的生产力发展达不到最优。因此,美国政府制定并实施了一系列新的创新政策来弥补这一“体系失灵”问题,不断完善现有的创新体系建设。对企业、学校和科研机构的创新进行合理引导,加大对 R&D 的投资力度,鼓励企业与相关部门的合作,促进企业加快新科学技术的运用,培养社会科技创新氛围,形成科技创新文化,提高

企业的科技创新核心竞争力。

⑤ 21 世纪,创新美国战略

进入 21 世纪,全球经济一体化进程加剧,创新型国家建设在各国如火如荼地展开,美国面临着更大的机遇与挑战。2004 年 12 月 15 日,美国竞争力委员会发布了《创新美国》的报告,该报告系统分析了当代美国的创新建设历程,提出了美国接下来进行创新建设的各项建议。第一,制定相关创新政策,以保持美国在国际上的科技创新地位。第二,加快新兴学科的开拓与发展。创新不仅仅是指学科内的创新,还包括学科间联系的创新,生物社会学、网络科学等新兴学科很可能会成为联系成熟学科之间的纽带。美国积极鼓励学者、科研人员从事学科间联系的创新,打破原有的学科界限,将各种独立发展的学科联系起来,从而为科技创新开拓出全新的格局。第三,继续强化美国已有的创新优势。美国 21 世纪的创新计划中强调不断提高创新效率。第四,支持开放的同时注重创新带来的回报。创新的根本目的是提高本国的国际竞争力,因此必须注重创新带来的回报,保护新兴技术的知识产权,提高国际竞争力。第五,保持并加强创新体系。经济发展、公共服务、基础设施等都要和创新联系起来,并不断吸引各地的创新人才,不断创造出适应当前创新要求的职业。

(2) 美国创新型国家建设的主要特色

① 建立健全各种政策法规,促进科技创新。美国在第二次世界大战后为保持其科技、经济优势,颁布并制定一系列法律法规。如美国议会制定法律规定"企业的研发投资可以享受相应的免税或减税待遇",还规定企业在使用高科技设备时,可提高其固定资产折旧率。美国为推动科技进步,还相继颁布一系列法律,如《史蒂文森—韦德勒技术创新法》《大学和小企业专利程序修正案》《网络及信息技术研究法》等。① 除了法律形式,国家还以规章和总统令来实施其国家创新战略,如克林顿政府发布的《科学与国家利益》,布什政府发布的《鼓励制造业的创新》。② 此外,美国政府还推出了鼓励科技创新的各种政策措施,如实行科研合同制,设立科学技术奖励制度,建立中小企业技术创新政府服务体系。③

② 适时将军事技术转换为民用科学技术,确保美国科技水平处于世

---

① 李冬:《美国的国家创新体系》,《全球科技经济瞭望》,2006 年第 3 期。

② [美]威廉·J·克林顿、小阿伯特·戈尔:《科学与国家利益》,曾国屏等译,科学技术文献出版社,1999 年。

③ 于雯亦:《美国创新型国家形成与发展的机制特点研究》,东北师范大学硕士论文,2008 年。

界领先地位。如成为美国新经济支柱的互联网络，就是在美军全球通讯网的基础上发展起来的。再如美国在前些年将美军全球定位系统的相关技术转换成民用 GPS 技术后，又将民用定位系统的精确度提高到与军用定位系统同样的水平，从而使民用定位系统的精确度比原来提高了 10 倍。由于大量的军事技术转为民用技术，因而很多高科技产业得以迅速发展。

③ 利用风险投资机制，促进创新型小企业发展。风险投资是一种高效的支持创新及其产业化的市场化投融资机制，是科技与金融相结合的产物。美国中小企业管理局利用担保贷款、风险投资及预留联邦 R&D 经费等方式，帮助中小企业进行融资，大大提高其技术创业的成功率。美国纳斯达克市场则实现了帮助中小企业实现规模性融资，而且为风险投资基金的最终撤离提供较好的退出机制。风险投资是科技型创新企业的"助推器"，有效地促进了美国的科技进步和经济增长①。

④ 培养和积极引进各种创新人才。美国高校的定位非常准确，不同层次的高校满足不同人们的需求，也满足了美国全社会的需要。一流大学培养了世界顶尖的创新人才，应用性大学培养专业性人才和创业人才。不同于中国，美国非常注重实践教育，重视动手能力的培养，因材施教。正是由于众多的教育资源、完善的专利制度、充裕的资金投入，美国才培养了一大批创新人才。此外，美国还不断根据国内外形势的变化修订移民法，以网罗其他国家的杰出人才。② 美国政府还采取其他措施吸引别国人才：为优秀留学生提供奖学金等政策；以政治避难为由，吸引优秀人才定居美国；建立科技园区，吸纳各国优秀专家。③ 由于美国培养和聚集了大量的优秀人才，从而有力地推动了美国创新型经济的发展。

⑤ 拥有完备的国家创新体系，政产学研各类机构形成一个有机整体，互为有效补充并有密切的互动。美国国家创新体系的执行机构主要由私营企业、大学、联邦科研机构（如 NIH、NIST、联邦实验室等）、非营利性科研机构及科技中介服务机构等组成。其中，大学承担了国家主要的基础研究任务，联邦科研机构则主要承担与国家使命相关的基础研究和关键的竞争前技术的开发。

---

① 陈柳钦：《美国风险投资业的发展及其借鉴》，《上海行政学院学报》，2005 年第 1 期。
② 肖志鹏：《美国科技人才流动政策的演变及其启示》，《科技管理研究》，2004 年第 2 期。
③ 顾光明：《美国培养科技创新人才的经验及启示》，《全球科技经济瞭望》，2007 年第 11 期。

1.2.4　芬兰：完善的创新中介服务网络

(1) 创新型国家的建设历程

① 20 世纪 60 年代，资源依赖性国家

第二次世界大战前，芬兰基本上是一个农业国，在战后的恢复重建中，芬兰主要依赖森林资源及其相关产品的出口来获得经济发展。1960 年，芬兰开始积极调整其经济和社会结构，通过加大基础工业投资、扩大出口等措施，推动了木材加工、造纸和纸浆、造纸机械、冶金和金属制造等工业的快速发展，从而形成了以森林资源为依赖、以森林相关产品的生产和以出口为主要支撑的国民经济结构，并由此实现了经济的快速增长。

② 20 世纪 70 年代，粗放型经济发展模式

芬兰属于能源短缺型经济，其能源的 80% 要依赖进口，经济增长也主要依赖于木材及相关工业品的出口。20 世纪 70 年代，芬兰国内面临通货膨胀和工资上涨过快的严重压力，加上 1973 年和 1979 年的两次世界性石油危机，芬兰依靠劳动力、资本和原材料投入的粗放型经济增长模式达到了极限，在出口方面的优势也面临极大挑战，向集约型经济转变开始成为政府和社会的一致认识。

③ 20 世纪 80 年代，谋求经济转型

经过 20 世纪 70 年代后期一系列宏观经济政策调整，芬兰在 80 年代中期成功地遏制住了国内的通货膨胀并使得工业结构趋于合理，在出口方面的竞争力也得到了加强。到 80 年代后期，芬兰面临的最重要挑战是保持生产成本和产品质量在国际市场上的竞争力。政府和经济学家们都认为，保持现代化进程和稳定性增长的一致性对于芬兰的未来是最重要的。为此，增加在新技术研究和发展方面的投入，推动经济结构从资源依赖型向技术领先和出口导向型发展成为芬兰这一时期的主导发展战略。在这一战略思想之下，芬兰政府在 80 年代采取了一系列重大的基础性制度变革和组织创新，为芬兰后来创新型国家的形成奠定了基础。其中，比较重要的政策措施如：加大对教育和 R&D 的投入；建立扶持企业制度框架；对国家的科技和教育管理体系进行组织创新；立足本国技术发展需要有选择地引进国外先进技术，同时积极推动出口以及企业的国际化。[①]

---

① 张文霞、李正风：《芬兰从资源型国家到创新型国家的历程》，《科学对社会的影响》，2006 年第 1 期。

④ 20 世纪 90 年代，建设高效的国家创新体系

20 世纪 90 年代，芬兰建立了适合本国经济发展的技术创新机制，并在实践中不断加以调整和完善，现已形成从教育和研发投入、企业技术创新、创新风险投资到提高企业出口能力等一整套较为完整的自主创新体系。首先，长期以来，芬兰政府重视教育，不断加大对技术研发的投入，为企业的技术创新创造良好的条件和环境。芬兰政府在加强教育投入的同时，还进一步加大对科研开发的投入。2012 年，芬兰研发投入占 GDP 的比例已达到 3.8%，超过日本和美国，仅次于以色列（4.4%）。其次，芬兰政府通过宏观指导和协调，促使企业、高等院校和研究机构密切合作，共同推动技术开发及科技成果的转化。芬兰技术创新机制的突出特点是企业、高等院校和研究机构的三位一体。政府对这种三位一体的资助机制，不仅能有效使用有限的资金，还对促进国家创新体系各要素之间的密切联系与合作起到了极为重要的作用。[①]

（2）芬兰创新型国家建设的主要特色

① 完善的科技创新管理体系

芬兰的国家创新体系中，政府的科技管理部门在制定科技政策、分配科研资金、协调产学研体系、为创新创造良好的环境等方面发挥着重要作用。芬兰政府为加强政府的领导和管理，建立了专门的职能部门负责全国科研发展的领导和协调工作。

② 以产学研为核心的研发体系

密切的产学研合作是芬兰国家创新体系的又一特点，主要体现在芬兰将大学视为教育和研究体系、社会经济和文化活动大系统中的重要组成部分。

③ 完善的科技中介服务体系

芬兰的科技中介服务周到、齐全，主要体现为：芬兰高度重视提升本土企业的国际竞争力，不断调整出口服务机制，形成了鼓励提高产品出口能力的市场开拓、技术创新和出口担保配套服务机制；芬兰的科技园不以产值和利润为主要追求目标，而是更加注重将科技成果转化为商品的过程和在此过程中所提供的专业化服务。

以上 4 个国家建设创新型国家的关键途径和举措见表 1.1。

---

① 赵长春：《国外自主创新：芬兰的自主创新体系》，新华网，2005 年 11 月 20 日。

表 1.1 日本、韩国、美国和芬兰建设创新型国家的关键途径和举措

国家	创新的关键途径	创新举措
日本	制订和实施科技计划,促进政产学研合作	① 制定鼓励科技创新的相关法律,出台"科学技术基本计划"。 ② 设立国家级技术转移机构,促进大学科研成果专利化、商品化、产业化。 ③ 强化产业竞争力,改革政产学研组成系统。 ④ 培育知识基础环境,振兴区域知识经济发展水平。 ⑤ 改革人才培养和科技教育的相关制度。
韩国	构建国家科技管理体系,提高中小企业技术创新能力	① 以政府为主导,构建完善的国家科技管理体系并制定相关法律。 ② 实施技术引进、吸收和自主创新战略。鼓励企业有针对性地引进关键技术和设备,禁止引进成套技术设备。 ③ 为中小企业提供技术支持和优惠贷款,并对其产学研合作后所生产的技术产品实施有限购买的制度。 ④ 重视科技教育、培训和科技人力资源开发和使用。
美国	将军用技术转民用技术,有针对性地为各产业培养专业人才	① 对企业的研发投资进行免税或减税,并提高高科技企业的固定资产折旧率。 ② 适时将军事技术转换为民用科学技术,确保美国科技水平处于世界领先地位。 ③ 利用风险投资机制,促进创新型小企业发展。 ④ 有针对性地为各产业培养专业人才。高等院校纷纷筹建与知识经济衔接的新专业,为企业界培养业内精英。 ⑤ 实行科研合同制,建立科技成果转化评价机制。
芬兰	完善的创新中介服务网络	① 政府高度重视科技创新管理体系的完善。 ② 强调产学研紧密结合,推动科技成果转化。 ③ 构建完善的中介服务体系,设立技术转移服务机构,鼓励出口的服务机构及科技园等。

1.2.5 典型国家创新型国家建设的比较分析

一国的国家创新体系与该国的经济制度、历史文化、资源状况、科技和经济发展水平密切相关。有的国家注重技术创新,有的国家强调知识生产、传播和应用,有的则是科学研究与技术创新并举。

通过对上述典型国家的分析可以看出,其创新型国家建设具有 4 个共同点:① 都是致力于提高其创新能力来建设创新型国家。在建设创新

型国家时,十分重视制度创新,通过颁布和实施相关法律法规,制定相关政策,以鼓励创新和提高创新能力。② 都十分重视科技成果的转化及其产业化,通过产学研相结合,进行创新型国家建设。③ 都通过给予各种税收优惠、资金支持,促进创新型企业的发展。④ 都重视创新型人才和其他各种人才的培养,以满足其建设创新型国家的需要。

我们也必须看到,这些创新型国家的建设实践也存在很大的差异,主要体现在以下三个方面:

(1)日本和韩国在建设创新型国家时,主要靠政府推动,而美国则是政府推动和市场机制并举。日本通过制订详细的"科学技术基本计划"和设立国家级技术转移机构,引导日本高校、企业进行科技创新,并促使科技成果专利化和产业化。韩国、芬兰则是以政府为主导,构建完善的国家科技管理体系,从全局角度推进并实施国家科技创新计划。美国政府也推出各种鼓励科技创新的各种政策措施,鼓励创新,但是同时还利用风险投资等市场机制,促进创新型小企业发展。

(2)日本、韩国的国家创新体系更注重技术创新子体系,美国则是科学研究与技术创新子体系并举。日本和韩国先后确立了"科技创新立国"战略,围绕该战略出台各种科技法规、科技政策,并设立相关机构,以促进自主创新能力的提升和技术进步。但日本和韩国对科学基础研究不太重视。美国除了重视技术创新外,始终将科学基础研究置于重要地位,使之在基础研究的许多领域处于世界领先地位。

(3)美国更重视将军事技术转换为民用科学技术。美国凭借其强大的经济实力和对军事技术研究的大量投入,既确保了其军事超级大国地位,还适时将军事技术迅速转化为民用科学技术。这些技术的广泛使用,为美国的创新型国家建设做出了巨大贡献。而日本和韩国都是美国的盟国,国防比较依赖美国,因此,军事技术整体水平相对落后,而且军事技术转换为民用科学技术也不多见。

总之,美国的创新型国家成果是其他国家所无法比拟的,它的层次更高,创新体系更全面,实行确保在全球科技领域全面领先的战略。日本和韩国更偏重技术创新体系;芬兰特点也比较鲜明,即构建完善的创新中介服务体系。我国的国家创新体系仍然处于初级阶段,需要在认真学习发达国家成功经验的基础上,认真加以完善,形成有中国特色的国家创新体系。

1.3 创新型国家实践经验对我国建设创新型国家的启示

科技创新是社会发展和经济增长的驱动力和源泉,是一个国家进步的不竭动力。2006 年,我国颁布了《国家中长期科技发展规划纲要(2006—2020)》,把增强自主创新能力、建设创新型国家列为我国面向 21 世纪国家科技发展的重要战略目标。在全球化背景下,我国建设创新型国家需要广泛借鉴国外科技创新发展的成功经验。通过上述典型创新型国家实践经验的总结和分析,不难得出以下有利于我国创新型国家建设的启示:

(1)完善科技投入政策,支撑科技创新发展

科技投入是科技创新的物质基础,提高研发投入强度是科技持续发展的重要前提和根本保障。今天的科技投入是对未来我国进入创新型国家行列的投资。在这一方面,美国政府就非常重视以企业为主体的研发投入,以确保国家的科技创新一直走在时代的最前沿。美国在科技创新方面的成果及经验告诉我们,保证科技创新得以发展的必要条件之一是有充足的研发经费。首先,要确定适合我国国情的较为明确的科技投入政策,并使我国政府的科技投入规模逐步形成稳定的增长机制。其次,在大力增加科技投入的同时,确立科技投入的比例和方向。要对研发投入进行合理配置,逐步调整基础研究、应用研究和试验发展三部分研发活动的投入比例。

(2)培养科技创新人才,加快创新型国家建设

就我国而言,培养科技创新人才的关键是形成有利于人才成长的有效机制。首先,在政府职能的作用下,要推进教育体制改革,实施创新素质教育,这是培养大批高素质科技创新型人才的必要条件。其次,要建立科技创新型人才的激励机制。通过对分配方式和奖励形式的不断完善,逐步形成有利于科技人才发挥自身优势的行之有效的激励机制。再次,防止高层次科技人才外流和吸引本国科技人才回流并重。既要防止我国高层次科技人才外流,又要吸引海外学子为国服务,努力为科技人才创造优良条件,做好人才引进和人才应用相结合,做到人尽其才,更好地为创新型国家建设效力。

(3)整合科技创新要素,提高科技创新能力

建设创新型国家的重要核心能力之一就是要具有整合科技创新要素

的能力,把现有的科技资源优势转化为现实生产力,从而为创新型国家建设提供强大的动力支持。首先,发挥政府在科技要素整合上的主导、引领和推动作用。科技创新要素的整合要依靠政府强有力的推动,逐步完善我国的法律法规体系,逐步健全宏观管理体系。其次,整合科技创新要素,要实现"重投入"和"重整合"双管齐下。① 在重视科技要素整合的同时,既要增加科技投入的比重,也要对现有的大型科技设施、自然科技资源、科技数据等进行战略重组和系统优化。再次,打造科技创新联盟是实现科技创新要素整合的现实途径。要全力打造"政产学研资"的创新合作联盟,加强制度创新,打破条块分割。

(4)引导我国科技创新体制由政府主导型向企业主导型转变

国外的科技发展过程显示,在技术创新发展的初期阶段,政府强有力的推动确实发挥着非常重要的作用。但是,当国家的科技实力发展到一定程度之后,要想维持一个较有活力的科技创新体系,就必须将政府的科技规划转变为私营部门自下而上的科技创新体系,由企业来担当科技创新的主体。目前,我国在科技创新领域已经具有一定的基础,但是,真正掌握核心技术的企业还不多,在国际市场上的综合技术竞争能力还不强。中国要尽快建成创新型国家的基本框架,就必须下大力气抓好企业的自主创新能力培育工作,尽快实现科技发展体制的政府主导型向企业主导型转变②。

(5)加强有利于科技创新的社会环境建设,努力构建创新型知识社会

科技发展需要适宜的土壤,良好的科技发展环境是一国科技、经济、社会可持续发展的基础。民众对科技创新的理解与支持,对于推动科学技术发展有很大的推动作用。我国建设创新型国家也需要不断提高全民族的科学文化素质,不断提高国家的整体科技创新水平。首先,大力弘扬科学精神,宣传科学思想,遏制学术腐败,努力培养创新精神,在全社会形成一种崇尚创新、尊重科学的社会风气。其次,以促进人的全面发展为目标,在全社会广为传播科学知识、科学方法、科学思想,提高全民族的科学文化素质。再次,加强国家科普能力建设,在全国合理布局并切实加强科普场馆建设,加强科研机构与公众的沟通交流,激发全民的创新热情。最后,倡导理性怀疑和批判,鼓励敢于探索,勇于冒尖,形成一种鼓励创新、

① 刘岩:《美国科技创新体系对我国创新型国家建设的启示》,渤海大学硕士论文,2013 年。
② 李安方:《建设创新型国家的韩国经验与中国借鉴》,《世界经济研究》,2006 年第 10 期。

容忍失败的良好社会环境。

(6) 高效健全的知识产权体系是创新型国家建设的有力保证

知识产权在增强国家经济科技实力和国际竞争力、维护国家利益和经济安全方面有着十分重要的作用，是我国成为创新型国家的重要保证和强劲动力。加强知识产权体系建设，大力提高知识产权创造、管理、保护、运用能力，是增强我国自主创新能力、建设创新型国家的迫切需要。首先，政府要进一步健全和完善知识产权创造、保护、开发的机制和环境。制定和完善与知识产权相关的法律、法规；建立完善的奖励机制和专利预警机制；促进专利的信息化，利用互联网提高专利信息的可获取性；健全知识产权咨询的社会服务体系；健全知识产权专业人才培养机制，加强国际交流与合作。其次，企业要建立完善的知识产权创造和保护体系。优化科技资源配置，积极拓展技术创新发展空间；设立专门的知识产权部门，为创新提供全程的信息服务；选择适宜的知识产权保护方式，提高知识产权保护效果；树立国际化的知识产权经营意识。再次，建立技术转移机构，促进高校、科研单位与企业的合作。该机构可以对技术成果评估后购买该技术，再转让给企业；也可以将高校、科研单位的技术成果中介给企业实施；还可以与知识产权的权利所有人成为共同合伙人与企业建立合作等。

(7) 完善的科技中介服务网络是创新型国家建设的桥梁和纽带

芬兰等国家的经验表明，中介服务机构在科技创新中发挥着桥梁和润滑剂的重要作用。完善的科技中介服务网络对政府、各类创新主体与市场之间的知识流动和技术转移发挥着关键性的促进作用，是促进科技成果商业化和技术创新的重要工具，是国家创新体系的重要一环。改革开放三十多年以来，我国科技中介服务得到了较大提高，但从总体上看，我国科技中介机构发展仍处于起步阶段：一是相当一部分科技中介机构服务水平、服务质量和人员素质偏低，缺乏竞争力；二是支持科技中介机构发展的公共信息基础设施薄弱，公共信息流通不畅；三是政府改革还不到位，对科技中介机构的管理和支持存在错位；四是缺乏促进和规范科技中介机构发展的政策法规体系，市场秩序不规范。对此，我国要适度扶持发展公共科技中介服务体系，建立国立科技中介机构。要大力鼓励和促进综合型非营利科技中介机构的发展。要通过培育市场需求、培养人才和制定法律规范等手段，促进专业型中介公司在市场竞争中大量出现和成长。国家应该实施人才培养计划，在学习国外的经验的基础上，建立起自身的科技中介人员培训系统。

第 2 章

中国创新型国家的建设历程

　　所谓创新型国家,就是那些将发展科技作为基本战略,大幅度提升科技创新能力,形成日益强大竞争优势的国家。走创新型国家发展道路,就是推动经济增长方式从要素驱动型向创新驱动型的根本转变,使科技创新成为经济社会发展的内在动力和全社会的普遍行为,最终依靠制度创新和科技创新实现经济社会持续协调发展。创新型国家建设的核心是构建良性运作的国家创新体系。

　　自改革开放以来,我国实施了一系列关于提高科技发展水平的政策措施——成立以管理科技发展为主的部门、制订系统的科技发展计划,以及明确提出科技发展方向等,并取得了一定成果。这为提高我国的科研创新能力,推动社会生产力变革,促进经济发展,从而提高我国的国际竞争力并为建设创新型国家夯实了科学技术基础。

2.1　中国科技发展规划的形成与演变

　　(1)"科学技术是第一生产力"引发思想大解放,"科教兴国"战略呼之欲出

　　20 世纪 80 年代末,正值世界新科技革命的前夕,科技发展呈现加速化、一体化趋势。各学科之间走向高度融合,科学研究的国际合作日益频繁。以跨国公司为首的经济全球化趋势日益明显,经济的全球化引发了全球科技体系、生产要素的重新配置和区位布局的基本改变。20 世纪 80 年代,我国科技发展在改革开放中迎来了新的春天。1982 年,党中央提出了"科学技术要面向经济发展,经济发展要依靠科学技术"的战略方针。1986 年 11 月,国务院启动实施了我国第一个基础研究的国家性计划——"高技术研究发展计划"即"863"计划,旨在提高我国的自主科技创新能

力。"863"计划及后期的"973"计划、自然科学基金资助项目等一系列的科技计划的实施为我国的创新型国家建设打下了坚实的基础。

1988年，邓小平同志在继1978年全国科技大会上深入阐述"科学技术是生产力"这一马克思主义理论的科学论断后，明确提出了"科学技术是第一生产力"。这一思想的提出将科学技术置于一个前所未有的重要地位，是党和国家在改革发展的实践中对科学技术重要地位和作用认识的不断深化。1993年，我国颁布了《科技进步法》，进一步为"科教兴国"战略的正式提出营造了良好的法律基础。

（2）"科教兴国"成为国家战略，并逐步深入人心

1995年，国务院在《关于加速科学技术进步的决定》中明确提出了实施"科教兴国"战略的重大决定，确立了我国在跨世纪之际要大力发展科技、振兴教育，把经济建设转移到依靠科技进步和提高劳动者素质的轨道上来。同年，"科教兴国"战略被正式列入《国民经济和社会发展"九五"计划和2010年远景目标的建设纲要》中，我国经济社会发展步入了一个全新的阶段。为了让"科教兴国"战略理念深入人心，国家通过颁布一系列政策法规等方式，大力宣传"科教兴国"战略对国民经济社会发展的作用。1996年，国家科技领导小组成立，国务院总理亲自担任领导小组组长，全国各个地方也相继成立了由主要领导人担任组长的科技领导小组或科教兴省（市、区）领导小组。通过国家和地区的大力宣传，"尊重知识、尊重人才""大力发展科技、教育""实现经济社会可持续发展"等观念逐步深入人心。"九五"规划中，全国共有近30个省（区）和计划单列市将"科教兴省"作为地区经济社会发展的重要战略，并大幅增加了科技投入。①

（3）以"加强技术创新、构建国家创新体系"为突破口，全面推进"科教兴国"战略

1997年12月，中国科学院向中央提交了《迎接知识经济时代，建设国家创新体系》的研究报告，在我国首次提出建设国家创新体系的建议和思路，开启了我国科技事业改革和发展的新视野。1999年，国务院批示中国科学院先行启动"知识创新工程"，作为国家创新体系试点。同年，《我国国民经济和社会发展第十个五年规划纲要》明确提出：面向知识经济时代的构建以知识创新系统、技术创新系统、知识传播系统和知识应用系统为

①　陈琪、盛建新：《从"科教兴国"到"建设创新型国家"的战略演进与特征分析》，《中国科技论坛》，2007年第5期。

主要内容的国家创新体系。推动"创新",构建"国家创新体系",成为贯彻"科教兴国"战略的重要突破。2002 年,我国制定了《2002—2010 年全国人才队伍建设规划纲要》,明确提出人才是"科教兴国"战略实施的智力保障,指出科技要"以人为本",科技发展要"依靠人""为了人""发展人"。2004 年,我国明确提出了要用科学发展统领经济社会发展全局,加强科技人才队伍建设成为科技领域落实科学发展观的集中体现。

(4) 自主创新成为战略基点,建设创新型国家成为"科教兴国"的新目标

2005 年 10 月 11 日,中国共产党第十六届中央委员会第五次全体审议通过了《中共中央关于制定国民经济和社会发展第十一个五年规划的建议》。该建议指出:"自主创新是提升科技水平和经济竞争力的关键,也是调整产业结构,转变经济增长方式的中心环节。要把增强自主创新能力作为国家战略,致力于建设创新型国家。要大力开发具有自主知识产权的关键技术和核心技术,努力提高原始创新、集成创新和引进消化吸收再创新的能力。"

2006 年,中共中央、国务院召开了新世纪第一次全国科技大会,发布了《国家中长期科学和技术发展规划纲要》,胡锦涛总书记发出了"坚持走中国特色自主创新道路,为建设创新型国家而努力奋斗"的号召,标志着我国科技发展战略乃至经济社会发展战略的重大转变,自主创新成为科技发展的战略基点和转变调整产业结构、转变增长方式的中心环节,成为新时期科技工作的核心。同年,《中共中央国务院关于实施科技规划纲要增强自主创新能力的决定》正式提出将建设创新型国家作为我国未来 15 年科技发展的战略目标。

2010 年 10 月,"十二五"规划中明确提出创新驱动、实施科教兴国和人才强国战略。要增强自主创新能力,坚持"自主创新、重点跨越、支撑发展、引领未来"的指导方针,加快建设国家创新体系,着力提高企业创新能力,促进科技成果向现实生产力转化,推动经济发展更多依靠科技创新驱动。

2.1.1 以 863 计划为核心的若干重大科技发展规划

"863"计划是我国第一个国家层面的技术发展计划,是由政府组织相关领域专家,对自然科学发展制订的科技计划,包括研究领域、项目资助和各项具体规定。

"863"计划的实施过程一直是根据国民经济发展情况和我国的科技水平变化而不断地进行动态调整的。在"863"计划实施之初,面对我国经济较为落后,且科技水平较低的现状,计划侧重于发展与国民经济密切相关的高

科技领域,发展方法主要是紧跟相关领域的国际发展状况,学习融合相关的高新技术。"863"计划对于重点领域的选择主要侧重于该领域对国民经济的作用,而不是同时发展所有高科技领域,目的是在 15 年内完成对重点领域的突破,更好地推动社会经济的发展,提高我国的国际竞争力。

"863"计划同火炬计划、攀登计划等其他国家科技发展计划相辅相成,不断地丰富着我国科技发展战略的内涵,即注重基础性学科研究的原始创新、建立在原始技术基础上的高科技创新和一切服务于国民经济发展的目标。

1988 年 8 月,由国家科技部组织实施的火炬计划是一项发展中国高新技术产业的指导性计划。火炬计划的宗旨是:实施科教兴国战略,贯彻执行改革开放的总方针,发挥我国科技力量的优势和潜力,以市场为导向,促进高新技术成果商品化、高新技术商品产业化和高新技术产业国际化。火炬计划明确提出要为高新技术发展创造条件;要建设和发展高新技术开发区;在实施火炬计划项目中要为中小企业科技创新提供资金支持,建立国家火炬计划软件产业基地及科技企业孵化器;要加强国际合作,努力促进高新技术的国际化发展以及注重教育,培养新一代的高科技人才。高新技术开发区成为我国高科技创新的依托,"863"计划和火炬计划为我国科技创新提供了强有力的政策支持。

2.1.2 市场化导向的科技体制改革和产学研结合模式

1995 年,"科教兴国"战略的提出及《关于加速科学技术进步的决定》的颁布进一步推动了我国科技体制改革。"科教兴国"战略阐释了科学技术是第一生产力,坚持教育为本,不断提高国家科技实力和向现实生产力转化的能力,把经济建设转移到依靠科技进步和提高劳动者素质的轨道上来。《关于加速科学技术进步的决定》明确了"科教兴国"战略强调的重点,即对基础科技创新和高科技创新的研究。

1996 年,《关于"九五"期间深化科学技术体制改革的决定》对科学技术体制改革方向提出了更为明确的思路——推动产学研结合,加速大学和科研机构科技创新成果产业化进程。国家在全国范围内大量成立科研中心、技术开发中心、博士后流动站及高新技术产业开发区等科学技术研究组织,这些组织丰富了科技体制的层次,密切了学校科研创新与企业发展之间的关系,同时营造了良好的社会创新氛围和具备中国特色的创新文化,推进了产学研结合,从而提高了科技创新成果的产业化效率。

同年,《"九五"全国技术创新纲要》明确了国家创新体系的三大主体:

以企业为主体、通过产学研合作的技术发展应用体系；以大学和科研机构为主体的科学技术研究体系；社会化的科技服务体系。三大主体相辅相成，致力于提高国家的科技竞争力，推进科技向世界先进水平靠拢。高新技术开发区的建立对促进我国科技创新成果产业化和推动产学研结合扮演着至关重要的角色。

2.2 创新型国家建设的初步架构

"863"计划是第一个国家层面的技术发展计划，已经提出并明确了自主创新对于社会经济发展的重要性。《"九五"全国技术创新纲要》明确了国家创新体系的三大主体，并以文件形式提出了自主创新战略。2005 年 10 月，胡锦涛同志在十六届五中全会上明确提出了建设创新型国家的重大战略思想，提出要加快建设国家创新体系。会议提出发展科技教育和壮大人才队伍是提升国家竞争力的决定性因素；要深入实施"科教兴国"战略和"人才强国"战略。科学技术发展要坚持自主创新、重点跨越、支撑发展、引领未来的方针，不断增强企业创新能力，加快建设国家创新体系。

2006 年 1 月，胡锦涛同志在全国科学技术大会上指出，要坚持走中国特色自主创新道路，到 2020 年把我国建设成为创新型国家。总体目标是：到 2020 年，使我国的自主创新能力显著增强，科技促进经济社会发展和保障国家安全的能力显著增强，基础科学和前沿技术研究综合实力显著增强，取得一批在世界具有重大影响的科学技术成果，进入创新型国家行列，为全面建设小康社会提供强有力的支撑。

建设创新型国家，核心就是把增强自主创新能力作为发展科学技术的战略基点，走出中国特色自主创新道路，推动科学技术的跨越式发展；就是把增强自主创新能力作为调整产业结构、转变增长方式的中心环节，就是建设资源节约型、环境友好型社会，推动国民经济又好又快发展；就是把增强自主创新能力作为国家战略，贯穿到现代化建设各个方面，激发全民族创新精神，培养高水平创新人才，形成有利于自主创新的体制机制，大力推进理论创新、制度创新、科技创新，不断巩固和发展中国特色社会主义伟大事业。[①]

---

① 胡锦涛：《坚持走中国特色自主创新道路，为建设创新型国家而努力奋斗——在全国科学技术大会上的讲话》，2006 年 1 月。

2.2.1 自主创新理念的形成与制度建设

"863"计划阐明了科技创新对于社会经济发展的重要性，强调了自主创新能力对于提高国际竞争力的重要作用，明确了自主研发掌握核心技术的目标。"863"计划中对于科技领域研究的要求首先是强调原始创新，根据实际情况，有选择地对基础学科进行重点突破，进行高水平的创新。同时，不断推进科技创新成果的产业化进程，强调产学研结合，运用科技创新来不断提高企业的竞争力。然后是强调集成创新、二次创新，将不同领域、不同学科的创新要素进行有机融合，升级传统产业。"863"计划作为第一个国家层面的自主创新计划也有其不足，主要是其对重点研究领域的划分、科研创新的投入和科研创新成果的评估都受到了政府主导的限制，并不能很好地发挥出以企业为主体的创新模式的活力。

"863"计划随着我国科技水平的发展而不断发展。在科技创新目标上，强调原始创新的基础性创新的同时，开始注重有利于科技创新成果产业化的集成创新和二次创新等；在创新方法上，从模仿创新向自主创新转变；在重点的研究领域上，根据国际创新发展变化和我国的基本国情不断进行有侧重的调整。

自主创新作为我国的国家战略，要求以企业为主体，不断深入对于科学技术的研究，锻炼科技创新能力，提高企业竞争力，加快科研创新成果产业化进程，构建国家的科研创新体系，实施各项创新政策法律，不断完善创新结构系统。1998年，中国科学院开展创新工程试点，力求在2010年前后，中科院能作为国家科技创新中心，拥有世界先进水平的科学技术和良好的科技创新能力，并且能够为国家科技创新培养出大批高科技人才。中科院试点工作强调的是对于原始创新的重视和对于新兴学科创新能力的培养，为我国创新型国家建设积累了雄厚的知识基础和提高创新能力的基础。随后，国家根据"863"等创新计划执行后的科技创新的发展现状，提出了以市场为导向、以企业为主体的科技体制改革，以进一步促进科研创新成果产业化和推动创新体系建设。

《国家中长期科学和技术发展规划纲要（2006—2020）》提出要以"自主创新，重点跨越，支撑发展，引领未来"为主导方针，全面贯彻落实自主创新战略。纲要要求到2020年，我国科学技术发展要达到如下目标：自主创新能力显著增强，科技促进经济社会发展和保障国家安全的能力显著增强，为全面建设小康社会提供强有力的支撑；基础科学和前沿技术研究综合实力显著增强,取得一批在世界具有重大影响的科学技术成果,进入创新型国家行列,为在本世纪中叶成为世界科技强国奠定基础。

《国家中长期科学和技术发展规划纲要(2006—2020)》将我国创新体系建设分为五个方面进行了阐述:一是建设以企业为主体,产学研结合的技术创新体系;二是科学研究与高等教育有机结合的知识创新体系;三是军民结合的创新体系;四是中央与地方科技力量有机结合,发挥高校、科研院所和国家高新技术产业开发区在区域创新体系中的重要作用,建设各具特色和优势的区域创新体系;五是建设社会化、网络化的科技中介服务体系。对于国家创新体系建设,纲要提出要在适应社会主义市场经济体制和符合科技发展规律的前提下,对科技发展进行合理的规划,争取在重点发展的科技领域取得创新性成果,使我国的科技水平不断进步。

2007 年,科技部颁布了《国家高新技术产业化及其环境建设(火炬)"十一五"发展纲要》(以下简称《火炬纲要》)和《国家高新技术产业开发区"十一五"发展规划纲要》(以下简称《高新区纲要》)来配合自主创新战略部署,建设创新型国家。

为了营造良好的环境,针对创新成果产业化过程中遇到的问题,《火炬纲要》提出了九大工作重点:一是建立有利于自主创新的高新技术产业化体制机制;二是推进高新技术企业的自主创新能力建设;三是加强高新技术产业化基地建设;四是推动技术市场和技术转移体系发展与完善;五是加快科技企业辅育体系建设;六是加强创新集群服务体系建设;七是完善高新技术产业化投融资体系;八是促进高新技术产业化人才队伍建设;九是加强高新技术产业国际化工作。

《高新区纲要》中明确提出"十一五"期间的四大重点任务在于"完善创新创业环境,壮大高新技术产业,推进产业专业集聚,提升自主创新能力"。同时,考虑到科技发展与环境保护之间的关于可持续发展的问题,《高新区纲要》还制定了相关的环境保护措施,努力缓和科技发展与环境保护之间的关系,坚决不走"先污染后治理"的老路。

2.2.2 国家创新体系的架构和"产学研"合作模式

国家创新体系是以政府为主导,充分发挥市场配置资源的基础性作用,各类科技创新主体紧密联系和有效互动的社会系统。中国特色国家创新体系主要由技术创新体系、知识创新体系、国防科技创新体系、区域创新体系、科技中介服务体系 5 个部分组成,具体结构如图 2.1 所示。因

此,建设中国特色国家创新体系也分解为 5 项内容:

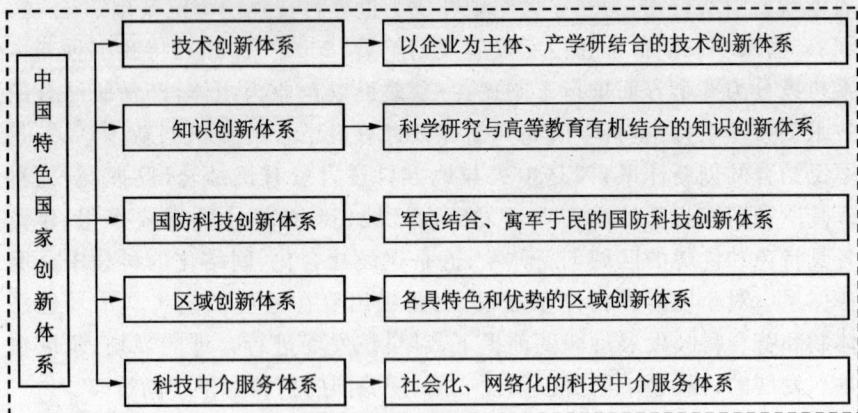

图 2.1 中国特色国家创新体系的构成

第一,建设以企业为主体、产学研结合的技术创新体系。这是全面推进国家创新体系建设的突破口。只有以企业为主体,才能坚持技术创新的市场导向,有效整合产学研的力量,切实增强国家竞争力。只有产学研结合,才能更有效配置科技资源,激发科研机构的创新活力,并使企业获得持续创新的能力。

第二,建设科学研究与高等教育有机结合的知识创新体系。以建立开放、流动、竞争、协作的运行机制为中心,促进科研院所之间、科研院所与高等院校之间的结合和资源集成,加强社会公益科研体系建设,发展研究型大学。努力形成一批高水平的、资源共享的基础科学和前沿技术研究基地。

第三,建设军民结合、寓军于民的国防科技创新体系。从宏观管理、发展战略和计划、研究开发活动、科技产业化等多个方面,促进军民科技的紧密结合,加强军民两用技术的开发,形成全国优秀科技力量服务国防科技创新、国防科技成果迅速向民用转化的良好格局。

第四,建设各具特色和优势的区域创新体系。充分结合区域经济和社会发展的特色和优势,统筹规划区域创新体系和创新能力建设,深化地方科技体制改革,促进中央和地方科技力量的有机结合。发挥高等院校、科研院所和国家高新技术产业开发区在区域创新体系中的重要作用,增强科技创新对区域经济社会发展的支撑力度。加强中、西部区域科技发展能力建设。切实加强县(市)等基层科技体系建设。

第五，建设社会化、网络化的科技中介服务体系。针对科技中介服务行业规模小、功能单一、服务能力薄弱等突出问题，大力培育和发展各类科技中介服务机构，充分发挥高等院校、科研院所和各类社团在科技中介服务中的重要作用，引导中介服务结构向专业化、规模化和规范化方向发展。①

国家创新体系强调产学研的结合，即要求大学和科研机构的科研创新要为企业增加经济效益服务，企业要重视对大学和科研机构进行科研创新投入，从而提高科技创新成果向社会生产力的转变效率。"863"计划中对于重点研究领域的划分、科研创新的投入和科研创新成果的评估都受到了政府主导的限制，而对于科研创新计划的实施则主要由大学和科研机构进行，并没有很好地发挥以企业为主体的创新模式的活力。

1996 年对于"863"计划的第一次评估从两方面对计划的效果进行了阐述。一方面，"863"计划促进了科技水平和产业竞争力的提高，基本实现了科技发展的阶段性目标。另一方面，由于"863"计划所固有的国家主导色彩，使得科技进步作用于经济发展的效果并不明显。对于"863"计划的第二次评估肯定了计划立足于我国基本国情，促进科学技术发展，缩小了与发达国家间的差距，在一些关键领域对赶超世界先进水平发挥了积极作用，指出了科技成果产业化过程中的急躁情绪，但没有对产业化问题进行专门的阐述。

"七五"间，直接参与科研创新的企业较少；"八五"期间"863"项目中，有企业参与的项目也只占到 11.3%，可见"863"计划对于促进产学研结合，建立以企业为主体的国家创新体系作用不大。其中，值得一提的由企业参与的科研创新项目是关于计算机集成制造系统和智能机器人的研究，该研究提高了企业的市场竞争能力，也被广泛应用到了多家企业中。

"八五"规划后，国家及时调整了"863"计划的目标，实施了一系列旨在提高企业进行科研创新积极性的政策措施。20 世纪 90 年代中期，企业处于所有制改革的关键时期，市场竞争愈发激烈，企业技术水平和科研创新能力低下，国家实施的激励性政策并没有将企业科技创新的积极性很好地调动起来。

"九五"至"十一五"期间，"863"计划更侧重于进行科技创新和对科研创新产品的产业化过程。同时，不断强调以企业为主体的国家创新体系，

① 黄苇町：《建设创新型国家学习问答》，红旗出版社，2006 年。

加大促进产学研结合。为了激发企业的科研创新热情，立足于有利于企业的原则，实施了一系列针对企业科研创新的优惠政策，例如在课题申报中明确企业的参与、加大对于优势企业科研创新的投入等。自此，企业科研创新能力弱、科技创新成果少的状况得到有效改善。

"十二五"期间，"863"计划要继续坚持"战略性、前沿性和前瞻性"，发扬"公正、创新、求实、协作、奉献"的"863"精神，要不断加强协同与继承，优化资源配置，形成合力；要注重人才、基地和项目统筹；要扩大开放和国际合作。

2.3 中国创新能力的国际化水平

《2013 年全球创新指数报告：区域创新动态》是由美国康奈尔大学、欧洲工商管理学院（INSEAD）、世界知识产权组织（WIPO）共同撰写出版的。博思艾伦咨询公司、印度工业联合会和华为等合作伙伴对其进行了完善。2013 年的全球创新指数（GII）报告包括 142 个经济体，代表全球 94.9％的人口以及全球 98.7％的生产总值。借助《2013 年全球创新指数报告：区域创新动态》，既可以全面了解全球 142 个经济体的创新发展水平，也可以更好地定位我国的创新发展水平，找到加快我国由资源消耗型的经济发展模式向创新驱动型转变的路径。①

2.3.1 创新整体视角：全球创新指数的内容框架

全球创新指数由创新投入次级指数和创新产出次级指数两大部分共 84 个指标组成。GII 的框架结构与具体指标分别如图 2.2 和表 2.1 所示。

（1）创新投入次级指数。国家通过加大投入推进创新活动，其创新投入包括五大方面：① 制度；② 人力资本与研发；③ 基础设施；④ 市场成熟度；⑤ 企业成熟度。

（2）创新产出次级指数。创新产出体现在两大方面：⑥ 知识和技术产出；⑦ 创新产出。

（3）全球创新指数得分。是创新投入次级指数和创新产出次级指数的简单算术平均。

（4）创新效率比率。是创新产出次级指数与创新投入次级指数之比。

---

① 《2013 年全球创新指数报告：区域创新动态》。

```
                                                          ┌─ 政治环境
                                         ┌─ 制度 ─────────┼─ 监管环境
                                         │                └─ 商业环境
                                         │                ┌─ 教育
                                         ├─ 人力资本与研发 ┼─ 高等教育
                                         │                └─ 研究与试验发展
                                         │                ┌─ 信息和通信技术
                           ┌─ 创新投入 ──┼─ 基础设施 ─────┼─ 一般性基础设施
                           │   次级指数   │                └─ 生态可持续性
                           │             │                ┌─ 信贷
                           │             ├─ 市场成熟度 ───┼─ 投资
                           │             │                └─ 贸易与竞争
                           │             │                ┌─ 知识型工人
                           │             └─ 企业成熟度 ───┼─ 创新链
全球创新 ── 全球效率 ──────┤                               └─ 知识吸收
指数（得分） 比率          │                                ┌─ 知识创新
                           │             ┌─ 知识和技术产出┼─ 知识影响
                           └─ 创新产出 ──┤                └─ 知识扩散
                               次级指数   │                ┌─ 无形资产
                                         └─ 创新产出 ─────┼─ 创意产品和服务
                                                          └─ 网络创新
```

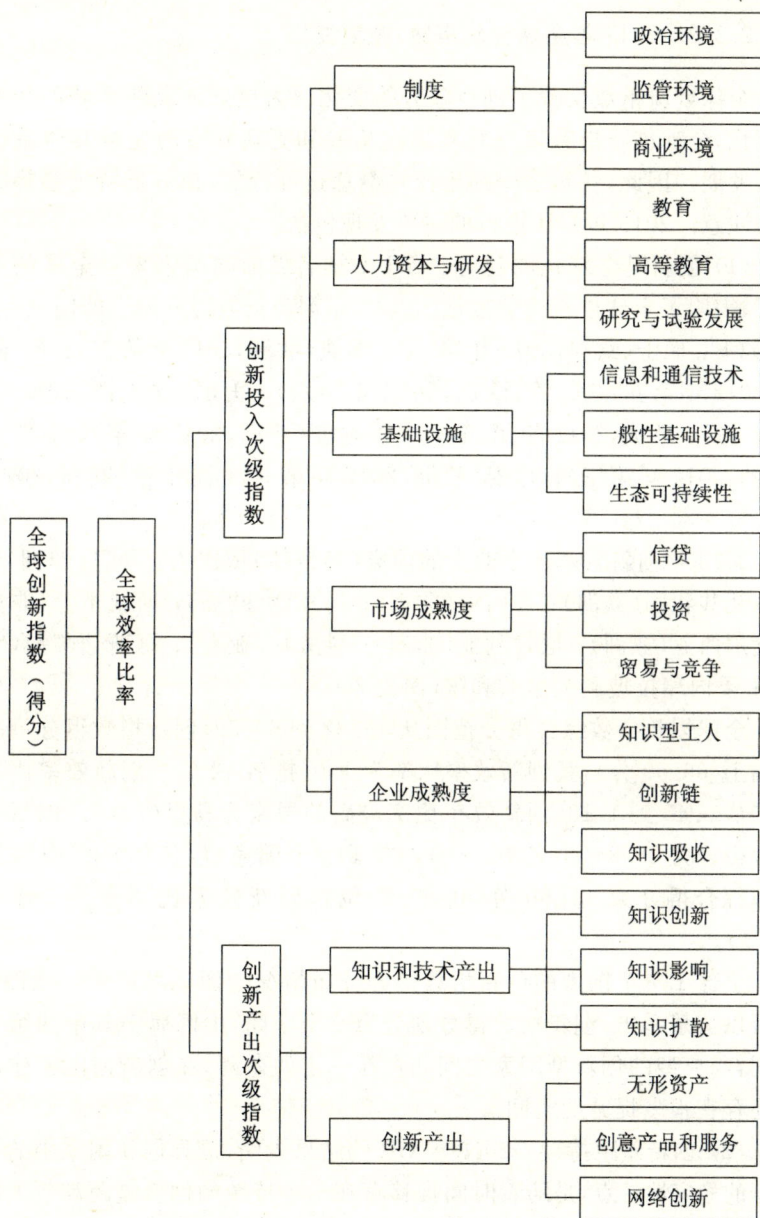

图 2.2　2013 年全球创新指数的构架①

———————————

① 《2013 年全球创新指数报告：区域创新动态》。

2.3.2　2013 年全球创新指数:主要发现

全球创新指数反映了创新趋势的变化。为更好地反映全球创新方面的变化,全球创新指数模型每年通过检验和更新其中的变量其体系也在不断发展。因此,各年之间的比较并不总是可行的,在分析特定趋势时要尤为注意。2013 年 GII 报告的主要发现包括:

(1) 创新是全球化的趋势。GII 中排名靠前的国家来自全球的不同地区,表明了全球创新的分散性。2013 年创新指数得分前十的国家(经济体)如下:瑞士(欧洲,2012 年第一);瑞典(欧洲,2012 年第二);英国(欧洲,2012 年第五);荷兰(欧洲,2012 年第六);美国(北美洲,2012 年第十);芬兰(欧洲,2012 年第四);中国香港(亚洲,2012 年第八);新加坡(亚洲,2012 年第三);丹麦(欧洲,2012 年第七);爱尔兰(欧洲,2012 年第九)。

2013 年创新效率比率前十的国家(经济体)依次为:马里(非洲);摩尔多瓦共和国(欧洲);几内亚(非洲);马耳他(欧洲);斯威士兰(非洲);印度尼西亚(亚洲);尼日利亚(非洲);科威特(亚洲);哥斯达黎加(北美洲);委内瑞拉玻利瓦尔共和国(南美洲)。

全球创新指数综合得分范围从 19.32 到 66.59,创新指数得分最高的为瑞士(66.59 分),其创新效率比率为 1.0(排名 12 位);创新效率比率的范围从 0.45 到 1.13,创新效率比率最高的国家为马里(1.13),创新指数综合得分为 28.84(排名 106 位)。在 142 个国家(经济体)中,中国创新指数综合得分为 44.66 分(排名 35 位),创新效率比率为 0.98(排名 14 位)。

全球 137 个国家的创新指数得分分布情况如图 2.3 所示。从图 2.3 中可以清楚看出,创新指数得分划分为 6 个区间,中国属于其中的第二个区间,与典型的创新型国家之间还存在一定的差距,在创新型国家建设方面还存在很多提升的空间。

(2) 创新差距持续。2013 年 GII 的结果表明,最具创新国家中的一个显著的稳定性特点,是随着时间推移存在一个持续的创新差距和较大的创新离散程度。2013 年的创新结果依旧与收入水平保持相对高的相关性,富裕、高收入经济体与低收入经济体之间的差异性较为明显。25 名最具创新能力的经济体与以往的结果几乎相同。尽管在过去三年中最具创新能力的国家的排名顺序发生了变化,但依然没有新成员进入前 25 名的名单中。

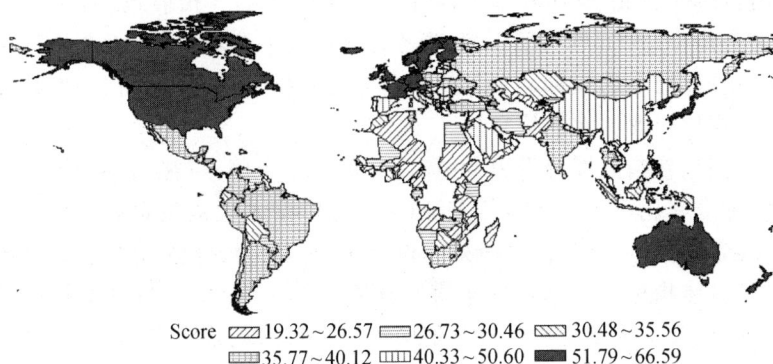

Score 19.32~26.57 26.73~30.46 30.48~35.56
35.77~40.12 40.33~50.60 51.79~66.59

图 2.3　全球 137 个国家创新指数综合得分

（3）一些国家正在学习并快速提升他们的创新能力。2013 年 GII 的结果证实了 2012 年观测到的趋势，所研究的新兴中等收入国家在创新方面发展得非常好，GII 排名也有所提升。18 个新兴国家的表现超过了同类的其他国家，其中包括中国。

（4）金砖国家在 GII 排名中落后。2012 年 GII 假定整体的、以知识为基础的创新增长战略是合适的：该策略假定创新能力的提升源于 GII 多投入、多产出维度的持续提升，以及这些提高应该与大的社会分工和经济相协调。金砖国家总体 GII 排名（金砖国家中没有一个国家突破前 25 名），佐证了中等收入国家要获得基础深厚和持续的创新提高面临诸多挑战。相比于 2012 年，2013 年创新指数排名中，金砖国家相对停滞或者部分下滑，重复了 2012 年的过程。其中，中国位居 35 位，相比于 2012 年下降了 1 名，相比于 2011 年下滑了 6 名。

2.3.3　中国创新能力发展情况

2013 年的 GII 包括 84 个指标和三种类型的数据。表 2.1 中，综合指标以星号（＊）识别，来自世界经济论坛的问卷调查结果以短剑符号（†）表示。

表中最右边的实心圆圈表明该指标是该国家（经济体）的优势指标，空心圆圈表示该项指标是该国家的劣势指标。所有顶级排名（第一）作为优势进行强调；对于剩下的指标，优势或者劣势基于国家（经济体）落后于本国（经济体）得分的百分比。

对于一个特定的经济体，优势指标（●）是哪些百分比排名的分数大于该经济体 84 个指标中第十大百分比排名的指标。相似地,对于该经济体,劣势指标(○)是哪些百分比排名的分数低于该经济体 84 个指标中第十小百分比排名的指标。百分比排名与简单排名及允许存在缺失数据时的排名相比包含更多的信息量。

中国创新指数综合得分为 44.66,在 142 个国家(经济体)中排名 35 位;创新效率比率为 0.98,排名 14 位;创新投入次级指标得分为 45.19 分,排名 46 位;创新产出次级指标得分为 44.12 分,排名为 25 位。从下面列举的具体指标及数据可以很直观地看出 2013 年中国各创新指标的发展情况,以及中国相比于世界其他国家(经济体)的优势和劣势所在,有助于中国针对实际情况做出改进和提高。

中国创新能力指标①

人口(百万) ……………………………………………… 1 374.0
国内生产总值(十亿美元) ……………………………… 8 250.2
人均 GDP(PPP $) ………………………………………… 9 146.4
所属收入组别 …………………………………… 中上等收入国家
所在区域 …………………………………………… 东南亚和大洋洲

得分(0~100)或实际数值　排名

全球创新指数(142 个国家) ……………………… 44.7 　　35
创新产出次级指数 ………………………………… 44.1 　　25
创新投入次级指数 ………………………………… 45.2 　　46
创新效率比率 ……………………………………… 1.0 　　14
2012 年的全球创新指数(基于 2012 年的 GII)…… 45.4 　　34

表 2.1　全球创新指数(中国)

指标 层次	指标	得分 (0~100)或 值(实际数据)	排名	优劣势
1	**制度**	48.3	113	
1.1	政治环境	39.2	126	○
1.1.1	政治稳定性*	49.0	106	

---

① 数据来源:《2013 年全球创新指数报告:区域创新动态》。

指标层次	指标	得分 (0~100)或 值(实际数据)	排名	优劣势
1.1.2	政府效率*	41.7	58	
1.1.3	新闻自由度*	26.9	138	○
1.2	监管环境	50.3	116	○
1.2.1	监管能力*	44.3	89	
1.2.2	法治指数*	34.8	87	
1.2.3	裁员成本(周)	27.4	118	○
1.3	商业环境	55.5	98	
1.3.1	创业的难易程度*	67.5	118	○
1.3.2	企业处理破产的能力*	38.5	73	
1.3.3	缴税的能力*	60.5	98	
2	**人力资本和研发**	40.6	36	
2.1	教育	68.7	20	
2.1.1	当前教育经费占国民收入比重(%)	n/a	n/a	
2.1.2	生均教育公共支出占人均GDP比重(%)	n/a	n/a	
2.1.3	学生受教育的平均年限(年)	11.9	88	
2.1.4	学生在阅读、数学及科学方面的能力	576.8	1	●
2.1.5	中学生数与教师数之比	15.2	70	
2.2	高等教育	11.7	120	○
2.2.1	高等教育入学率(%)	26.8	80	
2.2.2	高等教育毕业生中科学和工程学专业学生所占比重(%)	n/a	n/a	
2.2.3	来本国留学生占本国高等教育学生比重(%)	0.3	98	○
2.2.4	出国留学生占本国高等教育学生比重(%)	0.5	100	

指标层次	指标	得分（0～100）或值（实际数据）	排名	优劣势
2.3	研究与试验发展（R&D）	41.5	24	
2.3.1	每百万人中研究人员所占比重（/mn pop）	1302.9	46	
2.3.2	R&D 经费占 GDP 比重（%）	1.8	21	
2.3.3	本国前三名大学的平均得分*	74.9	9	
3	**基础设施**	39.8	44	
3.1	信息和通信技术（ICTs）	32.9	75	
3.1.1	信息和通信技术（ICT）的普及情况*	41.2	77	
3.1.2	信息和通信技术（ICT）的使用情况*	16.6	77	
3.1.3	政府网上服务情况*	52.9	59	
3.1.4	公民网上参与情况*	21.1	64	
3.2	一般性基础设施	48.7	13	
3.2.1	电量输出（千瓦时/人）	3118.7	62	
3.2.2	电量消耗（千瓦时/人）	2942.3	61	
3.2.3	物流绩效*	63.0	24	
3.2.4	资本形成总额占 GDP 比重（%）	47.8	2	●
3.3	生态可持续性	37.9	38	
3.3.1	单位能耗的 GDP（2000 PPP $ /kg oil eq）	3.7	101	○
3.3.2	环境绩效*	42.2	111	○
3.3.3	ISO14001 环保认证数（/bn PPP $ GDP）	7.3	11	
4	**市场成熟度**	54.2	35	
4.1	信贷	41.5	55	
4.1.1	获取贷款的难易程度*	62.5	68	

指标层次	指标	得分 (0～100)或 值(实际数据)	排名	优劣势
4.1.2	私营企业国内信贷占 GDP 比重(%)	127.0	20	
4.1.3	小额贷款总额占 GDP 比重(%)	0.2	59	
4.2	投资	46.5	21	
4.2.1	保护投资者的力度*	50.4	96	
4.2.2	市场资本化程度(%)	46.3	38	
4.2.3	股票交易总额占 GDP 比重(%)	104.8	7	
4.2.4	风险资本交易量(/tr PPP $ GDP)	0.0	37	
4.3	贸易与竞争	74.7	83	
4.3.1	适用关税税率(%)	4.0	71	
4.3.2	非农产品市场准入的税率(%)	2.5	129	○
4.3.3	本地市场的竞争程度†	71.7	35	
5	**企业成熟度**	42.9	33	
5.1	知识型工人	62.9	28	
5.1.1	知识密集型行业的就业情况(%)	7.4	98	○
5.1.2	提供专业培训的企业占企业总数比重(%)	84.8	1	●
5.1.3	企业 R&D 投入占 GDP 比重(%)	1.3	17	
5.1.4	企业资金占 R&D 经费总额比重(%)	71.7	4	●
5.1.5	GMAT 平均分	591.0	7	●
5.1.6	参加 GMAT 的人数(/mn pop. 20～34)	183.5	34	
5.2	创新链	27.9	61	

指标 层次	指标	得分 (0~100)或 值(实际数据)	排名	优劣势
5.2.1	产学研合作†	56.2	33	
5.2.2	集聚发展情况†	59.7	22	
5.2.3	国外资金占 R&D 经费总额比重(%)	1.3	75	○
5.2.4	合资企业及战略联盟交易量(/tr PPP $ GDP)	0.0	55	
5.2.5	至少三方共享的专利族数(/bn PPP $ GDP)	0.3	30	
5.3	知识吸收	38.0	24	
5.3.1	版税和许可费用占服务进口总额的比重(%)	6.2	21	
5.3.2	高技术产品净进口占净进口总额的比重(%)	22.3	5	●
5.3.3	通信、计算机和信息服务进口额占服务进口总额的比重(%)	2.1	105	
5.3.4	外商直接投资净流入量占 GDP 比重(%)	3.0	70	
6	**知识和技术产出**	56.4	2	●
6.1	知识创新	66.5	3	●
6.1.1	国内专利申请数量(/bn PPP $ GDP)	36.8	1	●
6.1.2	国际专利申请数量(/bn PPP $ GDP)	1.5	28	
6.1.3	国内实用新型申请数量(/bn PPP $ GDP)	51.4	1	
6.1.4	科技期刊数(/bn PPP $ GDP)	14.4	59	
6.1.5	文献引用的 H 指数	353.0	17	
6.2	知识影响	65.5	2	●
6.2.1	就业人员人均 GDP 的增长率(%)	8.8	3	●
6.2.2	新公司分布密集度(/th pop. 15~64)	n/a	n/a	

续表

指标层次	指标	得分(0～100)或值(实际数据)	排名	优劣势
6.2.3	购买或租用计算机软件支出占GDP比重(%)	0.4	27	
6.2.4	ISO9001质量认证数(/bn PPP $ GDP)	29.0	15	
6.2.5	高科技和中高科技制造业产出占制造业总产出比重(%)	43.1	16	
6.3	知识扩散	42.1	21	
6.3.1	版税和发放许可证收入占服务出口总额的比重(%)	0.5	55	
6.3.2	高技术产品净出口占净出口总额比重(%)	28.5	3	●
6.3.3	通信、计算机和信息服务出口额占服务出口总额比重(%)	7.6	60	
6.3.4	外商直接投资净流出量占GDP比重(%)	0.7	54	
7	创新产出	31.9	96	
7.1	无形资产	42.8	72	
7.1.1	国内商标注册数(/bn PPP $ GDP)	82.0	12	
7.1.2	国际商标注册数(/bn PPP $ GDP)	0.2	52	
7.1.3	ICTs对商业模式创新的影响程度†	62.0	48	
7.1.4	ICTs和组织模式创新的影响程度†	60.9	35	
7.2	创意产品和服务	34.4	69	
7.2.1	音像业及相关服务出口额占服务出口总额比重(%)	0.1	54	
7.2.2	国内电影产量(/mn pop. 15～69)	0.6	87	○
7.2.3	报纸发行量(/th pop. 15～69)	11.7	49	
7.2.4	印刷和出版业产出占制造业总产出比重(%)	0.6	86	○

指标层次	指标	得分(0~100)或值(实际数据)	排名	优劣势
7.2.5	创意产品出口额占产品出口总额比重(%)	15.4	1	●
7.3	网络创新	7.4	136	○
7.3.1	通用顶级域名数(gTLDs)(/th pop. 15~69)	2.4	80	
7.3.2	国家顶级域名数(ccTLDs)(/th pop. 15~69)	27.1	62	
7.3.3	维基百科月编辑量(/mn pop. 15~69)	44.6	123	○
7.3.4	YouTube 视频上传量(/pop. 15~69)	0.0	142	○

注:表中●表示优势;○表示劣势;＊表示指数;†表示问卷结果;n/a 表示数据不可获取或失效。

1.1.3 指新闻的言论自由程度,对 2011 年 12 月 1 日至 2012 年 11 月 30 日所发生事件报道的评判。

1.2.1 指对私营部门的监管。

1.2.3 指预先通知裁员需要的成本加上遣散费,按支付薪水的周数计算,每月按 4 周加 1/3 周计,不满 8 周的按 8 周计。

2.1.4 基于 OECD 的国际学生能力评估计划中的一个关于 15 岁的学生在阅读、数学及科学方面表现的调查。中国调查的是上海的学生,印度调查的是喜马偕尔邦和泰米尔纳德邦的学生,阿拉伯联合酋长国调查的是迪拜的学生,委内瑞拉玻利瓦尔共和国调查的是米兰达的学生。

2.3.3 QS 世界大学排名前 700 名中本国前三名大学的平均得分。QS 世界大学排名是由 Quacquarelli Symonds(QS)所发布的年度世界大学排名。

3.1.1 由每百户拥有的固定电话数、每百户拥有的移动电话数、每个网络用户的网络带宽、拥有电脑的家庭占比以及能连网的家庭占比等五个指标加权计算得出,权重均为 20%。

3.1.2 由网络用户占比、每百户中使用有线宽带的户数、每百户中使用无线宽带的户数等三个指标加权计算得出,权重均为 33%。

3.1.3 包括政府网上服务发展的四个阶段:提供有限的基本信息;提供诸如政策、法律、规章等重要信息以及数据下载服务;提供政府与民众交流互动的服务,包括缴税、办理身份证、出生证、护照等服务;提供政府和民众共同参与政策制定的服务。

3.3.1 每千克石油产出的 GDP,GDP 用 2000 年的美元购买力平价计算。

3.3.3 每十亿美元购买力平价 GDP 的环保认证数,基于 ISO14001 环境管理体系。

4.2.2 上市公司总市值占 GDP 比重。

4.2.4 每万亿美元购买力平价 GDP 的风险资本交易量,核算期从 2012 年 1 月 1 日至 2012 年 12 月 31 日。

4.3.1 所有产品的适用关税税率的加权平均。

4.3.2　本国贸易的五个主要出口市场的适用关税税率的加权平均。

5.1.1　知识密集型行业的雇员占所有就业人数比重。

5.1.5　不同地区 GMAT 的平均分,按照参加 GMAT 考试人数的比重进行加权计算。GMAT 是美国的管理专业研究生入学考试。

5.1.6　每百万 20～34 岁的人中参加 GMAT 的人数。

5.2.2　企业、供应商、生产商以及相关机构的集聚情况。

5.2.4　每万亿美元购买力平价 GDP 的合资企业及战略联盟交易量,核算期从 2012 年 1 月 1 日至 2012 年 12 月 31 日。

5.2.5　每十亿美元购买力平价 GDP 的至少三方共享的专利族数。

6.1.1　每十亿美元购买力平价 GDP 的国内专利申请数量,在国内专利局申请。

6.1.2　每十亿美元购买力平价 GDP 的国际专利申请数量,基于专利合作条约(Patent Cooperation Treaty)。

6.1.3　每十亿美元购买力平价 GDP 的国内实用新型申请数量,在国内专利局申请。

6.1.4　每十亿美元购买力平价 GDP 的科技期刊数。

6.1.5　H 指数是指 1996—2011 年间至少收到 H 引用的出版期刊数量。

6.2.1　2007—2008 年就业人员人均 GDP 的增长率,基于 1990 年的美元购买力平价。

6.2.2　每千个 15～69 岁人注册的新公司数量。

6.2.4　每十亿美元购买力平价 GDP 的质量认证数,基于 ISO9001 质量管理体系。

7.1.1　每十亿美元购买力平价 GDP 的国内商标注册数量。

7.1.2　每十亿美元购买力平价 GDP 的国际商标注册数量,基于商标国际注册马德里体系(Madrid system)。

7.2.2　每百万 15～69 岁人的国内电影产量,电影是指超过 60 分钟的影片。

7.2.3　每千个 15～69 岁人的报纸发行量,报纸是指每周至少发行 4 期的日报。

7.3.1　每千个 15～69 岁人的通用顶级域名数。

7.3.2　每千个 15～69 岁人的国家顶级域名数。

7.3.3　每个 15～69 岁人每月的维基百科编辑量。

7.3.4　每个 15～69 岁人上传 YouTube 视频的数量。

从表 2.1 可以清楚看出在所研究的 142 个国家(经济体)中,中国在创新型国家建设过程中的优势和劣势所在。中国在政治环境(新闻自由度)、监管环境(裁员成本)、商业环境(创业的难易程度)、高等教育(来本国留学生占本国高等教育学生比重)、生态可持续性(单位能耗的 GDP、环境绩效)、贸易与竞争(非农产品市场准入的税率)、知识型工人(知识密集型行业的就业情况)、创新链(国外资金占 R&D 经费总额比重)、创意产品和服务(国内电影产量、印刷和出版业产出占制造业总产出比重)以及网络创新(维基百科月编辑量、YouTube 视频上传量)等方面均处于劣势地位,在经济发展过程中、在创新型国家建设道路上要逐步改进与提升。而中国在教育(学生在阅读、数学及科学方面的能力)、一般性基础设施(资本形成总额占 GDP 比重)、知识型工人(提供专业培训的企业占企业总数比重、企业资金占 R&D 经费总额比重、GMAT 平均分)、知识吸收(高技术产品净进口占净进口总额的比重)、知识创新(国内专利申请数量)、知识影响(就业人员人均 GDP 的增长率)、知识扩散(高技术产品净出口占净出口总额比重)以及创意产品和服务(创意产品出口额占产品出口总额比重)等方面在 142 个国家(经济体)中处于优势地位,在以后的经济发展过程中应继续加强与提升。

从上述比较和分析来看,在创新国家建设的过程中,需要处理好以下几个方面的问题:第一,创新资源投入需要与创新的高效率相结合。资源的投入是创新的基础环节,也是实现创新产品和带动发展的前提,但大量的资源投入不一定带来创新能力的提升,其间需要创新效率的不断提高相配合。因此,要提升中国的创新水平,应注重创新与产业的结合。第二,创新价值的实现是创新能力提升的直观表现。创新过程的重要目的就是通过创新活动的开展,能够将新方法、新技术、新概念应用到实际生产和管理部门,有效提高生产效率,实现经济发展和管理水平的提高。第三,文化和金融是创新的重要方面,也为创新提供环境支持。文化创新体现在对创新观念的学习和接受能力上,特别是在管理能力上的不断学习和提高。

2.3.4 中国创新型国家纵向发展水平

2.3.3 着重分析了中国 2013 年创新能力的国际化发展水平,为更清晰地表示中国创新能力的时序发展水平,笔者通过查阅 2009—2013 年全球创新指数报告,整理绘制出了中国各年份创新指数、创新产出指数、创新投入指数的折线图,如图 2.4 所示。各年创新指数编制方法、所选指标的不同,使得创新指数、创新产出指数、创新投入指数及创新效率比率数值之间的年际可比性较差,而中国各年份相关指标的国际排名具有一定的参考价值。

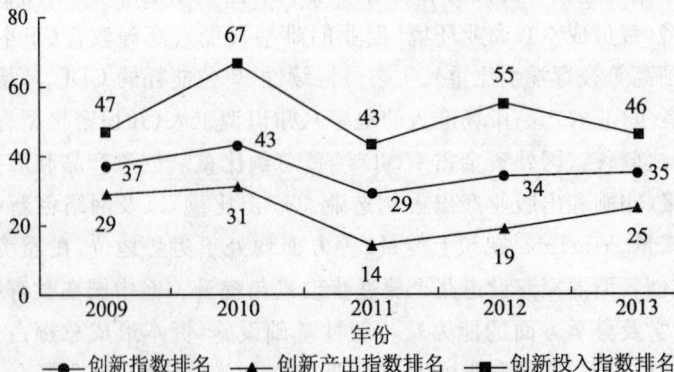

图 2.4 中国 2009—2013 年创新指数排名

从图 2.4 可以清楚看出中国 2009—2013 年创新指数、创新投入指数及创新产出指数全球排名的相关情况。2011 年是中国三个创新指数排名最高的一次,创新指数排名 29 位。2009—2013 年,创新指数位于创新产出指数与创新投入指数之间,创新投入指数还有很大提升空间。

2010—2013 年,中国的创新投入产出效率比率分别为 0.82、1、1.1、1,在全球的排名分别为 14、3、1、14 名。因此,不断提高中国的创新投入及产出比率也是中国跻身创新型国家行列所迫切需要解决的问题。

2.4 中国创新型省份的建设历程

从创新型国家到创新型省份,再到创新型城市,本质上反映的是国家整体发展和区域发展之间的关系,是面、线、点间的逐渐细化。只有通过在条件成熟的区域率先建设若干创新型城市,才能发挥示范效应、扩散效应和聚合效应,进而由点及线、由线到面带动更大区域,推动创新型省份建设,加快创新型国家建设的步伐。因此,在创新型省份的基础上,形成若干经济辐射区域,是分层次、渐进式推动创新型国家战略的必由之路。

国内进行创新型省份(直辖市)建设的城市很多且各具特色。北京通过自主创新战略建设创新型城市,上海通过科教兴市战略建设创新型城市,重庆提出建设学习型社会、创新型城市。本研究在明确区域创新体系内涵、创新型省份内涵的基础上,分析了区域创新主体的创新行为、区域创新体系的运行机制,进而分析了我国创新型省份的总体发展情况,并选取六个典型省份(直辖市)进行了创新型省份建设分析。

2.4.1 区域创新体系概述

(1) 区域创新体系的内涵和创新型省份定义的提出

区域创新体系(Regional Innovation System,RIS)是国家创新体系在特定区域内的应用,区域创新系统的理论主要来源于创新理论、国家创新理论(National Innovation System,NIS)、进化经济学、新区域科学、现代区域发展理论及新产业区理论。一般认为,区域创新体系的概念最早由英国卡迪夫大学的教授库克(Philip Nicholas Cooke)在 1992 年提出。他发表了《区域创新体系:新欧洲的竞争规则》一文,掀起了学术界对区域创新体系这一理论的重视和研究。库克认为,区域创新体系主要是指由地理上相互分工与关联的生产企业、研究机构和高等教育机构等构成的支持并产生创新的区域性组织体系。① 这之后，国内外的许多学者开始对此进行了研究，目前较为有影响的理论主要有企业群理论、三螺旋理论、区域创新网络理论等。

我国学者对区域创新体系比较一致的看法是：区域创新体系是国家创新体系的基础和重要组成部分，是国家创新体系的子系统。区域创新体系同国家创新体系的共同点是强调制度、机构是决定创新能力的决定要素，互动的学习机制和网络是创新体系的生命力。与国家创新体系相比，区域创新体系更带有地域色彩，呈现更多的特色制度安排，是区域内有特色的、与地区资源相关联的、推进创新的组织网络。②

综合国内外学者的认识，本书认为，区域创新体系是在一定的区域内和一定的社会文化背景下，为了创造、储备和转让知识、技能和新产品以及推动经济发展，由各种与创新相联系的创新主体（如企业、高校、科研机构、中介服务机构和地方政府）、创新资源（如创新人才、创新资金）、创新环境（如宏观经济水平、政策法规、基础设施等）等构成的网络系统。

区域创新体系主要包括：第一，创新主体。区域创新体系的创新主体主要有企业、大学、科研机构、中介服务机构和政府5个主体，他们是参与技术创新活动的行为主体，是区域创新活动的发起者、活动行为的执行者及活动的受益者。第二，创新资源。创新资源为进行创新活动提供条件，这些创新资源或来自于创新体系内部，或来自于创新体系外部，包括人力、资金、物力和知识资源等。这类资源具有流动性，特定区域创新资源的缺乏可以通过跨区域的流动来实现供给，以满足创新活动的需求。但基于对资源流动所需成本等因素的考虑，各区域往往根据自身的资源特征，形成具有自身特色的创新体系。第三，创新环境。创新环境在一定程度上影响着创新活动的进行和创新体系的运行。区域创新体系中的创新环境可以分为两大类：软环境和硬环境。软环境包括区域内部的文化传统、市场环境、制度环境和经济水平；而硬环境包括基础设施建设及区域地理位置。同时，任何一个区域创新体系都不是封闭式的区域，它还受到区域外部环境的一定影响。区域外部环境主要有国家创新政策、国家经

---

① 周亚夫、张方华：《区域创新系统研究》，《科技进步与对策》，2001年第7期。
② 杨冬梅：《创新型城市的理论与实证研究》，天津大学博士论文，2006年。

济发展水平、其他区域创新体系发展状况,以及区域外部创新活动发展水平,区域外自然、人力、资金资源等一系列因素。第四,创新产出。创新活动在创新环境的影响下,通过不同创新主体对资源的配置和利用,形成了新知识和技术理论、新的技术手段、新产品、新制度和方法等创新产出。

一个完整的区域创新体系的外延通常界定为:拥有相同创新主体、创新资源和创新环境的一片完整的地域,通常这片地域中能够产生连续的、相似的创新产出。这片地域面积可大可小,但一定是一个完整的空间,并具备上述的所有要素。因此,只要拥有这些要素并能产生创新产出的地域性的创新体系,都可以称为区域创新体系。因此本书认为,江苏省作为一个完整的地域,包含区域创新体系所要求的创新主体、创新资源和创新环境,同时它能够连续不断地进行创新产出,可以作为一个完整的区域创新体系。

(2)区域创新主体的创新行为分析

企业、高校、研究机构、政府和中介服务机构是区域创新体系中的五大行为主体,它们在区域创新体系中分别具有不同的功能,但同时他们都具有一定的创新需求和创新能力。在区域创新的过程中,这五大创新主体发挥各自的优势和力量,推动创新活动的进行,提高区域创新的效率,推动区域经济的快速发展。

① 企业。企业是区域创新体系中最重要的创新主体。它连接经济发展和创新活动两个方面,不仅能够在创新活动中发挥巨大的作用,还是唯一能够将创新活动的成果直接转化为现实生产力,应用于推动经济发展过程的创新主体。因此,提高区域创新能力最根本的是要提高企业的科技创新能力,提高企业将科技创新成果转化的能力,这直接影响到区域创新能力和区域竞争能力的提高。

企业要成为技术创新最重要的主体,必须做到以下三个方面:第一,企业要成为创新投入的主体。创新投入主要包括创新人才的投入和创新经费的投入。保障科研人员的投入量和科研经费的使用量是保障企业开展的科研活动能够顺利进行的前提条件。第二,企业要成为创新活动的主体。在创新活动开展的过程中,企业要增加和提高创新活动的数量和质量,要加大创新机构建设的数量和进程,同时还要加大对外合作的开展,保障和其他创新主体之间的合作和沟通。第三,企业要成为创新产出的主体。在创新产出的过程中,企业要加大创新活动过程中专利的申请与拥有量,要加强技术贸易的开展,同时还要提高创新活动的质量。第四，最大化地将创新成果转化为现实的生产力，促进区域内经济的发展，是企业作为最重要的创新主体最终应该实现的目标和任务。

② 高校和科研机构。高校和科研机构作为区域创新体系内的另一创新主体，在产生新知识、培养新人才等方面起着不可替代的作用，科研机构和高校的本质基本是一样的。

高校和科研机构对创新活动的作用主要体现在以下四个方面：第一，高校和科研机构通过创新知识、传播知识和技术为区域创新体系建设提供保障。高校和科研机构走在知识的最前沿，研究最新的理论知识和技术方法，形成新的实践方式和方法，并且通过论文、专利等方式传播知识创新的成果，促进新的知识转化为现实的生产力，为其余创新体系的建设提供保障。第二，高校通过培养高水平人才为区域创新体系的建设提供支撑。高校能够源源不断地培养高水平人才，并可以根据创新活动的要求培养专业性的人才，为创新知识的传播、创新活动的开展、经济发展水平的提高起巨大的推动作用。第三，高校和科研机构通过开发新产品和新技术，推动区域创新体系的建设。很多高校和大型的科研机构由于具备雄厚的人力、资金等资源，能够承担大型的科研项目，并为企业提供相应的服务，帮助他们开发新产品和新技术。第四，高校和科研机构促进高新技术企业的发展和成长。高校和科研机构中的一些科研人员，常常依靠原单位中的科研人员和科研条件，创办高新技术企业，这能够使高校和科研机构中的最新科研成果更快地应用到生产当中，促进高新技术企业的发展和成长。就此意义而言，高校和科研机构起到了"孵化器"的作用，对推进区域创新体系内部的发展具有重大意义。

③ 地方政府。地方政府也是区域创新体系中的重要创新主体之一，具有举足轻重的作用。其重要作用在于在国家宏观指导下，结合本地区经济、社会的特点，制定适合本地区发展、促进本地区创新活动的政策，为创新活动营造一个良好的环境，同时建设各种支撑创新活动的服务体系，合理配置各种资源。简言之，其重要作用在于营造区域内的创新环境，改善整个创新体系的运行，增强区域内的信任度，减少网络形成过程中的障碍。

④ 科技中介服务机构。中介机构是创新体系中的又一个创新主体，是区域创新体系中知识、技术转移和扩散的重要渠道，是区域创新体系中各主体要素间相互联系的重要桥梁。

中介服务机构主要包括金融中介机构、信息中心、培训中心、咨询公司、创业服务中心、生产力促进中心、技术开发交流中心、科技评估机构，以及技术市场、科学园区、高新技术产业开发区等。虽然中介服务机构在区域创新体系中并不是创新行为的主体，但是它是最重要的服务主体，在创新活动中连接着不同的创新主体，并提供大量的服务。在建设中介服务机构的时候，要根据创新活动的需要加强科技咨询、评估等相关机构的建设，保障区域创新体系内部知识和技术的流通顺畅；同时完善技术交易和信息交易等交易性机构的建设，保障信息、技术交易的公平、公正和合理性；努力打造一个覆盖面广、服务范围全面的中介服务体系，保障区域创新体系建设的有效运行。

（3）区域创新体系的动力机制

创新是一个复杂的过程，有许多不同的创新动力。创新行为的产生是外部动力和内部动力共同作用的结果。① 根据区域创新体系的概念，可以得出区域创新体系运行的动力机制，见图 2.5。利益激励是驱动创新的根本动力。区域创新体系的外部创新动力主要来自于市场的需求和区域之间的竞争，以及国家层面上的创新引导；区域创新体系的内部创新动力主要来自于区域中的企业逐利动机，还有区域创新政策以及地方政府的引导。

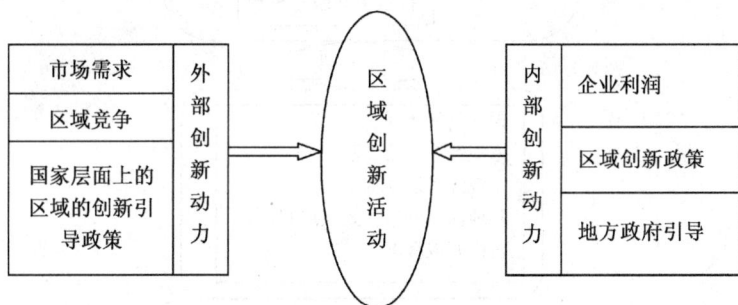

图 2.5 区域创新体系运行的动力机制

（4）区域创新体系的运行机制

如前所述，区域创新体系包含了创新主体、创新资源、创新环境和创新产出四大部分，其中创新主体又包括了企业、高校和科研机构、政府、中介服务机构。这些创新主体在创新活动中发挥着核心的作用，利用各种

_____

① 李虹：《区域创新体系的构成及其动力机制研究》，《科学与科学技术管理》，2004 年第 2 期。

创新资源在创新环境的影响下进行创新活动,从而才有各种创新产出。因此,以创新主体为核心,区域创新体系的运行机制如图 2.6 所示。

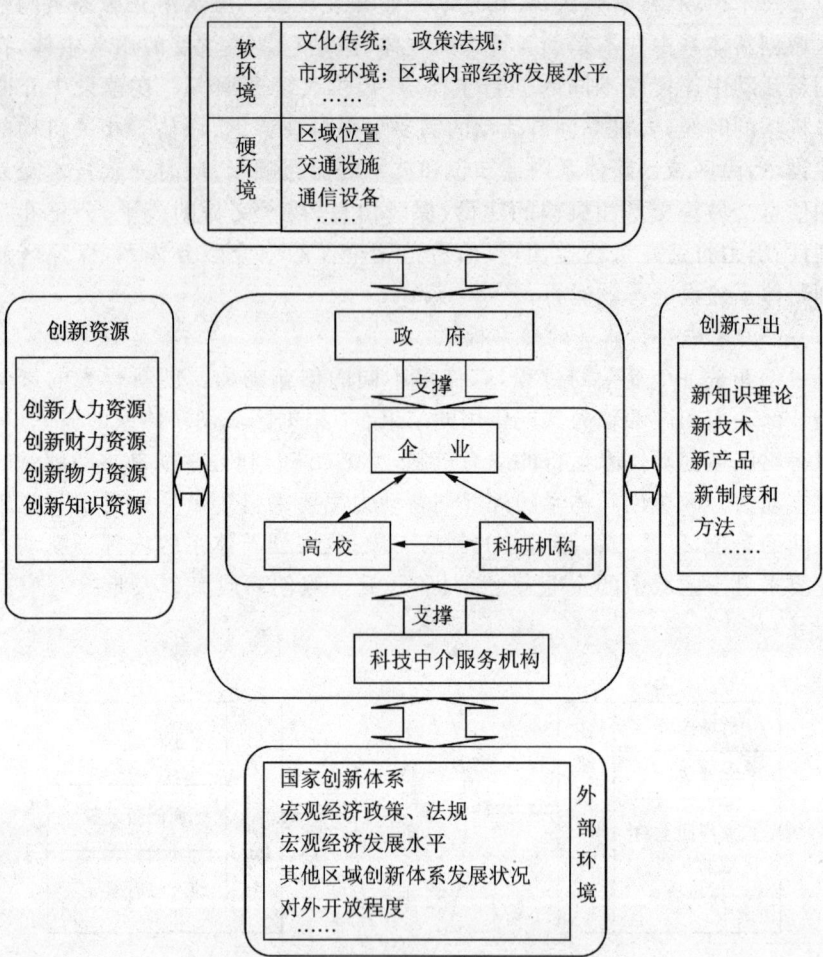

图 2.6　区域创新体系的运行机制

2.4.2　中国创新型省份总体发展情况

创新型省份的提出,源于中央提出的建设创新型国家的战略方针。《国家中长期科学和技术发展规划纲要(2006—2020 年)》明确提出增强自主创新能力,使我国在 2020 年进入创新型国家行列。各省根据中央建设创新型国家的战略部署,结合本省的经济发展状况,提出了建设创新型省份的战略目标。创新型省份与创新型国家内涵一脉相承,本质一致。

本书认同这样的观点,创新型省份是指那些将自主创新作为基本战略,大幅度提高自主创新能力,已形成了强大竞争优势并进入依靠创新驱动经济发展阶段的省份。其基本特征是指该省经济发展进入创新驱动经济阶段,不仅有较强的自主创新能力,而且高科技优势产业突出,经济结构合理,增长方式科学,循环经济发达,社会和谐发展,科技对经济社会增长的贡献率大幅度提高,对外技术依存度大幅度下降。江苏省的综合竞争力处在全国的前列,具有明显的竞争优势。

中国科技发展战略研究小组公布的《中国区域创新能力报告(2012)》,涉及 5 个一级指标、20 个二级指标、40 个三级指标和 141 个四级指标,具体指标如表 2.2 所示。其中,知识创造用来衡量区域不断地创造新知识的能力;知识获取用来衡量区域利用全球一切可用知识的能力;企业创新用来衡量区域企业应用新知识、推出新产品或新工艺的能力;创新环境用来衡量区域为知识的产生、流动和应用提供相应环境的能力;创新绩效用来衡量区域创新的产出能力。[①] 中国 31 个省区市 2011 年的创新指数如图 2.7 所示。

表 2.2　中国区域创新能力指标体系

一级指标	二级指标	一级指标	二级指标
1. 知识 创造	1.1 研究开发投入综合指标 1.2 专利综合指标 1.3 科研论文综合指标	4. 创新 环境	4.1 创新基础设施综合指标 4.2 市场环境综合指标 4.3 劳动者素质综合指标 4.4 金融环境综合指标 4.5 创业水平综合指标
2. 知识 获取	2.1 科技合作综合指标 2.2 技术转移综合指标 2.3 外资企业投资综合指标	5. 创新 绩效	5.1 宏观经济综合指标 5.2 产业结构综合指标 5.3 产业国际竞争力综合指标 5.4 就业综合指标 5.5 可持续发展与环保综合 　　指标
3. 企业 创新	3.1 企业研究开发投入综合 　　指标 3.2 设计能力综合指标 3.3 技术合作与改造投入综 　　合指标 3.4 新产品销售收入综合 　　指标		

---

① 刘卸林、高大山:《中国区域创新能力报告》,科学出版社,2013 年。

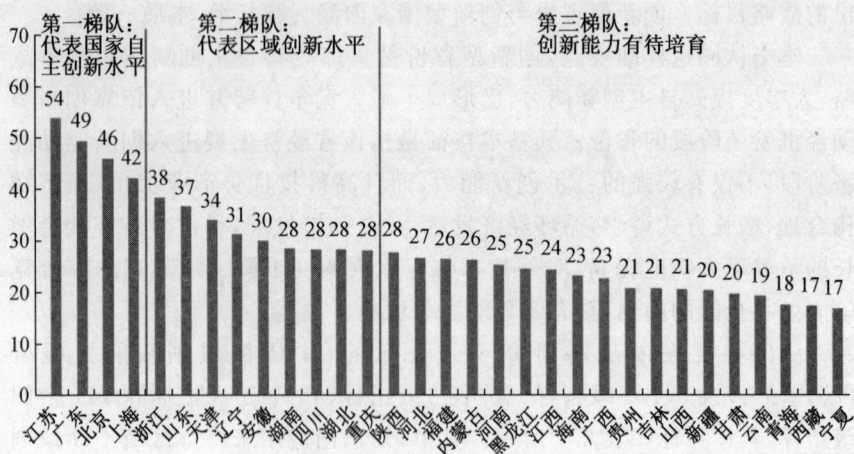

图 2.7　中国 31 省市区域创新能力

从图 2.7 上可以直观地看出，中国 31 个省区市 2011 年创新指数的情况。根据创新指数得分，将 31 个省区市划分为三个梯队，每个梯队代表各省份不同的自主创新水平。

为进一步分析省区市创新能力的区域分布情况，本书做出了中国 31 个省区市的创新能力地图，其分布结果与图 2.7 相一致。31 个省区市分为三个梯队，不同的梯队代表不同的创新能力，如图 2.8 所示。[①]

从图 2.8 可以看出，我国省区市创新能力的区域间分布不平衡。第一梯队即强势地区，集中在沿海地区的 4 个城市。第一梯队以经济的发展支撑了创新的投入，以创新的产出推动了经济水平的进一步提升，并在国内创新辐射和网络活动中扮演了主要角色，是我国自主创新最高水平的代表和领队。第二梯队即优势地区，分布在我国的部分沿海地区和中部地区。拥有一定特色的创新资源，在创新价值实现和经济发展方面积极追赶，产学研网组织活动比较活跃，是带动周边，特别是中西部地区发展的重要创新力量。第三梯队即弱势梯队，集中分布在我国部分中部地区和西部地区。除个别地区有特色的创新资源外，整体创新水平还相对落后，内部各地区的创新水平也存在较大差距。

---

① 纪宝成：《创新型城市战略论纲》，中国人民大学出版社，2009 年。

创新类型
▨ 代表国家自主创新水平
▤ 代表区域创新水平
▨ 创新能力有待培育

图 2.8 中国 31 个省区市区域创新能力地域分布

创新型省份建设是创新型国家建设的重要组成部分,是区域与整体之间的关系。创新型国家的建设有赖于创新型省份的建设,创新型省份的建设需不断提升各省份的区域创新能力,完善区域创新体系,提升创新支撑力,逐步发挥创新型城市的扩散效应,缩小区域间经济发展差距、创新能力差距,从而为实现创新型国家的战略目标贡献力量。

2.4.3 中国创新型省份建设典型分析

(1)上海:确立实施"创新驱动、转型发展"战略,推动创新型城市建设

实施"科教兴市"主战略是实现上海经济社会全面可持续发展的正确选择,也是城市创新的关键所在。2005 年 11 月,体现城市发展走向指数的《上海市科教兴市指标体系》正式发布。十项核心指标设计的重点紧紧围绕提高自主创新能力这一主线。这十项核心指标是:全社会 R&D(研究与开发)投入相对于 GDP 的比例、劳动力人口中接受过高等教育的比重、每十万人口发明专利申请数、高技术产业自主知识产权拥有率、高技术产业产值占工业总产值比重、知识服务业增加值占服务业增加值比重、科技进步贡献率、万元 GDP 综合能耗、环境质量指数、张江创新指数。①

---

① http://www.stats-sh.gov.cn/xwdt/201103/94001.html。

2012 年,上海市实现生产总值(GDP)20 101.33 亿元,按可比价格计算,比 2011 年增长 7.5%。社会固定资产投资总额 5 254.38 亿元,研究与试验发展(R&D)经费支出 635 亿元,相当于上海市生产总值的 3.16%。受理专利申请量 82 682 件。其中,发明专利 37 139 件,增长 15.5%。国家级创新型企业达到 15 家,国家级创新型试点企业 19 家,市级创新型企业达到 500 家。拥有自主知识产权的项目占 100%。全年经认定登记的各类技术交易合同 2.8 万件,比上年下降 4.4%;合同金额 588.52 亿元,增长 6.9%。①

上海"科教兴市"战略的实施已取得实质性进展,战略布局规划取得显著成效,持续创新能力得到提高。这主要表现为:① 高校布局调整取得新进展。重点推进"2+2+x"的高校布局结构调整,即以复旦为核心的"杨浦大学城"和以交大为核心的"闵行紫竹科学园区"南北两个高校集聚地建设,"松江大学园区"和"南汇科教园区"东西两个大学园区建设,以及若干个与产业联系密切的高校建设。② 继续实施聚焦张江战略,推进"一区六园"高新技术产业集聚发展。③ 一批企业技术研究中心、市级重点实验室和国家工程研究中心正抓紧建设,同时积极筹建若干国家级实验室。④ 民营科技企业进一步壮大。⑤ 在创新支持体系建设方面,五个公共服务平台建设(科技公共服务平台、人力资源服务平台、科技创业投融资平台、知识产权服务平台、信息服务平台)均取得进展。⑥ 重点支持一批能够形成自主知识产权的重大产业攻关项目。⑦ 大力推进国际化人才战略。推进了"万名海外留学人才集聚工程",在 CE(内地与香港关于建立更紧密经济关系的安排)框架下实施"引进千名香港专才"计划,建设国家级留学人员创业园。⑧ 积极完善了相关政策法规,修订了《上海市促进高新技术成果转化的若干规定》。

"十一五"以来,上海不断加快科技创新,整体实力稳步提升,科技成果产出不断增长,科技进步贡献率持续提高,科技创新已成为全社会广泛共识,为"十二五"期间加快实现创新驱动奠定了扎实基础。然而,面对新形势和新使命,上海科技创新还存在一些不适应、不协调的短板问题。这主要包括:企业技术创新能力有待进一步提升,特别是本土企业的技术创新主体地位还需进一步巩固;金融资本与科技创新缺乏有效衔接,科技投融资体系还不健全;科技创新合力有待进一步增强;创业精神和创新文化

① 《2012 年上海国民经济和社会发展统计公报》。

亟待强化等。这些问题直接影响和制约了上海科技创新价值的实现。

"十二五"期间,为实现建设创新型城市的主要目标,要从新兴产业培育、基础能力提升、集成示范应用、技术创新等方面着手,全面增强原始创新、集成创新和引进消化吸收再创新能力,为推动经济发展从要素驱动向创新驱动转变提供强有力的支撑。具体性战略措施有:实施新兴产业培育工程;实施基础能力提升工程;实施集成示范应用工程;实施技术创新工程。

上海"十二五"规划中提出,到 2020 年上海要基本建成与我国经济实力和国际地位相适应、具有全球资源配置能力的国际经济、金融、贸易、航运"四个中心",基本建成经济繁荣、社会和谐、环境优美的社会主义现代化国际大都市,为建设具有较强国际竞争力的长三角世界级城市群做出贡献。

充分发挥科技引领和人才支撑作用,加快建设创新型城市。坚持自主创新、重点跨越、支撑发展、引领未来的方针,深入实施科教兴市和人才强市战略,全面落实中长期科技和人才规划纲要及配套政策,坚持以知识竞争力为标杆,以应用为导向,抢占科技制高点,培育经济增长点,服务民生关注点,全面增强原始创新、集成创新和引进消化吸收再创新能力,推动城市发展率先实现向创新驱动转变。这主要包括:① 增强科技创新能力,增强共性、核心技术突破能力,促进科技成果向现实生产力转化;② 激发企业创新活力,深入实施国家技术创新工程,加快构建以企业为主体、市场为导向、产学研相结合的技术创新体系;③ 深化科技管理体制机制改革,进一步深化部市合作、院地合作机制,更好地对接和服务国家科技创新战略;④ 建设国际人才高地。在全社会牢固树立人才投入优先保障、人才资源优先开发、人才制度优先创新、人才结构优先调整的理念,坚持以用为本,强化人才在创新驱动、转型发展中的保障和支撑作用。①

(2)北京:实施科技北京战略,建设国家创新中心

北京是我国的政治、经济和文化中心,经济总量位居全国前列。2006年,北京市 GDP 达 7 720.3 亿元,位居全国第三。2006 年 5 月,北京市政府公布了《关于增强自主创新能力建设创新型城市的意见》,明确提出了

---

① 《上海市国民经济和社会发展第十二个五年规划纲要》,2011—03—02,http://www.shang-hai.gov.cn/shanghai/node2314/node25307/node25455/node25457/u21ai485258.html。

北京建设创新型城市的主要目标:① 到 2010 年,科技进步贡献率达到 60％,全社会 R&D 占 GDP 比重达到 6％,每万人申请专利达到 18 件,高新技术产业增加值占 GDP 比重达到 25％,初步确立企业创新主体地位,基本形成创新体系,自主创新能力明显增强,科技推动经济社会发展的作用显著提高,初步建成创新型城市。② 再经过 10 年努力,到 2020 年,创新体系更加完善,自主创新能力显著增强,进入世界创新型城市的先进行列。

为了实现目标,北京市政府提出了创新战略:把握一条主线,建设两个支点,实施三大行动,实现四个突破。把握一条主线,就是以提高自主创新能力为主线建设创新型城市。建设两个支点,就是以建设中关村科技园为中心,建设知识创新高地和技术创新源泉两个支点。实施三大行动,就是实施促进企业提高核心竞争力的"引擎行动",实现市区与郊县协同发展的"涌泉行动",实施推动经济社会全面、协调和可持续发展的"科技奥运行动"。四个突破是突破机制瓶颈,建立以企业为主体的产学研相结合的新机制;突破路径依赖,强化科技推动经济社会发展的功能;突破素质障碍,依靠科技手段促进城乡协调发展;突破体制约束,推动政府管理体制改革和政府职能转变。①

北京"十二五"规划中提出,坚持高端引领、创新驱动、绿色发展,不断创新发展理念、发展模式,紧紧围绕服务经济、总部经济、知识经济、绿色经济的首都经济特征,显著增强首都经济的竞争力、影响力和辐射力,使首都经济走上高端引领、创新驱动、绿色发展的轨道,率先形成创新驱动的发展格局。这主要包括:① 建设国家创新中心,抓好中关村国家自主创新示范区建设,着力加强创新制度安排,着力推进创新成果产业化,把北京建设成为国家创新中心,持续推进竞争力提升。围绕人才、资本、技术等核心创新要素,着力完善各项制度和政策安排,强化激励引导,形成激励创新、服务创新的机制和良好环境。全力推进创新成果产业化,坚持以市场需求为导向,特别是瞄准经济社会和城市发展的重大紧迫需求,着力完善以企业为主体的产学研用一体化的创新体系,显著提高科技创新成果转化和产业化水平。深度推进产业升级。② 构建"以新一代信息技术为引擎,以生物、节能环保、新材料、新能源汽车为突破,以新能源、航空航

----

① 戴超群:《创新型城市评价指标体系研究及其在南京市的应用》,南京航空航天大学硕士论文,2008 年。

天、高端装备制造为先导"的战略性新兴产业格局,深度推进产业结构优化升级。坚持高端、高效、高辐射的产业发展方向,以提升产业素质为核心,着力打造"北京服务""北京创造"品牌,显著增强首都经济的竞争力和影响力。③ 打造两城两带。集中力量打造中关村科学城和未来科技城,着力加快建设北部研发服务和高技术产业带、南部高技术制造业和战略性新兴产业发展带,基本形成国家创新中心的新格局。①

(3) 重庆:建设学习型社会,打造创新型城市

重庆市政府提出要按照"夯实基础、强化创新、突出应用、支撑发展"的基本思路,推动科技进步与创新,大力增强自主创新能力,努力建设学习型社会,打造创新型城市,并提出了创新型城市建设的目标:到 2020年,重庆的全社会研发投入占国内生产总值的比重达到 2.5% 以上,科技进步贡献率达到 60% 以上,综合科技进步水平指数进入全国前八位,专利授权量进入全国前十位。②

针对创新型城市建设的目标,重庆市政府提出:要将自主创新与经济发展联系起来,推动经济增长方式由资源依赖型向创新驱动型转变;在创新型城市建设中,要发挥重庆的优势,把握自主创新的重点发展方向;要发挥政府主导作用和企业主体作用,建立具有重庆特色的区域创新体系;要完善体制机制和发展创新文化,激发全社会的创新动力和创新活力;要提高自主创新能力和市民的科学素质,强化建设学习型社会和创新型城市的人才支撑;要把发展城市科技事业与发展农村科技事业统筹起来,推进城乡科技进步与创新。

2012 年,重庆市围绕"科学发展、富民兴渝"的总任务,深入实施"一统三化两转变"战略,着力建设创新型城市。"一统"就是要统筹城乡区域协调发展。"三化"就是要加快推进工业化、城镇化、农业现代化。"两转变"就是要转变经济发展方式,提高发展质量和效益;转变政府职能,创新社会管理。③

重庆市政府通过四大举措提高自主创新能力,建设创新型城市,主要包括:① 鼓励、引导和支持企业通过自主创新形成自有技术专利和自主品牌;② 鼓励和支持优势企业参与制定国际标准、国家标准和行业标准,实

---

① 《北京市国民经济和社会发展第十二个五年规划纲要》,2011,http://zhengwu.beijing. gov.cn/ghxx/sewgh/t1176552.htm。

② 贺莉:《创新型城市指标体系与评价方法研究》,武汉理工大学硕士论文,2007 年。

③ 张献英:《创新型城市建设的研究》,西北大学硕士论文,2008 年。

现技术专利化到专利标准化再到标准国际化的转变；③ 打造时尚之都，大力发展动画漫画、服装、品牌战略管理等创意产业；④ 充分发挥重庆市高新技术开发区、经济技术开发区、大学园区等各类园区的示范带头作用，将这些园区发展成为增强自主创新能力的前沿阵地以及创新型产业的聚集地。①

"十二五"规划期间，重庆市经过5～10年的努力，基本建设具有重庆特色的区域创新体系，实现科技体系、产业发展、政府服务、社会文化等领域的全面创新，率先建成创新体系健全、创新要素集聚、创新效率高、经济社会效益好、辐射引领能力强的国家创新型城市，成为国际影响力的区域创新中心。

（4）广东：以"先行先试，省部联动，开放创新，重点突破"为原则，推进创新型省份建设

广东省建设创新型省份实施知识产权与技术标准战略行动计划，着重实施知识产权战略、技术标准战略及名牌带动战略；实施高新技术重点突破行动计划，加快发展高新技术主导产业，攻克产业核心技术和关键技术，利用高新技术改造传统产业，建立服务业科技创新体系；实施提升企业技术创新能力活动计划；实施深化产学研合作行动计划。此外，强化政策扶植和鼓励，加大自主创新投入力度，加强创新文化建设。

自2008年以来，广东省大力推进自主创新，依靠科技进步推动转型发展，科技产业发展迅猛，以"先行先试，省部联动，开放创新，重点突破"为原则，在产学研、专业镇、战略新兴产业等多个领域全面爆发，区域创新能力凸显，区域创新能力连续五年稳居全国第一梯队。2011年的广东省"十二五"规划中指出，广东省必须加快提升自主创新能力，以制度创新推动科技创新，把"贴牌大省"变成"品牌大省"，"广东制造"变成"广东创造"，建设创新型广东。到2015年，广东省研究与发展经费支出占地区生产总值比重达到2.3％，科技进步对经济增长的贡献率明显提高，创新能力显著增强，率先建成创新体系健全、创新要素集聚、创新成效显著的全国自主创新示范省，初步建成亚太地区重要的区域创新中心。2013年广东省科学技术奖励大会暨全省科技工作会议上，省委副书记、省长朱小丹出席会议并要求，在全国率先建成创新型省份，力争通过3～5年，广东省创新型经济规模超过3万亿元，占国民经济生产

---

① 张献英：《创新型城市建设的研究》，西北大学硕士论文，2008年。

总值 50% 以上。

为了实现目标,广东省政府紧紧围绕习近平总书记提出的"三个定位、两个率先"的战略目标,着重从以下 6 个方面入手:① 深化科技体制改革,坚持市场导向的科研体制改革方向,加快构建有利于协同创新的新型体制机制,扭住关键环节重点深化科研体制和科技管理体制改革。② 强化企业自主创新主体地位,在中小微企业综合服务体系中突出公共创新服务平台建设。③ 深入实施"双提升"战略,加快建设现代产业体系,大力培育战略性新兴产业、改造提升优势传统产业和发展先进制造业、发展科技服务业。④ 加强高新区和专业镇建设,扎实推动高新区完善技术创新体系、实现"二次创业",加快培育高新技术产业新增长极。促进专业镇依靠科技创新、优化产业生态环境、加快转型升级。⑤ 进一步深化"三部两院一省"产学研合作机制,完善开放型区域创新体系,推动产学研合作上新水平,继续加强区域和国际科技合作。⑥ 完善人才评价体系,建立以科技成果转化和产业化为导向的人才评价激励机制,充分发挥高校、科研院所以及各类创新平台对人才的培养作用。

(5) 浙江:科技强省、教育强省和人才强省,建设创新型省份

浙江省贯彻"自主创新、重点跨越、支撑发展、引领未来"的方针,以"干在实处,走在前列"的精神,立足省情,以人为本,深化改革,扩大开放,把自主创新作为调整产业结构、转变经济增长方式的中心环节,把提高自主创新能力摆在全部科技工作的突出位置,把培养和造就一大批科技创新人才作为提供自主创新能力的根本措施,为加快全面建设小康社会、提前基本实现现代化提供强有力的科技支撑,促进经济社会全面、协调、可持续发展。

浙江省建设创新型省份的目标是到 2010 年,浙江全社会研究开发投入占 GDP 的 1.5% 以上,科技进步贡献率达到 50% 以上,高新技术产业产值超过 1 万亿。到 2020 年,浙江省要基本建立比较完善的区域创新体系,创新资源有效集聚,创新能力显著增强,创新效益大幅提升,基本形成创新驱动发展格局,跨入创新型省份行列。实现浙江省 R&D 经费支出额、研发人员数、发明专利授权量、规模以上工业新产品产值、高新技术产业产值、技术市场实现交易额、高新技术企业数和科技型中小企业数等"八倍增"①,力促科技进步贡献率、全社会劳动生产率"两提高"。

---

① 《浙江创新型省份建设力争实现"八倍增""两提高"》,《科技日报》网络版,2013 年 6 月 3 日。

浙江省政府通过四大举措来提高自主创新能力,实现创新型省份建设:① 深化企业改革,增强企业自主创新动力和能力;深化高校和科研院所体制改革,充分发挥大学的基础和生力军作用;深化科技管理体制改革,转变职能、提高绩效、营造平等竞争的创新环境。② 加快各类创新载体和重大创新平台建设,实施"六个一批"工程①。③ 建设高素质的创新人才队伍,坚持以人为本,把培养和引进人才作为科技工作的重要任务;鼓励企业千方百计地培养、引进和使用好创新人才、强化人才激励机制;大力引进留学和海外高层次人才。④ 营造良好的科技创新环境,充分发挥教育在人才培养、科技普及、科技创新和技术进步中的基础作用,加强教育与科技的结合,促进经济社会的发展。

浙江省"十二五"规划中提出大力提高科技创新能力,加快教育改革发展,发挥人才资源优势,推动经济社会发展向主要依靠科技进步、劳动者素质提高和管理创新转变。这主要包括:① 提高自主创新能力。推进国家技术创新工程试点省建设。开展创新型企业、面向产业集群的创新平台和载体、主导产业技术创新战略联盟、优质科技资源集聚发展、高新技术产业园区二次创业、重大科技专项、成果转化推广和企业创新人才引进培育等试点。② 完善科技创新体制机制。深化科技计划管理体制改革,优化科技资源配置,加快建立有利于科技成果产业化的体制机制。鼓励发展科技中介服务,完善科技成果评价奖励制度。加大政府对基础研究和科研条件建设的投入,全面落实企业研发投入加计扣除、研发设备加速折旧、所得税减免等激励政策,完善和落实政府采购及首购政策。推进重大科技基础设施建设和开放共享,促进科技和金融结合。实施技术创新与知识产权战略、品牌战略和标准化战略,加强知识产权的创造、运用、保护和管理。③ 建设人才强省。培养高层次创新创业人才。统筹科技研发、技能、管理人才队伍建设,推进基础研究、应用研究和开发研究人才队伍协调发展。重点培养一批能冲击国际科技前沿、处于国内一流水平的科技领军人才、学科带头人,一批科技创新能力和学术研究水平国内领先的创新团队。注重培养一线创新创业人才,造就一批熟悉国际国内市场、推动产业转型升级的企业家,一批掌握核心技术、引领新兴产业发展的科

---

① 蒋泰维:《加快建设科技强省和创新型省份》,《今日浙江》,2006 年第 5 期。

创领军人才。①

　　(6) 山东:增强自主创新能力,建设创新型省份

　　山东省 2012 年地区生产总值达到 50 013.24 亿元,位居全国第三; R&D 经费内部支出为 1 020.33 亿元,占 GDP 的比重为 2.04%;规模以上高新技术产业实现产值 33 661.13 亿元,同比增长 20.48%,占规模以上工业产值比重为 29.11%,比 2011 年末提高 1.23 个百分点;高新技术产业固定资产投资 4 617.03 亿元,占工业固定资产投资比重为 33.14%;规模以上高新技术产业实现增加值 7 430.6 亿元。

　　山东省建设创新型省份的主要目标:到 2020 年,实现"三个显著增强,一个提前进入",即自主创新能力显著增强,科技促进经济社会发展的能力显著增强,科技综合竞争力显著增强,提前进入创新型省份行列。全社会 R&D 投入占 GDP 的比重达到 2.5% 以上,科技进步对经济增长的贡献率达到 65% 以上,对外技术依存度降低到 30% 以下,高新技术产业产值占规模以上工业产值的比重达到 50% 以上,山东省区域内发明专利年度授权量和向国外申请专利量均进入全国前五位。

　　为加快创新型省份的建设步伐,积极组织实施《山东省中长期科学和技术发展规划纲要(2006—2020 年)》,山东省提出了以下举措:① 坚持六个原则,即统筹规划,突出重点原则;自主创新与引进技术相结合原则;市场导向,发挥企业主体作用原则;以人为本,优化创新环境原则;优化资源配置,推进产学研结合原则;可持续发展原则。② 把握自主创新这条主线。加强自主创新是科学技术发展的战略基点,是调整产业结构、转变经济增长方式的中心环节,是提高综合竞争力的核心,是统领未来科技发展的主线。③ 实施高新技术带动、大企业名牌带动和知识产权带动;进一步创新科技体制机制,大力推进产学研结合;积极落实鼓励自主创新的财政税收优惠政策、自主创新的金融政策;建立政府采购制度,支持自主创新能力建设;鼓励和支持引进消化吸收再创新;加强人才队伍和创新基地与平台建设。

　　上述建设创新型省份的创新战略与举措见表 2.3。

_____

　　① 《浙江省国民经济和社会发展第十二个五年规划纲要》,2011-02-28,http:// www. zj. gov. cn/gb/zjnew/node3/node22/node167/node360/node368/userobject9ai123116.html。

表 2.3 国内六个省(市)建设创新型省份的战略和举措

城市	创新战略	创新举措
上海	科教兴市战略	① 重点推进高校布局结构调整。② 推进"一区六园"高新技术产业集聚发展。③ 抓紧建设企业技术研究中心、市级重点实验室和国家工程研究中心、国家级实验室。④ 加快创新支持体系建设。⑤ 重点推动产学研合作。⑥ 大力推进国际化人才战略。
北京	自主创新战略	① 以提高自主创新能力为主线,以建设中关村科技园为中心,建设知识创新高地和技术创新源泉两个支点。② 实施促进企业提高核心竞争力,实现市区与郊区县协同发展,推动经济社会全面、协调和可持续发展的行动。③ 突破机制瓶颈,建立以企业为主体的产学研相结合的新机制;突破路径依赖,强化科技推动经济社会发展的功能;突破素质障碍,依靠科技手段促进城乡协调发展;突破体制约束,推动政府管理体制改革和政府职能转变。
重庆	建设学习型社会	① 鼓励、引导和支持企业通过自主创新形成自有技术专利和自主品牌。② 鼓励和支持优势企业参与制定国际标准、国家标准和行业标准,实现技术专利化到专利标准化再到标准国际化的转变。③ 打造时尚之都,大力发展创意产业。④ 充分发挥重庆市高新技术开发区等各类园区的示范带头作用,将其发展成为增强自主创新能力的前沿阵地以及创新型产业的聚集地。
广东	以"先行先试,省部联动,开放创新,重点突破"为原则	① 深化科技体制改革,坚持市场导向的科研体制改革方向。② 强化企业自主创新主体地位,在中小微企业综合服务体系中突出公共创新服务平台建设。③ 深入实施"双提升"战略,加快建设现代产业体系。④ 加强高新区和专业镇建设。⑤ 进一步深化"三部两院一省"产学研合作机制,完善开放型区域创新体系。⑥ 完善人才评价体系。
浙江	培养科技创新人才,建设创新型省份	① 深化企业改革,增强企业自主创新动力和能力;深化高校和科研院所体制改革;深化科技管理体制改革,转变职能、提高绩效、营造平等竞争的创新环境。② 加快各类创新载体和重大创新平台建设,实施"六个一批"工程。③ 建设高素质的创新人才队伍,坚持以人为本,把培养和引进人才作为科技工作的重要任务;强化人才激励机制;大力引进留学和海外高层次人才。④ 营造良好的科技创新环境,充分发挥教育在人才培养、科技普及、科技创新和技术进步中的基础作用、加强教育与科技的结合,促进经济社会的发展。

续表

城市	创新战略	创新举措
山东	增强自主创新能力,建设创新型省份	① 坚持六个原则,即统筹规划,突出重点原则;自主创新与引进技术相结合原则;市场导向,发挥企业主体作用原则;以人为本,优化创新环境原则;优化资源配置,推进产学研结合原则;可持续发展原则。② 把握自主创新这条主线。加强自主创新是科学技术发展的战略基点,是调整产业结构、转变经济增长方式的中心环节,是提高综合竞争力的核心,是统领未来科技发展的主线。③ 实施高新技术带动、大企业名牌带动和知识产权带动;进一步创新科技体制机制,大力推进产学研结合;积极落实鼓励自主创新的财政税收优惠政策、自主创新的金融政策;建立政府采购制度,支持自主创新能力建设;鼓励和支持引进消化吸收再创新;加强人才队伍、创新基地与平台建设。

第 3 章

江苏创新型省份建设的
目标、任务及总体情况

创新是一个民族进步的灵魂,是一个国家兴旺发达的不竭动力,是国家或地区的核心竞争力。能否提高一个国家或地区的自主创新能力,事关经济增长的质量和效益,事关核心竞争力的提高,事关可持续发展的能力和后劲。根据十八大精神,科技创新是提高社会生产力和综合国力的战略支撑,必须摆在国家发展全局的核心位置。科技进步对经济增长的贡献率大幅上升,是进入创新型国家行列的基本要求,也是创新型省份建设的应有之义。

江苏省正处于加快经济社会转型升级、实现"两个率先"的关键阶段。根据《中国区域经济创新能力报告》,作为经济、科教和人才大省,江苏省的自主创新能力位居全国前列,并且自 2009 年开始,已连续五年蝉联"全国创新能力最强地区"。但同西方发达国家相比,江苏省的自主创新能力优势并不明显,距 2020 年建成创新型省份存在一些距离。

本章在前述研究的基础上,首先,深入阐述江苏省创新型省份建设的内涵与实质;其次,详尽介绍江苏省创新型省份建设的目标及主要任务;最后,就江苏省创新型省份建设的现状,从总体环境及投入产出的情况进行具体分析。

3.1 江苏创新型省份建设的内涵

创新型省份建设是创新型国家建设的重要组成部分,建立、不断完善区域创新体系是国家创新体系建设的重要组成部分。"十二五"时期,江苏省正处于加快经济社会转型升级,实现"两个率先"的关键阶段。作为经济大省、科教大省和人才大省,江苏省自主创新能力位居全国前列,但同沿海发达城市与新兴工业化国家相比,江苏省的自主创新能力优势并不明显。① 科技进步对江苏省经济增长的贡献率大幅上升,是进入创新型国家行列的基本要求,是创新型省份建设的应有之义,也是江苏省创新型省份建设的内涵与实质。

在推进江苏省创新型省份建设的过程中,江苏省具有战略优势、经济发展水平优势和科技创新能力优势②,可以在全国率先建成创新型省份。江苏建设创新型省份的内涵至少可以从以下几方面加以界定或理解:

(1)创新型省份建设是江苏发展的总体思路和战略抉择。确定创新型省份建设江苏经历了一个战略抉择的渐进过程。1988 年,江苏省在全国最早提出科技兴省发展战略,标志着我国区域性的经济发展战略开始实现战略性的转折;1994 年,江苏省将科技兴省战略调整充实为科教兴省战略,并明确是江苏省经济社会发展的主体战略;2004—2005 年,在贯彻落实科学发展观的过程中,江苏省全面提出坚持科教优先方针和科教兴省的主体战略互动共进的发展思路;2006 年,江苏省明确提出了增强自主创新能力,在全国率先做出了到 2015 年建成创新型省份的重大决定;进入"十二五",江苏省进一步把科教与人才强省战略确立为经济社会发展的基础战略,将创新驱动战略上升为核心战略;2012 年全国科技创新大会之后,江苏省迅速研究提出深化科技体制改革、加快技术创新体系建设的一系列重大举措。

(2)构建具有江苏特色的区域创新体系。创新型省份属于创新型国家之子系统,与创新型国家的内涵一脉相承,本质一致,江苏省创新型省份的内涵亦不例外。但必须清楚地认识到,江苏建设创新型省份是区域层面的创新建设工程,与创新型国家的建设任务应有所区别,在创新建设的任务上更有侧重点,难以涵盖也无法涵盖创新型国家建设的所有任务。此外,江苏省的创新型省份建设与国内其他省份和地区相比,应有江苏省的特色,应立足江苏省情,根据江苏区域的特色和特征类型,更多地反映江苏省经济和社会发展的实际需求和重大任务,因地制宜,分类指导与实施,形成各具特色、各具竞争优势的区域发展格局。

(3)创新型省份是行政区域,其范围内不同地区经济和科技发展水平

---

① 盛华根:《江苏省建设创新型省份的路径探究》,《经济探讨》,2012 年第 8 期。

② 《推进创新型省份建设的江苏探索》, http:∥news. hexun. com/2013 − 08 − 22/157319030. html。

不平衡,通过实施科技集聚战略和中心城市带动战略,强化和提升科技集聚区的科技能力,把南京培育成为国家基础研究和战略高技术研究的重要集聚区,把苏南培育成为战略新兴产业、产业共性技术平台研发和重大战略产品开发的基地,乃至成为全国创新型经济发展的依托基地。将南京、苏州、无锡、常州、徐州等中心城市建设成为创新型城市,发挥其聚合、示范、扩散与带动效应,逐步解决苏北、苏中及苏南之间经济发展的不平衡问题,推动创新型省份建设,进而加快创新型国家建设。

(4) 如前所述,创新型省份是指那些将自主创新作为基本战略,大幅度提高自主创新能力,已形成了强大竞争优势并进入依靠创新驱动经济发展阶段的省份。其基本特征是该省经济发展进入创新驱动经济阶段,区域创新体系高效运行,创新要素高度集聚,产学研协同创新平台广泛分布,创新活动极为活跃,创新成果源源不断,战略性新兴产业形成集群,不仅区域自主创新能力较强,而且高科技优势产业突出,经济结构合理,增长方式科学,循环经济发达,社会和谐发展,科技对经济社会增长的贡献率大幅度提高,对外技术依存度大幅度下降。就江苏而言,基于世界上公认的创新型国家的评价指标和江苏创新型省份建设的目标定位,江苏创新型省份建设的主要指标的目标值设为:研究与发展资金投入占国内生产总值的比重在 2.5%~3%;科技进步贡献率达到 60% 以上;对外技术依存度在 30% 以下;每万人发明专利拥有量 8 件以上,高新技术企业达 10 000 家,高新技术产业产值占规模以上工业总产值的比重达 40% 以上。

(5) 江苏创新型省份的建设除了前述构建具有江苏特色的区域创新体系,不断增强自主创新能力外,还包括自主创新体制机制的形成和创新,包括发展江苏特色创新创业文化和全社会创新创业精神的培养,走综合创新的发展模式。

(6) 创新型省份建设是一项大社会系统工程,具有系统性、长期性和艰巨性的特点,涉及各产业、行业、地区和现代化建设的方方面面,对其认识也有一个深化的过程。江苏省所处的发展阶段及特殊的省情特点,决定了必须把解放和发展科技生产力作为推进经济增长方式转变的基本路径,把建设创新型省份作为决定江苏省未来命运的战略决策。江苏省在创新型省份的建设过程中,必须建立和完善以企业为主体、市场为导向、产学研结合的技术创新体系,政府、企业、社会共同参与的多元化科技投入体系,鼓励支持自主创新的政策体系;应努力营造有利于科技创新创业的政策环境、法制环境和社会环境;人才是科技生产力最核心、最活跃的要素,也是科技创新创业决定性的因素,加大对高端技术人才的培养和引进工作是江苏省创建创新型省份不可或缺的环节;此外,江苏省也应该为科技的创新发展提供更有效的、更全面的政策扶持。

3.2 江苏创新型省份建设的目标及主要任务

3.2.1 江苏创新型省份建设的目标

江苏省政府历来高度重视科技进步和创新,坚持把科学技术放在优先发展的战略位置。创新型省份的建设,实际上是一种战略抉择的渐进过程,每个过程都有相应的发展目标,具体可以分为以下 5 个阶段:

第一阶段,1988 年确立了科技兴省的发展战略,标志着我国区域性的经济发展战略开始实现战略性的转折。江苏省在 1988 年 11 月省委省政府召开的全省科技工作会议上,确立、部署、确定了科技兴省的战略并提出了一些措施,概括为十六个字——集约精英、结构调整、迈向开拓、技术立省,最后的落脚点是建设科技先导型的经济省份。

第二阶段,1995 年在回顾总结江苏省实施科技兴省战略的过程当中,江苏省委省政府进一步研究决定应该把"科技兴省"战略充实为"科教兴省"战略,进一步突出教育在振兴地方经济、促进地方社会发展过程当中的基础性作用,进一步重视经济发展的转轨要全面的转到依靠科技进步和提高劳动者素质的轨道上来。同时,江苏省委省政府明确"科教兴省"战略是江苏省经济社会发展的主体战略。

第三阶段,2004 年前后,在贯彻中央关于科学发展观的一系列指示和要求的过程当中,江苏省委省政府全面提出科技优先方针和科教兴省战略。在提出科技兴省、科教兴省的过程当中也同时提过科教兴省先兴科教的说法,在科技兴省的同时也提出了科技兴省教育为本,后来将其充实为"科教兴省"战略。这一基本方针、总体战略使得江苏省创新省份建设战略思路更加完整、清晰。

第四阶段,2006 年,江苏省省委省政府明确提出了率先加强自主创新、率先建设创新型省份的宏伟目标。在贯彻全国科技大会和中央决定的过程当中进一步明确提出了新的内容,以自主创新为科学发展的战略起点和中心环节,实现又好又快的发展和转变经济增长方式的战略起点和中心环节,建设创新型的社会,更加深刻、有力地明确了江苏发展的战略思路。

第五阶段，2011年，江苏省政府出台了《关于实施创新驱动战略推进科技创新工程加快建设创新型省份的意见》，同时又做出建设创新型省份的重大战略部署，并将创新驱动战略作为"十二五"时期经济社会发展的核心战略，对"十二五"落实创新驱动战略、实施科技创新工程进行全面部署。2013年，《创新型省份建设推进计划（2013—2015年）》报告提出创新型省份建设总体要求：认真贯彻党的十八大精神，紧紧把握科学发展主题和加快转变经济发展方式主线，以科技创新工程为抓手，深入实施创新驱动核心战略和科教与人才强省基础战略，以国际视野推进重点领域和关键环节的改革创新，促进科技与经济紧密结合，着力在构建创新体系、支撑产业转型、打造企业集群、优化政策环境方面取得更大突破，进一步确立科技创新在发展全局中的核心位置，进一步营造有利于创新驱动发展的良好环境，进一步激发全社会创新创业的动力和活力，率先走出一条具有江苏特色的创新型省份建设路子，使科技创新更好地支撑、引领经济社会发展，更好地服务于"五位一体"总体布局，更好地造福江苏省人民，并努力为创新型国家建设探索路径、积累经验。

同时，指明该阶段奋斗目标：到2015年，科技创新能力显著提升，区域创新体系愈益完善，全社会研发投入占地区生产总值的比重达2.5%以上，每万名劳动力研发人员数超过80人年，万人发明专利拥有量达8件，科技进步贡献率达60%；经济综合实力显著增强，经济增长质量和效益明显提高，战略性新兴产业增加值占地区生产总值的比重达10%，高新技术产业产值占规模以上工业总产值的比重达40%以上，高新技术企业达1万家；社会发展水平显著提高，社会公益领域科技创新加快推进，居民科学素质达标率超过7%，现代教育发展水平达85%，信息化发展水平达83%，环境质量达省定小康标准，人均预期寿命达77岁；基本建成创新型省份，主要指标达到创新型国家和地区水平。

3.2.2 江苏创新型省份建设的主要任务

江苏的创新型省份建设应该基于这样的战略思路，即全面推进各项创新，重点突出产业创新，以产业创新推进全面创新，形成有江苏特色的区域创新模式和成效标志。坚持把创新上升到江苏省最高综合战略层面，确保创新型省份建设中的重要战略地位和建设过程中的政府投入机制。坚持以国际上创新型国家为重要标杆的战略取向，充分吸取国际有益经验，加强创新能力的国际可比性。坚持重在激活创新要素、集聚高端创新要素的战略取向,为创新型省份建设创造持续创新的源泉。坚持突出科技创新、推动产业创新的战略取向,全面提升创新能力。坚持市场配置创新资源、尊重创新价值规律的战略取向,锻造一大批以创新取胜的企业。坚持在扩大开放中提高创新能力的战略取向,大力推动科技创新的国际合作。江苏省应根据自身的区位经济优势,打造创新型企业集群。在以后的经济发展中,应注重以下几个方面的建设:

（1）打造创新型企业集群

实施科技企业培育"百千万工程"。研究制定专门措施,支持行业骨干企业整合全球创新资源实现创新发展,培育江苏省创新型领军企业;促进科技小微企业创新发展,优化科技小微企业融资环境;支持企业建设高水平研发机构,支持实验室等研发平台,加快建设企业院士工作站、博士后工作站、研究生工作站等人才工作载体;深化产学研合作。进一步加强与国内知名高校院所的合作,推进合作载体建设,建立一批产业技术创新战略联盟,组织攻克一批重大关键技术;提升企业创新管理水平。深入实施"万企升级行动"计划,推动工业化和信息化深度融合,鼓励支持企业加大技术改造力度,实施品牌化发展战略,探索绿色生产方式,创新商业模式和运营管理机制,实现创新能力、技术装备层次、经营管理水平和规模效益提档升级。

（2）促进产业转型升级

推进战略性新兴产业发展。发挥江苏省战略性新兴产业引导资金激励作用,加快形成技术含量高、特色鲜明的战略性新兴产业链,着力培育新能源、新材料、新一代信息技术和软件、高端装备制造等 4 个万亿级产业;推动传统产业向高端攀升。围绕促进传统产业转型发展,大力开展共性关键技术攻关,着力突破核心装备、关键材料和核心器件等高附加值环节,加快利用高新技术、先进适用技术和信息技术改造提升传统产业;提高服务业创新发展水平。按照高端化、市场化、国际化要求,着力打造现代服务业高地。加强服务业领域的科技创新,实施"腾云计划"和"服务业科技行动计划",以研发、创意设计、商业模式创新、现代物流和销售服务等为重点,加快发展高技术服务业,促进产业链向研发和服务两端延伸;加快农业现代化步伐。实施农业现代化工程,开展现代农业科技支撑行动,强化现代信息技术应用,加快推进现代农业装备研发及产业化,大力发展高效设施农业;加强前瞻性产业培育。面向国际科技前沿、江苏战略需求与未来产业发展,组织实施重大前瞻性技术研发项目,取得一批具有自主知识产权的原始创新成果并加快产业化。

(3) 完善区域创新布局

纵深推进创新型城市建设。按照苏南创新提升、苏中创新跨越、苏北创新突破的要求,推动国家创新型试点城市以培育发展创新型经济为突破口,加快实现经济转型升级,进入国家创新型城市行列;统筹部署高校院所科技创新。探索建立高校分类体系,研究制订高校分类发展规划,引导高校科学定位、错位竞争、特色发展。大力推进"江苏高校优势学科建设工程",建设一批新兴学科、重点学科和交叉学科;系统布局科技基础设施建设。瞄准科技发展前沿,探索组建重点实验室联盟。健全科技资源共享机制,加大科技资源对全社会特别是中小企业的开放力度;切实抓好创新型园区建设。实施高新园区提升计划,明确高新园区新的发展定位,建立科学的考核导向,引导和推动高新园区加快步入创新驱动、内生增长的轨道。加强高新园区创新核心区建设,优先安排建设用地,促进科技资源、人才资源和金融资本向园区集聚;打造苏南自主创新示范区。按照苏南现代化建设示范区规划部署,以国家创新型试点城市为重点,以高新园区为核心,推进苏南自主创新示范区建设,着力形成"三区五城多核"的创新格局,努力建成全球重要的产业科技创新中心和创新型经济发展高地。

(4) 优化创新环境

建立考核评价导向机制。强化科技创新在发展全局中的核心地位,完善市、县领导科技进步目标责任制,加快健全以科技进步与创新为主要内容的干部考核评价体系,推动"一把手抓第一生产力"落到实处;推进知识产权强省建设。按照"质量并重、以质为先"的要求,完善知识产权资助奖励政策,重点支持发明专利授权及 PCT 专利、国际注册商标的申请,加快提升知识产权产出的质量和水平;构建多元化科技投入体系。不断增加各级财政对科技的投入,确保财政科技经费增幅高于财政经常性收入增幅;提高人力资源发展水平。加大人才引进和培养力度,为人才发展提供优越的环境;强化科技体制改革和政策创新。深化南京国家科技体制综合改革试点,及时总结推广经验和做法。发挥市场配置资源的基础性作用,推进科技成果收益权和处置权改革,加大对创新创业的激励力度,充分调动科技人员积极性。

（5）深化国际科技交流与合作

加强与重点国家的创新合作。积极拓展与美国、欧盟、俄罗斯等的合作渠道，深入实施江苏—以色列产业研发合作计划和江苏—芬兰产业研发合作计划。推进与江苏省对外友好城市的科技交流，共建合作载体，组织联合研发。鼓励开展民间国际技术交流与合作；加快海外先进技术转移。围绕产业发展需求，加强国际技术转移转化机构建设，着力引进关键核心技术，加大消化吸收再创新力度，提升产业创新发展水平和国际竞争力。

（6）推进社会发展科技创新

强化生命健康领域的科技创新。实施省临床医学科技专项，开展科技攻关和应用示范，建设国内一流、国际有影响的临床医学研究中心；强化生态文明科技支撑。实施节能减排科技支撑行动，推进清洁生产，开发应用一批共性技术，提高节能减排科技水平；强化城镇化科技应用示范。强化互联网技术、可再生能源技术、数字化技术、新材料技术、节能环保技术等在推进城镇化中的应用，实施绿色建筑科技支撑工程和绿色循环低碳交通示范工程；强化社会管理科技保障能力建设。推进智慧城市建设，构建协同共享的城市智能管控中心及综合信息平台，实现城市运行系统对各种需求的快速、智能化响应控制。围绕"平安江苏"建设，加强技术研发和转化运用，提高公共安全科技保障能力。

江苏所处的发展阶段和特殊的省情特点，决定了必须把解放和发展科技生产力作为推进经济增长方式转变的基本路径，把建设创新型省份作为决定江苏未来命运的战略决策。江苏省在创新型省份的建设过程中，必须建立和完善以企业为主体、市场为导向、产学研结合的技术创新体系，建立和完善政府、企业、社会共同参与的多元化科技投入体系，鼓励支持自主创新的政策体系；应努力营造有利于科技创新创业的政策环境、法制环境和社会环境；人才是科技生产力最核心、最活跃的要素，也是科技创新创业决定性的因素，加大对高端技术人才的培养和引进工作是江苏省创建创新型省份不可或缺的环节；此外，江苏省也应该为科技的创新发展提供更有效的、更全面的政策扶持。

3.3　江苏创新型省份建设的总体情况

江苏省 2012 年总人口为 7 939 万，全年实现地区 GDP 为 54 058 亿元,居全国第 2 位,按可比价格计算,比 2011 年增长 10.1%。人均 GDP 为 68 053 元,居全国第 4 位。地区 GDP 中三次产业比例调整为 6.3:50.2:43.5,与 2011 年相比,第一产业和第二产业的比例下降,第三产业所占比重有所上升,产业结构朝合理化方向发展。

从 2009 年到 2012 年,江苏省综合创新能力已经连续 4 年位居全国第 1 位,其中,知识创造能力、知识获取能力、企业技术创新能力、创新环境和创新绩效 5 个分指标的排名分别为第 2 位、第 2 位、第 1 位、第 1 位和第 2 位,均处于全国领先水平。创新实力、创新效率和创新潜力在全国的排名分别为第 2 位、第 4 位和第 13 位。

从知识创造来看,江苏省近几年的变化不大,始终处于全国领先水平。其中,在研发投入上,江苏省居于全国第 2 位,较 2011 年略有上升,但由于基数较大,政府研发投入增长速度和研究与试验发展全时人员当量增长速度有放缓趋势。从发明专利方面来看,发明专利申请受理数、人均发明专利申请受理数、发明专利授权数等指标高居全国前列,表现突出;从科研论文来看,江苏省居全国第 2 位,较 2011 年略有上升,国内论文数、国际论文数及论文增长速度都居全国前列。从知识获取来看,江苏省保持了较好的发展态势,2012 年居全国第 2 位。其中,从科技合作方面来看,该指标居全国第 2 位,但作者异国科技论文数增长率和高校、科研院所研发经费内部支出额中来自企业资金增长率呈现负增长态势。在技术转移方面,江苏省排名全国第 4 位,技术市场交易金额的增长率(按流向)位居全国首位,而大中型工业企业国内技术成交金额增长率则较 2011 年有所降低。从外资企业投资来看,该指标居全国第 2 位,外商投资企业年底注册资金中外资部分继续保持全国首位,达到 2 325.5 亿美元。

从企业创新来看,江苏省已经连续四年排名全国首位,这是江苏省保持全国创新领先优势的重要因素。从企业研究开发投入来看,该指标排名全国第 2 位,庞大的大中型工业企业研究开发人员数和较高的大中型工业企业研发活动经费内部支出总额为企业创新提供了保证;从设计能力来看,该指标全国排名第 1 位,各项分指标均列全国前列,实用新型专利申请数、外观设计专利申请数和每十万人平均外观设计专利申请数列全国首位;从制造和生产能力来看,该指标位居全国第 3 位,大中型工业企业技术改造的投入额居全国首位,而大中型工业企业平均研发经费外部支出总额增长率则呈现负增长态势;从新产品销售收入来看,该指标排名全国第 4 位,大中型工业企业新产品销售收入占销售收入的比重达到 18.04%。

从创新环境来看,江苏省 2012 年排名全国第 1 位。其中,从创新基础设施来看,江苏省该指标排名全国第 6 位,国际互联网用户增长速度呈放缓趋势,但国际互联网络用户数量保持较高水准,达到 3 306 万人;从市场环境综合指标来看,江苏省仍保持了其全国领先的地位,但其国内固定资产投资增长速度和进出口差额的速度放缓;从劳动者素质来看,2012 年江苏省该指标排名第 4 位,但对教育的投资 GDP 比例不高,占 2.67%;从金融环境来看,江苏省该指标排名全国第 1 位,金融环境仍旧保持了良好的发展态势;从创业水平来看,江苏省在 2012 年位列全国第 2 位,高新企业数量呈现负增长的趋势。

从创新绩效看,江苏省仍位居全国第 2 位,与前两年持平。其中,宏观经济、产业结构、产业国际竞争力、就业四项二级综合指标,分别排名全国第 1 位、第 2 位、第 3 位和第 2 位,体现出强劲的实力。但是,需要特别注意的是,可持续发展与环保综合指标仅列全国第 27 位,较 2011 年上升 1 位,因此,江苏省的能耗、电耗总量及工业双废排放总量几乎都处在全国最高水平,节能减排压力很大。

江苏省已经连续 5 年保持了综合创新能力全国第 1 位,呈现出积极的发展态势。需要特别关注的是江苏省多项指标增长速度放缓,有些甚至呈现负增长态势;在企业技术创新方面,江苏省的优势项目正在减少;在可持续发展方面,江苏省在经济快速发展的同时,能耗、电耗总量及工业双废排放总量几乎都处在全国最高水平,资源、环境的压力日趋紧迫。要想保持在创新能力上的绝对领先地位,如何利用科技创新转变发展方式,走低碳环保之路,找到新的创新增长点是江苏省面临的当务之急。[①]

3.3.1 江苏创新型省份建设的基本环境

(1) 创新型省份建设全局性支持体系现状分析

围绕贯彻落实《关于实施创新驱动战略推进科技创新工程加快建设创新型省份的意见》及《创新型省份建设推进计划(2013—2015 年)》精神,江苏省政府和省有关部门全面推进科技创新工程的实施,把科技创新工

---

① 柳卸林、高太山、周江华:《中国区域创新能力报告(2012)》,科学出版社,2013 年。

程的工作抓手概括为"一个制度、两个支撑、三大体系、四个落脚点""六大计划"。

① 一个制度

把制度创新和政策突破作为科技工作的首要任务，全面深化科技体制改革，加快建立与市场经济体制相适应、符合科技创新规律的动力机制。一是强化科技创新的知识产权导向，加速知识产权的资产化、资本化，建立健全专利行政执法体系，形成激发科技人员创新的动力机制。二是更加注重运用普惠制的政策支持企业创新，在科技政策落实上推行"三个挂钩"：将政策落实与企业申报项目挂钩，将政策落实与厅市会商挂钩，将政策落实与工作考核挂钩，力争"十二五"期间科技税收减免额实现"翻一番"，达到 240 亿元，形成激发企业创新的动力机制。三是建立完善市县党政领导干部科技进步目标责任制，加强市县科技工作考核，形成促进政府抓创新的动力和压力机制。

② 两个支撑

以科技投入和科技人才为支撑，夯实创新发展的基础。一是坚持以高强度投入支撑高水平创新。加大财政直接投入，确保财政性科技投入占地区生产总值比重逐年提高，通过财政投入引导企业主体性投入持续增长，社会多元化投入大幅度增长。二是坚持以高素质人才引领创新型省份建设。认真实施高层次人才创新创业计划、高层次人才创新团队计划等人才计划，大力引进海外领军人才、拔尖人才和紧缺人才。发挥科技部门的综合优势，加快人才、项目、基地和服务的"四位一体"联动，支持建设企业科学家工作室、院士工作站等人才平台，组织科技企业家和企业技术负责人培训，为人才发挥作用创造更好条件和更优环境。

③ 三大体系

以构建富有竞争力的产学研结合体系、科技投融资体系、科技服务体系为重点，全面优化资源配置格局。一是深化产学研结合体系，重点推动"三个进入"，吸引国家科研力量进入地方经济建设，加强与国内重点科教单位的战略合作；支持高校知识资源进入市场化开发，大力发展技术转移中心、成果转化中心等服务载体，组建一批新型产业技术研究院、企业研究院；促进企业应用导向进入高校早期研发，鼓励企业与高校合作开展前瞻性研究，引导企业技术创新向前端和高端延伸。二是健全科技投融资体系，重点发展创业投资和天使投资，推动建立政府引导资金和社会资本共同支持种子期、初创期企业成长的联动机制。加快发展科技支行和科技小额贷款公司,为具有高成长潜力的中小创新型企业提供专业化服务。三是完善科技服务体系,做大做强"研发设计、创业服务、成果转化转移、科技咨询"四大业务,扶持发展一批信誉度高、服务功能突出、市场竞争力较强的亿元级科技服务业龙头,规划建设省级科技服务业示范区和示范城市,加快推进科技服务产业集聚、科技服务企业集中和科技服务功能集成,力争到 2015 年,科技服务业总收入超过 1 000 亿元。

④ 四个落脚点

以科技服务经济社会发展为根本落脚点,按照"主体是企业、方向在产业、重心下基层、服务于民生"的要求,大幅提高科技创新的产出份额,在更高水平上推动科技创新工作再上新的更高的台阶。一是坚持主体是企业,大力实施"百千万工程",通过平台向企业集中、人才向企业集聚、政策向企业集成,构建以创新型领军企业、科技型上市企业、高新技术企业、民营科技企业为骨干的企业创新梯队。重点打造 100 家具有国际竞争力、引领产业发展的创新型领军企业,着力推动 1 000 家具有自主知识产权、市场前景好的高成长性科技型中小企业完成股份制改造并加快上市,力争按新标准培育认定 10 000 家高新技术企业。二是坚持方向在产业,以高端化为主攻方向,加强面向战略性新兴产业的高端领域部署,加强面向优势产业的高端技术突破,加强面向现代服务业的高端环节升级,加快构建高新技术产业为主导、先进制造业为支撑的现代产业体系,打响"江苏创造"的品牌。三是坚持重心下基层,以苏南创新提升、苏中创新跨越、苏北创新突破为目标,加强分类指导,加快建设苏南自主创新示范区和沿海科技走廊,支持苏北高新园区和特色创新基地提档升级,打造一批特色鲜明、氛围浓厚、辐射带动作用强的创新区域。四是坚持服务于民生,加强农业技术集成与创新示范,推动科技资源和成果向"三农"倾斜。围绕节能减排、生态环境、人口健康、公共安全、绿色建筑、智能交通等重点,实施十大民生科技示范工程,不断提高科技对改善民生和可持续发展的支撑作用。[①]

⑤ 六大计划

一是高新技术攀登计划。针对产业发展面临的技术瓶颈问题,实施一批重大自主创新项目,突破一批支撑产业发展的核心技术,获取一批引

---

① 《站在新起点确立新战略赢得新优势》,2011-07-19,http://www.jstd.gov.cn/kjdt/kjxw/20110719/113009546.html。

领产业发展的原创性成果，形成一批拥有自主知识产权和自主品牌的高端产品，努力抢占产业科技制高点。到 2015 年，国际 PCT 专利超过 1 000 件，主要产业领域的整体技术水平进入国际先进行列。二是高新技术产业"双提升"计划。实施一批科技创新专项，加快高新技术成果转化，推动高新技术产业集聚发展，培育一批千亿元级、百亿元级特色产业集群和基地，显著提升高新技术产业结构层次，显著提升高新技术产业对经济增长的贡献率。到 2015 年，高新技术产业产值占规模工业总产值的比重达 40% 以上。三是创新型领军企业培育计划。深入实施自主创新"双百工程"，集成国家、地方及社会创新资源，着力打造具有国际竞争力、引领产业发展的创新型领军企业。到 2015 年，在新兴产业等重点领域培育 100 家以上产值超百亿元的创新型领军企业。四是创新型园区建设计划。明确高新园区新的发展定位，建立科学的考核导向，引导和推动高新园区加快步入创新驱动、内生增长的轨道，努力成为自主创新核心区、转变发展方式先行区、新兴产业先导区、科学发展示范区。到 2015 年，江苏省高新园区研发投入占地区生产总值的比重达 5%，每万名从业人员拥有授权发明专利达 100 件以上。统筹推进各类科技创业园和科技产业园建设，使之成为创新型经济发展高地。五是民生科技促进计划。适应保障和改善民生的重大科技需求，积极推进农业和社会发展领域科技创新，实施科技社区创建行动、民生科技促进行动、节能减排科技支撑行动、民生科普进社区行动，开展科技应用示范，显著提升科技对改善民生、促进社会和谐发展的支撑作用，让人民群众真正从科技进步与创新中得益受惠。到 2015 年，建成十大民生科技示范工程，突破 100 项重大公益性关键技术，推广应用 200 项先进适用技术和产品。六是高层次创新创业人才培养引进计划。围绕重点产业和科技优先发展领域，大力培养引进科技领军人才、拔尖人才和创新创业团队，以及具有战略眼光的高素质管理人才和企业急需的高技能人才，并强化人才服务体系建设，使人才引得进、留得住、用得好、出成果。到 2015 年，引进 100 个达到国际先进水平的创新团队、2 000 名创新创业领军人才，重点培养 1 000 名科技企业家、4 000 名中青年创新型科技人才，选派 10 000 名教授、博士到企业和基层服务。①

---

① 《江苏省人民政府关于实施创新驱动战略推进科技创新工程加快建设创新型省份的意见》，2011—05—24，http://www.jiangsu.gov.cn/jsyw/201109/t20110929_690159.html。

（2）高新技术园区现状分析

高新技术产业开发园区是江苏省培育具有自主知识产权高新技术产业的重要基地、推进经济跨越发展的重要增长点、参与国际竞争的战略高地，为江苏经济的持续健康发展做出了重大贡献。为进一步提升高新园区的建设与发展水平，江苏省各高新园区积极加快推进以增强自主创新能力为主线、以培育特色主导产业为主要任务的"二次创业"进程，初步形成了高新技术产业密集、高新技术企业密集、高新技术产品密集、高新技术创新成果密集、高层次创新创业人才密集的发展格局，保持着良好的发展态势。

江苏省分别在科技与经济比较发达、高等学校与科研院所相对集中的南京、苏州、无锡、常州市，规划建设了 7 个国家级高新技术产业开发区；又先后批准建立了连云港、南通、江阴、武进等 11 个省级高新技术产业开发区（园）。江苏省高新园区的数量达到 18 个，居国内领先地位。2011 年，江阴高新区升级为国家级高新区，江苏省国家级高新区达 9 家；批准设立了常熟高新区、吴江高新区（筹）2 家省级高新区。①

（3）资金投入与金融支持体系现状分析

为促进科技和金融紧密结合，推动创新驱动战略实施和创新型经济发展，2011 年 6 月江苏省政府提出《江苏省关于加快促进科技和金融结合的若干意见》，加大金融对科技进步的扶持力度。

一是加大政府投入力度。各级人民政府根据自身财力的增长情况，不断增加投入。主要通过无偿资助、贷款贴息、补助（引导）资金、保费补贴和创业风险投资等方式，加大对自主创新成果产业化的支持，加快自主创新成果的推广应用，提高自主创新成果产业化水平。"十一五"期间，江苏省财政科技投入累计达 475 亿元，是"十五"的 4.3 倍，年均增长 30%，高于同期一般预算支出增幅约 6 个百分点。财政科技投入和政策引导撬动了社会"大资金"，有效带动了全社会研发投入的增加。五年间，江苏省全社会研发投入年均增长 30%以上，基本达到创新型国家科技投入水平。

二是加大信贷支持力度。商业银行根据国家产业政策和信贷政策，结合自身特点和业务需要，按照信贷原则，加大对自主创新成果产业化项目的信贷支持力度。加强担保机构等融资支撑平台建设，为自主创新成果产业化项目融资提供服务。制定《江苏省银行贷款增长风险补偿奖励

---

① 《江阴高新区晋升"国家级" 江苏拥有国家级高新区已达八家》，2011—08—19，http://js-news. jschina. com. cn/system/2011/08/19/011491385_01. shtml.

资金管理办法》，对科技贷款年递增 20％以上的银行，由省财政每年按新增科技贷款余额的 1％给予风险补贴奖励；引导科技风险资金投入。第一，国有商业银行、股份制银行和城市商业银行围绕江苏省重点发展的新能源、新材料、生物技术和新医药、节能环保、软件和服务外包、物联网和新一代信息技术等六大新兴产业，建立健全科技贷款统计制度，加大对科技型中小企业的信贷支持力度，不断提高科技型企业信贷投放量占信贷投放总量的比重。根据银行业金融机构实际状况，制订科技信贷投放的中长期规划和年度目标任务，逐步建立适应科技型中小企业特点的风险评估、授信尽职和奖惩制度，适当提高对科技型中小企业不良贷款的风险容忍度，扩大科技金融结合试点地区基层行的授信审批权限。第二，发展新型科技金融服务。银行业金融机构在现有小企业金融服务专营机构中设立专门的科技金融服务部门或团队，选配和充实专门人员，加强对科技型中小企业的金融服务。在有效控制风险的基础上，具备条件的银行业金融机构可与地方科技部门（高新园区）合作，成立主要为科技型中小企业提供金融服务的科技支行。进一步贯彻落实《省政府办公厅关于开展科技小额贷款公司试点的意见》，深入推进科技小额贷款公司试点工作，"十二五"期间，省级以上高新园区实现全覆盖，并逐步扩大到各类科技园区。银行业金融机构要积极探索建立服务科技创新需求的新型管理体系、核算体系、信审体系和风险控制体系，切实加强专业化科技信贷队伍建设，全面提升金融服务科技创新的能力；充分利用现有的科技型中小企业扶持政策，加强与相关职能部门的协作配合，创新金融产品，充分发挥信贷的杠杆作用。第三，完善科技贷款奖励和风险补偿机制。用足用好省科技贷款增长风险补偿奖励资金，对银行科技贷款余额比上年增长部分给予 1％的奖励补贴。适当提高对科技支行、科技小额贷款公司等科技金融专营机构发放科技贷款的奖补标准，进一步扩大科技贷款风险补偿奖励范围。鼓励各地设立科技贷款风险补偿资金，完善科技型中小企业贷款风险补偿机制，支持银行业金融机构加大科技信贷投入。2011 年 9 月，江苏省委省政府出台了《关于实施创新驱动战略推进科技创新工程加快建设创新型省份的意见》，批准设立 28 家科技小额贷款公司，已开业 10 家；批准设立 18 家科技支行，已开业 15 家，是目前国内最多的省份。第四，加强商业银行与融资性担保公司的合作。抓紧研究制定科技担保公司管理办法，加大对科技担保公司的支持力度。省再担保公司要把科技型中小企业作为优先支持服务对象，努力将符合条件的科技担保公司纳入省再担保工作体系。各省辖市至少要组建 1 家不以营利为目的的专门从事科技创新企业贷款担保业务的科技担保公司,其年科技类贷款担保业务占全部业务量的比重不得低于 30%。市、县财政投资入股或补贴的担保公司,在担保总金额中要安排一定的比例优先为科技贷款提供担保,并努力降低科技贷款担保费率。①

三是充分利用科技型中小企业技术创新基金。自 1999 年国务院批准设立此项非盈利型政府专项基金以来,江苏省按照科技部的有关精神,以电子信息、新材料、生物技术与新药、环保与新能源等较为适宜科技型中小企业生长的高新技术新兴产业为重点,以高新园区、特色产业基地、大学科技园、科技企业孵化器等为载体,认真组织实施国家创新基金项目,大力扶植科技型中小企业快速发展。2010 年,第一批科技型中小企业技术创新基金项目涉及电子信息、生物医药、机电一体化、新材料、新能源和环保等领域的创新类项目共 3 437 项。江苏省获得立项 379 项,占立项总数的 11.03%,支持金额 28 035 万元,占 11.3%,居国内各省市之首。②

四是完善区域多层次资本市场。第一,大力发展创业投资。着力吸引海内外创业资本,鼓励民间资本设立创业投资机构,省辖市、省级以上高新园区及有条件的县(市、区)都要设立以支持初创期科技型中小企业为主的创业投资机构。支持省内龙头骨干创投机构与国内外重点金融机构开展资本合作。充分发挥创业投资行业协会作用,加强创业投资机构行业自律,推动创业投资健康发展。截至 2011 年初,在江苏省注册的创业投资公司近 150 家。第二,加大创业投资引导力度。各级科技计划对创业投资介入的早期科技项目和初创期科技企业给予优先支持。充分发挥省新兴产业创业投资引导基金的作用,通过阶段参股、跟进投资、投资保障和风险补助等方式,加大对新兴产业项目的投入。鼓励各市、县设立引导资金,吸引社会资本共同设立创业投资企业,加大对风险较高的种子期、初创期创新创业企业的扶持力度。第三,积极推动科技企业上市融资。促进非上市科技企业进行股份制改造,建立现代企业制度。鼓励已上市科技企业通过增发股份、兼并重组,加快做强做大。加大对科技企业上市培育力度,支持符合条件的高新技术企业在中小板、创业板及其他板

---

① 《关于加快促进科技和金融结合的若干意见》,2011—05—21。
② 《我省 2010 年科技型中小企业技术创新基金立项数居全国前列》,2010—06—11,http://www.jiangsu.gov.cn/shouye/shfz/kjcx/201006/t20100613_464768.html。

块上市融资。密切与证券交易所的业务合作,强化对科技企业上市工作的分类指导和培育。充分发挥省内重点证券公司的优势和作用,加快科技企业上市步伐。2012 年,江苏省推动建设 15 个省级科技金融合作创新示范区,新建 26 个科技支行和科技小贷公司。联合省财政厅从省科技成果转化专项资金有偿使用回收资金中安排 2 亿元,设立省天使投资引导资金,新增省成果转化风险补偿专项资金 1 亿元,目前规模已达 2 亿元。支持创业投资发展,江苏省创投机构数超 450 家,管理资金规模 1 200 亿元,均居全国第 1 位。2011 年上半年,江苏省新上市企业 25 家,其中高新技术企业 20 家,首发募集资金 164.5 亿元;江苏省在国内上市的高新技术企业累计 115 家,占江苏省上市企业的 59%;承担省重大科技成果转化资金项目的企业累计有 66 家在国内上市,20 家在境外上市。① 第四,加快建立区域性资本市场交易平台。争取开展国家高新区股权转让试点,支持园区内非上市股份公司进入代办系统进行股份公开转让。探索建立区域性非公开科技企业产权市场,通过开展非上市公司股权融资、产权交易,为科技型中小企业开拓直接融资渠道,促进科技企业产权合理配置。

五是建立健全区域科技金融服务体系。第一,发展科技金融中介服务机构。鼓励各地设立财政资金引导并构建抚育孵化功能的科技园区、科技企业加速器、科技企业孵化器、生产力中心、创业服务中心等创新创业载体。推动地方科技部门和国家高新区建立科技金融服务网络,集成科技金融资源为科技企业提供综合服务。大力培育市场化运作、专业化服务的科技金融服务企业。着眼有效降低金融机构投资风险,积极探索科技担保、科技再担保、科技保险多位一体,企业、金融机构及政府多方共担风险的科技融资担保平台。第二,建立科技金融外部评审专家库。充分利用国家、地方科技专家库和科技专家网上咨询工作平台,努力为金融机构开展科技中小企业金融服务提供咨询服务。有条件的银行业金融机构可在审贷委员会中吸纳有表决权的科技专家,并建立相应的考核约束机构。各级科技部门可定期或不定期向金融机构推荐科技项目,优先推荐列入各类科技计划支持的项目,协助金融机构做好融资企业或项目的后续管理工作。第三,探索建立科技企业信用星级评价体系。借鉴北京中关村科技园区信用体系建设的模式和经验,根据科技项目实施绩效、高

---

① 《江苏省科技创新工程新闻发布会》,2011-09-13,http://www.jiangsu.gov.cn/tmzf/szfxwfbh/xwfbqk/201109/t20110913_628524.htm。

新技术企业认定、科技奖励等,开展科技企业信用评级工作,加快推进科技中小企业信用体系试验区建设,促进评级结果在试点地区通用,解决科技金融信息不对称问题。第四,建立江苏省科技金融服务平台,面向江苏省科技型企业和金融机构、创投机构,集成科技企业、科技项目、科技人才、科技园区、科技平台、科技政策等优质资源,促进金融、创投,以及社会资本与科技型企业有效对接,形成围绕政府科技投入、吸引金融信贷和鼓励创投跟进投入的多元化、多层次、多渠道的科技金融投融资体系。金融服务平台着力构建科技信息服务系统、金融信息服务系统、对接交易服务系统,鼓励按照市场机制设立创业风险投资基金,引导社会资金流向创业风险投资领域,扶持承担自主创新成果产业化任务企业的设立与发展。支持各地广泛开展科技金融或创业投资项目专题对接活动,促进科技资源与金融资源的有效结合。建立重点科技企业、科技项目名单定期发布和信息通报制度,方便金融机构及时跟踪服务。[①]

3.3.2　江苏建设创新型省份的投入情况

江苏创新型省份建设的投入主要从 R&D 人员投入、R&D 经费投入及 R&D 项目等方面加以分析。

(1) R&D 人员投入

① R&D 人员总量

R&D 人员即从事 R&D 活动的人员,其数量是衡量一个地区科技实力的重要指标。如表 3.1 所示,依据 2010 年第二次全国 R&D 资源清查资料,2009 年江苏省 R&D 人员 36.94 万人,占全国 31 个省、市、自治区 R&D 人员总人数 318.4 万人的 11.6%。在这 11 个样本中排第 2 位,与第 1 位的广东省 38.35 万人相比差距不大,这说明江苏省 R&D 人员投入数量众多,科学技术创新具有坚实的人力基础。

R&D 人员全时当量反映了在科学技术创新活动中投入的人力和时间,是科学技术创新能力的重要指标之一。依据 2010 年第二次全国 R&D 资源清查资料,2009 年江苏省按实际工作时间计算的 R&D 人员全时当量 27.33 万人年,占全国 R&D 人员全时当量 229.1 万人年的 11.93%。而这一指标广东省为 12.38%,位于全国第 1 位,江苏省与广东省相比差距 0.45%。

① 《关于加快江苏科技金融创新发展指导意见的通知》,2010-09-20,http://www.jiang-su.gov.cn/tmzf/zfgb/2010/21/szfbgtwj/201011/t20101123_537012.html。

表 3.1 我国部分省(市)R&D 人员投入指标(2009 年)

地区	R&D 人员 (万人)	本科及以上学历 (万人)	比例 (%)	R&D 人员全时当量 (万人年)	研究人员 (万人年)	比例 (%)	基础研究人员 (万人年)	比例 (%)	应用研究人员 (万人年)	比例 (%)	试验发展人员 (万人年)	比例 (%)
全国	318.40	155.70	48.9	229.10	115.20	50.3	16.50	7.2	31.50	13.8	181.1	79.0
江苏	36.94	14.27	38.6	27.33	10.68	39.1	0.88	3.2	1.66	6.1	24.7	90.7
浙江	23.91	9.76	40.8	18.51	5.91	31.9	0.55	3.0	0.96	5.2	17.0	91.8
广东	38.35	18.60	48.5	28.37	12.97	45.7	0.87	3.1	1.88	6.6	25.6	90.3
安徽	8.77	4.22	48.2	5.97	3.02	50.5	0.54	9.0	0.77	12.9	4.7	78.0
山东	23.30	11.60	49.8	16.50	8.30	50.3	0.90	5.5	1.20	7.3	14.4	87.3
天津	7.26	3.66	50.4	5.20	2.86	54.8	0.43	8.3	1.02	19.7	3.8	72.1
北京	25.30	15.80	62.5	19.20	10.30	53.6	2.70	14.1	4.70	24.5	11.8	61.4
四川	12.50	6.80	54.4	4.90	2.76	56.8	0.90	11.0	1.70	20.1	5.9	68.7
吉林	5.64	3.93	69.6	3.94	2.61	66.2	0.64	16.1	1.06	26.9	2.2	57.0
上海	17.05	9.64	56.5	13.29	6.46	48.6	1.36	10.2	2.55	19.2	9.4	70.6
辽宁	11.90	6.10	51.1	8.10	—	—	—	—	—	—	—	—

资料来源：根据 2010 年第二次全国 R&D 资源清查资料整理。

江苏省 R&D 人员全时当量之大、比例之高充分展示了江苏省在科学技术创新活动中投入的人力之大。

在 R&D 活动中，按活动类型分可为三类：基础研究、应用研究和试验发展。其中，基础研究是技术进步和经济发展的先锋，可以提高国家的（潜在的）综合国力和国际威望，有助于培养专门人才，并进而提高国民的智力水平；而与此相对的是，应用研究以基础研究为基础，期限相对短，可以产生直接的经济利益；试验发展则是开辟新的应用，即为获得新材料、新产品、新工艺、新系统、新服务以及对已有上述各项作实质性的改进。按实际工作时间计算的 R&D 研究人员全时当量中，2009 年江苏省基础研究人员全时当量 8 828.50 人年，全国基础研究人员全时当量 16.5 万人年，前者占同期江苏全时当量的 3.2%，占同期全国基础研究人员全时当量的 5.3%；江苏省应用研究人员全时当量 16 623.70 人年，全国应用研究人员全时当量 31.5 万人年，前者占同期江苏全时当量的 6.1%，占同期全国应用研究人员全时当量的 5.27%；江苏省试验发展人员全时当量 247 824.80 人年，全国试验发展人员全时当量 181.1 万人年，前者占同期江苏全时当量的 90.7%，占同期全国试验发展人员全时当量的 13.7%。

江苏省基础研究、应用研究和试验发展人员全时当量分别是其 2000 年对应活动类型的 2.55 倍、1.42 倍和 4.6 倍。

由以上分析可见,江苏省 R&D 活动无论是基础研究、应用研究,还是试验发展的全时当量在全国都处于前列,但江苏省相对偏重于试验发展研究。虽然基础研究在江苏已逐步得到重视,但与江苏科技大省、教育大省的地位仍不匹配。

表 3.2 所示,2012 年江苏省按实际工作时间计算的 R&D 人员全时当量 342 262 万人年,占全国 R&D 人员全时当量 2 246 179 万人年的 15.24%。在全国排第 2 位,这一指标与 2009 年的 11.93% 相比,提高了 3.31%。而 2012 年广东省这一指标为 18.90%,位于全国第 1 位。江苏省与广东省相比差距 3.66%,与 2009 年的差距相比有所扩大。

表 3.2　我国部分省(市)R&D 投入指标(2012 年)

地　区	R&D 人员全时当量(万人年)	R&D 项目开展总数(项)
全　国	2 246 179	287 524
北　京	53 510	8 226
天　津	60 681	12 062
辽　宁	52 064	7 710
吉　林	24 365	1 990
上　海	82 355	12 833
江　苏	342 262	44 570
浙　江	228 618	35 582
安　徽	73 356	11 882
山　东	204 398	30 119
广　东	424 563	37 460
四　川	50 533	9 868

资料来源:根据《中国统计年鉴 2013》整理)。

② R&D 人员学历构成

R&D 人员的质量也是衡量一个地区科技实力的重要指标,而 R&D 人员的学历层次是衡量 R&D 人员的质量的一个核心指标。如表 3.1 所示,2009 年江苏省 R&D 人员中大学本科及以上学历人员 14.27 万人,占全国 R&D 人员总人数 155.7 万人的 9.17%。在 11 个样本中排第 2 位,与第 1 位的广东省 18.6 万人相比差距不大。但是江苏省 R&D 人员中大学本科及以上学历人员占江苏省 R&D 人员的 38.6%,而全国 R&D 人员中大学本科及以上学历人员占全国的 48.9%,江苏省低于全国平均水平,并且在 11 个样本中其比例为最低。这就表明江苏省 R&D 人员的学历层次相对较低,R&D 人员的质量较差,一定程度上就制约了江苏省 R&D 活动的开展。

③ R&D 人员区域分布

如表 3.3 所示,2009 年江苏省 R&D 人员分布主要集中在苏南地区,其中苏州位于第一,以后依次为无锡、南京、常州,四个城市 R&D 人员全时当量为 177 324.2 人年,占江苏省的 64.88%。这说明江苏省 R&D 人员分布不均衡,一定程度上就制约了江苏省 R&D 活动的全面开展,拉大了苏南苏北的地区差距。

表 3.3 江苏省按地区分 R&D 人员情况(2009 年)

人年

地 区	R&D 人员全时当量	地 区	R&D 人员全时当量
全 省	273 300.0	连云港	5 246.1
南 京	44 995.9	淮 安	3 466.8
无 锡	45 460.2	盐 城	8 389.9
徐 州	13 604.8	扬 州	13 143.9
常 州	26 822.1	镇 江	11 815.0
苏 州	60 046.0	泰 州	9 459.1
南 通	18 626.2	宿 迁	2 556.0

资料来源:根据 2010 年第二次全国 R&D 资源清查资料整理。

(2) R&D 经费投入

① R&D 经费投入总量

研究与试验发展(R&D)经费支出占 GDP 的比重是国际通用的衡量科技投入的重要指标。2005 年,江苏省 R&D 经费支出为 269.83 亿元,占当年 GDP 的 1.47%。2009 年,江苏省 R&D 总经费 701.95 亿元,是 2000 年的 9.61 倍,年平均增长 25.4%;R&D 经费与当年国内生产总值(GDP)之比为 2.04%,比 2000 年提高了 1.19 个百分点。2012 年 R&D 经费支出为 1 287.9 亿元,占江苏省生产总值的 2.38%。2013 年江苏省全社会研究与发展(R&D)活动经费 1 430 亿元,占地区生产总值的比重为 2.42%。从这几组数据的比较中可以看出,江苏省对于 R&D 活动的投入呈逐年攀升态势(图 3.1)。同时,2009 年,江苏省是我国 R&D 经费支出最多的省份,达到 701.95 亿元,占全国的 12.10%。

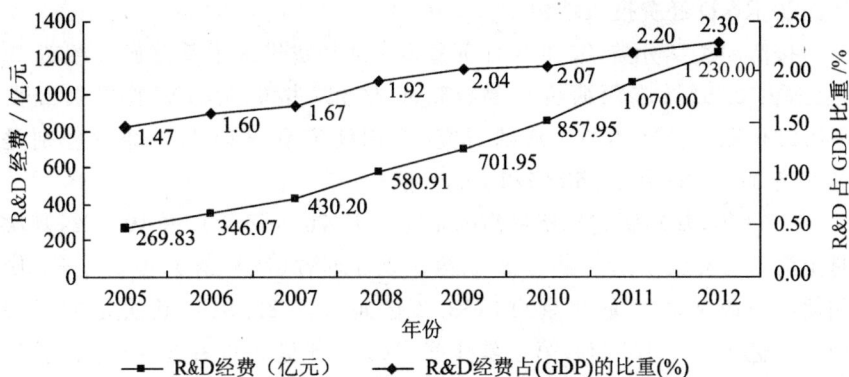

图 3.1　2005—2012 年江苏省 R&D 经费支出及 R&D 占 GDP 的比重

资料来源:根据江苏省历年国民经济和社会发展统计公报整理。

　　如表 3.4 所示,2012 年江苏省 R&D 经费支出达到 1 287.9 亿元,2009 年及 2012 年江苏省 R&D 经费投入总量在样本中处于第一位。这表明江苏省经济实力雄厚,并且积聚了可观的科技创新资源,已经具备了实施前沿科学和关键技术的攻关能力,在依靠自主创新实现跨越发展、赶超科技先进国家、带动国内后发地区发展方面正在发挥着积极作用。

表 3.4　我国部分省(市)R&D 经费支出(2012 年)

地　区	R&D 经费支出(亿元)	R&D 经费投入强度(%)
全　国	10 298.4	1.98
北　京	1 063.4	5.95
天　津	360.5	2.80
辽　宁	390.9	1.57
吉　林	109.8	0.92
上　海	679.5	3.37
江　苏	1 287.9	2.38
浙　江	722.6	2.08
安　徽	281.8	1.64
山　东	1 020.3	2.04
广　东	1 236.2	2.17
四　川	350.9	1.47

资料来源:《2012 年全国科技经费投入统计公报》。

② R&D 经费投入结构

按活动类型分类,2009 年江苏省 R&D 经费投入中基础研究经费 18 亿元,占 2.5%;应用研究经费 45.66 亿元,占 6.5%;试验发展经费 638.29 亿元,占 91.0%。基础研究、应用研究和试验发展经费分别是 2000 年的 10.53 倍、6.63 倍和 10.35 倍。

2009 年,基础研究经费最高的是北京市(70.5 亿元),占 10.5%;其次是上海市(28.81 亿元),占 6.8%;第三是江苏省(18 亿元),占 2.5%。应用研究经费最高的是北京市(153.2 亿元),占 22.9%;其次是上海市(70.81亿元),占 16.7%;第三是江苏省(45.66 亿元),占 6.5%。试验发展经费最高的是江苏省(638.29 亿元),占 91.0%;其次是广东省(610.30 亿元)占 93.5%;第三是山东省(489.6 亿元),占 94.2%。

从经费来源看,2009 年江苏省 R&D 经费中政府资金为 90.4 亿元,占 12.9%,低于全国水平;企业资金为 577.99 亿元,占 82.3%,高于全国水平;国外资金为 16.29 亿元,占 2.3%,也高于全国水平。这说明江苏省的 R&D 经费主要来自于企业,政府起着扶持和引导的作用。

从国民经济行业看,依据 2010 年第二次全国 R&D 资源清查资料,2009 年江苏省 R&D 经费投入中制造业 R&D 经费 561.18 亿元,占 80.0%;科学研究、技术服务和地质勘查业 22 亿元,占 3.1%;教育 43.76 亿元,占 6.2%。

从地区看,如表 3.5 所示,2009 年江苏省 R&D 经费投入中,苏南地区 R&D 经费 499.08 亿元,占 73.5%;苏中地区 106.6 亿元,占 15.7%;苏北地区 73.59 亿元,占 10.8%。

表 3.5　江苏省(按地区分)R&D 经费投入情况(2009 年)

万元

地　区	R&D 经费	地　区	R&D 经费
全　省	7 019 500.0	连云港	115 247.4
南　京	1 205 600.6	淮　安	100 824.8
无　锡	1 175 987.9	盐　城	153 418.6
徐　州	317 700.6	扬　州	334 232.9
常　州	586 844.5	镇　江	321 267.2
苏　州	1 701 085.4	泰　州	272 486.2
南　通	459 268.2	宿　迁	48 702.7

资料来源:根据 2010 年第二次全国 R&D 资源清查资料整理。

③ R&D 经费投入强度

从 R&D 经费投入强度分析,2009 年江苏省 R&D 经费与当年国内生产总值(GDP)之比为 2.04%,高于全国平均水平。2010—2013 年,江苏省 R&D 经费投入强度分别为 2.07%、2.20%、2.38% 和 2.42%,呈逐年上升趋势。

(3) R&D 项目

依据 2010 年第二次全国 R&D 资源清查数据,2009 年江苏省各类单位共开展 R&D 项目 5.7 万项,参加项目人员全时当量 21.11 万人年,项目经费 585.76 亿元。

从社会经济目标看,2009 年江苏省工商业发展项目经费 456.61 亿元,占 77.9%;能源的生产、分配和合理利用项目 40.76 亿元,占 7.0%;社会发展和社会服务项目 10.18 亿元,占 1.7%;基础设施以及城市和农村规划项目 5.98 亿元,占 1.0%;环境保护、生态建设及污染防治项目 20.15 亿元,占 3.4%;其他项目 52.08 亿元,占 8.9%。

3.3.3 江苏建设创新型省份的产出情况

(1) 江苏高新技术产业创新产出

① 江苏高新技术产业总体产出

高新技术产业是国民经济的战略性先导产业,对加快我国新型工业化进程和建设创新型国家具有重要作用。高新技术产业的发展水平,不但决定着一个国家国际竞争力的高低,而且决定着一个国家在世界经济中的分工地位,从而决定了在国际贫富两极分化中的国家前途。高新技术产业发展状况反映出一个国家、一个地区科技发展水平的重要方面,是制订国家和地方科技发展规划、政策,进行宏观管理的重要依据之一。因此,高新技术产业的发展已日益引起各级政府和社会各界的普遍关注,高新技术产业的规模有多大,它的发展水平和变化态势怎样,直接关系到经济发展的后劲和活力。

江苏省高新技术产业保持强劲发展势头。如表 3.6 所示,2012 年江苏省实现高新技术产业产值 45 041.48 亿元,比 2011 年增长 17.4%;占规模以上工业总产值比重达 37.5%,比 2011 年提高 2 个百分点。组织实施省重大科技成果转化专项资金项目 135 项,总投入 135.7 亿元。江苏省按国家新标准认定高新技术企业累计达 5 100 家。2012 年认定省级高新技术产品 7 671 项,国家重点新产品 144 项。已建国家级高新技术特色产业基地 103 个。江苏省国家和省级高新技术产业开发区实现技工贸总收入 38 500 亿元,比上年增长 10.5%。高新技术产业开发区建设成效显著,成为江苏省新的经济增长点。① 江苏省的高新技术产业发展迅速,占江苏省规模以上工业产值比重也呈逐年上升趋势。

表 3.6　2001—2012 年江苏省高新技术产业发展情况

年份	高新技术产业产值(亿元)	同比增长	占江苏省规模以上工业产值比重(%)
2001	2 047.61	—	17.38
2002	2 527.75	23.45	18.20
2003	3 827.96	51.44	21.23
2004	5 899.80	45.98	23.20
2005	7 928.17	34.38	24.28
2006	10 336.57	30.80	25.04
2007	14 689.96	41.66	27.55
2008	18 402.00	25.27	28.50
2009	21 987.00	19.48	30.00
2010	30 354.80	38.06	33.00
2011	38 377.76	26.40	35.30
2012	45 041.48	17.40	37.50

资料来源:根据江苏省各年国民经济和社会发展统计公报整理。

② 江苏高新技术产业分行业产出

江苏高新技术产业有了较快的发展,一个以航空航天器制造业、专用科学仪器设备制造业、电器机械及设备制造业、电子及通信设备制造业、医药制造业、新材料产业、计算机及办公设备制造业等为代表的高新技术产业正蓬勃兴起,并且已经形成了一定的规模。高新技术企业规模不断扩大。高新技术产业产值逐年增加,2005—2010 年的年平均增长速度超过 30%。2005—2010 年江苏高新技术产业产值情况见表 3.7。

---

① 江苏省统计局:《2012 年江苏省国民经济和社会发展统计公报》。

表 3.7　江苏省高新技术产值情况(2005—2010 年)

亿元

项　目	2005 年	2006 年	2007 年	2008 年	2009 年	2010 年
航空航天制造业	10.42	41.07	51.19	52.58	53.73	64.83
计算机及办公设备制造业	1 447.91	1 596.92	2 124.76	2 174.27	2 209.28	2 634.34
电子及通信设备制造业	2 607.55	3 195.59	4 629.50	6 082.13	5 667.39	7 411.99
医药制造业	427.26	465.17	600.77	821.77	1 266.26	1 656.94
专用科学仪器设备制造业	309.92	448.44	657.58	1 004.17	1 097.68	1 697.01
电气机械及设备制造业	1 488.58	2 080.29	3 034.63	3 844.16	4 395.76	5 724.60
新材料制造业	1 636.54	2 542.51	3 591.53	4 423.11	5 627.22	7 486.60
新能源制造业	—	—	—	—	1 669.91	3 678.51
总　计	79 28.17	10 307.00	14 689.96	18 402.19	21 987.23	30 354.84

资料来源:根据江苏省各年国民经济和社会发展统计公报整理。

2010 年,江苏省科技进步贡献率达 54%。江苏省高新技术产业实现产值 30 354.84 亿元,比 2009 年同期增长 38.06%,占规模以上工业比重由"十五"期末的 25% 提高到 33%,完成出口交货值 9 313.37 亿元,比 2009 年同期增长 34.31%。

2010 年,江苏省高新技术产业中,航空航天制造业实现工业总产值 64.83 亿元,占高新技术产业总产值的 0.21%;计算机及办公设备制造业实现工业总产值 2 634.34 亿元,占 8.68%;电子及通讯设备制造业实现工业总产值 7 411.99 亿元,占 24.42%;医药制造业实现工业总产值 1 656.94 亿元,占 5.46%;专用科学仪器设备制造业实现工业总产值 1 697.01 亿元,占 5.59%;电气机械及设备制造业实现工业总产值 5 724.60 亿元,占 18.86%;新材料制造业实现工业总产值 7 486.60 亿元,占 24.66%;新能源制造业实现工业总产值 3 678.51 亿元,占 12.12%。

2012 年,江苏省高新技术产业中,航空航天制造业实现工业总产值 218.30 亿元,占高新技术产业总产值的 0.48%;电子计算机及办公设备制造业实现工业总产值 2 260.06 亿元,占 5.02%;电子及通讯设备制造业实现工业总产值 11 367.89 亿元,占 25.24%;医药制造业实现工业总产值 2 651.73 亿元,占 5.89%;仪器仪表制造业实现工业总产值 1 084.99 亿元,占 2.41%;智能装备制造业实现工业总产值 12 123.94 亿元,占 26.92%;新材料制造业实现工业总产值 12 214.01 亿元,占 27.12%;新能源制造业实现工业总产值 3 120.55 亿元,占 6.93%。

2013 年 1—9 月,江苏省高新技术产业中,航空航天制造业实现工业总产值 192.65 亿元,占高新技术产业总产值的 0.51%;电子计算机及办公设备制造业实现工业总产值 1 689.27 亿元,占 4.44%;电子及通讯设备制造业实现工业总产值 9 131.76 亿元,占 24.00%;医药制造业实现工业总产值 2 326.23 亿元,占 6.11%;仪器仪表制造业实现工业总产值 917.79 亿元,占 2.41%;智能装备制造业实现工业总产值 10 925.90 亿元,占 28.71%;新材料制造业实现工业总产值 10 490.40 亿元,占 27.57%;新能源制造业实现工业总产值 2 377.07 亿元,占 6.25%。

③ 江苏高新技术产业的区域分布

江苏省高新技术产业主要分布在苏南及沿江地区,如表 3.8 所示。2010 年苏南五市高新技术产业产值 20 860.48 亿元,占江苏省的 68.72%;苏中三市高新技术产业产值 6 532.79 亿元,占江苏省的 21.52%;苏北五市高新技术产业产值 2 961.57 亿元,占江苏省的 9.76%。[①]

高新技术产业化进程加快,2012 年江苏省高新技术产业实现产值 45 041.48 亿元,比 2011 年增长 17.36%,占规模以上工业企业总产值的 37.5%,比 2011 年提高 2.21 个百分点。江苏省经认定的高新技术企业 5 147 家,比 2011 年增加 1 567 家,全年认定国家重点新产品 144 项、省级高新技术产品 7 671 项。

2012 年,江苏省苏南五市高新技术产业产值 28 663.20 亿元,占江苏省的 63.64%;苏中三市高新技术产业产值 9 568.79 亿元,占江苏省的 21.24%;苏北五市高新技术产业产值 6 809.49 亿元,占江苏省的 15.12%。苏中及苏北地区高新技术产业产值的比重有所提高。

2013 年,江苏省高新技术产业保持较快发展势头。组织实施省重大科技成果转化专项资金项目 144 项,总投入 117 亿元。江苏省按国家新

---

① 《2010 年 1—12 月江苏省高新技术产业主要数据统计公报》,2011-01-25,http://www.jssts.com/Item/361.aspx。

标准认定高新技术企业累计达 6 769 家。2013 年认定江苏省级高新技术产品 8 827 项,国家重点新产品 190 项;已建国家级高新技术特色产业基地 121 个。江苏省国家和省级高新技术产业开发区实现技工贸总收入达 42 503 亿元,比上年增长 18.9%。

表 3.8 江苏省高新技术产业产值的区域比较

城市	产值(亿元)		占江苏省比重(%)	
	2010 年	2012 年	2010 年	2012 年
南京市	3 383.42	4 739.55	11.15	10.52
无锡市	4 429.91	5 665.21	14.59	12.58
徐州市	1 061.13	3 016.11	3.50	6.70
常州市	2 370.12	3 555.22	7.81	7.89
苏州市	9 022.67	11 888.80	29.72	26.40
南通市	2 599.99	3 822.80	8.57	8.49
连云港市	646.28	1 144.58	2.13	2.54
淮安市	479.17	956.49	1.58	2.12
盐城市	687.54	1 302.54	2.27	2.89
扬州市	2 341.29	3 106.72	7.71	6.90
镇江市	1 654.37	2 814.42	5.45	6.25
泰州市	1 591.51	2 639.27	5.24	5.86
宿迁市	87.46	389.76	0.29	0.87

资料来源:根据江苏省各年国民经济和社会发展统计公报整理。

(2)主要知识产出情况

主要知识产出可以从专利申请受理量,专利申请授权量,发明专利受理量,发明专利申请授权量,万人发明专利拥有量,技术市场成交合同数,技术市场成交合同额,以及驰名、著名商标数量和自主品牌企业增加值占 GDP 比重等方面加以反映。

① 专利基本指标

如表 3.9 所示,2006—2013 年江苏省知识产出水平逐年上升,趋势比较明显。

表 3.9　江苏省主要知识产出情况（2006—2013 年）

年份	专利申请受理量（件）	发明专利申请受理量（件）	专利申请授权量（件）	发明专利申请授权量（件）	国内中文期刊科技论文数（篇）	技术市场成交合同数（项）	技术市场成交合同金额（亿元）
2006	53 267	10 214	19 352	1 631	34 043	10 844	68.83
2007	88 950	16 578	31 770	2 220	38 987	14 366	78.42
2008	128 002	22 601	44 438	3 508	41 216	14 089	94.02
2009	174 329	31 779	87 286	5 322	47 441	13 938	108.22
2010	235 873	50 298	138 382	7 210	48 531	19 815	249.34
2011	348 381	84 678	199 814	11 043	49 769	24 526	333.43
2012	472 656	110 091	269 944	16 242	—	30 000	532.00
2013	504 500	141 259	240 000	17 000	—	31 000	585.60

数据来源：根据中国主要科技指标数据库及江苏省各年国民经济和社会发展统计公报整理。

2012 年，江苏省专利申请量 472 656 件，同比增长 35.67%，占全国总量的 24.72%；授权量 269 944 件，同比增长 35.10%，占全国总量的 23.21%。发明专利申请量 110 091 件，同比增长 30.01%，占全国总量的 20.57%，授权量 16 242 件，同比增长 47.08%，占全国总量的 11.29%。江苏全省国际专利（PCT）申请 915 件，同比增长 41.6%。有效发明专利量 45 238 件，跃升至全国第三。万人发明专利拥有量 5.73 件，比 2011 年提高 1.99 件，其中，苏南地区万人发明专利拥有量 11.38 件。与此同时，企业专利产出大幅提高，2012 年江苏省企业专利申请量 308 801 件，同比增长 57.39%，授权量 186 220 件，同比增长 56.59%，企业专利申请量和授权量占江苏省总量比例均突破 60%，位居全国第一。有专利申请企业数 17 482 家，同比增长 12.91%，年专利申请量超 500 件的企业 26 家、超千件的企业 3 家，企业知识产权创造能力得到大幅提升。江苏省 2000—2012 年度专利申请量授权量时序图如图 3.2 所示。

2012 年共签订各类技术合同 3 万项，技术合同成交额达 532.0 亿元，比 2011 年增长 14.9%。

2013 年度，江苏省科技创新能力提升，区域创新能力连续五年保持全国第一，江苏省科技进步贡献率达 57.5%，比 2012 年提高 1 个百分点。江苏省专利申请总量达到 504 500 件，首次突破 50 万件大关，占全国申请

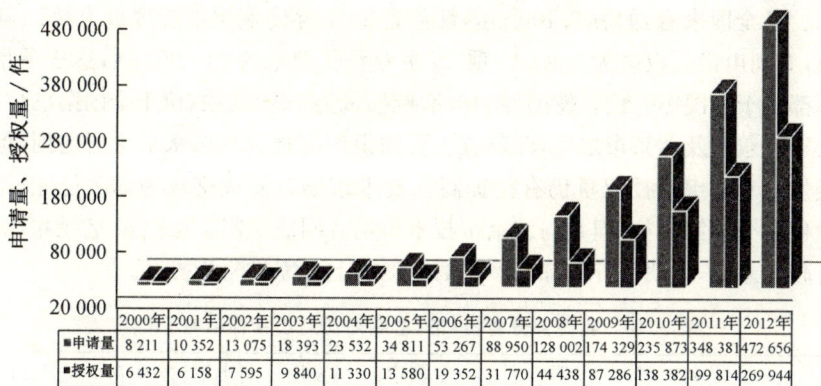

图 3.2　江苏省 2000—2012 年度专利申请量及授权量时序图

资料来源：根据江苏省历年统计年鉴整理。

总量的 22.58%。全年授权专利 24 万件，其中发明专利 1.7 万件。全年共签订各类技术合同 3.1 万项，技术合同成交额达 585.6 亿元，比 2012 年增长 10.1%。江苏省专利质量进一步提高，结构得到优化，其中，发明专利申请 141 259 件，同比增长 28.31%。[①] 如图 3.3 所示，江苏省专利授权量从 2008 年以来得到大幅增加，但是发明专利申请授权量比例较低，这说明江苏省真正原创性的发明创造仍然较少。

图 3.3　2008—2012 年江苏省专利申请授权量和发明专利申请授权量

资料来源：根据江苏省历年统计年鉴整理。

---

① 江苏省统计局：《2013 年江苏省国民经济和社会发展统计公报》。

从全国来看,如表 3.10 所示,江苏省 2012 年专利申请受理量为 472 656 项,专利申请授权量为 269 944 项,发明专利受理量为 110 091 项,这三项指标都位于全国第一位。发明专利申请授权量为 16 242 项,位于全国第三位,处于广东省及北京市之后,江苏省主要知识产出指标总体水平位居前列,但是发明专利申请授权量仍有待提高。技术市场合同成交额为 532 亿元,虽然位于全国第二位,但是与北京市技术市场合同成交额 2 458.50 亿元相比,有较大差距,说明江苏省知识产出的市场效益仍需进一步提高。

表 3.10　我国部分省份(市)主要知识产出指标(2012 年)

地区	专利申请 受理量(项)	发明专利 受理量(项)	专利申请 授权量(项)	发明专利申请 授权量(项)	技术市场成交合同 金额(亿元)
全　国	1 912 151	535 313	1 163 226	143 847	6 568.16
北　京	92 305	52 720	50 511	20 140	2 458.50
天　津	41 009	13 587	19 782	3 326	232.33
辽　宁	41 152	19 740	21 223	3 973	230.66
吉　林	9 171	3 913	5 930	1 583	25.12
上　海	82 682	37 139	51 508	11 379	518.75
江　苏	472 656	110 091	269 944	16 242	532.00
浙　江	249 373	33 265	188 463	11 571	81.31
安　徽	74 888	19 391	43 321	3 066	86.16
山　东	128 614	40 381	75 496	7 453	140.02
广　东	229 514	60 448	153 598	22 153	364.94
四　川	66 312	16 368	42 218	4 460	111.24

资料来源:根据《中国统计年鉴 2013》及《2013 年江苏省国民经济和社会发展统计公报》整理。

② 商标

江苏省商标事业快速发展的整体环境正在形成,重视商标支持品牌的社会氛围日趋浓烈。驰名、著名商标争创培育力度不断加大,高知名度商标群体实力进一步加强,高知名度商标数量和质量在全国位居前列。

2012 年江苏省新申请商标注册 98 000 件,新增国内注册商标 62 000 件,江苏省有效注册商标总数 410 000 件。江苏省新增驰名商标 138 件,刷新了年度认定记录,年增量位居全国第一,驰名商标总数 425 件,位居全国第三。江苏省新认定省著名商标 469 件,再认定省著名商标 571 件,江苏省净增省著名商标 380 件,著名商标总数 3 032 件。驰名、著名商标总数均提前三年实现江苏省政府确定的目标。江苏省 2000—2012 年度驰、著名商标总量如图 3.4 所示。2012 年江苏省商标国际注册数增长 520 件。

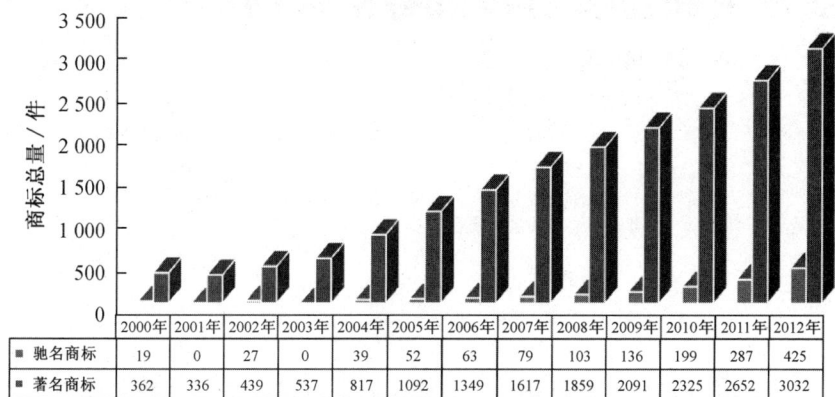

	2000年	2001年	2002年	2003年	2004年	2005年	2006年	2007年	2008年	2009年	2010年	2011年	2012年
■ 驰名商标	19	0	27	0	39	52	63	79	103	136	199	287	425
■ 著名商标	362	336	439	537	817	1092	1349	1617	1859	2091	2325	2652	3032

图 3.4 江苏省 2000—2012 年度驰、著名商标总量时序图

资料来源:根据江苏省历年统计年鉴整理。

综上分析可见,江苏省在创新型省份建设中取得了较大进展,出台的各项政策措施正不断完善;高新技术企业规模不断扩大;高新技术产业结构呈现加快发展态势;高新园区建设取得了新突破;科技与金融结合更加活跃;研发投入与产出情况在全国处于前列。

但我们必须清醒地认识到,江苏省在创新型省份建设中依然存在一些问题,主要是:(1)以政府推动为主,企业和市场的活力不足。创新省份建设成为江苏省政府转变经济发展方式、实现产业结构调整的重要举措,为此制定了大量的政策措施,鼓励高科技企业的发展。但是现有企业转型依然存在诸多困难;高新技术园区及高科技企业的发展依然需要时间。(2)科技创新能力有待提高。根据 2013 年全国及各地区科技进步统计监测报告显示,2013 年综合科技进步水平指数高于全国平均水平(60.30%)的地区为上海、北京、天津、江苏、广东和浙江,前三位位次与 2012 年相同,江苏省位列第四,与2012 年相比提高了一位。这表明江苏省高新技术企业规模、高新技术产业产值以及研发强度等方面有所提高,但是与先进省份相比依然存在差距。

目前,江苏创新型省份建设正处在关键阶段,随着创新型国家建设的不断深化,江苏省面临着来自国际、国内的诸多外部挑战,同时还面临着来自内部的诸多问题。江苏能否抓住机遇、应对挑战、主动作为,已成为实现创新型省份建设目标必须解决好的问题。

第 4 章

江苏创新型省份建设各主体的投入产出状况

本章在前述研究的基础上，分别从企业、高校、研究机构及政府等不同创新主体出发，结合创新投入及产出的各项指标，分析创新投入及产出的情况，评价创新主体的投入及产出对创新型省份建设的影响。

4.1 江苏创新型省份建设企业主体的投入产出状况

4.1.1 江苏工业企业开展创新活动概况

依据 2010 年第二次全国 R&D 资源清查资料，2009 年江苏省开展 R&D 活动的工业企业[①]为 7 278 个，占规模以上工业企业的 12.0%。其中，开展 R&D 活动的大中型企业 2 159 个，占全部大中型工业企业的 45.8%。如表 4.1 所示，在开展 R&D 活动的企业中，国有企业及国有独资公司 116 个，占有 R&D 活动的企业数的 1.6%；其他内资企业 5 022 个，占 69.0%；港、澳、台商投资企业 800 个，占 11.0%；外商投资企业 1 340 个，占 18.4%。

如表 4.2 所示，2012 年，江苏省科研机构总数为 17 776 个。其中，开展 R&D 活动的规模以上企业办科研机构数为 16 417 个，开展 R&D 活动的大中型企业办科研机构数为 7 395 个，占全部大中型工业企业的 41.60%。

---

① 这里的工业企业指规模以上工业企业，也就是年主营业务收入在 500 万元及以上的法人工业企业。

表 4.1　江苏省 R&D 工业企业及所占比重(按登记注册类型分)(2009 年)

	有 R&D 活动的企业数(个)	占同类型企业的比重(%)
内资企业	5 138	10.87
国有企业	95	28.02
集体企业	74	6.98
股份合作企业	58	13.06
联营企业	6	13.04
有限责任公司	665	17.96
国有独资公司	21	41.18
股份有限公司	222	30.20
私营企业	3 998	9.82
其他企业	20	9.80
港、澳、台商投资企业	800	15.95
外商投资企业	1 340	15.65
合　计	7 278	11.96

资料来源:根据 2010 年第二次全国 R&D 资源清查资料整理。

表 4.2　江苏省工业企业办科技机构基本情况(2010—2012 年)

个

指　标	2010 年	2011 年	2012 年
科技机构总数	6 798	9 061	17 776
规模以上工业企业办	—	6 518	16 417
♯大中型工业企业办	2 734	3 166	7 395

资料来源:根据《江苏统计年鉴 2013》整理。

注:规模以上工业企业办科技机构统计从 2011 年开始实施。

4.1.2　江苏工业企业创新投入情况

(1) 江苏工业企业 R&D 人员投入

依据 2010 年第二次全国 R&D 资源清查资料,2009 年江苏省工业企业 R&D 人员为 29.2 万人,是 2000 年的 4 倍。其中,女性 5.94 万人,占

20.3％。按实际工作时间计算的 R&D 人员全时当量 22.24 万人年，是 2000 年的 7.24 倍。

如表 4.3 所示，2012 年江苏省大中型工业企业从事科技工作的人员数为 56.7 万人，比 2011 年增加 9.61 万人，增幅为 20.41％。

表 4.3　江苏省大中型工业企业 R&D 人员投入情况（2010—2012 年）

指　标	2010 年	2011 年	2012 年
企业数（个）	5 418	6 726	7 128
＃有科技活动的企业数（个）	2 257	2 984	4 503
从事科技的人员数（万人）	40.51	47.09	56.70

资料来源：根据《江苏统计年鉴 2013》整理。

（2）江苏工业企业 R&D 经费投入

依据 2010 年第二次全国 R&D 资源清查资料，2009 年江苏省工业企业 R&D 经费 570.71 亿元，是 2000 年的 11.57 倍；工业企业 R&D 经费投入强度为 0.79％。其中，大中型企业 R&D 经费 451.51 亿元，R&D 经费投入强度为 1.07％，比 2000 年提高了 0.33 个百分点。

在江苏省工业企业 R&D 经费中，国有企业及国有独资公司 R&D 经费为 50.45 亿元，占 8.8％；其他内资企业 310.16 亿元，占 54.4％；港、澳、台商投资企业 71.5 亿元，占 12.5％；外商投资企业 138.6 亿元，占 24.3％。

按行业分，制造业 R&D 经费 561.18 亿元，占 98.3％。如表 4.4 所示，江苏省工业企业 R&D 经费投入强度前三位的行业是石油和天然气开采业、有色金属矿采选业和医药制造业。

表 4.4　按行业分江苏省工业企业 R&D 经费投入情况（2009 年）

行　业	经费投入（亿元）	投入强度（％）	行　业	经费投入（亿元）	投入强度（％）
采矿业	6.43	1.34	医药制造业	21.52	1.95
煤炭开采和洗选业	4.41	1.86	化学纤维制造业	13.15	1.02
石油和天然气开采业	1.37	2.60	橡胶制品业	4.80	0.80
黑色金属矿采选业	0.10	0.16	塑料制品业	7.32	0.62
有色金属矿采选业	0.13	2.01	非金属矿物制品业	9.73	0.50
非金属矿采选业	0.43	0.35	黑色金属冶炼及压延加工业	47.79	0.76

行　业	经费投入（亿元）	投入强度（%）	行　业	经费投入（亿元）	投入强度（%）
制造业	561.18	0.82	有色金属冶炼及压延加工业	9.07	0.40
农副食品加工业	3.47	0.19	金属制品业	16.90	0.60
食品制造业	1.76	0.53	通用设备制造业	49.86	1.07
饮料制造业	6.54	1.38	专用设备制造业	28.77	1.22
烟草制造业	0.23	0.08	交通运输设备制造业	42.94	0.89
纺织业	20.41	0.42	电气机械及器材制造业	88.14	1.39
纺织服装、鞋、帽制造业	5.21	0.23	通信设备、计算机及其他电子设备制造业	84.67	0.83
皮革、毛皮、羽毛（绒）及其制品业	0.58	0.15	仪器仪表及文化、办公用机械制造业	18.26	1.45
木材加工及木、竹、藤、棕、草制品业	3.54	0.43	工艺品及其他制造业	0.89	0.28
家具制造业	0.24	0.15	废弃资源和废旧材料回收加工业	0.08	0.06
造纸及纸制品业	5.68	0.62	电力、燃气及水的生产和供应业	3.10	0.11
印刷业和记录媒介的复制	0.99	0.43	电力、热力的生产和供应业	2.88	0.11
文教体育用品制造业	1.59	0.37	燃气生产和供应业	0.00	0.00
石油加工、炼焦及核燃料加工业	1.54	0.15	水的生产和供应业	0.21	0.31
化学原料及化学制品制造业	65.53	0.94	合　计	570.71	0.79

资料来源:根据 2010 年第二次全国 R&D 资源清查资料整理。

如表 4.5 所示,2012 年江苏省大中型工业企业 R&D 经费内部支出总额为 802.73 亿元,是 2000 年的 24.22 倍。2012 年国有企业及国有独资公司 R&D 经费为 68.96 亿元,占 8.6%;其他内资企业 310.16 亿元,占50.1%;港、澳、台商投资企业 105.18 亿元,占 13.1%;外商投资企业226.38亿元,占 28.2%,占比与 2009 年相比有所提高,有利于引进先进技术,促进江苏省科技进步。

表 4.5　江苏省大中型工业企业 R&D 经费支出情况(按登记注册类型分)

亿元

指　标	2000 年	2005 年	2010 年	2011 年	2012 年
内资企业	29.26	123.04	335.85	410.89	471.16
国有企业	11.37	14.29	32.38	33.48	39.88
集体企业	4.63	6.19	1.15	1.90	2.61
股份合作企业	0.99	1.32	2.94	3.57	1.95
联营企业	0.30	0.12		0.17	0.13
有限责任公司	7.06	51.03	132.74	147.55	164.86
♯国有独资企业	3.52	15.88	21.93	27.07	29.08
股份有限公司	4.65	30.45	49.61	71.97	79.43
私营企业	0.25	19.56	116.22	149.88	177.86
其他企业	0	0.08	0.59	2.36	4.44
港、澳、台商投资企业	1.42	16.63	64.81	82.04	105.18
外商投资企业	2.48	36.17	150.68	207.83	226.38
合　计	33.15	175.84	551.35	700.75	802.73

资料来源:《江苏统计年鉴 2013》。

如表 4.6 所示,按苏南、苏中、苏北地区分,苏南地区工业企业 R&D 经费为 406.29 亿元,占 71.2%;苏中地区工业企业 R&D 经费为 100.82 亿元,占 17.7%;苏北地区工业企业 R&D 经费为 63.6 亿元,占 11.1%。

表 4.6　江苏省(按地区分)工业企业 R&D 经费情况(2009 年)

单位:亿元

地　区	R&D 经费	地　区	R&D 经费
全　省	570.71	连云港	10.32
南　京	63.90	淮　安	8.54
无　锡	113.10	盐　城	13.19
徐　州	26.83	扬　州	30.15
常　州	55.48	镇　江	25.52
苏　州	148.29	泰　州	26.30
南　通	44.36	宿　迁	4.72

资料来源:根据 2010 年第二次全国 R&D 资源清查资料整理。

从全国来看,从工业企业 R&D 经费和投入强度来分析,2009 年全国工业企业 R&D 经费最高的是江苏省,为 570.71 亿元,年平均增长率为 31.26%。

4.1.3　江苏省工业企业 R&D 项目情况

依据 2010 年第二次全国 R&D 资源清查资料,2009 年江苏工业企业共开展 R&D 项目 2.75 万项,项目人员全时当量 18.65 万人年,项目经费 512.51 亿元。

按项目技术经济目标分,开发全新产品的项目的经费占 53.2%,增加产品功能或提高性能的项目占 30.2%,降低能源消耗或提高能源使用效率的项目占 7.1%,提高劳动生产率的项目占 2.3%,减少环境污染的项目占 3.5%,技术原理研究的项目占 0.1%,节约原材料的项目占 1.3%,其他项目占 2.3%。

按项目来源分,企业自选的项目经费占 80.5%;地方科技项目经费占 6.1%;国家科技项目经费占 3.6%;其他企业委托项目经费占 2.3%;来自国外的项目经费占 4%;其他项目经费占 3.5%。

按项目合作形式分,企业独立完成的项目经费占 67.5%,与国内高校合作项目经费占 12.0%,与国内独立研究机构合作项目经费占 5.2%,与境内其他企业合作项目经费占 4.1%,与境外机构合作项目经费占 5.1%,其他合作形式项目经费占 6.1%。

4.1.4　江苏省企业办研发机构情况

根据 2010 年第二次全国 R&D 资源清查资料,2009 年江苏工业企业办研究开发机构 5 094 个,比 2000 年增长 162%。机构人员 18.75 万人,是 2000 年的 2.93 倍,其中博士和硕士 1.8 万人,占 9.6%,比 2000 年提高 6.73 个百分点,但低于全国同一指标的平均水平(11.8%)。全年机构经费 379.76 亿元,是 2000 年的 7.23 倍。机构拥有科研用仪器和设备的原价 286.86 亿元,是 2000 年的 2.66 倍。

4.1.5　江苏工业企业创新活动产出情况

依据 2010 年第二次全国 R&D 资源清查资料,2009 年江苏省工业企业完成新产品产值 10 015.65 亿元,是 2000 年的 7.68 倍。全年实现新产品销售收入 8 523.63 亿元,是 2000 年的 6.73 倍;新产品销售收入占主营业务收入的比重为 11.9%。2009 年江苏工业企业申请专利 4 万件,是 2000 年的 16.2 倍;其中发明专利 1.19 万件,是 2000 年的 16.8 倍;发明专利所占比重 29.8%,比 2000 年提高 1.5 个百分点。

如表 4.7 所示,2012 年江苏省大中型工业企业完成新产品销售收入 15 486.97 亿元,是 2000 年的 15.91 倍;申请专利 47 397 件,是 2000 年的 40.07 倍;其中发明专利 15 247 件,发明专利所占比重 32.17%。

表 4.7　江苏省大中型企业 R&D 活动情况

指　标	2000 年	2005 年	2010 年	2011 年	2012 年
企业数(个)	2 091	3 374	5 418	6 726	7 128
♯有科技活动的企业数	779	1 695	2 257	2 984	4 503
企业办科技机构数(个)	968	1 193	2 734	4 545	7 395
从事科技的人员数(万人)	14.71	20.25	40.51	47.09	56.70
♯科技机构中的人员	4.46	6.20	16.57	24.19	34.78
♯有高中级职称或大学本科及以上学历的人员	2.65	3.89	10.07	15.07	21.80
R&D 经费内部支出总额(亿元)	33.15	175.84	551.35	700.75	802.73
经常性支出	30.95	164.15	484.36	604.39	698.03
♯R&D 人员劳务费	8.15	43.24	119.38	157.57	209.22
资产性支出	2.20	11.69	66.99	96.36	104.70
♯土建工程	0.17	0.89	3.26	3.40	3.22
仪器设备	2.04	10.80	63.73	92.96	101.48
R&D 经费来源(亿元)					
♯政府资金	0.91	4.81	10.24	13.83	16.19
企业资金	30.66	162.62	525.63	671.02	768.78
境外资金	1.00	5.31	8.69	8.26	7.17
其他资金	0.58	3.10	6.78	7.64	10.59
R&D 经费外部支出经费(亿元)			23.12	36.90	31.04
技术改造支出总额	100.52	279.57	483.95	524.45	583.63
技术引进支出总额	20.97	41.55	36.05	66.89	53.48
♯用于消化吸收的经费	0.99	6.06	13.10	22.91	23.43
购买国内技术用款	3.39	9.62	14.78	20.76	24.61
科技活动产出					
新产品销售收入(亿元)	973.30	2 679.67	9 387.21	13 217.37	15 486.97
企业专利申请数(件)	1 183	5 226	31 132	43 645	47 397
♯发明专利数		1 408	8 194	12 781	15 247
企业拥有有效发明专利数(件)		2 868	13 976	17 077	28 202

资料来源:《江苏统计年鉴 2013》。

4.2 江苏创新型省份建设高校主体的投入产出状况

2009 年,江苏省有高等院校 122 所,其中开展 R&D 活动的高等院校 66 所,占 54.1%。2012 年,江苏省有全日制普通高等院校 128 所,其中开展 R&D 活动的高等院校 102 所,占 79.69%。江苏省高等院校数量众多,R&D 活动蓬勃开展。

4.2.1 江苏高校创新投入情况

(1) 江苏高校 R&D 人员投入

2009 年,江苏省高等院校从事 R&D 人员为 30 822 人,其中大学本科及以上学历人员 28 838 人,占 93.6%。按活动类型分,江苏省基础研究人员全时当量 7 387 人年,占 43.4%,高于全国平均水平;应用研究人员 8 279 人年,占 48.7%,低于全国平均水平;试验发展人员 1 348 人年,占 7.9%。江苏省高等院校应用研究人员比重较低,一定程度上会降低科研成果转化速度。

2012 年,江苏省高等院校从事科技活动的人员为 61 939 人,其中从事 R&D 活动的人员为 42 185 人,与 2009 年 30 822 人相比有较大增长。其中,副教授以上职称人员 19 895 人,占 47.16%。

按苏南、苏中、苏北地区分,2009 年,苏南地区 R&D 人员全时当量 13 413.2 人年,占 78.8%;苏中地区 1 287.2 人年,占 7.6%;苏北地区 2 315.6 人年,占 13.6%,分地区情况见表 4.8。

表 4.8 江苏省(按地区分)高校 R&D 人员情况(2009 年)

人年

地 区	R&D 人员全时当量	地 区	R&D 人员全时当量
全 省	17 016.00	连云港	317.10
南 京	9 464.90	淮 安	238.80
无 锡	380.20	盐 城	264.90
徐 州	1 494.80	扬 州	561.90
常 州	432.10	镇 江	887.00
苏 州	2 249.00	泰 州	38.10
南 通	687.20	宿 迁	0.00

资料来源:根据 2010 年第二次全国 R&D 资源清查资料整理。

（2）江苏高校 R&D 经费投入

依据 2010 年第二次全国 R&D 资源清查资料,2009 年江苏省高等院校 R&D 经费为 44.20 亿元,是 2000 年的 7.34 倍,年平均增长率为 24.70%。按活动类型分,基础研究经费 14.54 亿元,占 32.9%;应用研究经费 23.12 亿元,占 52.3%;试验发展经费 6.54 亿元,占 14.8%。按经费来源分,政府资金为 21.96 亿元,占 49.7%;企业资金为 18.36 亿元,占 41.5%;国外资金为 0.14 亿元,占 0.3%;其他资金为 3.74 亿元,占 8.5%。按苏南、苏中、苏北地区分,苏南地区 R&D 经费为 38.4 亿元,占 86.9%;苏中地区为 1.89 亿元,占 4.3%;苏北地区为 3.91 亿元,占 8.8%,,分地区情况见表 4.9。

表 4.9　江苏省(按地区分)高校 R&D 经费情况(2009 年)

万元

地　区	R&D 经费	地　区	R&D 经费
全　省	441 989.10	连云港	2 225.80
南　京	289 717.70	淮　安	4 184.40
无　锡	18 595.00	盐　城	2 089.90
徐　州	30 582.10	扬　州	12 785.00
常　州	7 683.20	镇　江	28 401.50
苏　州	39 610.50	泰　州	1 653.60
南　通	4 460.40	宿　迁	0.00

资料来源:根据 2010 年第二次全国 R&D 资源清查资料整理。

2012 年,江苏省高等院校 R&D 经费为 1 211 365 万元,是 2000 年的 8.49 倍。按活动类型分,基础研究经费为 10 181 万元,占 40.74%;应用研究经费为 11 740 万元,占 46.98%;实验发展经费为 3 069 万元,占 12.28%。按经费来源分,科技事业经费为 57 310 万元,主管部门专项费为 177 115 万元,企事业单位委托经费为 524 513 万元。

4.2.2　江苏高校 R&D 项目情况

2009 年,江苏省高等院校开展 R&D 项目研究 31 307 项,项目经费总计为 31.61 亿元,人均项目经费为 18.58 万元/人年。

按学科分,2009 年江苏省高校自然科学项目经费为 5.24 亿元,占 18.1%;农业科学项目经费为 3.11 亿元,占 10.7%;医药科学项目经费为 1.86 亿元,占 6.4%;工程与技术科学项目经费为 17.46 亿元,占 60.2%;人文与社会科学项目经费为 1.34 亿元,占 4.6%。

按项目来源分,2009 年江苏省高校国家科技项目经费为 13.86 亿元,占 47.8%;企业委托项目经费为 11.14 亿元,占 38.4%;地方科技项目经费为 3.16 亿元,占 10.9%;高等院校自选项目经费为 0.63 亿元,占 2.2%;来自国外的科技项目经费为 0.12 亿元,占 0.4%;其他项目经费为 0.09 亿元,占 0.3%。

按项目合作形式分,2009 年江苏省高校独立完成的项目经费为 21.60 亿元,占 74.5%;与国内企业合作项目经费为 2.27 亿元,占 7.8%;与国内独立研究机构合作项目经费为 2.82 亿元,占 9.7%;与国内其他高校合作项目经费为 1.94 亿元,占 6.7%;其他合作形式项目经费为 0.37 亿元,占 1.3%。

4.2.3 江苏高校研发机构情况

2009 年,江苏省高等院校有研究机构 448 个,占全国的 7.4%;机构 R&D 人员 6 241 人,其中博士和硕士 4 697 人,占 R&D 人员的 75.3%。机构全年 R&D 经费 7.92 亿元,拥有科研用仪器和设备的原价为 37.16 亿元。江苏高校在研究机构规模上具有一定的优势。

从增长速度看,江苏省高等院校拥有的研究机构个数比 2000 年第一次 R&D 资源清查时增长了 17.6%,高校研发机构 R&D 经费是 2000 年的 1.9 倍,其拥有的科研用仪器和设备的原价是 2000 年的 4.11 倍。

4.2.4 江苏高校 R&D 活动主要产出情况

2009 年,江苏省高校共发表科技论文 84 062 篇,出版著作 2 703 种,分别是 2000 年的 3.9 倍和 2.6 倍;申请专利 9 445 件,其中发明专利 4 427件,分别是 2000 年的 32.9 倍和 36.4 倍;发明专利申请占全部专利申请的 46.9%;获得专利授权 3 809 件,其中发明专利 1 495 件,占 39.2%。可见,江苏省 R&D 活动产出成果,在发表的论文数、申请的专利数方面有优势,但是获得授权发明专利所占比重有待进一步提高。

2012 年,江苏省高校共发表科技论文 77 244 篇,出版著作 212 种,实现科技成果转让 1 573 项。

4.3 江苏创新型省份建设研究机构主体的投入产出状况

4.3.1 江苏研发机构概况

2009 年,江苏省有各类研究开发机构[①][②](以下简称研发机构)6 093 个,占全国的 13.5%。2013 年,江苏省有各类科学研究与技术开发机构 6 300 多个,其中政府部门属独立研究与开发机构达 148 个;已建国家和省级重点实验室 102 个、科技服务平台 303 个、工程技术研究中心 2 480 个、企业院士工作站 337 个、经国家认定的技术中心 74 家。

从学科分类看,2009 年江苏省 6 093 个研究开发机构的分布是:自然科学领域 71 个,占 1.1%;农业科学领域 163 个,占 2.7%;医药科学领域 137 个,占 2.3%;工程与技术科学领域 5 635 个,占 92.5%;人文与社会科学领域 87 个,占 1.4%。[③]

从规模看,2009 年江苏省有各类研发机构 6 093 个,研发机构中从事 R&D 活动的人员为 15.31 万人,是 2000 年的 4.18 倍,其中博士和硕士 2.54 万人,占 16.6%,比全国平均水平低 6.4 个百分点。在研发机构的 R&D 经费投入上,江苏省达到了 323.95 亿元,是 2000 年的 8.57 倍;研究开发机构中用于科研的仪器设备原价为 393.51 亿元,是 2000 年的 2.9 倍。可见,在研究开发机构规模上,江苏省具有一定优势。

从区域分布看,2009 年江苏省研发机构 R&D 人员全时当量 263 632 人年,研发机构 R&D 经费投入为 6 792 667 万元。其中苏南地区研发机构 R&D 经费为 4 990 786 万元,占 73.47%;苏中地区研发机构 R&D 经费为 1 065 987 万元,占 15.69%;苏北地区研发机构 R&D 经费为 735 894.1 万元,占 10.84%。

从行业看,2009 年江苏省研发机构行业 R&D 投入主要集中在制造业,占 79.95%。

---

① 政府属研究机构简称研究机构。政府属研究机构包括县以上政府部门属科学研究与技术开发机构、科学技术信息和文献机构,但不包括转制院所。

② 研究开发机构包括各类独立的研究机构及企事业单位办的非独立的研究开发机构。

③ 《第二次全国科学研究与试验发展(R&D)资源清查主要数据公报》,2011 年,http://www.stats.gov.cn/tjgb/rdpcgb/index.htm。

江苏省及我国部分省份(市)研发机构 R&D 产出状况如表 4.10 所示。

表 4.10　我国部分省份(市)研发机构 R&D 产出指标(2009 年)

	企业办研究开发机构			政府属研究机构			高等院校研究机构		
	新产品产值(亿元)	新产品销售收入(亿元)	申请专利(万件)	发表科技论文(篇)	出版著作(种)	申请专利(件)	发表科技论文(篇)	出版著作(种)	申请专利(件)
全国	68 198.80	65 838.20	26.60	138 000	4 788	15 773	1 016 000	41 000	56 641
江苏	10 015.65	8 523.63	4.00	8 227	243	828	84 062	2 703	9 445
浙江	6 801.55	6 348.62	4.64	3 453	104	368	44 600	1 700	5 860
广东	8 483.48	8 295.55	5.49	5 851	124	639	58 000	2 185	2 588
安徽	1 708.81	1 533.38	0.85	2 328	30	415	30 280	1 337	659
山东	7 236.40	7 191.90	1.84	5 929	—	563	48 631	1 666	2 032
天津	2 907.11	2 826.27	0.72	2 505	104	369	21 074	995	1 985
北京	2 667.60	2 831.50	0.70	44 000	2 007	5 194	95 000	6 343	6 847
四川	2 393.00	2 185.30	—	4 868	163	—	50 000	1 000	—
吉林	2 934.22	2 892.58	0.14	4 186	109	574	27 672	994	762
上海	4 921.23	5 444.08	1.55	7 705	267	1 692	72 300	3 146	5 772
辽宁	2 600.00	2 586.90	0.64	4 562	56	892	45 089	2 386	3 879

资料来源:根据 2010 年第二次全国 R&D 资源清查资料整理。

4.3.2　江苏研究机构 R&D 投入情况

2009 年,江苏省研究机构(即政府所属研发机构)有 149 个,其中自然科学领域的研究机构 13 个,占 8.7%;农业科学领域 39 个,占 26.2%;医药科学领域 21 个,占 14.1%;工程与技术科学领域 55 个,占 36.9%;人文与社会科学领域 21 个,占 14.1%。

(1) 江苏省研究机构 R&D 人员投入

2009 年,江苏省研究机构有 R&D 人员 1.88 万人,其中大学本科及以上学历人员 1.44 万人,占 76.6%。2009 年,按实际工作时间计算的 R&D 人员全时当量 1.56 万人年,其中研究人员 1.11 万人年,占 71.2%。

按活动类型分,基础研究人员 0.1 万人年,占 6.4%;应用研究人员 0.58 万人年,占 37.2%;试验发展人员 0.88 万人年,占 56.4%。

按地区分(表 4.11),苏南地区 R&D 人员全时当量为 5 219 人年,占 33.4%,;苏中地区为 326 人年,占 2.1%;苏北地区为 419 人年,占 2.7%。

表 4.11　江苏省政府所属研发机构 R&D 人员全时当量（按地区分）（2009 年）

人年

地　区	R&D 人员全时当量	地　区	R&D 人员全时当量
全　省	15 605	徐　州	143
南　京	3 958	常　州	12
无　锡	393	苏　州	808
南　通	92	扬　州	234
连云港	106	镇　江	48
淮　安	68	泰　州	0
盐　城	78	宿　迁	24

资料来源：根据 2010 年第二次全国 R&D 资源清查资料整理。

（2）江苏省研究机构 R&D 经费投入

2009 年，江苏省政府所属研发机构 R&D 经费内部支出 64.23 亿元，是 2000 年的 25.3 倍，年平均增长 23.2%。

从地区分布看（表 4.12），苏南地区 R&D 经费为 36.78 亿元，占 57.3%；苏中地区为 1.27 亿元，占 2.0%；苏北地区为 3.5 亿元，占 5.5%。

表 4.12　江苏省政府所属研发机构 R&D 经费投入（按地区分）（2009 年）

亿元

地　区	R&D 经费	地　区	R&D 经费
全　省	64.23	连云港	0.51
南　京	16.43	淮　安	0.79
无　锡	1.00	盐　城	1.47
徐　州	0.70	扬　州	1.08
常　州	1.78	镇　江	3.58
苏　州	13.98	泰　州	0.00
南　通	0.18	宿　迁	0.03

资料来源：2010 年第二次江苏省 R&D 资源清查主要数据公报（第三号）。

从活动类型看，基础研究经费为 3.06 亿元，占 4.8%；应用研究经费为 19.84 亿元，占 30.9%；试验发展经费为 41.33 亿元，占 64.3%。

从经费来源看，政府资金为 47.55 亿元，占 74.1%；企业资金为 12.52

亿元,占 19.5%;国外资金为 0.35 亿元,占 0.5%;其他资金为 3.81 亿元,占 5.9%。

从机构服务的国民经济行业看,科学研究、技术服务和地质勘查业的研究机构 R&D 经费为 53.85 亿元,占 83.80%;农、林、牧、渔业的为 4.46 亿元,占 6.9%;水利、环境和公共设施管理业的为 3.70 亿元,占 5.8%。

(3) 江苏省研究机构 R&D 项目(课题)情况

2009 年,江苏省政府所属研发机构共开展 R&D 项目研究 3 205 项,参加项目人员全时当量 14 073 人年,项目经费 40.94 亿元。项目经费是 2000 年的 4.8 倍。按学科分,自然科学项目经费 3.33 亿元,占 8.1%;农业科学项目经费 4.04 亿元,占 9.9%;医药科学项目经费 0.34 亿元,占 0.8%;工程与技术科学项目经费 33.12 亿元,占 80.9%;人文与社会科学项目经费 0.12 亿元,占 0.3%。按项目来源分,国家科技项目经费 15.81 亿元,占 38.6%;地方科技项目经费 3.66 亿元,占 8.9%;企业委托项目经费 4.48 亿元,占 10.9%;研究机构自选项目经费 1.91 亿元,占 4.7%;来自国外的项目经费 0.24 亿元,占 0.6%;其他项目经费 14.84 亿元,占 36.3%。按项目合作形式分,研究机构独立完成的项目经费 34.66 亿元,占 84.7%;与国内独立研究机构合作项目经费 2.09 亿元,占 5.1%;与国内高校合作项目经费 3.32 亿元,占 8.1%;其他合作形式项目经费 0.87 亿元,占 2.1%。

4.3.3　江苏研究机构 R&D 产出情况

2009 年,江苏省政府所属研发机构共发表科技论文 8 227 篇,出版著作 243 种,申请专利 828 件,其中发明专利 668 件,发明专利申请占全部专利申请的 80.7%,比 2000 年提高了 43.3 个百分点。2009 年,江苏省研究机构获得专利授权 233 件,其中发明专利 131 件,占 56.2%。

近年来江苏省研究机构(政府属研发机构)发展情况详见表 4.13。2012 年,江苏省政府所属研发机构 R&D 经费达 92.03 亿元;共发表科技论文 9 555 篇,出版著作 137 种,申请专利 1 878 件。其中,发明专利 1 404 件,发明专利申请占全部专利申请的 74.8%;获得专利授权 1 008 件,其中发明专利 622 件,占 61.7%,有效发明专利数 1 973 件。

表 4.13　江苏省政府属研发机构情况(2010—2012 年)

指　　标	2010 年	2011 年	2012 年
科技机构数(个)	147	148	148
R&D 人员(人)	20 085	21 495	21 022
R&D 人员全时当量(人年)	16 426	17 568	17 364
R&D 经费内部支出总额(万元)	787 121	764 584	920 347
经常性支出	577 863	572 646	712 904
♯人员劳务费	116 816	120 621	163 758
资产性支出	209 258	191 938	207 443
♯仪器设备	126 648	107 114	118 790
科技活动产出			
发表科技论文(篇)	7 915	8 451	9 555
♯国外发表	1 161	1 319	1 653
出版科技著作(种)	148	172	137
专利申请数(件)	1 166	1 373	1 878
♯发明专利数	862	1 001	1 404
专利授权数(件)	413	651	1 008
♯发明专利数	183	382	622
有效发明专利数(件)	712	1 340	1 973

资料来源:根据历年《中国科技统计年鉴》整理。

4.4　江苏创新主体的创新活动对创新型省份建设影响的实证研究

　　江苏省创新主体对创新型省份建设具有重要的影响,分析创新主体对创新型省份建设的影响力,可以更直接地看出各创新主体在江苏省创新型省份建设中所发挥的作用,并可以根据各创新主体对创新型省份建设的影响程度来对江苏省创新型省份建设的模式做出选择。

　　(1) 江苏创新型省份建设影响指标的选取

　　江苏创新型省份建设的情况可以作为实证分析中的因变量,本研究选择创新型省份建设的综合值指标作为因变量,这一指标值数据来源于《中国区域创新能力报告》(2002—2011 年),选取江苏省创新能力的综合得分作为这一指标的取值,以便反映江苏省将知识转化为新产品、新工艺和新服务并推动江苏省经济发展的绩效。

(2)江苏创新型省份建设主体指标的选取

创新主体包括企业、高校、科研院所(研究机构)、政府和科技中介服务机构五大主体,但政府主要通过颁布相关政策法规及给其他创新主体提供金融支持、改善创新环境等引导创新活动的开展,科技中介服务机构主要通过提供社会化服务和管理,通过辅助其他创新主体促进创新活动的开展,两者在创新体系中发挥着辅助创新活动完成和创新成果转化等作用。因此,本章在建立模型和进行分析时,主要研究企业、高校和研究机构三个创新主体的创新投入、产出对创新型省份建设的影响、对各创新主体的创新投入、创新产出对创新型省份建设的影响。本研究利用SPSS17.0软件,通过分别建立多元线性回归模型加以实证分析。对政府在创新型省份建设中所发挥的引导作用的实证研究见本章4.4.3。

① 创新投入。在分析江苏创新型省份建设的影响因素时,创新资源的投入直接决定了江苏省创新产出的高低。本研究选择 R&D 经费内部支出这一指标来描述创新投入,建立不同创新主体 R&D 经费内部支出同创新能力综合得分的多元线性回归模型,分析不同创新主体的创新投入对江苏创新型省份建设的影响程度。

② 创新产出。不同创新主体的创新产出代表了创新主体在创新活动中基于自身的创新投入和创新活动对区域创新能力的提升产生了多大的影响,从产出的角度来界定创新主体的影响力大小。基于数据的可获得性,本研究选择专利申请数这一指标来描述创新产出,建立不同创新主体专利申请数同创新能力综合得分的多元线性回归模型,分析不同创新主体创新产出对江苏创新型省份建设的影响程度。

基于数据的可获得性,模型建立和分析过程中使用的是 2001—2011 年的数据,数据来源于《中国区域创新能力报告》(2002—2011 年)和《中国科技统计年鉴》(2002—2011 年)。

4.4.1 江苏创新主体的创新投入与产出对创新型省份建设影响的实证研究

(1)灰色关联分析

灰色关联分析是对系统所包含的相互联系、相互影响、相互制约的因素之间的关联程度进行定量分析的一种研究方法。其实质是对关联序列进行相似或相异程度的量化分析。灰色关联分析的理论工具是灰色关联度,用于度量因素之间的关联程度。灰色关联度是两个系统或两个因素间关联性大小的量度,它描述系统发展过程中因素间相对变化的情况。在系统发展过程中,如果两个因素变化的态势是一致的,即同步变化程度较高,则认为两者的灰色关联度大。反之,则两者的灰色关联度小。企业、高校及研究机构等创新主体对创新型省份建设的影响可以通过计算创新主体创新投入、创新产出与创新能力之间的灰色关联度加以研究。创新主体的创新投入和创新产出分别用 R&D 经费内部支出和专利申请数加以反映,区域创新能力用区域创新能力综合值加以反映。江苏省各创新主体的创新投入、创新产出及江苏省创新能力指标如表 4.14 所示。

表 4.14　江苏省各创新主体对创新型省份建设影响力实证分析原始数据

年份	创新投入 （R&D 经费内部支出(万元)）			创新产出 （专利申请数(项)）			江苏省 创新能力 综合值
	企业	高校	研究机构	企业	高校	研究机构	
2003	842 497	154 303	215 462	2 324	896	45	46.49
2004	1 069 832	188 699	262 201	3 059	1 473	87	48.52
2005	1 634 205	229 867	319 971	5 387	2 882	129	48.41
2006	2 289 036	278 783	394 410	6 267	4 692	353	47.50
2007	2 825 816	324 914	451 074	8 860	6 109	521	48.19
2008	3 698 530	375 917	537 990	13 281	7 482	643	48.81
2009	4 515 133	441 989	642 306	19 495	9 445	828	55.63
2010	5 513 458	556 570	787 121	31 132	12 694	1 166	52.27
2011	8 998 944	611 320	764 584	72 763	19 413	1 373	55.49
2012	10 803 107	730 438	920 347	84 876	24 340	1 878	53.84

资料来源:《中国区域创新能力报告》(2004—2013 年)和《中国科技统计年鉴》(2004—2013 年)。

　　根据表 4.14 的数据计算企业、高校及研究机构创新投入和产出与江苏省创新能力之间的灰色关联度。计算灰色关联度时,分辨率 $\rho = 0.5$。计算结果如表 4.15 和图 4.1 所示。

表 4.15　各创新主体创新投入、创新产出与江苏省创新能力的灰色关联度

类别	η_1	η_2	η_3	η_4	η_5	η_6
灰色关联度	0.856	0.936	0.939	0.767	0.745	0.662

表 4.15 中，η_1、η_2、η_3 分别表示企业、高校以及研究机构的 R&D 经费内部支出与江苏省创新能力综合值之间的灰色关联度；η_4、η_5、η_6 分别表示企业、高校及研究机构的专利申请数与江苏省创新能力综合值之间的灰色关联度。

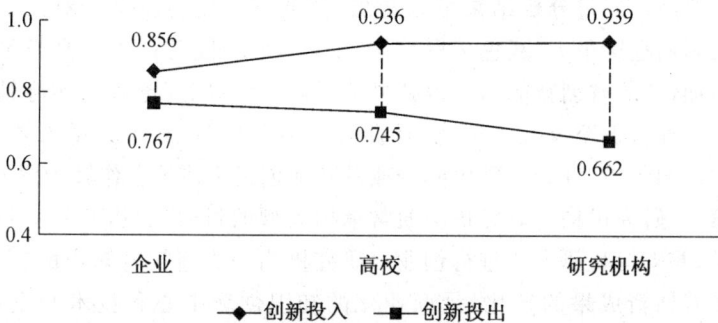

图 4.1　各创新主体创新投入、创新产出与江苏省创新能力的灰色关联度

从表 4.15 和图 4.1 可以看出，企业、高校和研究机构的 R&D 经费内部支出与专利申请数对江苏省创新能力有着显著的影响，但影响程度各有不同。

（2）结果分析

由灰色关联分析可见，江苏省企业、高校和研究机构三大创新主体的创新投入及创新产出对江苏省创新型省份建设均有显著的影响，但三大创新主体的影响程度又不尽相同。进一步分析可见，企业、高校和研究机构的创新投入、创新产出与江苏省创新能力之间灰色关联度的差值分别为 0.08、0.19 和 0.27，表明企业主体的创新投入及产出效率要显著高于高校和研究机构主体。

① 创新主体创新投入对江苏省创新型省份建设的影响

三大创新主体创新投入与创新能力的灰色关联度从大到小依次为研究机构、高校和企业。

第一，企业。企业是区域创新体系中核心的创新主体，通过分析结果可以看出，江苏省企业的创新投入对江苏省创新型省份建设的影响程度最小，灰色关联度为 0.856，表明江苏省企业的创新投入对江苏省的创新能力的影响程度还有待进一步提升。江苏省地处我国发达地区，企业经济发展迅速，企业创新能力不断增强，江苏省 80％以上的科技计划项目由企业承担，80％以上的科技经费投向企业，这几年企业研发投入年均增长 30％左右。但就分析结果来看，企业对江苏省创新型省份建设的影响力还有待进一步提升，企业还应不断提升自主创新能力。

第二，高校。高校是区域创新体系中新知识的创造者和传播者，同时也承担大量的科研项目，研究新技术，开发新产品，促进企业和区域创新能力的提高。通过分析结果可以看出，江苏省高校创新投入对江苏省创新能力影响程度很大，灰色关联度为 0.936，表明随着江苏省高校创新投入的增加，江苏省创新能力会得到显著提高，这也同江苏省的实际情况相吻合。江苏从古至今人才济济，且拥有众多名校，培养了大量人才，促进了新知识的传播。同时，高校同企业及其他创新主体的合作较为紧密。

第三，研究机构。研究机构通常承担大型的科研项目，开发新技术和新产品，并支持科研人才进行创业。研究机构一头连接着知识的创造，一头连接着创新成果的转化，是商业化的知识创新中心和技术开发中心。通过分析结果可以看出，江苏省研究机构创新投入对江苏省创新型省份建设的影响程度最大，灰色关联度为 0.939，表明江苏省研究机构创新投入对江苏省创新能力的提高具有显著影响，研究机构创新投入的增加与江苏省创新能力的提升达到了较好的契合。江苏省研究机构数目众多，2003—2010 年，江苏省研究机构 R&D 经费内部支出年平均增长率达到17.51％，这也是江苏省研究机构创新投入对江苏省创新型省份建设具有显著影响的原因之一。

② 创新主体创新产出对江苏省创新型省份建设的影响

三大创新主体创新产出与创新能力的灰色关联度从大到小依次为企业、高校和研究机构。

第一，企业。由分析结果可见，企业的创新产出对江苏省创新能力有着较大的影响，灰色关联度为 0.767，表明江苏省企业创新产出的增加能够带动江苏省创新能力的显著提高。江苏省企业众多，就专利申请量看，企业的创新产出是各创新主体中最多的，因此，企业的创新产出在促进江苏省创新型省份建设方面发挥了重要作用，这也符合江苏省目前企业创新产出量众多并带动江苏省创新能力发展的现状。需要注意的是，尽管企业主体的创新产出与江苏省创新能力的灰色关联度是三大创新主体中最高的,但其创新产出的质量、创新产出向实际运用转化的能力还亟待进一步提高,其创新投入的绩效应引起重视。

第二,高校。由分析结果可见,高校的创新产出对江苏省创新能力影响较大,灰色关联度为 0.745,表明江苏省高校创新产出的增加能够促进江苏省创新能力的提高。江苏省高校众多,创新活动活跃,创新产出丰富,但是其创新产出对江苏省创新型省份建设的贡献率仍较低,其创新产出的绩效需要进一步提高。

第三,研究机构。由分析可见,研究机构创新产出对江苏省创新能力的影响与企业和高校主体相比较低,灰色关联度为 0.662,表明江苏省研究机构创新产出的增加对江苏省创新能力提高的影响一般。2012 年全国研究机构创新产出为 30 418 项,其中,北京 9 049 项,占比高达 29.75%;上海 3 168 项,占比 10.41%;而江苏仅 1 878 项,占比 6.17%,江苏省研究机构的创新产出与北京、上海等地有较大差距,与高校主体一样,江苏省研究机构的创新产出对江苏省创新型省份建设的贡献需要进一步提高。

进一步分析创新投入、创新产出同创新能力的灰色关联度可以看出,企业、高校和研究机构的创新产出对提高江苏省创新型省份建设的灰色关联度都不及其创新投入对江苏省创新型省份建设的色关联度。究其原因,江苏省创新主体大量的创新投入可以促进创新活动的开展,驱动新知识的产生和新技术、新产品的研发,但是在进行了一定比例的创新投入之后,由于在创新过程中存在着失败或者相应的浪费,创新投入的资源利用率不高,导致创新产出通常不能够同创新投入成正比,因此创新产出对创新型省份建设的贡献率要小得多。对此,我们认为,要提高创新主体的创新产出对江苏省创新型省份建设的贡献率,一方面,要提高资源的利用率。江苏省各创新主体每年投入大量的资源进行创新活动,但是在创新活动的过程中,由于信息不对称、资源转移、创新活动失败或者其他自然、人为原因,导致创新产出的比例远低于创新投入的比例,因此也减少了创新产出的影响力。所以,在创新活动过程中,要发挥好市场和政府在资源配置中的作用,提高资源的利用率,合理的配置资源,减少资源在各创新主体之间无效转移的情况,并通过科技中介服务机构在创新活动开展之前做深入的预测分析,提高创新活动的成功率。另一方面,应加强各创新主体的联系。在区域创新体系中,各创新主体之间应该建立一个开放的网络平台,便于各创新主体之间的交流,加强江苏省内部各创新主体之间的联系,这样能够有效地消除信息的不对称性,促进创新活动更好地开展。同时，由于各创新主体间的关联，也能够保证创新活动从前期投入到活动开展到产出结果的过程中，创新主体都能够有效的参与，提高了创新活动的成功率。目前，江苏省在加强各创新主体联系的同时，尤应注重产学研协同创新。

4.4.2 江苏省政府主体对创新型省份建设影响的实证研究

政府作为国民经济中重要的机构部门之一，对整个国家的经济发展具有重大影响。政府在创新型省份建设中的作用主要表现在：对科技创新活动进行直接投入，组织重大科研攻关；通过直接或者间接投入对企业的科技创新活动进行支持和推动；强化科技创新在发展全局中的核心地位，优化创新环境[①]。

（1）政府引导创新型省份建设投入的手段

政府在引导创新型省份建设投入中，主要依靠政府的财政手段、行政管理手段及其他政策手段配合使用。

① 政府引导创新型省份建设投入的财政手段

政府引导创新型省份建设投入的财政手段通常包括直接投入和间接投入两种。直接投入的财政手段，即财政拨款，是政府通过其资金投入提升重点研究领域、项目的研究水平，通过其资金投向吸引并带动社会各部门的资金投入，进而调整、优化总体科技创新资源配置。间接投入包括政府制定相关鼓励政策，刺激全社会进行科技创新，主要包括：其一，通过对某一领域（如研究与开发项目、高新技术产业化）投入实施必要的税收优惠，扶持推动该领域的发展。其二，提供政府贷款、政府贴息、融资担保等优惠条件，在投资调节、市场准入和社会化服务等方面为创新型省份建设投入创造多方面的有利条件。

② 政府引导创新型省份建设投入的行政手段

行政手段主要借助于政府的行政职能，对创新型省份建设投入实施行政管理与协调，包括战略制定、资源配置计划制订、组织联合公关、监督法规执行等。行政管理与协调有利于监督和调控创新型省份建设战略的实行。

③ 政府引导创新型省份建设投入的其他手段

建立和优化创新型省份建设所需的创新环境，强化科技创新在发展

---

① 陈海波、李建民：《江苏省 R&D 活动中政府作用分析》，《江苏大学学报（社会科学版）》，2003 年第 7 期。

全局中的核心地位,完善市、县目标责任体系,加快健全以创新驱动为主要内容的干部考核评价体系,研究制定创新型省份建设的评价指标,从而保证创新型省份建设的有效进行。

(2)江苏省政府资金投入的拉动效应分析

资源的配置应以市场为主,但政府的计划和引导调节仍是解决市场失灵问题的必要手段。在引导资金投入方面,政府通过向基础研究领域和重点研究领域注入资金,以其资金投向吸引和带动企业及其他部门的资金投入,发挥重要的示范作用,进一步优化总体的资源配置。

① 2009 年各地区横截面数据分析

按经费来源分,依据 2010 年第二次全国 R&D 资源清查资料,2009年 R&D 经费投入中政府资金比重偏高的有北京市、四川省、上海市,企业资金比重偏多的是山东省、广东省和江苏省。江苏省 R&D 经费中政府资金为 90.4 亿元,占 12.9%,低于全国水平;企业资金为 577.99 亿元,占82.3%,高于全国水平;国外资金为 16.29 亿元,占 2.3%,也高于全国水平。这说明江苏省的 R&D 经费主要来自于企业,政府主要起到扶持和引导的作用。我国部分省份 R&D 经费来源如表 4.16 所示。

表 4.16 我国部分省(市)R&D 经费来源(2009 年)

地区	政府资金 (亿元)	比重 (%)	企业资金 (亿元)	比重 (%)	国外资金 (亿元)	比重 (%)	其他资金 (亿元)	比重 (%)
全国	1 358.30	23.40	4 162.70	71.70	78.10	1.30	203.00	3.50
江苏	90.40	12.90	577.99	82.30	16.29	2.30	17.27	2.50
广东	57.29	8.80	577.96	88.50	5.40	0.80	12.33	1.90
安徽	31.24	23.00	94.25	69.30	0.31	0.20	10.15	7.50
山东	44.90	8.60	462.80	89.10	2.10	0.40	9.70	1.90
天津	32.36	18.10	137.66	77.10	3.41	1.90	5.03	2.80
北京	349.50	52.40	252.20	37.70	29.10	4.40	37.80	5.60
四川	104.40	48.70	103.80	48.40	0.40	0.20	5.90	2.80
上海	112.93	26.70	286.29	67.60	12.00	2.80	12.16	2.90
辽宁	48.80	21.00	179.60	77.30	0.70	0.30	3.30	1.40

资料来源:根据 2010 年第二次全国 R&D 资源清查资料整理。

② 纵向时间序列分析

从 2007 年到 2011 年，江苏省 R&D 经费内部支出中各个部门的资金支出情况如表 4.17 所示。从表 4.17 和图 4.2 中可以看出，江苏省 R&D 经费内部支出总额逐年增加，政府资金和企业资金也呈逐年增加趋势，但从所占比重来看，政府资金在 R&D 经费内部支出中的比重具有下降的趋势，而企业资金的比重具有逐年上升的趋势，这符合目前政府和企业在创新型省份建设中的位势。

表 4.17　江苏省 R&D 经费内部支出情况（2007—2011 年）

年份	政府资金（万元）	政府资金比重（%）	企业资金（万元）	企业资金比重（%）	其他（万元）	其他资金比重（%）	R&D 经费内部支出（万元）
2007	603 400	0.14	3 472 000	0.81	226 588	0.05	4 301 988
2008	793 200	0.14	4 884 300	0.84	131 624	0.02	5 809 124
2009	904 044	0.13	5 748 243	0.82	367 242	0.05	7 019 529
2010	1 145 377	0.13	7 105 992	0.83	328 122	0.04	857 9491
2011	1 176 007	0.11	9 101 406	0.85	377 696	0.04	10 655 109

资料来源：根据《中国科技统计年鉴》(2008—2012 年)和《江苏省科技统计公报》整理。

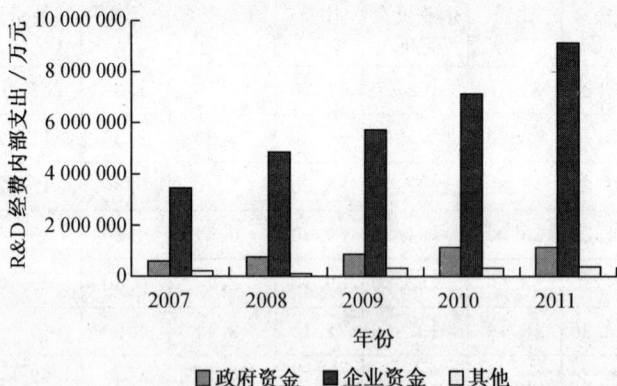

图 4.2　2007—2011 年江苏省 R&D 经费内部支出情况

资料来源：根据《中国科技统计年鉴》(2008—2012 年)和《江苏省科技统计公报》整理。

分析一：政府资金投入与企业资金投入的关系

通过对 2007—2011 年江苏省政府资金投入和企业资金投入关系的回归分析，可以大致测算出政府资金对企业资金的带动作用。令企业资

金为 Y,政府资金为 X,回归方程为

$$Y=-1\ 830\ 305+8.538X \tag{4-5}$$

$$t\quad(-1.294)\quad(5.731)$$

$$拟合优度\qquad R^2=0.92$$

可以得到粗略的分析结果,即平均各年份中政府资金投入增加 1 万元,则会带动企业资金投入增加 8.538 万元。

分析二:政府资金投入与 R&D 经费内部支出总额的关系

通过同样的方法可以大致测算出政府资金投入对 R&D 经费内部支出总额的带动作用。令 R&D 经费内部支出总额为 Y,政府资金为 X,回归方程为

$$Y=1\ 822\ 203+9.84X \tag{4-6}$$

$$t\quad(-1.25)\quad(6.42)$$

$$拟合优度\qquad R^2=0.93$$

粗略分析,政府资金投入平均每增加 1 万元,则会带动江苏省 R&D 经费内部支出总额增加 9.84 万元。

政府投入每增加 1 万元的情况下,江苏省企业平均增加的资金投入占江苏省 R&D 经费内部支出总额的比重为 $\left(\dfrac{8.538}{9.84}\right)\times100\%=86.77\%$,说明企业已经成为 R&D 活动投入的主体,也就是创新型省份建设中的主体,在增加的 R&D 经费内部支出总额中占有 86.77%的份额。

综上比较分析可以看出,政府部门对江苏省创新型省份建设有重要的推动作用,主要表现在政府资金投入对 R&D 经费内部支出总额的带动作用上。因此,江苏省有的放矢地增强政府作用至关重要。

(3)江苏省政府对创新型省份建设影响的思考

江苏省政府在创新型省份建设中具有重要的引导作用,因此,进一步完善和加强江苏省政府引导创新型省份建设投入的财政手段和行政手段及其他政策手段,可以更加有效地促进江苏省创新型省份的建设。

① 发挥引导型作用,定位服务者角色

积极发挥政府的引导作用,营造有利于增强江苏产业创新能力的良好环境。江苏各级政府部门应该鼓励、支持和引导企业及其他社会组织开展产业创新活动,制定一系列地方法规及具体政策措施鼓励和支持江苏产业创新活动的展开。

政府应定位于服务而非管理者角色,建立多元融资支持体系,为各研

究机构的科研提供资金支持。除此之外,政府还应设立新技术新产品开发基金,支持企业创新,并对企业开发出的新产品在税收上给予减免优惠政策。

② 引导企业对技术创新的重视和资金投入

由方程(4-5)和(4-6)分析可知,江苏省政府资金投入平均每增加1万元,则带动企业平均投入资金增加8.538万元,带动R&D经费内部支出总额增加9.84万元,因此,江苏省政府应积极引导企业加大对高新技术产业的投入。政府还应完善政策措施,支持企业建设工程中心、技术中心、企业重点实验室等研发平台,加快建设企业院士工作站、博士后工作站、研究生工作站等人才工作载体。

③ 整合科研资源,建立成果转化机制

政府应支持企业主动介入高校院所早期研发,建立健全产学研合作长效机制。加强企业与高校院所人才互动交流,扩大高校"产业教授"规模。鼓励高校院所建立科技人员定期为企业开展科技咨询服务的机制,加快建设企业博士后创新实践基地、大学生实训基地和重点产业专项公共实训基地等载体。

④ 完善区域创新布局,打造苏南自主创新示范区

政府应以国家创新型试点城市为重点,以高新园区为核心,推进苏南自主创新示范区建设,建成全球重要的产业科技创新中心和创新型经济发展高地。推进苏南区域创新一体化,促进创新要素在城市之间、园区之间、城乡之间的合理流动和高效组合。

⑤ 保护知识产权,扶持自主创新

政府应采取强有力的措施提高江苏高技术企业的自主专利意识,推动其技术创新活动,并对高新技术企业采用专利技术给予一定的政策平衡,如完善在创新企业与追随企业之间合理分配的定价制度、税收制度等,通过政策手段完善自主知识产权保护、扶持自主技术创新。

第 5 章

江苏创新型省份建设政策变迁及效应分析

2006 年江苏省政府工作报告指出,到 2015 年率先建成创新型省份,建立"以企业为主体、市场为导向、产学研相结合"的技术创新体系。2006 年 4 月,省科技创新大会对增强自主创新能力、加快建设创新型省份作了全面部署,颁布了《中共江苏省委江苏省人民政府关于增强自主创新能力建设创新型省份的决定》,正式拉开了江苏省创新型省份建设的序幕。

5.1 江苏创新型省份建设政策变迁

创新对企业、地区和国家发展有着巨大的推动作用,所以必须促进科技进步,鼓励科技创新。江苏省一直重视相关政策的制定,特别是自 2006 年提出创新型省份这一目标以来,更多有关创新平台和载体、创新资金、产学研合作、人才培养与引进等方面的政策纷纷出台。江苏省创新型省份政策变迁如图 5.1 所示。由图 5.1 可以看出,江苏省在高技术产业政策、企业科技创新激励政策、人才政策、产学研合作政策和创新城市、创新平台政策等方面推出了了各种政策措施。其中,在高技术产业政策方面,主要从推动高新技术产业发展和促进科技成果转化两方面推出相关政策;在企业科技创新激励政策方面,主要从税收优惠、资金支持等方面促进高新技术企业、创新型企业和科技型中小企业的健康发展;在人才政策方面,主要出台各种人才引进计划,加大高层次创新创业人才(包括"科技创新团队")、高层次科技人才的引进力度,并鼓励江苏省大学生自主创业;在鼓励产学研合作政策方面,通过签署合作协议促进中科院和江苏省的院省合作,并通过资金支持、企业院士工作站、导师计划,促进江苏省的产学研合作;在创新城市、创新平台政策方面,加大了科技公共服务平台、创新型园区、创新型城市的政策支持力度。

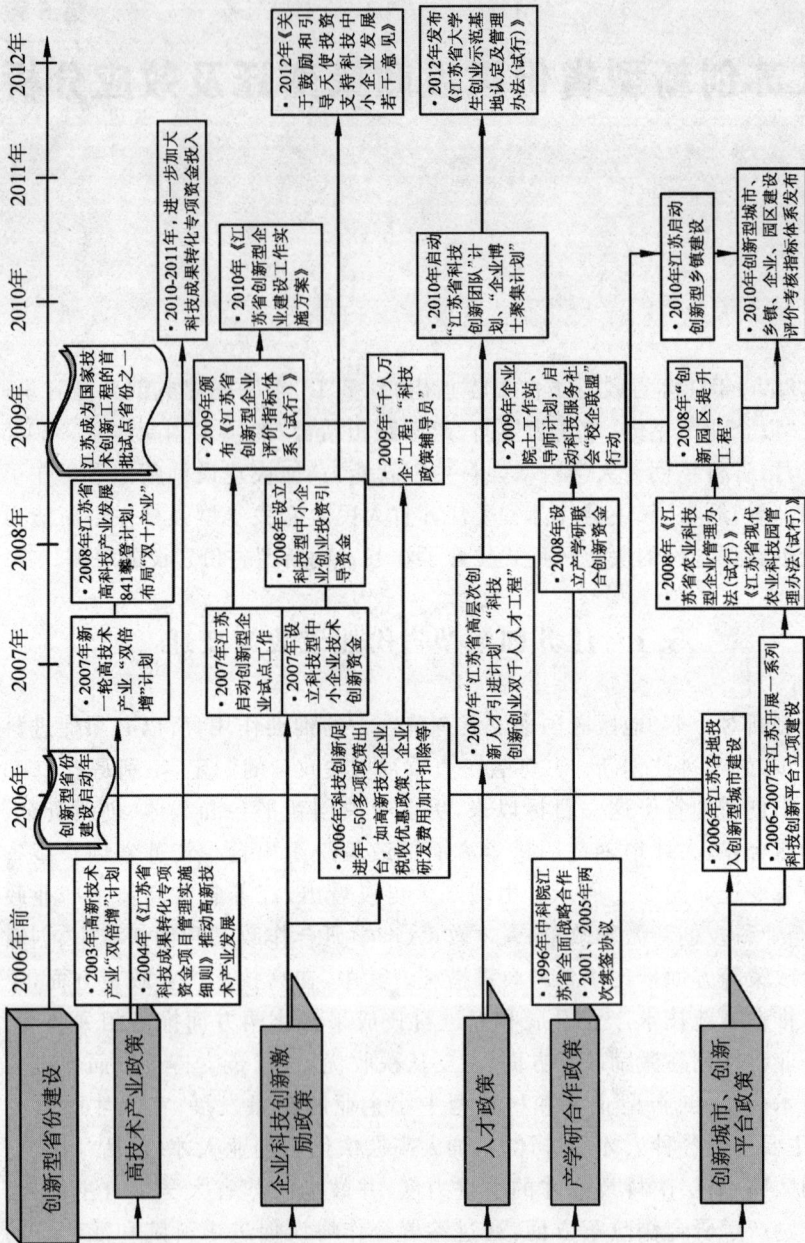

图 5.1 江苏省创新型省份政策变迁示意图

5.1.1 高新技术产业政策

为加快发展高新技术产业,促进产业结构优化升级,推进经济发展方式转变,2003 年江苏省实施了高新技术产业"双倍增"计划,即以 2002 年江苏省高新技术产业产值 2 500 亿元为基数,第一步到 2005 年实现"翻一番",第二步到 2007 年实现"双倍增",达到 7 500 亿元,第三步到 2010 年实现"翻两番"。2006 年,江苏省高新技术产业产值达到 10 370 亿元,占规模以上工业的比重达到 25%,提前四年完成计划第三步目标。2007 年开始新一轮"双倍增"计划,即到 2010 年,高新技术产业产值确保 20 000亿元,力争达 23 000 亿元,实现在第一轮"双倍增"的基础上再增两倍,占规模以上工业产值比重达 30%左右,增速达 30%左右。新一轮"双倍增"计划的中心环节是提升科技创新对高新技术产业发展的支撑与引领能力,着力推进四大转变:突出产业发展导向,由着重扶持企业的产品创新向主要强化全社会产业创新转变;突出技术跨越战略,由着重推进创新产品扩大规模向突破产业发展关键节点和实现规模产业化转变;突出政府引领功能,由着重对单个企业创新的鼓励和扶持向提高组织程度、着力培育重大科技创新项目转变;突出统筹协调,由着重推进优势地区率先发展向区域协调发展转变。

2004 年 5 月,江苏省启动科技成果转化专项资金,先后出台了《江苏省科技成果转化专项资金项目管理实施细则》《江苏省科技成果转化专项资金财务管理实施细则(试行)》《江苏省科技成果转化专项资金管理办法(试行)》和《江苏省科技成果转化专项资金项目验收办法》。2006 年,采用科技成果转化专项资金与风险资金共同出资的方式,支持培育高成长性科技型企业的创业投资项目,同时对先前的项目进行严格的中期检查考核,确保专项资金的正确有效利用。2010—2011 年,江苏省进一步加大成果转化专项资金投入,重点是新兴产业,集成各方优势在多个领域率先突破,支持创新人才团队项目,集中打造特色鲜明和竞争力较强的产业集群。

在实施江苏省新一轮高新技术产业"双倍增"计划的同时,江苏省"双十"产业开始谋篇布局。江苏省科技部门经过深入调研和科学论证,选择了对江苏高新技术产业关联性强、引领带动作用明显的十大高技术新兴产业(包括软件设计、集成电路、太阳能光伏、风电装备、新型显示、通信与网络、半导体照明、生物质利用、生物制药、现代物流等)领域和具有较好基础和较强竞争力的十大高新技术优势产业（包括轨道交通装备、数控加工设备、新型纺织机械、智能化工程机械、节能与电力设备、新型环保设备、高技术船舶、新型医疗设备、化学创制新药、新型功能材料等），集中力量重点突破，为新一轮高新技术产业"双倍增"目标任务的完成提供有力支撑。高技术优势产业的发展，主要是以加快推进以整机产品的研发制造为牵引，以核心部件、关键材料、重大装备的自主设计制造为路径，不断构筑产业的价值链，推动其不断向高端攀升，核心部件或关键材料的国产化率达 80％以上。

2008 年 9 月，江苏省科技厅决定从 2008 年到 2012 年组织实施"江苏省高科技产业发展 841 攀登计划"，力争用 5 年时间，突破 800 项关键技术难题，转化 400 项重大科技成果，形成 100 项具有自主知识产权，颁布了《江苏省高科技产业发展（841 攀登计划）技术纲要（试行）》。

5.1.2　企业科技创新激励政策

2006 年是江苏省科技创新促进年，同年科技创新大会上出台了鼓励科技创新企业 50 条政策，如高新技术企业税收优惠政策、企业研发费用加计扣除、企业研发设备加速折旧政策等。2009 年，"千人万企"工程启动，在科技系统中选择 1 000 名工作人员走进 10 000 家左右科技型企业，担任"科技政策辅导员"，着力落实鼓励企业科技创新的重点政策。随后对辅导员工作进行动员和部署，印发了《关于辅导企业做好自主创新税收优惠政策申报落实工作的通知》，要求企业科技政策辅导员和税收管理员认真做好相关科技创新税收政策的申报辅导工作。2009 年初，省科技厅与国税部门联合建立科技税收政策重点联系企业制度，为创新型企业和高新技术企业提供"套餐式"政策服务。

2007 年 2 月，江苏省启动创新型企业试点工作，颁布《江苏省创新型企业试点工作实施方案》；4 月组织申报首批江苏省创新型试点企业。2009 年 4 月，颁布《江苏省创新型企业评价指标体系（试行）》，对创新型试点企业进行评估，对评估合格的企业授予"江苏省创新型企业"称号。2010 年 3 月发布的《江苏省创新型企业建设工作实施方案》中提出了创新型企业必须符合的条件。地方上则从 2006 年起已经开始部署创新型企业的有关工作，常州启动创新型企业试点工作，南京加强对创新型企业的激励，南通、盐城将重大项目实施向科技型企业倾斜。

为解决科技型中小企业资金短缺的难题，2007 年 3 月，江苏省科技厅、财政厅决定设立科技型中小企业技术创新资金,制定了《江苏省科技型中小企业技术创新资金管理办法》,专门资助处于初创期的科技型中小企业,并扶持科技创新创业载体建设。2008 年 4 月,科技型中小企业创业投资引导资金设立,发布了《江苏省科技型中小企业创业投资引导资金管理暂行办法》。2012 年 8 月,《关于鼓励和引导天使投资支持科技型中小企业发展的意见》颁布,以省科技成果转化专项资金有偿回收资金为来源,设立天使投资引导资金,对符合条件的天使投资机构投资的种子期或初创期科技型中小企业项目给予扶持,引导天使投资机构进行股权投资。

2009 年 6 月,江苏成为国家技术创新工程首批试点省份之一。根据《国家技术创新工程总体实施方案》,江苏省出台了《国家技术创新工程江苏省试点工作方案》,致力于大力培育拥有自主知识产权和自有品牌的创新型企业,积极探索推进企业自主创新的有效途径,全面提升企业自主创新能力,引导和支持创新要素向企业集聚,认真落实试点工作的各项措施。

5.1.3　人才政策

2007 年起江苏省财政每年拿出 2 亿元(2010 年增至 4 亿元)专项资金,组织实施"高层次创新创业人才引进计划",围绕优先发展的重点产业,每年面向海内外引进 200 名左右高层次创新创业人才或团队,一次性给予每人 100 万元的资金支持,着力打造一批竞争优势明显的高新技术产品群和企业群。此外,江苏科技创新创业双千人才工程:到 2010 年,江苏省引进 1 000 名包括中科院院士、工程院院士、海外科学家和留学归国人员等在内的高层次科技人才,培养 1 000 名科研创新学者、企业青年博士和科技型企业家等高素质科技人才。

2010 年 5 月,启动"科技创新团队"引进和建设计划,对引进的具有世界先进水平的创新团队,除给予核心成员每人 100 万元补贴外,还将连续三年给予团队每年 1 000 万元的科技项目经费资助;达世界一流水平的重要杰出团队,还将通过专项论证给予特别支持。资助的重点是未来具有重要战略意义的新兴产业以及在高端发展领域已取得杰出成绩或具有显著创新潜力,主要从事产业技术研发并有望突破核心技术的优秀创新团队。此外,还有企业博士集聚计划,目标是自 2010 年起五年资助 2 000 名左右在江苏企业创新创业的博士。

2012 年 9 月,省教育厅颁布了《江苏省大学生创业示范基地认定及管理办法（试行）》。示范基地以引导和扶持大学生创业为核心目标，以公益性、专业性、科研性、示范性为主要特征，搭建集创业教育及指导、创业模拟及实践、创业服务及研究等功能于一体的创业孵化平台，促进高校培养创新创业型人才，提高人才培养质量，推动江苏省高校创业教育工作。

5.1.4　鼓励产学研合作政策

1996 年 11 月，中科院与江苏省正式签订合作协议书，揭开了院省合作的序幕。2001 年、2005 年双方先后两次续签协议，并提出院省合作项目产出规模从 2004 年 70 亿到 2010 年 300 亿元的目标。之后导师计划、院士工作站等成了院省合作的新形式，中科院选派了多名高层次科技人员到江苏省各级部门和企业挂职，江苏各地也积极选派科技干部到中科院系统学习。2008 年末，江苏省科技厅颁布了《江苏省企业院士工作站管理办法（试行）》，于 2009 年开始设立企业院士工作站。区别于以往的产学研对接形式，院士工作站不仅对接层次高端，而且还建立了固定化的对接模式与平台，与企业开展长效合作，利用院士团队的整体研发力量帮助企业攻坚克难、转型升级。在院省合作中，双方坚持把合作重点放在重大产业共性关键技术联合攻关上，把科技产业化项目作为重点方向和优先领域。

同时，院地合作也在江苏省拉开序幕。2007 年，中科院与扬州开始共建应用技术研发与产业化中心，确定了"政府引导、企业主体、市场运作"的原则，以项目合作带动中科院扬州中心建设，以中科院扬州中心建设促进院地合作，建立研发中心、实验室、中试基地和产业化基地。另外，南通牛津科技创业园与中科院微生物所携手合作研发生物技术产品，等等。

2008 年 12 月，江苏省财政厅、科技厅发布《江苏省产学研联合创新资金管理办法（试行）》，每年对产学研结合项目投入 2 亿元资金，引导企业创新需求与高校及科研院所的科研紧密结合，力求从源头上将高校及科研院所的科研方向转向满足企业需求，不断加深产学研之间的联系，实现产学研的真正紧密型合作。

5.1.5　创新城市与创新平台政策

江苏省于 2009 年启动"创新型园区提升工程"，召开了江苏省高新园区建设工作会议，引导高新区二次创业，向创新型园区转型，规划建设 10 个核心创新型园区，支持苏州工业园区数据服务与融合通信等重大产业创新服务平台建设,大幅度提升园区自主创新能力,成为引领江苏省自主创新的"神经中枢"。2010 年 3 月,江苏省创新型乡镇建设项目启动,其以强化特色产业技术创新为主线,集成省、市、县、镇各级科技资源,注重产业创新规划与布局,不断深化产学研合作,加快推进科技成果转化和产业化。

江苏省重点建设了专业性产业技术服务平台、公益性基础条件服务平台、综合性科技创业服务平台等三类科技公共服务平台,为中小企业提供产业共性技术服务、公益资源共享、科技咨询与融资中介服务。2006 年启动建设省超级计算技术应用服务平台,加强工程技术文献、大型仪器共享服务、农业种质资源保护与利用等科技公共服务平台建设。2009 年,江苏省进一步强化了科技公共服务平台后发展潜能,在原有立项支持、运行补贴的基础上,引入滚动支持方式,支撑平台提升服务能力、拓展服务功能、扩大服务范围,做大做强做亮平台。同时,江苏省大力加强农业科技创新平台建设,2008 年 8 月,科技厅发布了《江苏省农业科技型企业管理办法(试行)》和《江苏省现代农业科技园管理办法(试行)》,帮助加快建设现代农业科技园区,培育农业科技型企业和科技型农业专业合作社。

2010 年 8 月,江苏省科技厅、统计局发布创新型城市、乡镇、企业、园区建设评价考核指标体系,主要包含四个层面:"创新型城市",面向地级市并根据江苏省县域经济发达的特点延伸到县级市,在科技投入、知识产出、产业结构、人才集聚四个方面设立评价指标;"创新型乡镇",在产业特色、科技公共平台建设、产学研合作三个方面设立评价指标;"创新型企业",在研发投入和队伍建设、技术和管理创新、自主知识产权和自有品牌三个方面设立评价指标;"创新型园区",从自主研发、科技公共服务、创新要素集聚和高科技产业 4 个方面进行评价。

综合以上分析,江苏省近年来创新型省份建设相关政策及其主要内容如表 5.1 所示。

表 5.1　江苏省创新型省份建设政策及其内容

	时间	政策名称	主要举措
准备阶段	2006 年前	① 江苏省科技成果转化专项资金项目管理实施细则;② 高新技术产业"双倍增"计划;③ 中科院江苏省全面战略合作协议。	① 鼓励高新技术产业的发展;② 加大科技成果转化资金投入并加强管理;③ 利用院士等精英团队的整体研发力量帮助企业技术攻关。

续表

	时间	政策名称	主要举措
启动阶段	2006 年	① 高新技术税收优惠政策;② 企业研发鼓励政策;③ 科技公共服务平台建设;④ 创新型城市建设。	① 给予高新技术企业税收优惠;② 给予企业研发政策优惠;③ 扶持科技企业创业;④ 建立专业性产业技术服务平台等科技公共服务平台;⑤ 引领创新型城市建设。
发展阶段	2007 年	① 新一轮高新技术产业"双倍增"计划;② 江苏省创新型企业试点工作实施方案;③ 科技型中小企业技术创新资金管理办法;④ 江苏省高层次创新人才引进计划;⑤ 科技创新创业双千人人才工程。	① 推动高新技术产业进一步发展;② 加强对创新型企业的激励和政策倾斜;③ 设立科技型中小企业技术创新资金;④ 使用财政专项资金,引进高层次创新创业人才和团队。
	2008 年	① 江苏省高科技产业发展技术纲要;② 江苏省科技型中小企业创业投资引导资金管理暂行办法;③ 江苏省产学研联合创新资金管理办法;④ 江苏省农业科技型企业管理办法;⑤ 江苏省现代农业科技园管理办法。	① 布局高新技术"双十产业",培育十大高技术新兴产业;② 设立科技型中小企业创业投资引导资金;③ 设立产学研联合创新资金;④ 加强农业科技创新平台建设。
深化阶段	2009 年	① 颁布"江苏省创新型企业评价指标体系";② 实施"千人万企"工程和科技政策辅导员;③ 江苏省社会力量设立科学技术奖管理办法;④ 江苏省技术先进型服务企业认定管理办法;⑤ 创新型园区提升工程;⑥ 企业院士工作站,启动"校企联盟"行动。	① 对创新型试点企业进行评价;② 为创新型企业和高新技术企业提供"套餐式"政策服务;③ 启动社会力量面向全省设立科技奖励;④ 启动技术先进型服务企业认定;⑤ 引导高新区二次创业,规划建设核心创新型园区;⑥ 建立固定化的产学研对接模式与平台。
	2010 年	① 江苏省创新型企业建设实施方案;② 启动"江苏省科技创新团队"计划、"企业博士集聚计划";③ 启动"创新型乡镇"建设;④ 颁布创新型城市、乡镇、企业、园区建设评价考核指标体系。	① 提出创新型企业的评价办法;② 引进并重点资助具有世界先进水平的创新团队;③ 每年资助2000 名左右在江苏企业创新创业的博士;④ 设立创新型乡镇、城市、企业、园区评价体系。

时间		政策名称	主要举措
深化阶段	2011—2012 年	① 设立新兴产业成果转化专项资金;② 关于鼓励和引导天使投资支持科技型中小企业发展若干意见;③ 江苏省大学生创业示范基地认定及管理办法。	① 加大对新兴产业等重点产业成果转化的资金投入;② 以省科技成果转化专项资金有偿回收资金为来源,设立天使投资引导资金;③ 认定大学生创业示范基地引导和扶持大学生创业,促进高校培养创新创业型人才。

5.2　江苏创新型省份建设政策效应

2009 年,江苏省研发投入为 680 亿元,占 GDP 比重突破 2%,提前一年完成"十一五"规划目标,基本达到创新型国家投入水平。2011 年,江苏科技进步对经济增长贡献率达 55%,全社会研发投入突破 1 000 亿元,占 GDP 比重提高到 2.2%,达到发达国家的一般水平。江苏省不论是专利申请量还是发明专利申请总量都跃居全国第一,2013 年《中国区域创新能力报告》中,江苏省连续五年荣膺冠军。这亦验证了江苏创新型省份建设的成效,科技创新已成为江苏经济社会发展的强大驱动力。

(1)高新技术产业爆发式增长,拉动经济回升,质态进一步优化

2004 年到 2009 年,科技成果转化专项资金共立项支持了 543 个产业带动性强、对推动高新技术产业发展意义重大的成果转化项目,其中 80% 的项目居全国同行业领先水平,部分居世界领先水平。在科技成果转化专项资金、"双倍增"计划、"双十产业"和"841 攀登计划"等的共同作用下,高新技术产业带动江苏经济企稳回升。2009 年,高新技术产业实现产值 21 987 亿元,占规模以上工业比重达 30.11%,科技进步对经济增长贡献率达到 52.3%。2010 年,高新技术产业产值达 30 354.84 亿元,占规模以上工业的比重达 32.97%,"十一五"期间年平均增速超过 30%,顺利实现新一轮"双倍增"的目标。江苏高新技术特色产业基地数目逐年上升,并不断争取国家级高新技术特色产业基地。高新技术产业结构得以优化,实现了具有自主核心技术的内资企业地位进一步提升,苏中苏北地区占比进一步提升,高附加值产业比重进一步提升,高新技术产品出口占全国份额进一步提升。尤其是新兴产业,在新一轮调整与竞争中已居有利地位,占高新技术产业产值比例达到四成,带动产业转型升级,促进高新技

术产业规模不断扩大,在全国的地位和影响力进一步增强。

江苏各级部门坚持把创新基金投向重点发展的电子信息、生物医药、新材料等高新技术领域,让其充分发挥财政资金的引导作用,帮助中小企业开展技术创新和新产品开发,成为培育高新技术产业发展的重要力量。截至 2009 年 9 月底,江苏累计有 1 592 项高新技术项目获国家创新基金立项支持,占全国总数的 9%;资助金额达 10.3 亿元,占全国总量的 10%。

科研成果的市场化、产业化是衡量区域创新能力的一个重要标志,而技术合同成交额是反映科研成果市场化、产业化的重要指标。如图 5.2 所示,近年来江苏省技术合同成交额呈逐年上升趋势,2012 年技术市场成交合同额达到 532.0 亿元,比 2011 年增长了 14.9%。

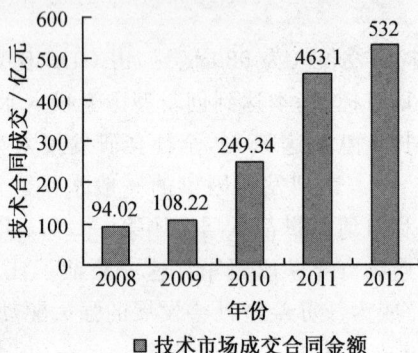

图 5.2　2008—2012 年江苏省技术合同成交额

资料来源:根据历年《中国统计年鉴》整理。

由表 5.2 可以看出,江苏省第三产业增加值占 GDP 比重逐年提高,2012 年达到 43.5%,经济结构渐趋优化,更符合创新型省份建设的需要。高新技术产业产值占规模以上工业产值的比重不断提高,2012 年达到37.5%,高新技术产业生产效率不断完善。

表 5.2　2006—2012 年江苏省产业结构变化情况

%

年份 指标	2006	2007	2008	2009	2010	2011	2012
第三产业增加值占 GDP 比重	35.8	36.3	37.4	38.1	39.5	42.2	43.5
高新技术产业产值占规模 以上工业产值比重	25.04	27.55	28.50	30.00	33.00	35.30	37.50

资料来源:根据历年《江苏省国民经济和社会发展统计公报》整理。

由图 5.3 可以看出,江苏省万元 GDP 能耗从 2007 年 0.85 吨标准煤/万元,下降到 2011 年的 0.60 吨标准煤/万元,资源利用方式得到改善,说明江苏在这一时期经济发展方式由粗放型发展向集约型方向发展。

图 5.3 2007—2011 年江苏省万元 GDP 综合能耗
资料来源:根据历年《中国统计年鉴》整理。

(2) 推动企业超常规发展,提升自主创新能力

截至 2010 年 7 月底,江苏省科技系统已为 9 359 家科技型企业提供了科技税收优惠、科技计划支持等方面的政策服务。其中,上门辅导服务 1.8 万多次,协助企业申报各类科技计划项目 3 500 多项,获得科技经费拨款近 14 亿元,为 2 500 多家企业落实税收优惠政策,共减免税收 40 多亿元,帮助申请专利近 4 万件。2007 年,江苏省认定 30 家创新型试点企业;2008 年认定 85 家,其中有 4 家被正式命名为国家创新型企业。2009 年,授予首批 112 家企业"江苏省创新型企业"称号,创新型企业、高新技术企业数目快速增长,培育出一批创新企业群。

科技型中小企业技术创新资金方面,截至 2009 年,技术创新资金资助的 630 个项目总投资达到 27.38 亿元,这些项目中有 3/4 是围绕省重点培育的十大高技术优势产业和十大高技术新兴产业部署的。引导资金方面,2008 年江苏省支持创业投资引导资金风险补助项目 27 项,资助额达 5 000 万元。引导资金补贴的创投机构两年来支持了 300 多家初创期科技型中小企业的 329 个研发项目,带动了包括创业资金在内的社会资本投入 12.9 亿。到 2010 年,江苏省创投机构数量超过 200 家,管理资金规模超过 400 亿元。由于江苏在全国较早设立创业投资引导资金,较好地配套了国家创业投资引导基金的实施,因此先后有多家创投机构获得国家包括风险补助、投资保障、阶段参股等方式的资金支持。省高科技投资公司、中新苏州工业园区创业投资有限公司被列为科技部首批国家级创

业投资引导基金阶段参股试点机构之一。

科技资源不断向企业集聚，使得企业创新能力增强，自主创新能力明显提高。江苏省80％以上研发投入由企业完成，80％以上科技平台建在企业，80％以上引进的高层次人才进入企业，50％以上的专利申请和获奖科技成果来自企业。创新成为企业的自觉，企业专利申请量每年增长60％以上，2010年1—7月企业专利申请同比增长40.5％，企业授权专利同比增幅65％。

（3）江苏省掀起"引才"热，集聚效应显著

江苏的人才战略近年来大幅升级，立足重点发展领域和产业，放眼全球面向海内外招揽人才。2009年共有265名来自海内外的高层次人才进入江苏省高层次创新创业人才引进计划资助名单，资助总金额达2.3亿元。2007—2009年，通过团队引进、核心人才带动引进、高新技术项目开发引进等方式，共资助引进557名高层次人才。与此同时，江苏13个省辖市也纷纷出台引才计划，例如，常州的金凤凰高层次人才引进计划、千名海外人才集聚工程，无锡的"530"计划，苏州的千人人才计划和姑苏创新创业领军人才计划等，丰富了江苏省人才引进政策的层次，形成了全方位多层次、上下联动竞相引才的生动局面。江苏省实施人才引进计划的城市分布如图5.4所示。

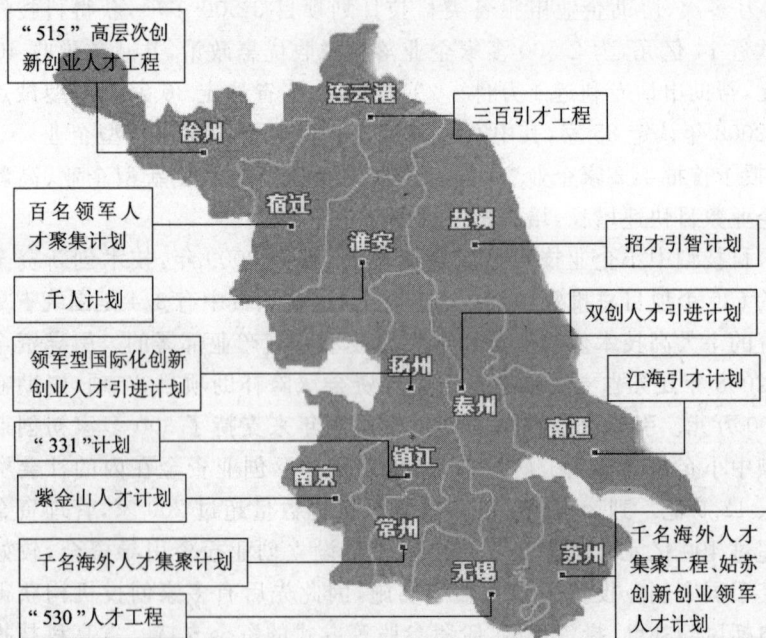

图5.4　江苏省实施人才引进计划的城市分布

截至 2009 年底,江苏省市县三级共资助引进创新创业领军人才 2 000 多名,组建创新团队 550 多个,有 82 人入选国家"千人计划"。这些人才 80% 来自海外,70% 拥有自主知识产权成果,大多分布在江苏省重点发展的新兴产业。引进的创新创业人才已申报专利 1 200 多项,开发新产品 960 多件,所在企业实现新技术产品销售 860 亿元,为国家财政创造利税近 200 亿元。

(4) 产学研合作创新能力明显提高,正逐步转化为生产力

院省双方围绕电子信息、新能源、新材料、生物医药、装备制造等领域,合作项目产出规模已从 2004 年底的不足 70 亿元,增加到 2008 年的 200 多亿元,在研合作项目数覆盖了江苏 13 个省辖市以及 90% 以上的县(市、区)。2008 年,与中科院合作实施的院省合作项目有 950 项,同比增长 16.6%,实现年销售收入 208.6 亿元。2009 年,共有 154 名院士带着多达 1 672 人的创新团队落户于 142 家企业,而江苏的科技部门和企业也拿出资金,与院士团队围绕 456 项技术难题开展联合攻关,直接推动院士携带 100 多项重大科技成果到江苏企业实施产业化,促使科技成果转化为现实生产力,实现规模效益。据中国科学院《2009 年科技成果转移转化统计报告》统计显示,2009 年江苏省与中国科学院合作项目数达到 1 104 项,实现销售收入 316.5 亿元,占全国总量的 22.6%,利税近 50 亿元,居全国各省市第一位。

院地合作方面,2009 年全国院地合作实现销售收入超过 10 亿元的 42 个地市中,江苏省占到 11 个,在前 10 名中占据六席并囊括前四名。无锡以 47 亿元位居第一,苏州(39 亿元)、常州(38 亿元)、镇江(36 亿元)分别位列第二、三、四,扬州、南通分别以 34 亿元和 30 亿元分列第八、第十,其他为泰州、盐城、连云港、宿迁和南京。

常州创造出了具有地方特色的政产学研合作新模式,从 2006 年起以产学研合作为突破口,连续 5 年组织大规模企业家代表团走进全国 50 多家大院大所大学,开展 100 多场产学研合作和科技对接活动,引进科技成果超过 5 000 项,签订产学研合作项目近 1 000 项,召开国内外科研院所与企业的洽谈会,形成了政府及部门与重点院校的战略合作机制、企业与高校院所的长效合作机制、企业与国外科研机构的交流合作机制。2009 年,常州列中国"最具创新绩效城市"第三,政府创新能力在中国社科院城市竞争力报告中被评为第一。

5. 创新城市、创新平台建设达到新的水平,拉动创新型经济的增长

创新型城市建设的目的就是把自主创新作为城市发展的主导战略,作为经济社会发展的主要驱动力,作为产业结构优化升级的中心环节,从

根本上转变社会经济发展方式。南京、苏州、无锡、常州先后被列入国家创新型城市建设试点，昆山、江阴等 10 个省创新型试点城市启动建设。2010 年确定昆山周庄、宜兴高塍等 23 个省创新型乡镇。2012 年，南京市、苏州市、南通市、镇江市同时进入首批国家知识产权示范城市行列。

高新技术园区是江苏省经济发展的重要平台，近年来，在政策的推动下，重大研发机构、公共服务平台、高层次人才、创新型企业等创新资源向高新园区集聚。2011 年，江苏省有 50 个县（市、区）被评为全国科技进步考核先进地区，一批科技产业园、科技创业园和特色产业基地顺利建成，18 个国家和省级高新园区以江苏 0.5％的土地面积，创造了江苏近 40％的高新技术产业产值，催生着 60％以上的战略性新兴产业。

2009 年，泰州医药城被批准为国家医药高新技术产业开发区，苏州高新区、无锡高新区、苏州工业园被列为国家创新型试点园区，规划建设的南京创新创业模范路、常州科教城等 10 个省创新核心区取得较大进展。2010 年，由苏州高新区创建的"国家知识产权试点园区"顺利通过了专家组的验收，全区知识产权工作取得了长足进步。2010 年 1 月，科技部同意常州高新区建设国家创新型科技园区。2012 年 8 月，徐州高新区升级为国家高新技术产业开发区，成为苏北首家国家级高新区。

2009 年，江苏省在创建国家级各类创新平台取得较大突破，新建国家级重点实验室、工程技术研究中心等平台 8 家，总数 47 家；建立企业研究院 13 家、重大产业创新支撑平台 15 个。截至 2009 年，江苏省建设的 230 家科技公共服务平台中，产业平台 136 家、公益平台 30 家、综合平台 64 家。每年为企业提供各类技术服务 30 000 多项，服务企业 15 000 多家。此外，借助农业科技创新平台，农业产业竞争力明显提高。农业科技型企业通过各类科技计划支持，加强关键技术研发和科技成果转化，使之成为农业特色产业创新的重要支撑。截至 2010 年，江苏农业育成农业新品种 244 个，培育省级农业科技型企业 247 家、现代农业科技园 41 个、科技型农业专业合作社 116 个，以及涉农产业技术创新战略联盟 19 个。

5.3　相关对策与建议

创新型省份建设也暴露出一些问题，虽然江苏省每年的研发投入快速增长，但企业自主创新能力仍不强，研发活动总体上以跟踪模仿为主，关键技术和设备自给率低。江苏省整体的科技进步环境、科技活动投入和高新技术产业化能力始终在全国处于第五、六位,不及北京、上海、广东等科技活动更活跃的地区,科技活动产出方面更是排在十名之后;高技术产业产值、高技术产品进出口额也一直不如广东省。在创新型省份建设的环境下,研发投入占 GDP 比重超过 2%,但与北京(5%)、上海(3%)还存在差距。近两年江苏专利授权量在全国居于首位,但发明专利授权量不如广东、北京。鉴于此,本研究提出以下对策和建议:

(1)提升高新技术产业的运行质态和竞争力,尤其是新兴产业

全面整合现有促进科技创新和高新技术产业发展的扶持政策,形成加快高新技术产业发展的政策合力。[①] 高新技术产业是江苏创新经济的重要组成部分,它的发展引领产业转型升级,推动创新型省份建设。探索培育具有自主知识产权的高新技术产业,优化高新技术产业结构,加强高新技术产业化载体建设,提高产业竞争力。集成各类科技资源,加大科技成果转化资金的投入,建立科技成果转化及高新技术产业化的绿色通道。

(2)鼓励企业增加研发投入,进一步提升企业自主创新能力

企业正逐步成为研发投入的主体和产学研结合、开放配置资源的主体,必须加强对企业自主创新工作的引导。以转变经济发展方式为主线,推进企业技术创新[②],培育扶持高新技术企业,增强面向经济建设主战场、参与市场竞争的能力,大力支持创新型企业通过产学研结合,承担国家和省科技计划项目。同时,确保资金能够有效进入研发和科技产业化领域,尤其是科技型中小企业技术创新资金、创业投资引导资金等。

(3)加快人才向企业集聚,推进江苏省创新创业人才队伍建设

进一步优化人才引进政策、人才使用、培养与管理体制机制,努力构建各类人才创新创业的平台,营造促进人才创新创业的环境,特别是有利于优秀人才脱颖而出的环境需要进一步改善。加强对富有自主创新能力的青年科技人才的培养,各部门互相配合深入实施人才引进计划。在高层次人才引进的基础上,围绕各类科技计划项目的实施,注重创新团队的引进和培育,加快完善科研团队和拔尖人才培养机制,加快形成江苏创新集群优势。

---

① 熊季霞、李洁、孙源源等:《江苏高新技术产业高端化发展的可行性分析与对策措施》,《科技管理研究》,2012 年第 14 期。

② 盛华根:《江苏建设创新型省份的路径探讨》,《唯实》,2012 年第 Z1 期。

（4）深入推进产学研紧密结合，努力形成稳定、长效的工作机制

继续深入开展院省、院地合作，鼓励各地多种形式、多种层次的产学研合作论坛、技术洽谈会、成果推介会等活动的开展，支持企业与高校院所建立多种形式的产学研联合体，进一步完善产学研紧密结合的创新机制，促进产学研紧密结合的深度和广度达到新的层次。加快外资研发机构建设，鼓励本土企业与其开展技术合作，着力推进与著名跨国公司研发机构的联合研发和技术转移。[1]

（5）大力提升创新平台建设水平，提供更优质的服务

以科技进步考核为基础，推进创新型城市、园区、乡镇建设。要加强创新平台、信息网络、共享数据库等基础设施的建设，提高创新基础设施的共享水平，吸引更多的信息、技术、资金、人才为企业技术创新提供有效服务。[2] 注重机制创新，以进一步拓展平台内涵、推动开放运行，有力支撑了江苏省创新体系建设和产业创新发展。

---

① 韩子睿、夏太寿、孙斌等：《"十二五"时期创新型省份建设总体思路研究——以江苏省为例》，《技术经济与管理研究》，2011 年第 10 期。

② 李平：《江苏创新型城市的评价和政策设计研究》，《科技管理研究》，2012 年第 10 期。

第 6 章

江苏创新型省份建设的战略选择

创新型省份的提出来源于中央提出的建设创新型国家的战略方针，其建设是创新型国家建设的重要组成部分。建设创新型省份是转变经济发展方式，推动经济社会又好又快发展的必然要求；是在全球化进程中提升区域竞争力的关键所在；是提升人民生活水平的重要保障。创新型省份建设的战略选择必须主动融入国家创新战略，选择合适的发展战略是建设创新型省份的关键。

6.1 江苏创新型省份建设的战略演进

江苏创新型省份的建设是一个动态的过程，创新型省份建设的战略需要面向未来，是区域未来较长时间的部署和安排，因此，发展战略的制定必须以过去为借鉴，以当前为出发点，放眼未来，并兼顾当前和未来的关系。创新型省份的建设战略不是一成不变的，当某一个阶段的战略目标实现了，该阶段的战略就完成了使命，最终被新的战略所取代。下面回顾江苏改革开放以来围绕创新型省份建设的战略抉择过程。

6.1.1 第一阶段："科技兴省"战略(1985—1993 年)

改革开放以后，江苏的经济，尤其是乡镇企业的蓬勃发展，使江苏的经济持续高速的增长。在此背景下，1985 年江苏提出了"科技兴省"战略，经过两年多时间的反复论证，江苏在 1988 年 11 月省委省政府召开的全省科技工作会议上，确立、部署了"科技兴省"的战略，并提出了具体实施措施，成为全国最早提出"科技兴省"战略的省份；同年 12 月 26 日，江苏省人大常委会做出决定，通过了关于依靠科技振兴江苏的决议；次年 1 月 5 日，在江苏省委省政府的一号文件中，进一步明确了江苏要建设科技先导型的经济省份，就是江苏在全国率先建设科技先导型的经济省份和创新型省份。

"科技兴省"战略在思想观念、体制改革、技术政策、资金投入、人才培养等方面都采取了有力的措施，制定了 33 条相应的配套政策措施，随后又制定了《江苏省"火炬计划"开发基金管理办法》《关于加强市县科技发展基金管理的意见》和《江苏省科学技术成果鉴定办法》等 8 个实施细则，增强了有关政策措施的可操作性，创造了有利于全社会科技进步的机制，积极推动了"科技兴省"战略的实施。1990 年出台了 17 项技术政策，旨在促进各行业由原来粗放型的经济发展转变到依靠科技进步的轨道上来，促使江苏的经济、社会、科技的持续稳定协调发展。1992 年，省人大常委会在全国省市中率先制定了《江苏省科技进步条例》，使科技兴省的战略进入法制化轨道。①

6.1.2　第二阶段："科教兴省"战略(1994—2005 年)

在回顾总结江苏省实施科技兴省战略的过程中，省委省政府通过进一步研究，在 1994 年的全省教育工作会议上，提出将"科技兴省"战略充实调整为"科教兴省"战略，在体现"教育为本"理念的同时，深化了"科技兴省"战略的内涵。1994 年底的江苏省第九次党代会上，省委提出了科教兴省、区域共同发展和经济国际化三大战略，将科教兴省、区域共同发展和经济国际化组成一个有机的整体，并把科教兴省作为总揽经济社会发展全局的主体战略。

进入 21 世纪后，江苏实施"科教兴省"的战略环境发生了很大的变化。世界上各个区域的科技创新异常活跃，知识产权的地位突出，科技、教育、人才的作用更加明显，各国各区域的竞争愈加激烈。为了应对国内外激烈的竞争，2001 年 11 月江苏省第十次党代会召开，提出了富民强省、率先基本实现现代化的战略目标，提出要把实施"科教兴省"战略的重点放到加强人力资源能力建设，构筑江苏新世纪人才新高地，大力推进知识创新、技术创新上来。之后又提出了城市化、新型工业化及可持续发展等战略。2003 年 5 月，省委省政府做出了《关于进一步加强人才队伍建设的决定》，提出实现从人才大省到人才强省跨越的战略任务。这些都是在新形势下，"科教兴省"战略的重大调整。2005 年 11 月，在贯彻中共中央关于科学发展观的一系列指示和要求的过程中，江苏省委十届九次全会审议通过了《关于制定江苏省国民经济和社会发展第十一个五年规划的建

---

① 皮宗平:《江苏科教兴省战略的演进及主要成效分析》,《黑龙江科技信息》,2009 年第 9 期。

议》,提出了"富民优先、科教优先、环保优先和节约优先"的四优先的基本方针,科教优先是一个重要方面,体现了发展的战略途径。

6.1.3　第三阶段:率先建成创新型省份的战略(2006—2010 年)

2006 年初,党中央做出了"提高自主创新能力,建设创新型国家"的重大战略部署。2006 年 4 月,江苏省委省政府做出了《关于增强自主创新能力建设创新型省份的决定》,大力推进自主创新,建设创新型省份。这是江苏省委省政府着眼于江苏现代化建设全局做出的重大抉择,是落实科学发展观、实现经济又好又快发展的战略部署。建设创新型省份是江苏面向未来的战略抉择,标志着江苏进入了自主创新和跨越发展的阶段。同年 4 月 20—21日,省委省政府召开的全省科技创新大会明确了率先建成创新型省份的战略目标和具体部署,并先后出台了一系列鼓励和促进科技创新创业的政策措施。2007 年 11 月,省委十一届三次会议上提出了通过深入实施科教兴省、人才强省战略,更加充分地发挥科教人才优势和对外开放优势,大力推进科技创新,力争率先成为创新型省份,率先基本实现教育现代化。[①]

6.1.4　第四阶段:创新驱动战略(2011 年至今)

进入"十二五"时期,江苏进一步把科教与人才强省战略确立为经济社会发展的基础战略,将创新驱动上升为核心战略。2011 年 5 月,江苏省政府出台了《关于实施创新驱动战略推进科技创新工程加快建设创新型省份的意见》,又做出了建设创新型省份的重大战略部署,并将创新驱动战略作为"十二五"时期经济社会发展的核心战略,对"十二五"落实创新驱动战略、实施科技创新工程进行全面部署。《关于实施创新驱动战略推进科技创新工程加快建设创新型省份的意见》指出:江苏建设创新型省份的指导思想是以邓小平理论和"三个代表"重要思想为指导,深入贯彻落实科学发展观,紧紧围绕实施创新驱动战略、推进科技创新工程、建设创新型省份,以加快转变经济发展方式为主线,以提高自主创新能力为核心,以发展创新型经济为主攻方向,以科教和人才为重要支撑,着力推动企业技术创新、产业技术创新和社会发展创新,着力培育自主知识产权、自主品牌和创新型企业,着力完善有利于科技进步与创新的体制机制,着力构建富有竞争力的区域创新体系和现代产业体系,大幅度提升科技进

步对经济增长的贡献率，促进经济社会发展尽快走上创新驱动、内生增长的轨道。[①] 2012 年全国科技创新大会结束后，江苏迅速研究且提出了深化科技体制改革、加快技术创新体系建设的一系列重大举措，并出台了一系列政策。如 2012 年 4 月出台了《省政府办公厅关于进一步加强企业研发机构建设的意见》，7 月出台了《省政府关于加快促进科技和金融结合的意见》，9 月出台了《省科技厅省财政厅关于鼓励和引导天使投资支持科技型中小企业发展意见的通知》等；2013 年 12 月出台了《省政府办公厅关于加快推动科技资源向苏北集聚的意见》。

6.2　江苏创新型省份建设的战略分析

目前，江苏已经进入创新型省份建设的攻坚期，为了进一步推动江苏创新型省份的建设，必须深入研究和适时提出江苏创新型省份建设的战略，为江苏建设创新型省份提供重要的战略依据和科学指导，提升从战略全局上驾驭和推进创新型省份建设的力度。

6.2.1　江苏建设创新型省份的 SWOT 分析

SWOT 分析法是竞争情报分析常用的方法之一。SWOT 分析法最早由美国旧金山大学的管理学教授韦里克（Weihrich）于 20 世纪 80 年代初提出。所谓 SWOT 分析，就是将与研究对象密切相关的各种主要内部优势（Strengths）和劣势（Weaknesses）、外部机会（Opportunities）和威胁（Threats），通过调查罗列出来，然后运用系统分析的思想，把各种因素相互匹配起来并加以分析，从中得出决策性的结论。[②]

分析研究对象面临的机遇、威胁，拥有的优势、劣势之后，从战略角度出发，可形成四种不同类型战略，如图 6.1 所示。

江苏创新型省份建设的 SWOT 分析包括了两个方面的主要影响因素：一是外部环境因素，包括机会因素和威胁因素，它们是外部环境对江苏创新型省份建设的有利和不利因素，属于客观因素，一般归属为经济、政治、社会、人口、市场等不同范畴。二是内部环境因素，包括优势因素和

---

① 中共江苏省委、江苏省人民政府：《关于实施创新驱动战略推进科技创新工程加快建设创新型省份的意见》苏发〔2011〕10 号。

② ［美］弗雷德·R·戴维：《战略管理》，经济科学出版社，1998 年。

劣势因素,它们是江苏省在创新型省份建设过程中自身存在的积极和消极因素,属于主观因素,一般归类为管理、组织等不同范畴。

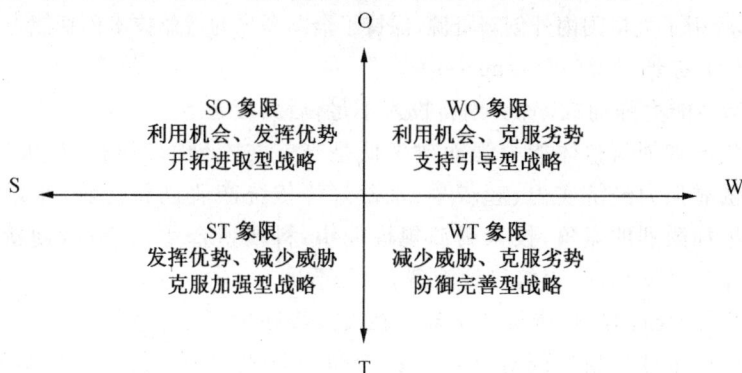

图 6.1　SWOT 战略分析图

（1）优势因素（Strengths）

S_1：区域经济实力雄厚,吸引创新资源聚集

江苏省区域经济整体实力、物质财富实力、基础设施能力均在全国处于领先地位,区域聚集了大量资金、先进技术、最新信息、高素质人才,并不断吸引上述要素向自身靠近,为产业创新打下坚实基础并注入新的活力。[1]

S_2：区域科技基础稳固,带动创新实力提升

江苏省科研基础平台、科技服务、各类高技术园区等均在全国处于领先地位,知识创造、知识获取、企业技术创新、科技环境与管理、科技创新经济绩效等稳步增长,为产业创新提供了良好的区域科技基础和氛围。

S_3：高等教育资源丰富,培养储备创新人才

高等院校数量多,高等教育质量高是江苏省高等教育的特色,各类院校涵盖专业门类齐全,科研活动丰富,科研经费充足,科研实力领先,培养了大批创新后备人才,也吸引国内外科研专家开展科技交流合作,提升高校科研水平。

S_4：企业创新能力凸显,创新产品有竞争力

高技术企业已成为江苏省产业创新主体,一批拥有核心技术、自主知识产权的高技术龙头企业不断壮大,高技术企业整体技术创新能力不断增强。特别是许多民营企业自主研发技术领先,创新产品颇具国际竞争力。

S_5：战略性新兴产业带成熟,创新集聚优势显著

---

① 滕家佳:《江苏省高技术产业技术创新评价研究》,江苏大学硕士论文,2013 年。

沿沪宁信息产业带、苏南沿江新材料产业带、沿江两岸新医药产业带、沿海新能源产业带等，由于规划早、布局合理，已经发展为颇具规模的高技术产业带，吸引了大量国内外创新资源，保持了全国领先的行业技术创新能力。

（2）劣势因素（Weaknesses）

W_1：能力强而效率低，创新投入不足，后劲疲乏

江苏省创新整体能力强而效率低是当前技术创新面临的最大问题，一些依靠强大经济实力、起步早、基础好等传统产业创新优势，难以应对未来更加激烈的竞争，投入资源规模偏小，科技型企业融资难，创新活动无法充分发挥功效，直接导致浪费，后劲不足。

W_2：创新国际化步伐与全球科技发展不匹配

吸引全球最新的创新成果不多，外资研发机构技术外溢效应不强，本土企业难以与外资高科技企业形成优势互补。龙头企业在国际上未能形成具有影响力的标志性项目，创新平台与载体的支持力度不够，1/3 左右的企业没有研发活动。

W_3：自主创新能力薄弱，处于价值链低端

江苏省产业许多企业自主创新能力薄弱，逐步发展为国外高技术产业的加工厂而非核心研发基地，长期处于高技术产业价值链低端，核心技术受制于人，阻碍技术创新和产业创新的健康发展。

W_4：高端创新人才缺乏

作为高等教育大省，江苏各层次人才丰富，高等院校和科研院所开展的科技活动处于全国前列，但培养和提供的多是大众化人才，掌握世界最新科学技术、富有创新魄力的高端创新人才大多流向国外。由于政治、经济、科研等多重环境因素共同影响，因此高端人才引进机制还处于起步阶段，行业领先的创新人才缺乏。

（3）面临机会（Opportunities）

O_1：江苏省多项政策规划支持创新型省份建设

《中共江苏省委江苏省人民政府关于增强自主创新能力建设创新型省份的决定》《省政府办公厅关于进一步加强企业研发机构建设的意见》《江苏省创新型企业试点工作实施方案》《江苏省创新型乡镇认定管理办法（试行）》等重大政策规划都确实保障了江苏建设创新型省份。

O_2：后危机时代国际科技交流合作日益广泛

后危机时代，世界经济政治格局加速变革，全球投资、贸易格局和经济发展方式正发生重大变化，国际力量朝着相对均衡、有利于多极化的方

向发展。随着技术系统的演化和科学的进步,创新活动日益呈现出复杂性特征和趋势,没有哪个国家和地区可以长期垄断全部创新。因此,创新活动,以及由此而衍生出的高技术产业、战略性新兴产业的国际合作加强,表现为优势互补、合作开发、利益共享、风险共担。国际科技交流合作的日益广泛为江苏创新型省份建设带来契机。

O_3:科技革命和信息化带来新的市场机会

21 世纪以来世界科技呈现加速发展的态势,全球知识创造和技术创新速度明显加快,新技术的突破层出不穷,知识积累和创新在经济社会发展中的作用日益突出;信息化快速发展,电子商务、网络经济为世界各地的企业提供了平等的信息机会和市场机会,缩短了创新产品的成本回收周期。

O_4:“十二五”发展对科技需求增大

以往主要依靠资源要素投入及低成本比较优势的发展模式已走到尽头,依靠科技创新是我国未来经济社会发展的新动力。科技创新是破解我国经济发展中的能源和环境约束,推动经济发展方式转变的关键因素,江苏创新型省份的建设面临着重大的机遇。

(4) 存在威胁(Threats)

T_1:金融危机带来不稳定因素

全球金融危机的影响波及全球,美国、欧洲等技术强国和地区经济均受到不同程度冲击,原有世界经济格局受到影响,新的世界经济格局尚不明朗,这给创新发展带来了不稳定因素。当前,欧债危机仍影响众多发达国家,创新活动必然会面临前所未遇的困难和瓶颈。

T_2:金融危机对江苏外向型产业发展带来冲击

江苏省外向型经济一直是支撑其区域经济实力的基础,也是其他区域难以企及的优势,但此次金融危机中受到冲击的正是发达国家,江苏省外向型经济不可避免受到牵连。外向型经济的疲软带来的也是外向型产业的前景暗淡,至少在短期内,产业创新会受到一定程度的制约和阻碍。

T_3:国际技术封锁短期内难以突破

尽管国际交流合作日益广泛,但是世界前沿性的科学技术还是掌握在发达国家手中。短期内的合作和交流,对发达国家已不构成威胁,合作交流并不等于发达国家会直接输出核心研发技术,只是在产业价值链上重新分配技术。短时期内国际高端前沿技术封锁难以突破。

T_4:国内竞争加剧

广东高技术创新比江苏技术创新能力强、效率高。与江苏高技术产业能力不相上下的上海，其效率比江苏高。北京、天津、浙江等省市的高技术产业虽然能力不及江苏，但效率均比江苏高。未来各高技术产业技术创新强省必然依靠各自优势展开新一轮竞争，争夺国内市场，国内高技术产业技术创新竞争也必然会更加激烈。

6.2.2 江苏创新型省份建设战略构成分析

将江苏创新型省份建设所具有的优势与劣势，以及所面对的机会与挑战因素加以综合考虑，制定相应的 SWOT 战略矩阵，如表 6.1。

表 6.1 江苏创新型省份建设战略的 SWOT 矩阵

战略 内因 外因	优势 S S_1：区域经济实力雄厚，吸引创新资源聚集； S_2：区域科技基础稳固，带动创新实力提升； S_3：高等教育资源丰富，培养储备创新人才； S_4：企业创新能力凸显，创新产品有竞争力； S_5：战略性新兴产业带成熟，创新集聚优势显著。	劣势 W W_1：能力强而效率低，创新投入不足，后劲疲乏； W_2：创新国际化步伐与全球科技发展不匹配； W_3：自主创新能力薄弱，处于价值链低端； W_4：高端创新人才缺乏。
机会 O O_1：江苏省多项政策规划支持创新型省份建设； O_2：后危机时代国际科技交流合作日益广泛； O_3：科技革命和信息化带来新的市场机会； O_4："十二五"发展对科技需求增大。	SO_1：国际化、多元化、信息化一体发展战略； SO_2：产学研密切合作、拓宽创新领域发展战略。	WO_1：产业创新集群化发展战略； WO_2：产业内部结构优化战略。
威胁 T T_1：金融危机带来不稳定因素； T_2：金融危机对江苏外向型产业发展带来冲击； T_3：国际技术封锁短期内难以突破； T_4：国内竞争加剧。	ST_1：自主技术创新、完善知识产权战略； ST_2：加强战略性新兴产业创新主体地位发展战略。	WT_1：优化投入结构、提高创新效率的可持续发展战略； WT_2：加大扶持力度、引进高端人才的内部发展战略。

6.3 江苏创新型省份战略的 QSPM 分析

SWOT 战略分析法虽然比较全面地分析了研究对象的内外部影响因素,根据各种实际组合情况采取不同应对策略,但定性分析方法不可避免地存在较为主观和片面等问题,对于不同战略采取同等对待也不符合集中精力寻找突破创新的发展原则。本研究应用定量战略规划矩阵(QSPM)对 SWOT 战略分析法进行补充,寻找江苏创新型省份建设战略的主体方向。

6.3.1 定量战略规划矩阵(QSPM)简介

定量战略规划矩阵(Quantitative Strategic Planning Matrix,QSPM)是一种通过确定各可行方案相对吸引力,客观表明最佳战略的分析技术。其优点是:不同战略可以依次或同时进行评价;可借助计算机进行多个或复杂战略选择;QSPM 迫使管理者做出战略选择时会认真考虑每一内外战略因素的影响及其相互关系。

建立 QSPM 战略规划矩阵有以下 6 个步骤:

(1) 列出关键因素,可以直接从 SWOT 战略分析中获得。

(2) 对每个内外部关键因素赋予权重,标在矩阵内紧靠各因素的纵栏中,其中优势劣势各因素权重和为 1,机会和威胁各因素权重和为 1。

(3) 标注备选战略,将其标在矩阵的顶端横行中。

(4) 确定吸引力分数(Attractive Scores,AS),即用数值表示每个战略的相对吸引力。依次考察各关键因素,对其提出问题:这一因素是否影响战略选择? 如果回答"是",便就该因素对各战略进行比较,给予各战略相对于其他战略的吸引力评分。吸引力评分范围及含义:1=没有吸引力,2=有一些吸引力,3=有相当吸引力,4=很有吸引力。

(5) 计算吸引力总分(Total Attractive Scores,TAS),将各横行的权重乘以吸引力分数而得。吸引力总分越高,战略的吸引越大。

(6) 计算吸引力总和(Sum Total Attractive Scores,STAS),将各战略纵栏中的吸引力总分相加而得,总和越高的备选战略越有吸引力。

6.3.2 江苏创新型省份建设战略的 QSPM 分析

运用 QSPM 矩阵对前一节 SWOT 战略分析中的各因素和备选战略

进行评分,结果如表6.2所示。四大战略、八项分战略得分情况为:

SO 开拓进取型战略:SO_1 国际化、多元化、信息化一体发展战略得分5.75,SO_2 产学研密切合作、拓宽创新领域发展战略得分5.3。

WO 克服加强型战略:WO_1 产业创新集群化发展战略得分5.25,WO_2 产业内部结构优化战略得分3.8。

ST 支持引导型战略:ST_1 自主技术创新、完善知识产权战略得分6.75,ST_2 加强高技术企业创新主体地位发展战略得分5.1。

WT 防御完善型战略:WT_1 优化投入结构、提高创新效率的可持续发展战略得分3.6,WT_2 加大扶持力度、引进高端人才的内部发展战略得分4.55。

排在前四位的是:ST_1 自主技术创新、完善知识产权战略得分6.75;SO_1 国际化、多元化、信息化一体发展战略得分5.75;SO_2 产学研密切合作、拓宽创新领域发展战略得分5.3;ST_2 加强战略性新兴产业创新主体地位发展战略得分5.1。

6.3.3 江苏省创新型省份建设的总体战略

经过上述综合分析,得出江苏创新型省份建设的总体战略为:以自主技术创新、完善知识产权战略为核心,以国际化、多元化、信息化一体发展战略和产学研密切合作、拓宽创新领域发展战略为两翼,逐步加强战略性新兴产业技术创新的主体地位。

表6.2 江苏省创新型省份创新战略的 QSPM 分析

关键因素		备选战略							
		SO_1		SO_2		WO_1		WO_2	
	权重	AS	TAS	AS	TAS	AS	TAS	AS	TAS
S_1 经济实力雄厚	0.05	4	0.20	2	0.10	3	0.15	1	0.05
S_2 科技基础牢固	0.15	3	0.45	4	0.60	2	0.30	1	0.15
S_3 教育资源丰富	0.05	3	0.15	3	0.15	2	0.10	1	0.05
S_4 企业创新凸显	0.15	4	0.60	3	0.45	2	0.30	1	0.15
S_5 创新集聚突出	0.10	2	0.20	1	0.20	4	0.40	3	0.30
W_1 创新效率低	0.15	3	0.45	1	0.15	4	0.60	2	0.30

关键因素	权重	备选战略							
		SO_1		SO_2		WO_1		WO_2	
		AS	TAS	AS	TAS	AS	TAS	AS	TAS
W_2 创新国际化水平低	0.05	3	0.15	2	0.10	1	0.05	4	0.20
W_3 自主创新能力薄弱	0.15	3	0.45	4	0.60	2	0.30	1	0.15
W_4 高端创新人才缺乏	0.15	3	0.45	4	0.60	2	0.30	1	0.15
O_1 政策规划支持	0.10	1	0.10	2	0.20	4	0.40	3	0.30
O_2 国际交流广泛	0.15	3	0.45	4	0.60	1	0.15	2	0.30
O_3 科技革命和信息化	0.15	4	0.60	1	0.15	2	0.30	3	0.45
O_4 科技需求大	0.15	2	0.30	1	0.15	4	0.60	3	0.45
T_1 金融危机带来不稳定	0.10	4	0.40	1	0.10	3	0.30	2	0.20
T_2 金融危机冲击外向经济	0.05	4	0.20	1	0.05	2	0.10	3	0.15
T_3 短期技术封锁难突破	0.15	3	0.45	4	0.60	2	0.30	1	0.15
T_4 国内竞争加剧	0.15	1	0.15	3	0.45	4	0.60	2	0.30
总　分			5.75		5.3		5.25		3.8
关键因素		ST_1		ST_2		WT_1		WT_2	
		AS	TAS	AS	TAS	AS	TAS	AS	TAS
S_1 经济实力雄厚	0.05	4	0.20	1	0.05	2	0.10	3	0.15
S_2 科技基础牢固	0.15	4	0.60	3	0.45	1	0.15	2	0.30
S_3 教育资源丰富	0.05	4	0.20	2	0.10	1	0.05	3	0.15
S_4 企业创新凸显	0.15	3	0.45	4	0.60	2	0.30	1	0.15
S_5 创新集聚突出	0.10	4	0.40	2	0.20	1	0.10	3	0.30

关键因素		ST_1		ST_2		WT_1		WT_2	
		AS	TAS	AS	TAS	AS	TAS	AS	TAS
W_1 创新效率低	0.15	3	0.45	2	0.30	4	0.60	1	0.15
W_2 创新国际化水平低	0.05	3	0.15	1	0.05	2	0.10	4	0.20
W_3 自主创新能力薄弱	0.15	4	0.60	3	0.45	1	0.15	2	0.30
W_4 高端创新人才缺乏	0.15	3	0.45	2	0.30	1	0.15	4	0.60
O_1 政策规划支持	0.10	2	0.20	3	0.30	1	0.10	4	0.40
O_2 国际交流广泛	0.15	4	0.60	2	0.30	1	0.15	3	0.45
O_3 科技革命和信息化	0.15	4	0.60	3	0.45	1	0.15	2	0.30
O_4 科技需求大	0.15	2	0.30	4	0.60	1	0.15	3	0.45
T_1 金融危机带来不稳定	0.10	3	0.30	1	0.10	4	0.40	2	0.20
T_2 金融危机冲击外向经济	0.05	4	0.20	2	0.10	1	0.05	3	0.15
T_3 短期技术封锁难突破	0.15	4	0.60	3	0.45	2	0.30	1	0.15
T_4 国内竞争加剧	0.15	3	0.45	2	0.30	4	0.60	1	0.15
总　分			6.75		5.10		3.60		4.55

第 7 章

江苏创新型省份建设模式分析

创新型省份建设是创新型国家建设的重要组成部分,建立并不断完善区域创新体系是国家创新体系建设的重要组成部分。基于前文对创新型省份含义的界定,将创新型省份作为区域创新体系加以研究。目前,区域创新系统的发展模式可以归纳为基于产业集群的创新系统模式、主动学习型创新系统模式、跨行政区创新系统模式、基于创新主体的创新系统模式和多元网络型创新系统模式等 5 类。本章分析 5 种模式的基本规定性,探讨适合江苏建设创新型省份的模式。

7.1 基于产业集群的创新型省份建设模式分析

现代区域经济发展理论认为,产业集群不仅能够降低交易成本、提高效率、改进激励方式、创造信息专业化的制度,而且能够改善创新条件,有利于新企业形成。产业集群与区域创新系统可以在一个区域共存,一个区域创新系统可以包含若干个产业集群。① 目前,基于产业集群的区域创新体系是一种较为高级的模式,采用这一模式的典型是美国硅谷,我国长三角和珠三角地区也具有形成该种高级区域创新系统的趋势。②

基于产业集群的创新型省份建设必须突出以下目标:提供特定领域的原始性创新供给,维持和提升特定产业的竞争力和区域竞争力,支撑区域内社会需要。建设的原则一般需要遵循:竞争力最大化原则、集群发展阶段性原则、产业和市场针对性原则、低门槛原则、公共资源共享最多原

---

① Asheim BT, Coenen L. The Role of Regional Innovation Systems in a Globalizing Economy: Comparing Nordic Clusters. *Paper Prepared for the 2004 Annual. Meeting of the Association of American Geographers*, Philadelphia, March 14-19.

② 刘琦岩:《产业集群与区域创新体系》,《中国科技产业》,2003 年第 5 期。

则和企业与政府互动原则。其内容架构应该包括：确定产业指导和创新措施的战略定位，共性技术平台建设措施，针对中小企业的技术、信息、管理服务支撑体系，区域所能提供的针对性产业政策、激励投资、创新、国际化扩张的措施，人力资本开发体系；鼓励非正式交流和非政府机构融入产业发展的氛围，产业集群监控体系等。[①]

目前，美国硅谷作为产业集群的代表，已经成为科技创新的代名词，硅谷的成功归于良好的游戏规则、知识密集、高质量的劳动力的流动、以结果为导向的精英体制、容忍失败的氛围、开放的商业环境、科研院校与产业的互动、政府与企业及非营利机构之间的合作、高质量的生活、专业化的商业服务机构等因素的共同作用。硅谷存在多种行业，每种行业又有多个企业，它们之间建立了一个充满竞争与合作的独具特色的企业群网络。以斯坦福大学为代表的大学及研究机构是硅谷区域创新的源泉，并且提供人才支持，重视与区域内的小企业合作。硅谷的发展主要由市场主导，但并不意味着政府不起作用，在创新的过程中，政府在制度、环境和政策方面引导，刺激企业和大学之间的协同创新，保护创新成果，并协调创新主体之间的矛盾。

7.2　主动学习型创新型省份建设模式分析

张建余、谢富纪（2005）总结了"主动学习型创新系统"的理论框架，如图 7.1 所示。该模式不仅强调创新系统内创新主体之间的联系互动，还强调创新系统所有的构成要素之间的相互作用；不仅强调一个地区的创新绩效不仅取决于创新系统的内部效率，而且还与创新系统的外部联系效率相关。因此，主动学习型的创新模式更适合于发展中的经济体，包括发展中国家和地区以及在某些技术领域落后的工业化国家。建立主动学习型创新型省份建设模式的主要措施有：通过加大与外部的知识联系，促进新技术的获取；以高校和科研机构的技术转移中心为节点，构建技术扩散网络，增强高校和科研机构在技术转移和扩散方面的支撑作用；加强本土企业和跨国公司之间的联系，融入全球生产系统，并不断获取新技术。[②]

---

① 　胡明铭：《区域创新系统：评价、发展模式与政策》，湖南大学出版社，2008 年。
② 　张建余、谢富纪：《主动学习型创新系统——以台湾地区创新系统为例》，《科学学与科学技术管理》，2005 年第 1 期。

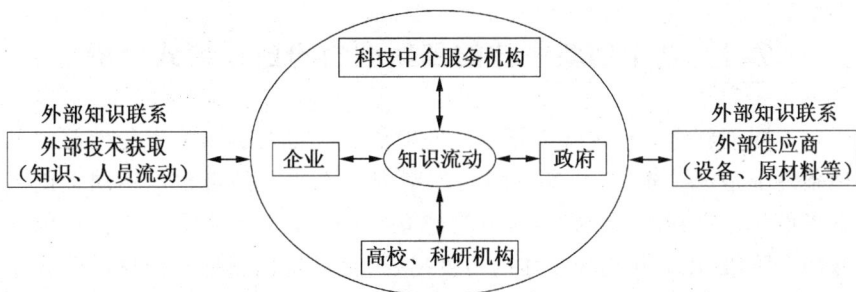

图 7.1 主动学习型创新系统

采用这一模式的典型区域是中国台湾地区。台湾地区半导体产业的成功,与主动学习型创新模式是分不开的,主要体现在以下四个方面:台湾地区行政当局广泛利用社会关系网络,促进了岛外半导体技术向岛内转移;公共部门研究机构(如工业技术研究院)在引进技术的吸收、改进的扩散过程中发挥了重要的作用;人才流动和企业间的知识联系为台湾地区的半导体产业提供了动力;企业之间、企业与供应商和用户之间的互动促进了新技术的快速应用和工艺技术的改进。[①] 主动学习型创新模式对江苏省建设创新型省份有一定的借鉴意义。

7.3 跨行政区创新型省份建设模式分析

跨行政区创新系统是指由不同行政区划内的有着密切联系的企业、科研院所、高校及政府在具有统一创新环境下相互作用、不断创新而形成的一种跨行政区划的区域创新系统。建立跨行政区域创新系统的主要措施有:联合开展跨行政区创新发展战略研究和规划;建立跨行政区创新系统协调机构;加速互通互连基础设施建设;实行科技资源的相互开放和共享;联合共建创新载体、联合共建技术贸易市场;开展重大科技项目的联合攻关等。江苏省内各个地级市可以依靠省政府的引导,共同参与,按照优势互补、互惠互利的基本原则,不断加强科技合作,推动各个城市的协调发展共同繁荣,从而形成江苏省创新的整合优势。

---

① 胡明铭:《区域创新系统:评价、发展模式与政策》,湖南大学出版社,2008 年。

7.4 基于创新主体的创新型省份建设模式分析

不同创新型省份内部创新主体的发展状况以及创新型省份内部的各种条件都是不一样的，并且不同的创新型省份建设的进程也不同。创新型省份从建立到成熟大致可以分为建立、生长、成熟和衰退或者持续创新这四个阶段，因此从创新主体的角度出发，可以将创新型省份建设分为企业主导型建设模式、高校—科研机构主导型建设模式、政府主导型建设模式等主要模式。在这些建设模式中每一类模式的创新主体所扮演的角色不同，并且适用的条件也不相同。并且，在选择建设模式的时候通常根据区域内的创新水平和经济发展水平两点来进行衡量，具体到每一种模式中，选择的标准有所不同。

7.4.1 企业主导型建设模式

企业主导型的建设模式指的是在创新型省份的建设过程中，企业能够发挥自身优势，在创新活动中起到核心作用，促进创新活动的开展和区域创新体系的建设。这一模式通常出现在科研能力不强，但创新资金却比较充足的区域当中，企业为了应对激烈的市场竞争，保住自身的优势地位，会根据市场的需求和生产中遇到的实际问题开展一系列的创新活动，研究新技术，开发新产品，而这一类的创新活动主要就是应用性的创新活动，与企业生产和经济发展联系的非常紧密。采用这一模式的典型区域是浙江温州地区。浙江温州经济发达，传统产业和制造业众多，但该地区的高校和科研机构却相对较少。温州地区的企业能够及时获得市场信息，了解市场行情，并快速进行创新活动，将创新成果用于生产，保持他们在市场竞争中的产品优势和成本优势。

通常，选择这一模式的创新型省份内部资金力量都非常雄厚，所以企业作为这一模式的引领者，在进行区域内部创新活动的同时也常常同其他区域创新体系进行技术贸易，购买专利技术或者科技成果来改进自身的产品和技术。这往往也是由企业内部创新活动的局限性引起的，企业在生产的同时要花费大量的资金和人力进行新技术和产品的开发，往往在成本控制上不够节约，违背企业利益最大化的要求。并且，企业在生产的同时进行创新活动也往往会因为时间、科研场所、科研人员有所限制，不能够很好地完成大型的研发项目，导致企业需要从外部买进一定的专利和技术运用到实际的生产过程中。

基于这一情况,在这样的创新型省份中,政府和中介机构作为服务者需要做好以下几个方面:第一,政府应该建立良好的教育体系,积极发展高等教育,建设一定数量的高校,大量引进高校教师,培养高校人才,为区域创新活动的开展提供保障。第二,政府应该建立相当规模的科研机构,保障科研机构的科研能力,对科研机构承担的大型的科研项目可以进行一定的政策上的倾斜,保障科研项目的顺利完成。第三,政府和中介机构应该做好服务,加强企业和高校、科研机构之间的联系,在高校、科研机构和企业之间开展"产学研"科研项目,保障高校、科研机构的科研成果能够及时地应用到企业的实际生产当中,保障企业和高校、科研机构之间知识的流动性,保障企业对新产品和新技术的要求能够在高校、科研机构中及时通过各种科研项目得到满足。

7.4.2 高校—科研机构主导型建设模式

高校和科研机构在创新活动中所起到的作用基本是一致的,研究新理论和新方法,传播新知识,产生大量的创新成果,但高校同时还承担着培养创新人才的职责。所以,在划分创新型省份的建设模式的时候,将高校和科研机构并为一类,称之为高校—科研机构主导型建设模式。在这一模式中,高校和科研机构在创新活动中起到主导作用,利用自身大量的科研人才和良好的科研环境推动创新活动的进展,并能够产生大量的科研成果。这一模式通常出现在经济发展水平不高,但科技教育实力却相对较强的地区。典型的如陕西西安,拥有众多的高校:西安交通大学、西安电子科技大学、西北工业大学、西北大学、西安科技大学、陕西师范大学,等等,众多的高校造就了西安地区拥有众多的创新人才,同时高校内的创新环境也为创新活动提供了很好的平台,从而产生了大量的科研成果。但是,由于西安地处我国内陆地区,交通并不十分便利,经济发展相对落后,因此也导致高校所研发的大量科研创新成果无法得到应用,浪费了大量的科研资源,制约了创新能力的发展。

但是,选择这一建设模式的创新型省份,通过经济的不断发展,教育体制的不断改革。将科研成果运用到实际的生产当中,从而促进了企业的壮大和经济的发展。目前,西安地区企业已经有相当的能力转化高校和科研机构产生的科研成果。同时,高校和科研机构的大量科研人员,也依托单位的科研条件和科研成果,自己创办高新技术企业,实现了科研成果的大量转化，高校和科研机构在这一过程中就起到了企业"孵化器"的作用。

因此，在这一建设模式当中，政府和中介机构要采取以下措施加快区域创新体系的建设：第一，保持高校和科研机构的科研优势，加快教育体制的转变和完善，促进科研项目的开展和科研成果的大量产生；第二，对区域内企业进行政策、资金等方面的扶持，可以构建高新技术产业园区，加强企业和高校、科研机构之间的密切联系，帮助企业将高校、科研机构研发的科研成果转化为实际生产力；第三，同外部区域进行沟通和交流，尤其是企业主导型的区域，应加强区域之间的科技贸易，使高校和科研机构所研发的大量科研成果实现市场价值。

7.4.3 政府主导型建设模式

政府主导型的建设模式是指在创新型省份的建设过程中，政府发挥了核心和关键性的作用，通过政府行为来整合各方面的资源，有针对性地颁布政策法规，带动整个区域内部创新活动的发展，促进创新型省份的建设进程。通常，在区域内部科技水平和经济发展水平都相对较弱的情况下，会选择政府主导型的营建模式。这是因为创新水平和经济发展水平较弱的情况下，企业等创新主体通常都在科技创新活动中显得非常滞后，由于经济发展水平低，企业等创新主体都没有足够的资金和资源进行相应的创新活动，而创新活动的落后又加剧了经济发展水平的落后。因而，政府在这一情况下可以依靠行政指令迅速整合创新活动所需要的各种资源，并且将其应用于能够迅速带动区域内经济发展的创新活动中去。同时，政府在这一模式中能够及时地完善市场机制，实行竞争机制，促进各个创新主体之间的互动，带动整个内部创新活动的发展和经济发展水平的提高。

但是，政府主导型的建设模式通常都是在创新型省份建设的初期或者经济条件不好的情况下选择使用，通常都是作为一种过渡模式被短时间采用，如果长期采用政府主导型的建设模式，可能会对创新型省份的建设产生不利的影响。这是因为：第一，政府在采取了一系列整合资源、促进创新的方式后，对区域内部创新活动的发展和经济水平的提高会产生很大的促进作用，此时企业会大大增强自身的经济实力和科研实力，同时高校、科研机构也会随之发展，企业由于自身发展的需要必定会加强对新产品和新技术的研发，从而成为创新活动的主体，而政府在此时就应该退居二线,为企业的创新活动做好服务、引导;第二,政府由于不直接参与创新活动的开展,也不直接参与生产活动和经济发展的过程,因此对创新活动中存在的需求和问题并不能够做到精确、快速地了解,并且在经济发展水平落后的时期,政府通常运用政策性手段来整合各方资源,保证重点创新活动的发展,在经济发展水平提高之后,如果仍然保持当时的政策,反而会对新一轮的创新活动产生阻碍,降低了区域内部创新活动进行的效率。

因此,在过渡时期结束之后,政府应该及时地转换角色,调整行为方式,变掌控为指导和服务,保障创新活动的顺利进行,促进创新型省份的建设。

7.4.4 各创新主体与创新型省份建设协调发展机制

(1) 企业与创新型省份建设协调发展机制

企业应注重同区域内其他创新主体的互动,积极探索多层次、多形式的产学研合作方式,充分利用区域内的各项资源来弥补企业科技资源的不足,带动企业创新能力的提高。企业开展产学研合作方式,主要是通过企业牵头、高校和科研机构参与来共同建设产学研研发机构,实现创新要素和生产要素在产业层面的有机对接。引导产学研各方围绕产业技术创新需求重点打造产业链,建立各类产业技术创新和产业发展联盟。企业与创新型省份协调发展机制如图 7.2 所示。

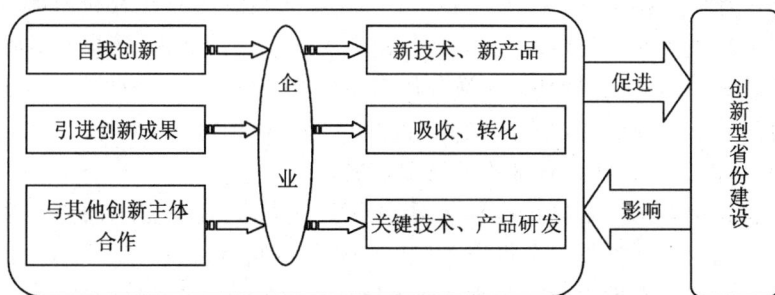

图 7.2 企业与创新体系协调发展机制

(2) 高校、科研机构与创新型省份建设协调发展机制

高等院校和科研机构在创新型省份的建设过程中,主要是要将其科教资源真正转变为经济优势,增强企业创新能力。通过培养人才、承担课题和支持科研人才创业等途径来为企业提供大量的科研创新人才,并将

知识转化为技术成果，促进高新技术产业的发展，这样才能够发挥高校和科研机构的自身优势和特点，从而促进创新型省份的建设。同时，高校和科研机构在产学研合作时也要加强合作意识，增加同其他创新主体的互动。高校、科研机构同创新型省份协调发展机制如图 7.3 所示。

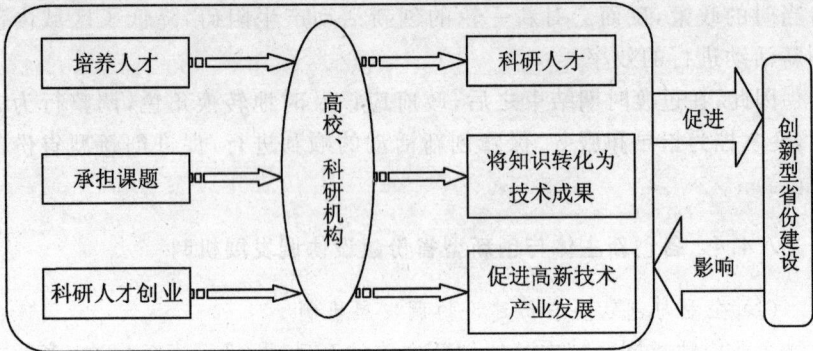

图 7.3　高校、科研机构同创新型省份协调发展机制

（3）政府、科技中介服务机构与创新型省份协调发展机制

政府要注重创新环境的建设，明确职责，集成资源，协同推进科技创新工作，并加强对地方推进科技创新的督促指导。江苏省政府通过颁布相关的政策法规来规范和支持区域内创新活动的开展，同时要营造良好的创新环境，为创新主体的交流和互动以及创新活动的开展和创新氛围的形成提供良好的基础；还需加强各创新主体之间的交流，实现资源的快速流转和知识的顺利传播，加强各创新主体之间的合作。最后，政府还要培育有利于创新的知识产权文化，提升知识产权创造、运用、保护和管理能力，才能促进创新型省份的建设和发展。

科技中介机构是科技服务体系的主要力量，是创新主体的重要成员之一。加快发展科技中介机构，对于促进创新型省份建设、加速高新技术产业化进程具有重要意义。要着眼创新型省份建设，通过技术推广与信息传播、科技评估与咨询和科技创业服务等方式来为区域内企业、高校和科研机构的产学研合作提供良好的服务保障，帮助产学研项目顺利地开展，并以此来推动创新型省份的建设。总体说来，政府和科技中介服务机构同创新型省份协调发展的机制如图 7.4 所示。

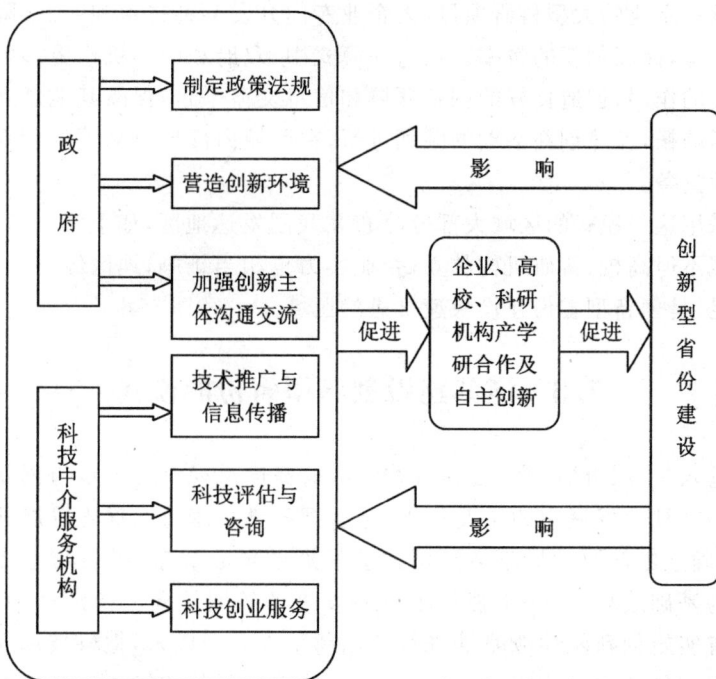

图 7.4　政府和科技中介服务机构同创新型省份协调发展机制

7.5　多元网络型创新型省份建设模式分析

当一个省份内部的经济和科技实力都非常强势时,通常会采用价值网络型的建设模式。在这一模式当中,以企业为核心的创新主体都能够发挥各自的最大效用,整个区域内部成了一个开放的、相互交流的网络平台,信息、资源等所有要素都能够在当中得到共享。[①] 这一模式以实现利益最大化和价值的增值为核心目的,进行大量的创新活动,能够极大地推动创新型省份的建设。在创新活动的过程中,企业主要是以实际应用的技术、产品创新为主,为生产应用性的创新,而高校和科研机构更多的则是进行基础理论研究和根本性的创新,保证了创新过程中知识的更新速度,并为企业的应用性创新提供一定的理论基础。同时,高校和科研机构

---

① 刘义、聂鸣:《价值网络型区域创新系统的建设过程研究》,《科技进步与对策》,2007 年第 24 期。

也会承担企业的大型科研项目，为企业专门开发某种技术和产品，降低企业的成本，提高创新的效率。在这一模式中，政府和中介机构更多的是起到服务的作用，创造良好的创新环境和信息交流平台，保障其他创新主体的沟通顺畅，保障创新活动的顺利进行，在区域内部形成完整的创新网络和产业链条。

采用这一模式的区域大部分分布在我国发达地区，如上海、北京。这些区域不但高校、科研机构林立，企业实力也相当雄厚，地区经济发达，资源充足，是创新型省份建设快速推进的区域。

7.6 江苏建设创新型省份的模式

进入"十二五"以来，江苏省委省政府高度重视科技进步与创新在江苏省经济社会发展中的重要作用，坚持把科学技术放在优先发展的战略位置，确立创新驱动战略为经济社会发展的核心战略、科教与人才强省战略为基础战略，进一步强化了创新发展的鲜明导向。特别是2011年江苏省实施创新驱动战略推进科技创新工程大会以来，把科技创新工程作为实施创新驱动战略的主抓手，有力地促进了科技第一生产力的大发展大解放，经过江苏省上下的共同努力，创新型省份建设取得新的重要进展。

基于江苏省目前经济发展和创新活动现状，在综合分析后得出江苏创新型省份建设的总体战略"以自主技术创新、完善知识产权战略为核心，以国际化、多元化、信息化一体发展战略和产学研密切合作、拓宽创新领域发展战略为两翼，逐步加强战略性新兴产业技术创新主体地位"的指引下，多元网络型建设模式是适合江苏省创新型省份建设的模式，如图7.5所示。

首先，企业一方面要重视自主创新能力的提升；另一方面应注重引进，尤其是同江苏区域内其他创新主体的互动，积极探索多层次、多形式的产学研合作方式，充分利用区域内的各项资源来弥补企业科技资源的不足，带动企业创新能力的提高。企业开展产学研合作方式主要是通过企业牵头、高校和科研机构参与来共同建设产学研研发机构，实现创新要素和生产要素在产业层面的有机对接。引导产学研各方围绕产业技术创新需求重点打造产业链，建立各类产业技术创新和产业发展联盟。

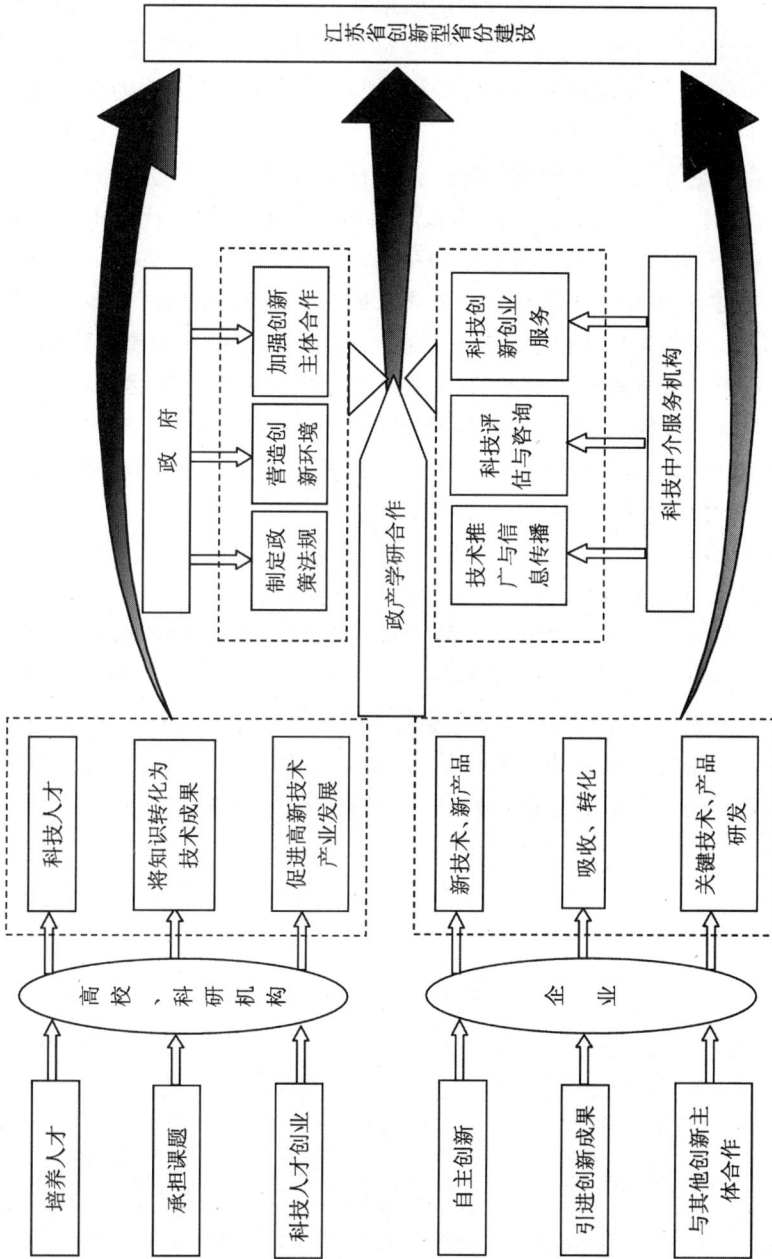

图 7.5 江苏省创新型省份建设的多元网络型建设模式

其次,高等院校和科研机构在创新型省份的建设过程中,主要是要将其科教资源真正转变为经济优势、增强企业创新能力。江苏省高校林立、科研院所众多,可以通过培养人才、承担课题和支持科研人才创业等途径来为企业提供大量的科研创新人才,并将知识转化为技术成果,促进高新技术产业的发展,这样才能够发挥高校和科研机构的自身优势和特点,来促进创新型省份的建设。同时,高校和科研机构在产学研合作中也要加强合作意识,增加同其他创新主体的互动。

再次,科技中介机构是科技服务体系的主要力量,是创新主体的重要成员之一。加快发展科技中介机构,对于促进江苏省创新型省份建设,加速高新技术产业化进程具有重要意义。要着眼创新型省份建设,通过技术推广与信息传播、科技评估与咨询和科技创业服务等方式来为江苏企业、高校和科研机构的产学研合作提供良好的服务保障,帮助产学研项目顺利开展,并以此来推动创新型省份的建设。

最后,政府应注重创新环境的建设,明确职责,集成资源,协同推进科技创新工作,并加强对地方推进科技创新的督促指导。江苏省政府通过颁布相关的政策法规来规范和支持区域内的创新活动的开展;同时要营造良好的创新环境,为创新主体的交流和互动,以及创新活动的开展和创新氛围的形成提供良好的基础;还需要加强各创新主体之间的交流,实现资源的快速流转和知识的顺利传播,加强各创新主体之间的合作。政府还要培育有利于创新的知识产权文化,提升知识产权创造、运用、保护和管理能力,才能促进创新型省份的建设和发展。

第 8 章

江苏创新型省份建设的进程评价

　　综合评价是指通过一定的模型将多个评价指标值"合成"为一个整体性的评价值的过程。本章运用相适应的评价方法,通过构建创新型省份建设评价指标体系,将江苏置于国内先进甚至国际平台进行创新型省份的综合评价。采用修正的创新型省份建设评价指标体系对江苏 13 个市的创新型城市建设进行综合评价。同时,基于苏南、苏北、苏中比较视角,应用数据包络分析方法对江苏区域创新绩效进行对比研究,进一步明确江苏创新型省份建设的水平和存在问题。

8.1　创新型省份建设评价的目的和对象

　　通过对创新型省份建设的省际比较,明确江苏创新型省份建设在创新环境、创新投入、创新产出和综合绩效评价的国内地位的基础上,找到江苏创新型省份建设和创新型城市建设的不足,从而为研究江苏创新型省份建设的路径奠定坚实的基础。

　　本章综合评价的对象主要针对创新型省份建设。创新型省份建设评价主要在全国 31 个省(直辖市、自治区),立足于与先进省市的横向比较,分析江苏创新型省份建设的差距。创新型城市建设的评价主要是对江苏省 13 个地级市之间进行的横向比较(见专题分析三)。

8.2 创新型省份建设评价指标体系的构建

8.2.1 评价指标选取的原则

(1) 科学性原则

在指标的选取中,充分考虑统计的科学性,保证各指标之间的相对独立性和较强的相关性,既避免它们互相重叠,又避免指标评价结果相互抵消,并保证评价结果的可比性和开放性,使评价结果既能够反映江苏省创新和发展水平,又能够保证各发展阶段之间的衔接。

(2) 综合性原则

由于创新型省份建设的影响因素众多,因此如果将所有指标均纳入评价体系,必然导致评价过程复杂晦涩难以实施。因此,为了简化问题、突出重点,本研究利用统计学方法对因素的细分指标进行了简化,只选取那些与创新型省份建设相关性较强的指标,或将影响某方面的一系列指标综合成一个或几个指标,从而达到简化评估过程、提高效率的目的。

(3) 操作性原则

针对创新型省份评价体系中难以量化的指标,尽量采用间接指标,从多种角度加以衡量。同时,为了能够使评价更加客观准确,尽量选取那些能够量化的统计指标,以减少主观因素的干扰。

(4) 导向性原则

不同省份建设创新型省份所选的道路不尽相同,本研究在构建评价指标体系的同时,重点考虑了我国不同省份发展的特殊背景和所处发展阶段,在选取的指标中较多关注了对科技创新能力和可持续发展水平的评价,以期对我国创新型省份建设发挥导向性作用。

8.2.2 评价指标体系的构建

(1) 评价指标体系构建的程序

首先进行数据、资料的收集;然后把经过初步拟订的评价指标作为基本认可的指标,并咨询有关专家;最后确定创新型省份建设的综合评价指标体系。评价指标体系构建的程序如图 8.1 所示。

```
┌─────────────┐
│   开 始      │
└─────────────┘
       │
       ▼
┌─────────────┐
│ 收集数据、资料 │
└─────────────┘
       │
┌──────────┐  ▼
│ 理论分析  │──→ ┌─────────────┐
└──────────┘    │ 评价指标的初步拟订 │
                └─────────────┘
                       │
                       ▼
                ┌─────────────┐     ┌──────┐
                │ 确定评价指标  │ ⇄   │ 专   │
                └─────────────┘     │ 家   │
                       │            │ 咨   │
                       ▼            │ 询   │
                ┌─────────────┐ ⇄   │      │
                │ 建立评价指标体系 │     └──────┘
                └─────────────┘
                       │
                       ▼
                ┌─────────────┐
                │   结 束      │
                └─────────────┘
```

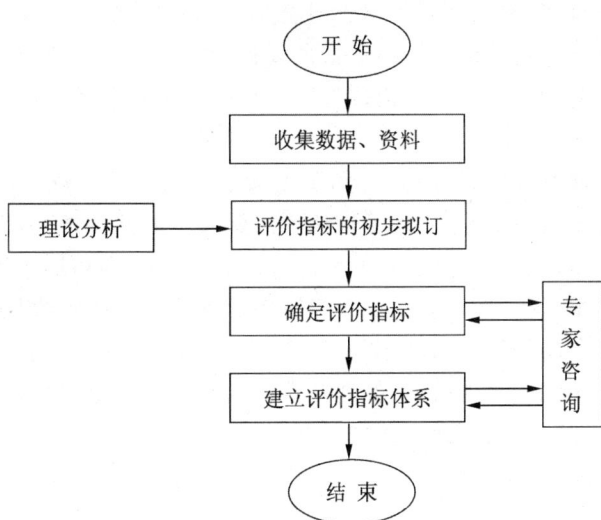

图 8.1 评价指标体系构建的程序

(2) 评价指标体系构建的理论依据

区域创新体系是由政府、高校和科研院所、企业等创新主体组成的网络系统。创新环境、创新主体、创新资源和创新机制四个相互关联、相互协调的主要成分构成了整个区域创新体系。推动创新型省份建设,应该充分发挥区域创新体系在促进各类创新主体密切合作和积极互动、合理配置资源、完善区域创新环境和创新机制等方面的重要作用。本书以此为基础,将创新型省份建设评价指标体系分为创新环境、创新投入、创新产出、创新综合绩效等相互关联相互协调 4 个部分。

创新型省份建设的创新环境指标主要是用以衡量创新必不可少的社会经济环境。这一部分指标主要从该省的市场环境、金融环境、教育与信息环境和文化环境等 4 个方面进行评价。

市场环境可以通过对外技术依存度来度量。对外技术依存度是目前国际上通用的反映一个国家或地区经济技术对外依赖程度的指标。如果该省的对外技术依存度长期保持在较高水平而没有下降的趋势,则会对其经济科技的发展产生负面影响。因为重要生产领域的关键技术或核心技术是无法买来的,应主要靠自主创新获得。此外,外商投资额也能从一定程度上反映一个地区的创新环境是否优越,所以我们同样选用外商直接投资额占 GDP 比重来反映该地区的市场环境。

金融环境影响科技创新资金的筹措。金融环境是创新型省份建设的重要后备力量,资本的充足率和企业融资量反映了银行存入和贷出的整体水平。故这里选取金融机构贷款余额和大中型工业企业技术开发获得贷款额作为金融环境的评价指标来反映整个社会的金融环境和企业的贷款环境的优劣。

良好的教育与信息环境,有利于创新活动的进行。教育环境反映了教育各层次的整体情况,体现了创新所需要人才的储备情况,是科技人力资源投入的基础。教育环境主要用高等教育毛入学率指标来反映。高等教育毛入学率是指 18~22 周岁人口中接受高等教育的人数比重(包括普通高等教育和高等职业技术教育)。信息环境是科技创新活动实施和技术扩散所依托的手段支持,是各种要素得以流动的重要媒介,主要用每万人拥有国际互联网用户数指标来反映。

文化环境对创新型省份建设具有支撑作用。观念、制度和管理的创新都与文化创新密切相关。可选取的指标有:每万人拥有公共图书馆藏书量和人均科普经费投入。它们是衡量文化环境优劣程度的重要指标。

创新投入主要包括创新人才投入和创新资金投入。创新人才投入是创新活动的关键。创新人才就是高校、科研院所的具有创新能力的高质量知识劳动者,包括参与创新活动的科技活动人员、参与 R&D 的科学家和工程师等人才。创新资金投入,包括政府和企业对创新活动的经费投入与支持,是创新的前提和基础。我们之所以设计企业的创新指标,是因为企业在整个社会的创新活动中占有十分关键的地位,而企业技术创新是创新型省份建设的核心,创新型省份建设的创新动力指标的设计必须包括企业才比较完备。

一方面,我们选取科技活动人员数、万人口科技活动人员、科技活动人员占从业人员比重、企业科技活动人员数占全社会科技活动人员比重等四个指标来衡量全社会包括企业的创新人才,这 4 个指标的特点是绝对指标与相对指标相结合,可比性较强,很具有代表性。

另一方面,我们选用了 R&D 经费支出额、企业 R&D 经费支出、全社会 R&D 支出占 GDP 比重来反映全社会创新财力投入。全社会 R&D 投入占 GDP 比重的指标是目前国际上衡量创新投入最通用的指标。对于创新的财力投入其他指标的选用,考虑到目前我国大部分省份研发投入的总比例较低,政府的直接投入能有效引导其他创新主体的投入,因此我们加入了地方财政科技拨款、地方财政性教育经费支出占财政支出比重、地方财政科技拨款占地方财政支出的比重等三个指标反映一定时期政府财政政策的倾斜度。以上指标从投入总量、投入结构、投入强度反映了创新资金的投入情况,代表性较强。

创新型省份建设必然体现在创新产出上。我们从创新的过程链分析,将创新产出分为物质产出和知识创新产出两个方面。

物质产出指各产业对整个经济的物质贡献,主要体现在产值、增加值率、出口额等几个方面;而高技术产业在创新型省份建设中的作用和地位十分重要。基于这种认识,我们选用了高新技术产业规模以上企业产值、高新技术产业规模以上企业增加值率、高新技术企业产品出口额等三个指标反映创新性的物质产出。

知识产出是科技创新直接产生的专利、文献、新产品、标准等具有知识含量的成果。知识创新最直接的产出就是发表的论文数,经过知识应用延伸到合作的项目上。为了便于数据的采集,我们选用了每万人国内中文期刊科技论文总数来评价知识创新产出水平。技术创新的主体是企业,反映企业创新产出的重要指标有发明专利的受理量、发明专利的授权数,这是企业可持续发展的源泉。为了增强指标的可比性,我们加入了发明专利占专利授权数的比重这个指标。此外,获国家级自然科学、技术发明、科技进步奖项目数也是反映创新型省份建设的重要的技术成果指标。

创新型省份建设最终还应体现在创新综合绩效上,主要体现在成果转化、产业结构优化和经济发展方式转变等三个方面。

成果转化及其市场化、产业化是衡量区域创新能力的一个重要标志,主要可由科技成果转化率和技术市场成交合同金额这两个指标来体现。

技术进步还将促进产业结构的发展和优化。发展第三产业是产业结构向高度化发展的内在要求,因此我们选取第三产业增加值占 GDP 比重这个重要指标来反映区域产业结构的优化升级情况。此外,高技术产业和知识型服务业在产业结构中占有重要地位,产业结构调整也倾向于使其他行业向这两类行业转变。高技术产业在整个工业中的作用和知识型服务业在第三产业中的地位十分关键,基于这种认识,我们选用了规模以上工业企业增加值中高技术产业份额、知识型服务业增加值占第三产业增加值比重这两个指标来反映该省份的产业结构的合理化程度。

产业结构的优化必然会促进经济发展方式的转变,而衡量经济发展方式转变的一个重要指标是科技进步贡献率,它反映的是除资本和劳动以外的其他要素对经济发展的贡献。同时,经济的增长不能仅依赖初级要素来驱动,因此我们在指标设计时选用了万元 GDP 综合能耗这个逆向指标。此外,我们还可用工业固体废物综合利用率来反映经济发展方式的转变情况。

（3）评价指标体系的构成

依据创新型省份的相关理论,同时参考国内外学者设计的创新型省份建设的评价指标体系,本研究从创新环境、创新投入、创新产出、创新综合绩效等四个方面构建了创新型省份建设的评价指标体系。

创新环境是指创新活动顺利、高效开展所需的硬条件和软环境,为科技创新能力的建设和发展提供了支撑。创新投入是指创新活动主要依靠人才和财力来推动,人才和财力是推动创新的两个车轮。创新产出是指知识和技术创新的直接实绩,而科技创新综合绩效是指其对经济社会发展产生的间接实绩。它们之间互相影响,互相作用,其中创新投入作为创新型省份建设评价的基础,创新环境为该地区创新能力的提升提供支持,而创新产出和创新综合绩效是反映创新能力最直接的因素,是创新能力最终的反映变量。

具体的评价指标体系如表 8.1 所示。

表 8.1　创新型省份建设评价指标体系

一级指标	二级指标	三级指标
创新环境	市场环境	对外技术依存度（%）
		外商直接投资额占 GDP 比重（%）
	金融环境	金融机构贷款余额（亿元）
		大中型工业企业技术开发获得贷款额（亿元）
	教育与信息环境	高等教育毛入学率（%）
		每万人拥有国际互联网用户数（户/万人）
	文化环境	每万人拥有公共图书馆藏书量（册、件/万人）
		人均科普经费投入（元/人）
创新投入	创新人才投入	科技活动人员数（万人）
		万人口科技活动人员（人/万人）
		科技活动人员占从业人员比重（%）
		企业科技活动人员数占全社会科技活动人员比重（%）

一级指标	二级指标	三级指标
创新产出	创新资金投入	R&D 经费支出额(亿元)
		地方财政科技拨款(亿元)
		企业 R&D 经费支出(亿元)
		全社会 R&D 经费支出占 GDP 比重(%)
		地方财政性教育经费支出占财政支出比重(%)
		地方财政科技拨款占地方财政支出的比重(%)
	物质产出	高新技术产业规模以上企业产值(亿元)
		高新技术产业规模以上企业增加值率(%)
		高新技术企业产品出口额(亿美元)
	知识产出	发明专利的受理量(件)
		发明专利占专利授权数的比重(%)
		每万人国内中文期刊科技论文总数(篇/万人)
		获国家级自然科学、技术发明、科技进步奖项目数(项)
创新综合绩效	成果转化	科技成果转化率(%)
		技术市场成交合同金额(亿元)
	产业结构优化	第三产业增加值占 GDP 比重(%)
		规模以上工业企业增加值中高技术产业份额(%)
		知识型服务业增加值占第三产业增加值比重(%)
	经济发展方式	科技进步贡献率(%)
		工业固体废物综合利用率(%)
		万元 GDP 综合能耗(吨标准煤/万元)

8.3 创新型省份建设评价方法的选择

创新型省份建设评价系多指标综合评价的问题,这些指标之间常常存在很强的相关性,使得研究工作复杂化。应用较为普遍的多指标综合评价方法主要有:专家评价法、层次分析法、综合指数法、主成分分析法、因子分析法、模糊综合评价法等。这些方法各有特点,但总体上可以分为两类:主观赋权法和客观赋权法。前者大多采用对相关领域专业人士综合咨询评分,经过进一步数值处理,对无量纲后的数据进行综合,如专家评价法、层次分析法、模糊综合评判法等;后者则依据各指标间的相关关系或各指标值的变异程度,通过计量经济的处理方法来确定权数,如主成分分析法、因子分析法等。下面简要介绍两种在创新型省份建设评价领域常用的方法。

8.3.1 主观赋权法

主观赋权法主要依靠专业人士从不同角度对研究对象进行打分,往往存在主观因素对评价结果的影响;客观赋权法避免了人为因素带来的偏差,因此,本研究主要采用了客观赋权法中的主成分分析法对创新型省份建设进行综合评价。首先对原始数据进行标准化处理,然后在此基础上运用主成分分析法对剩余指标进行提炼,选择对各综合变量影响程度最为显著的若干个主成分指标,作为评价的基础进行综合评价,得到创新型省份建设水平的评价值。

8.3.2 主成分分析法

主成分分析(Principal Component Analysis, PCA)是研究如何将多指标问题转化为较少的综合指标的一种重要统计方法,它能将高维空间的问题转化到低维空间去处理,使问题变得比较简单、直观,而且这些较少的综合指标之间互不相关,又能提供原有指标的绝大部分信息。主成分分析除了降低多变量数据系统的维度以外,同时还简化了变量系统的统计数字特征。主成分分析在对多变量数据系统进行最佳简化的同时,还可以提供许多重要的系统信息,例如数据点的重心位置(或称为平均水平),数据变异的最大方向,群点的散布范围等。

主成分分析作为最重要的多元统计方法之一,在社会经济、企业管理及地质、生化等各领域都有其用武之地,如在综合评价、过程控制与诊断、数据压缩、信号处理、模式识别等方面获得广泛的应用。主成分分析的实质在于其分析计算过程中完成了以下三方面工作,即消除了原始变量间的相关影响、确定了评价综合时所需的权重、减少了综合评价的指标维数。通过主成分分析,将原来相关的各原始变量变换成为相互独立的主成分,进而对这些主成分进行综合评价,这就消除了由于指标间相关而在评价时反映的重复信息。其次,主成分综合评价的权重主要是信息权重,是从评价指标包含被评价对象分辨信息多少来确定的一种权数。评价指标是用来区分各被评价对象的,如果指标所含分辨信息量比较丰富,则该指标的区分能力较强;反之,某项指标数值无助于区分各评价对象,则其权数应设为零。因此,信息权数的确定原则是:某项指标在各被评价对象间数值的离差越大,则该指标分辨信息越多,其权数也应越大;反之,离差越少,指标权数也就应该越小。因此,该权重的获得相对其他评价方法的优点就是更具客观性。最后,通过主成分分析,所取主成分个数是小于指标个数的,评价对象个数的减少,不但方便了综合评价,也简化了计算。

8.4 江苏创新型省份建设实证分析

8.4.1 评价指标的确定

本研究在实际的综合评价活动中,并非是评价指标越多越好,也并非越少越好,关键是在于评价指标在评价中起的作用的大小。一般应尽量用少的"主要"评价指标用于实际评价。但在初步建立的评价指标集合中,也可能存在一些"次要"的评价指标,这就需要按某种原则进行筛选,分清主次,组成合理的评价指标集。结合数据的可获得性,本研究从表 8.1 所示的评价指标体系中选取下列核心指标作为实证评价的指标体系。

(1)创新环境指标

创新环境指标可以分为金融、教育、信息、文化等方面的指标。即 D_1:金融机构贷款余额(亿元);D_2:每十万人教育程度达到大专以上(人/十万人)(由于高等教育毛入学率指标省级数据较难获得,因此使用每十万人教育程度达到大专以上指标代替);D_3:每万人拥有国际互联网用户数(户/万人);D_4:每万人拥有公共图书馆藏书量(册、件/万人)。

(2)创新投入指标

创新投入主要包括创新人才投入和创新资金投入两个方面。

创新人才指标主要有,D_5:科学家工程师(万人);D_6:万人口科技活动人员(人/万人);D_7:科技活动人员占从业人员比重(%)。

创新资金指标主要有，D_8：R&D 经费支出额（亿元）；D_9：地方财政科技拨款（亿元）；D_{10}：全社会 R&D 经费支出占 GDP 比重（％）；D_{11}：地方财政性教育经费支出占财政支出比重（％）；D_{12}：地方财政科技拨款占地方财政支出的比重（％）。

（3）创新产出指标

创新产出包括物质层面的产出和知识产权层面的产出。

物质层面的产出指标主要有，D_{13}：高新技术产业规模以上企业产值（亿元）；D_{14}：高新技术产业规模以上企业增加值率（％）；D_{15}：高新技术企业产品出口额（亿美元）。

知识产权层面的产出指标主要有，D_{16}：发明专利的受理量（件）；D_{17}：发明专利占专利授权数的比重（％）；D_{18}：每万人国内中文期刊科技论文总数（篇/万人）。

（4）创新综合绩效指标

创新综合绩效指标主要包括成果转化、产业结构优化、经济发展方式转变等方面的指标。这主要有，D_{19}：技术市场成交合同金额（亿元）；D_{20}：第三产业增加值占 GDP 比重（％）；D_{21}：规模以上工业企业增加值中高技术产业份额（％）；D_{22}：工业固体废物综合利用率（％）；D_{23}：万元 GDP 综合能耗（吨标准煤/万元）。

8.4.2 评价指标权重设定

（1）建立江苏创新型省份建设评价判断矩阵

① 层次分析法

层次分析法（The Analytic Hierarchy Process，简称 AHP），通过分析复杂系统所包含的因素及相关关系，构造一个层次分析结构模型，将每一层次的各要素两两比较，按照一定的标度理论，得到相对重要程度的比较标度并建立判断矩阵；计算判断矩阵的最大特征值及其特征向量，得到各层次要素对上层次各要素的重要次序，从而建立权重向量。它将人的主观判断用数量形式表达和处理，原理比较简单，有较严格的数学依据，广泛应用于复杂系统的分析与决策。其主要步骤如下：

首先，根据标度理论，建立两两比较判断矩阵。表 8.2 为分级比例标度表。

表 8.2　分级比例标度参考

标　度	含　义
1	表示两个元素相比,具有同样重要性
3	表示两个元素相比,前者比后者稍重要
5	表示两个元素相比,前者比后者明显重要
7	表示两个元素相比,前者比后者强烈重要
9	表示两个元素相比,前者比后者极端重要
2,4,6,8	表示上述相邻判断的中间值
倒数	若元素 i 与元素 j 的重要性之比为 a_{ij},那么元素 j 与元素 i 重要性之比为 $a_{ji}=\dfrac{1}{a_{ij}}$

在递阶层次结构中,n 个元素之间相对重要性的比较得到一个两两比较判断矩阵

$$A=(a_{ij})_{n\times n} \tag{8-1}$$

其中,a_{ij} 是元素 u_i 和 u_j 相对于 C 的重要性的比例标度,且 $a_{ij}>0$,$a_{ij}=\dfrac{1}{a_{ij}}$,$a_{ij}=1$,若判断矩阵 A 的所有元素满足 $a_{ij}a_{jk}=a_{ik}$,则称 A 为一致性矩阵。

其次,计算相对权重。根据判断矩阵,利用线性代数知识,精确地求出 A 的最大特征值所对应的特征向量。所求特征向量即为各评估因素的重要性排序,归一化处理后,也就得到各个评估因素的权重分配了。

$$A\theta=\lambda_{\max}\theta \tag{8-2}$$

式(8-2)中,$\lambda_{\max}$ 是 A 的最大特征根,θ 是相应的特征向量,所得到的 θ 经归一化后就可作为权重向量 $\theta=(\theta_1,\theta_2,\theta_3,\cdots\theta_n)$。

最后,对所得结果做一致性检验。由于客观事物的复杂性或对事物认识的片面性,因而通过所构造的判断矩阵求出的特征向量(权值)是否合理,需要对判断矩阵进行一致性和随机性检验,检验公式为:$CR=\dfrac{CI}{RI}$。式中,CR 为判断矩阵的随机一致性比率;CI 为判断矩阵一致性指标;RI 为判断矩阵的平均随机一致性指标。其中,

$$CI=\frac{\lambda\max-n}{n-1} \tag{8-3}$$

当 $C.R.<0.1$ 时,可接受一致性检验,否则对 A 进行修正。

② 建立判断矩阵

邀请高等院校、省科技厅以及省统计局三个部门,共十位专家,发放指标体系表,并请专家们就指标间的重要性评分。综合专家的意见,获得各类指标权重,如表 8.3、表 8.4、表 8.5、表 8.6、表 8.7、表 8.8、表 8.9、表 8.10、表 8.11、表 8.12、表 8.13 所示。表中各符号表示的含义见表 8.14。

表 8.3　判断矩阵 A—B

A	B_1	B_2	B_3	B_4	权重
B_1	1	1/2	1/3	1/4	0.095
B_2		1	1/2	1/3	0.160
B_3			1	1/2	0.278
B_4				1	0.467

$\lambda_{max} = 4.031, CI = 0.01, RI = 0.9, CR = 0.011 < 0.10$,一致性检验通过。

表 8.4　判断矩阵 B_1—C

B_1	C_1	C_2	C_3	C_4	权重
C_1	1	2	3	4	0.467
C_2		1	2	3	0.278
C_3			1	2	0.160
C_4				1	0.095

$\lambda_{max} = 4.031, CI = 0.01, RI = 0.9, CR = 0.011 < 0.10$,一致性检验通过。

表 8.5　判断矩阵 B_2—C

B_2	C_5	C_6	权重
C_5	1	1	0.5
C_6		1	0.5

$\lambda_{max} = 2, CI = 0, RI = 0, CR = 0 < 0.10$,一致性检验通过。

表 8.6　判断矩阵 B_3—C

B_3	C_7	C_8	权重
C_7	1	2	0.667
C_8		1	0.333

$\lambda_{max} = 2, CI = 0, RI = 0, CR = 0 < 0.10$,一致性检验通过。

表 8.7 判断矩阵 $B_4 - C$

B_4	C_9	C_{10}	C_{11}	权重
C_9	1	1/2	1/4	0.143
C_{10}		1	1/2	0.286
C_{11}			1	0.571

$\lambda_{max} = 3, CI = 0, RI = 0.58, CR = 0 < 0.10$，一致性检验通过。

表 8.8 判断矩阵 $C_5 - D$

C_5	D_5	D_6	D_7	权重
D_5	1	1/4	1/2	0.143
D_6		1	2	0.571
D_7			1	0.286

$\lambda_{max} = 3, CI = 0, RI = 0.58, CR = 0 < 0.10$，一致性检验通过。

表 8.9 判断矩阵 $C_6 - D$

C_6	D_8	D_9	D_{10}	D_{11}	D_{12}	权重
D_8	1	2	1/5	1/2	1/3	0.091
D_9		1	1/6	1/3	1/4	0.058
D_{10}			1	3	2	0.440
D_{11}				1	1/2	0.156
D_{12}					1	0.256

$\lambda_{max} = 5.046, CI = 0.012, RI = 1.120, CR = 0.011 < 0.10$，一致性检验通过。

表 8.10 判断矩阵 $C_7 - D$

C_7	D_{13}	D_{14}	D_{15}	权重
D_{13}	1	1/3	1/2	0.163
D_{14}		1	2	0.540
D_{15}			1	0.297

$\lambda_{max} = 3.009, CI = 0.005, RI = 0.58, CR = 0.009 < 0.10$，一致性检验通过。

表 8.11 判断矩阵 $C_8 - D$

C_8	D_{16}	D_{17}	D_{18}	权重
D_{16}	1	1/3	2	0.249
D_{17}		1	3	0.594
D_{18}			1	0.157

$\lambda_{max} = 3.054, CI = 0.027, RI = 0.580, CR = 0.047 < 0.10$,一致性检验通过。

表 8.12 判断矩阵 $C_{10} - D$

C_{10}	D_{20}	D_{21}	权重
D_{20}	1	1/4	0.2
D_{21}		1	0.8

$\lambda_{max} = 2, CI = 0, RI = 0, CR = 0 < 0.10$,一致性检验通过。

表 8.13 判断矩阵 $C_{11} - D$

C_{11}	D_{22}	D_{23}	权重
D_{22}	1	1/3	0.25
D_{23}		1	0.75

$\lambda_{max} = 2, CI = 0, RI = 0, CR = 0 < 0.10$,一致性检验通过。

(2) 确定创新型省份建设评价指标权重

综合以上指标权重,将其与指标体系整合在一张表中,得到创新型省份建设指标及权重,如表 8.14 所示。表中共分三级指标。

表 8.14 创新型省份建设评价指标及权重一览

一级指标		权重	二级指标	权重	三级指标	权重	总权重
创新型省份建设综合评价(A)	创新环境(B_1)	0.095	金融环境(C_1)	0.467	金融机构贷款余额(D_1)	1	0.044
			教育环境(C_2)	0.278	每十万人教育程度达到大专以上(D_2)	1	0.026
			信息环境(C_3)	0.160	每万人拥有国际互联网用户数(D_3)	1	0.015
			文化环境(C_4)	0.095	每万人拥有公共图书馆藏书量(D_4)	1	0.009

一级指标	权重	二级指标	权重	三级指标	权重	总权重
创新型省份建设综合评价（A）		创新投入（B₂）	0.16	创新人才投入（C₅）	0.5	科学家工程师（D₅）	0.143	0.011

一级指标	权重	二级指标	权重	三级指标	权重	总权重
创新型省份建设综合评价（A）		创新投入（B₂）	0.16	创新人才投入（C₅）	0.5	科学家工程师（D₅）	0.143	0.011
						万人口科技活动人员（D₆）	0.571	0.046
						科技活动人员占从业人员比重（D₇）	0.286	0.023
				创新资金投入（C₆）	0.5	R&D 经费支出额（D₈）	0.091	0.007
						地方财政科技拨款（D₉）	0.058	0.005
						全社会 R&D 经费支出占 GDP 比重（D₁₀）	0.440	0.035
						地方财政性教育经费支出占财政支出比重（D₁₁）	0.156	0.012
						地方财政科技拨款占地方财政支出的比重（D₁₂）	0.256	0.020
		创新产出（B₃）	0.278	物质产出（C₇）	0.667	高新技术产业规模以上企业产值（D₁₃）	0.163	0.030
						高新技术产业规模以上企业增加值率（D₁₄）	0.540	0.100
						高新技术企业产品出口额（D₁₅）	0.297	0.055
				知识产出（C₈）	0.333	发明专利的受理量（D₁₆）	0.249	0.023
						发明专利占专利授权数的比重（D₁₇）	0.594	0.055
						每万人国内中文期刊科技论文总数（D₁₈）	0.157	0.015
		创新综合绩效（B₄）	0.467	成果转化（C₉）	0.143	技术市场成交合同金额（D₁₉）	1	0.067
				产业结构优化（C₁₀）	0.286	第三产业增加值占 GDP 比重（D₂₀）	0.2	0.027
						规模以上工业企业增加值中高技术产业份额（D₂₁）	0.8	0.107
				经济发展方式（C₁₁）	0.571	工业固体废物综合利用率（D₂₂）	0.25	0.067
						万元 GDP 综合能耗（D₂₃）	0.75	0.200

8.4.3 实证分析

影响创新型省份建设的因素很多，为反映各因素对江苏创新型省份建设的影响程度，本研究主要考虑创新环境、创新投入、创新产出、创新综合绩效等几个方面因素，运用层次分析法并通过江苏创新型省份建设与全国其他省（市）的对比，对江苏创新型省份建设进行分析。

(1) 江苏创新型省份建设的创新环境横向比较

① 原始数据及其标准化

江苏及全国其他省市创新型省份建设环境评价指标原始数据如表 8.15 所示。首先，对表 8.15 中原始数据做标准化处理，$x_i' = \dfrac{x_i - \min x}{\max x - \min x}$，标准化后指标值在 0～1 之间，得到表 8.16。

表 8.15　全国各省（市）创新环境指标原始数据

指标\省（市）	D_1 金融机构贷款余额（亿元）	D_2 每十万人教育程度达到大专以上（人/十万人）	D_3 每万人拥有国际互联网用户数（户/万人）	D_4 每万人拥有公共图书馆藏书量（册、件/万人）
北京	36 479.60	37 350.28	6 284.90	10 067.41
天津	13 774.10	22 845.64	4 592.24	10 396.79
河北	15 948.90	5 787.55	2 618.56	2 654.58
山西	9 728.70	9 535.72	3 104.43	4 048.71
内蒙古	7 992.60	12 062.46	2 374.00	4 858.78
辽宁	19 622.00	18 499.91	3 692.98	7 907.48
吉林	7 279.60	8 968.30	2 650.07	6 215.68
黑龙江	7 390.60	10 105.20	2 383.69	4 755.00
上海	34 154.20	23 074.50	6 095.78	30 256.82
江苏	44 180.20	13 454.93	3 579.29	8 194.10
浙江	46 938.50	14 954.37	4 733.59	9 757.79
安徽	11 737.80	10 254.35	1 743.60	3 781.58
福建	15 920.80	7 818.60	4 491.32	7 721.50
江西	7 843.30	8 285.78	1 782.43	4 046.25

指标 省(市)	D₁ 金融机构贷款 余额(亿元)	D₂ 每十万人教育 程度达到大专 以上(人/十万人)	D₃ 每万人拥有国 际互联网用户 数(户/万人)	D₄ 每万人拥有公共 图书馆藏书量 (册、件/万人)
山东	32 536.30	9 767.70	2 923.88	4 375.09
河南	16 006.50	6 660.00	2 115.53	2 399.77
湖北	14 609.70	12 223.72	2 568.18	4 362.68
湖南	11 521.70	7 336.74	2 194.82	3 803.00
广东	51 799.30	9 761.88	5 042.54	6 199.02
广西	8 979.90	6 482.87	2 121.09	4 542.29
海南	2 509.70	10 246.57	2 823.85	10 128.34
重庆	10 999.90	9 974.40	2 808.67	5 167.80
四川	19 485.70	9 915.54	1 997.56	4 163.84
贵州	5 771.70	6 565.80	1 508.69	3 982.04
云南	10 706.00	6 769.78	1 846.42	4 033.79
西藏	301.80	4 245.28	1 827.40	2 228.92
陕西	10 222.20	10 676.16	2 637.86	3 729.34
甘肃	4 576.70	8 901.93	2 030.01	4 704.05
青海	1 832.80	9 583.14	2 763.32	6 620.83
宁夏	2 419.90	9 111.06	2 255.28	8 228.43
新疆	5 211.40	13 435.84	2 937.05	5 924.44

资料来源:《中国统计年鉴 2013》《中国高技术产业统计年鉴 2012》及各省统计年鉴、国家统计局网站和国家科技部网站。

注:① 每十万人教育程度达到大专以上为 2009 年数据,金融机构贷款余额为 2010 年数据。

② 除特别说明,以上均为 2012 年数据。

表 8.16　全国各省(市)创新环境指标标准化数据

指标 省(市)	D_1	D_2	D_3	D_4
北京	0.702 5	1.000 0	1.000 0	0.279 7
天津	0.261 6	0.561 9	0.645 6	0.291 4
河北	0.303 8	0.046 6	0.232 4	0.015 2
山西	0.183 1	0.159 8	0.334 1	0.064 9
内蒙古	0.149 3	0.236 1	0.181 2	0.093 8
辽宁	0.375 2	0.430 6	0.457 3	0.202 6
吉林	0.135 5	0.142 7	0.239 0	0.142 2
黑龙江	0.137 7	0.177 0	0.183 2	0.090 1
上海	0.657 4	0.568 8	0.960 4	1.000 0
江苏	0.852 0	0.278 2	0.433 5	0.212 8
浙江	0.905 6	0.323 5	0.675 2	0.268 6
安徽	0.222 1	0.181 5	0.049 2	0.055 4
福建	0.303 3	0.107 9	0.624 5	0.196 0
江西	0.146 4	0.122 1	0.057 7	0.064 8
山东	0.625 9	0.166 8	0.296 3	0.076 6
河南	0.305 0	0.072 9	0.127 1	0.006 1
湖北	0.277 8	0.241 0	0.221 8	0.076 1
湖南	0.217 9	0.093 4	0.143 7	0.056 2
广东	1.000 0	0.166 6	0.739 9	0.141 6
广西	0.168 5	0.067 6	0.128 2	0.082 5
海南	0.042 9	0.181 3	0.275 4	0.281 8
重庆	0.207 7	0.173 1	0.272 2	0.104 9
四川	0.372 5	0.171 3	0.102 4	0.069 0
贵州	0.106 2	0.070 1	0.000 0	0.062 5
云南	0.202 0	0.076 3	0.070 7	0.064 4
西藏	0.000 0	0.000 0	0.066 7	0.000 0
陕西	0.192 6	0.194 3	0.236 4	0.053 5
甘肃	0.083 0	0.140 7	0.109 1	0.088 3
青海	0.029 7	0.161 2	0.262 7	0.156 7
宁夏	0.041 1	0.147 0	0.156 3	0.214 1
新疆	0.095 3	0.277 6	0.299 1	0.131 9

② 创新型省份建设环境评价的计算

按照层次分析法所得到的权重,进行区域创新型省份建设的环境评价,其计算公式如下:

创新型省份建设环境评价 $= 0.467 \times D_1 + 0.278 \times D_2 + 0.16 \times D_3 + 0.095 \times D_4$

据此计算的江苏等省市的创新型省份建设环境综合评价得分,按由高到低排序如表 8.17 所示。

表 8.17　全国各省(市)创新环境评价得分及排序情况

指标　省(市)	排序	得分	指标　省(市)	排序	得分
北京	1	0.792 6	新疆	17	0.182 1
上海	2	0.713 8	内蒙古	18	0.173 3
浙江	3	0.646 4	安徽	19	0.167 3
广东	4	0.645 2	湖南	20	0.156 1
江苏	5	0.564 8	吉林	21	0.154 7
天津	6	0.409 4	黑龙江	22	0.151 4
山东	7	0.393 4	海南	23	0.141 3
辽宁	8	0.387 3	云南	24	0.133 0
福建	9	0.290 2	广西	25	0.125 8
四川	10	0.244 5	江西	26	0.117 6
湖北	11	0.239 4	青海	27	0.115 6
重庆	12	0.198 6	宁夏	28	0.105 4
河北	13	0.193 5	甘肃	29	0.103 7
山西	14	0.189 6	贵州	30	0.075 0
陕西	15	0.186 9	西藏	31	0.010 7
河南	16	0.183 6			

③ 结果分析

由表 8.17 可知,江苏省创新型省份建设的创新环境在全国位居第五,创新环境不如北京、上海、浙江和广东,但是优于天津、山东等地区;与浙江、广东相比,虽然江苏整体的人均受教育程度要较高,但是江苏的金融环境和互联网建设要比这两个省份落后。为此，江苏应一方面改善其金融环境，努力为高科技中小企业提供各种融资便利和优惠措施；另一方面应加大对信息基础建设的投入力度、为社会各界提供各种免费信息技术培训服务，改善其信息环境。

（2）江苏创新型省份建设的创新投入横向比较

① 原始数据及其标准化

江苏及全国其他省市创新型省份建设创新投入评价指标原始数据如表 8.18 所示。首先，对表 8.18 中原始数据做标准化处理，$x_i' = \dfrac{x_i - \min x}{\max x - \min x}$，标准化后指标值在 0～1 之间，得到表 8.19。

表 8.18　全国各省(市)创新投入指标原始数据

指标 省(市)	D_5 科学家 工程师 （万人）	D_6 万人口 科技活动 人员 （人/万人）	D_7 科技活动 人员占 从业人员 比重（%）	D_8 R&D 经 费支出额 （亿元）	D_9 地方财政 科技拨款 （亿元）	D_{10} 全社会 R&D 经费支出 占 GDP 比重（%）	D_{11} 地方财政 性教育经 费支出占 财政支出 比重（%）	D_{12} 地方财政 科技拨款 占地方 财政支出 的比重 （%）
北京	33.55	247.6	3.58	936.64	199.94	5.76	17.06	5.43
天津	8.39	105.4	2.46	297.76	76.45	2.63	17.67	3.57
河北	9.84	20.4	0.39	201.34	44.74	0.82	21.22	1.10
山西	8.49	39.2	0.84	113.39	33.32	1.01	20.22	1.21
内蒙古	3.41	19.9	0.44	85.17	27.61	0.59	12.84	0.81
辽宁	14.19	45.3	0.93	363.83	101.24	1.64	15.99	2.22
吉林	7.12	35.6	0.85	89.13	24.96	0.84	18.25	1.01
黑龙江	8.28	30.3	0.69	128.78	37.64	1.02	17.18	1.19
上海	16.79	118.7	2.50	597.71	245.43	3.11	15.51	5.87
江苏	32.35	66.6	1.17	1 065.51	257.24	2.17	19.22	3.66
浙江	25.63	80.7	1.12	598.08	165.98	1.85	21.09	3.99
安徽	9.90	24.3	0.41	214.64	96.00	1.40	18.13	2.42
福建	9.23	36.2	0.63	221.52	48.47	1.26	21.56	1.86
江西	5.16	17.6	0.35	96.75	27.50	0.83	20.60	0.91
山东	25.78	38.6	0.68	844.37	124.98	1.86	22.22	2.12

续表

指标 省 (市)	D₅ 科学家 工程师 (万人)	D₆ 万人口 科技活动 人员 (人/万人)	D₇ 科技活动 人员占 从业人员 比重(%)	D₈ R&D 经 费支出额 (亿元)	D₉ 地方财政 科技拨款 (亿元)	D₁₀ 全社会 R&D 经费支出 占 GDP 比重(%)	D₁₁ 地方财政 性教育经 费支出占 财政支出 比重(%)	D₁₂ 地方财政 科技拨款 占地方 财政支出 的比重 (%)
河南	13.01	21.9	0.35	264.49	69.64	0.98	22.10	1.39
湖北	13.20	32.2	0.64	323.01	54.39	1.65	19.48	1.45
湖南	10.03	23.1	0.39	233.22	48.19	1.19	19.61	1.17
广东	38.54	55.3	0.96	1 045.49	246.71	1.96	20.32	3.34
广西	4.79	14.0	0.24	81.02	42.81	0.69	19.74	1.43
海南	0.66	12.3	0.25	10.37	12.06	0.41	17.42	1.32
重庆	6.31	31.0	0.48	128.36	29.84	1.28	15.48	0.98
四川	14.17	27.2	0.45	294.10	59.40	1.40	18.22	1.09
贵州	2.49	10.4	0.17	36.31	28.98	0.64	18.16	1.05
云南	4.29	14.0	0.24	56.08	32.67	0.63	18.89	0.91
西藏	0.24	12.4	0.22	1.15	5.09	0.19	10.44	0.56
陕西	9.91	39.3	0.76	249.35	34.94	1.99	21.16	1.05
甘肃	3.74	20.6	0.39	48.53	16.19	0.97	17.86	0.79
青海	0.80	19.6	0.39	12.58	7.18	0.75	14.82	0.62
宁夏	1.04	23.9	0.49	15.32	9.61	0.73	12.32	1.11
新疆	2.21	16.0	0.42	33.00	33.01	0.50	17.42	1.21

资料来源:《中国统计年鉴 2013》《中国高技术产业统计年鉴 2012》及各省统计年鉴、国家统计局网站和国家科技部网站。

注:① 科学家工程师、万人口科技活动人员、科技活动人员占从业人员比重均为 2008 年数据,R&D 经费支出额、全社会 R&D 经费支出占 GDP 比重为 2011 年数据。

② 除特别说明,以上均为 2012 年数据。

表 8.19　全国各省(市)创新投入指标标准化数据

指标 省 (市)	D₅	D₆	D₇	D₈	D₉	D₁₀	D₁₁	D₁₂
北京	0.869 7	1.000 0	1.000 0	0.878 9	0.772 8	1.000 0	0.562 0	0.917 1
天津	0.212 8	0.400 5	0.671 6	0.278 7	0.283 0	0.438 1	0.613 8	0.566 9
河北	0.250 7	0.042 2	0.064 5	0.188 1	0.157 2	0.113 1	0.915 1	0.101 7
山西	0.215 4	0.121 4	0.196 5	0.105 5	0.112 0	0.147 2	0.830 2	0.122 4
内蒙古	0.082 8	0.040 1	0.079 2	0.078 9	0.089 3	0.071 8	0.203 7	0.047 1
辽宁	0.364 2	0.147 1	0.222 9	0.340 7	0.381 3	0.260 3	0.471 1	0.312 6
吉林	0.179 6	0.106 2	0.199 4	0.082 7	0.078 8	0.116 7	0.663 0	0.084 7
黑龙江	0.209 9	0.083 9	0.152 5	0.119 0	0.129 1	0.149 0	0.572 2	0.118 6
上海	0.432 1	0.456 6	0.683 3	0.560 5	0.953 2	0.524 2	0.430 4	1.000 0
江苏	0.838 4	0.236 9	0.293 3	1.000 0	1.000 0	0.355 5	0.745 3	0.583 8
浙江	0.662 9	0.296 4	0.278 6	0.560 8	0.638 1	0.298 0	0.904 1	0.646 0
安徽	0.252 2	0.058 6	0.070 4	0.200 6	0.360 5	0.217 2	0.652 8	0.350 3
福建	0.234 7	0.108 5	0.134 9	0.207 0	0.172 0	0.192 1	0.944 0	0.244 8
江西	0.128 5	0.030 4	0.052 8	0.089 8	0.088 9	0.114 9	0.862 5	0.065 9
山东	0.666 8	0.118 9	0.149 6	0.792 2	0.475 5	0.299 8	1.000 0	0.293 8
河南	0.333 4	0.048 5	0.052 8	0.247 4	0.256 0	0.141 8	0.989 8	0.156 3
湖北	0.338 4	0.091 9	0.137 8	0.302 4	0.195 5	0.262 1	0.767 4	0.167 6
湖南	0.255 6	0.053 5	0.064 5	0.218 0	0.170 9	0.179 5	0.778 4	0.114 9
广东	1.000 0	0.189 3	0.231 7	0.981 2	0.958 2	0.317 8	0.838 7	0.523 5
广西	0.118 8	0.015 2	0.020 5	0.075 0	0.149 6	0.089 8	0.789 5	0.163 8
海南	0.011 0	0.008 0	0.023 5	0.008 7	0.027 6	0.039 5	0.592 5	0.143 1
重庆	0.158 5	0.086 8	0.090 9	0.119 5	0.098 2	0.195 7	0.427 8	0.079 1
四川	0.363 7	0.070 8	0.082 1	0.275 2	0.215 4	0.217 2	0.660 4	0.099 8
贵州	0.058 7	0.007 0	0.000 0	0.033 0	0.094 7	0.080 8	0.655 3	0.092 3
云南	0.105 7	0.015 2	0.020 5	0.051 0	0.109 4	0.079 0	0.717 3	0.065 9
西藏	0.000 0	0.008 4	0.014 7	0.000 0	0.000 0	0.000 0	0.000 0	0.000 0
陕西	0.252 5	0.121 8	0.173 0	0.233 2	0.118 4	0.323 2	0.910 0	0.092 3
甘肃	0.091 4	0.043 0	0.064 5	0.044 5	0.044 0	0.140 0	0.629 9	0.043 3
青海	0.014 6	0.038 8	0.064 5	0.010 7	0.008 3	0.100 5	0.371 8	0.011 3
宁夏	0.020 9	0.056 9	0.093 8	0.013 3	0.017 9	0.096 9	0.159 6	0.103 6
新疆	0.051 4	0.023 6	0.073 3	0.029 9	0.110 7	0.055 7	0.592 5	0.122 4

② 创新型省份建设创新投入评价的计算

按照层次分析法所得到的权重,进行区域创新型省份建设的创新投入评价,其计算公式如下:

创新型省份建设创新投入评价 $= 0.5 \times (0.143 \times D_5 + 0.571 \times D_6 + 0.286 \times D_7) + 0.5 \times (0.091 \times D_8 + 0.058 \times D_9 + 0.440 \times D_{10} + 0.156 \times D_{11} + 0.256 \times D_{12})$

据此计算的江苏省等省市的创新型省份建设创新投入评价综合得分,按由高到低排序如表 8.20 所示。

表 8.20 全国各省(市)创新投入评价得分及排序情况

指标 省(市)	排序	得分	指标 省(市)	排序	得分
北京	1	0.934 3	吉林	17	0.166 0
上海	2	0.589 0	黑龙江	18	0.162 6
天津	3	0.463 3	河北	19	0.161 6
江苏	4	0.455 1	重庆	20	0.143 9
浙江	5	0.434 6	江西	21	0.133 1
广东	6	0.433 5	广西	22	0.125 8
山东	7	0.334 4	甘肃	23	0.116 8
辽宁	8	0.260 5	云南	24	0.102 1
陕西	9	0.245 5	新疆	25	0.099 6
福建	10	0.228 8	贵州	26	0.089 1
湖北	11	0.228 5	海南	27	0.080 8
安徽	12	0.208 0	宁夏	28	0.079 3
山西	13	0.199 0	青海	29	0.074 6
河南	14	0.192 3	内蒙古	30	0.072 6
四川	15	0.188 8	西藏	31	0.004 5
湖南	16	0.172 6			

③ 结果分析

由表 8.20 可知,江苏省创新型省份建设的创新投入在全国位居第四,创新投入不如北京、上海、天津,但是优于广东、浙江、山东、辽宁等地区。江苏的创新投入较好,这可能与江苏高等院校、科研院所数量众多有关。但与北京、上海相比,江苏的创新投入各指标特别是相对指标差距较大。比如,2010 年江苏的全社会 R&D 经费支出占其 GDP 比重为2.07%,远低于北京同期的 5.82%,也低于上海同期的 2.81%。

(3)江苏创新型省份建设的创新产出横向比较

① 原始数据及其标准化

江苏及全国其他省市创新型省份建设创新产出评价指标原始数据如表 8.21 所示。首先,对表 8.21 中原始数据做标准化处理,$x_i' = \dfrac{x_i - \min x}{\max x - \min x}$,标准化后指标值在 0~1 之间,得到表 8.22。

表 8.21　全国各省(市)创新产出指标原始数据

指标 省 (市)	D_{13} 高新技术 产业规模 以上企业 产值(亿元)	D_{14} 高新技术 产业规模 以上企业 增加值率(%)	D_{15} 高新技术 企业产品 出口额 (亿美元)	D_{16} 发明专利 的受理量 (件)	D_{17} 发明专利占 专利授权数 的比重 (%)	D_{18} 每万人 国内中文 期刊科技 论文总数 (篇/万人)
北京	2 897.6	17.51	133.54	52 720	39.87	33.82
天津	2 672.3	27.53	173.81	13 587	16.81	9.50
河北	973.3	30.93	38.76	6 108	12.62	2.57
山西	318.1	37.71	5.88	5 417	18.02	2.15
内蒙古	326.2	33.18	3.92	1 492	18.45	1.41
辽宁	1 884.5	29.33	58.29	19 740	18.72	4.66
吉林	1 020.6	42.37	2.58	3 913	26.69	3.36
黑龙江	395.3	32.97	1.63	7 068	11.93	3.55
上海	7 021.4	16.57	930.82	37 139	22.09	13.55
江苏	19 487.8	21.67	1 303.42	110 091	6.02	6.30
浙江	3 722.4	20.96	155.39	33 265	6.14	4.80
安徽	1 118.6	32.41	9.42	19 391	7.08	2.37
福建	3 068.0	24.75	134.45	8 492	9.76	2.59

续表

指标 省（市）	D_{13} 高新技术产业规模以上企业产值（亿元）	D_{14} 高新技术产业规模以上企业增加值率（%）	D_{15} 高新技术企业产品出口额（亿美元）	D_{16} 发明专利的受理量（件）	D_{17} 发明专利占专利授权数的比重（%）	D_{18} 每万人国内中文期刊科技论文总数（篇/万人）
江西	1 418.6	31.52	39.40	3 023	11.17	1.52
山东	6 201.1	30.45	154.88	40 381	9.87	2.56
河南	2 127.4	36.50	57.55	10 910	11.88	2.25
湖北	1 721.0	43.27	43.21	14 640	16.55	4.37
湖南	1 544.9	31.04	8.57	9 974	14.45	2.83
广东	23 576.3	19.50	2 021.17	60 448	14.42	3.45
广西	615.8	39.11	8.71	6511	15.29	2.23
海南	98.3	41.64	3.13	865	36.23	3.36
重庆	1 160.3	37.73	58.92	11 402	11.91	4.75
四川	3 221.4	35.65	119.89	16 368	10.56	2.68
贵州	369.9	38.26	0.67	3 103	10.48	1.59
云南	201.4	39.78	2.03	3 324	22.23	1.69
西藏	6.0	62.54	0.10	81	42.86	0.81
陕西	1 060.4	33.72	20.68	17 043	26.95	7.26
甘肃	95.6	45.86	1.29	3 265	19.22	3.38
青海	30.7	57.78	0.04	298	19.17	2.26
宁夏	45.1	36.75	0.68	846	16.59	3.23
新疆	33.6	32.84	1.49	1 679	13.26	3.19

资料来源：《中国统计年鉴 2013》《中国高技术产业统计年鉴 2012》及各省统计年鉴、国家统计局网站和国家科技部网站。

注：① 高新技术产业规模以上企业增加值率为 2007 年数据，高新技术产业规模以上企业产值、高新技术企业产品出口额、每万人国内中文期刊科技论文总数为 2011 年数据。

② 除特别说明，以上均为 2012 年数据。

表 8.22 全国各省(市)创新产出指标标准化数据

指标 省(市)	D_{13}	D_{14}	D_{15}	D_{16}	D_{17}	D_{18}
北京	0.122 7	0.020 4	0.066 1	0.478 5	0.918 8	1.000 0
天津	0.113 1	0.238 4	0.086 0	0.122 8	0.292 9	0.263 3
河北	0.041 0	0.312 4	0.019 2	0.054 8	0.179 2	0.053 3
山西	0.013 2	0.459 9	0.002 9	0.048 5	0.325 7	0.040 6
内蒙古	0.013 6	0.361 3	0.001 9	0.012 8	0.337 4	0.018 2
辽宁	0.079 7	0.277 6	0.028 8	0.178 7	0.344 7	0.116 6
吉林	0.043 0	0.561 2	0.001 3	0.034 8	0.561 1	0.077 2
黑龙江	0.016 5	0.356 8	0.000 8	0.063 5	0.160 4	0.083 0
上海	0.297 6	0.000 0	0.460 5	0.336 9	0.436 2	0.385 9
江苏	0.826 5	0.110 9	0.644 9	1.000 0	0.000 0	0.166 3
浙江	0.157 7	0.095 5	0.076 9	0.301 6	0.003 3	0.120 9
安徽	0.047 2	0.344 6	0.004 6	0.175 5	0.028 8	0.047 3
福建	0.129 9	0.177 9	0.066 5	0.076 5	0.101 5	0.053 9
江西	0.059 9	0.325 2	0.019 5	0.026 7	0.139 8	0.021 5
山东	0.262 8	0.301 9	0.076 6	0.366 3	0.104 5	0.053 0
河南	0.090 0	0.433 5	0.028 5	0.098 4	0.159 1	0.043 6
湖北	0.072 8	0.580 8	0.021 4	0.132 3	0.285 8	0.107 8
湖南	0.065 3	0.314 8	0.004 2	0.089 9	0.228 8	0.061 2
广东	1.000 0	0.063 7	1.000 0	0.548 7	0.228 0	0.080 0
广西	0.025 9	0.490 3	0.004 3	0.058 4	0.251 6	0.043 0
海南	0.003 9	0.545 4	0.001 5	0.007 1	0.820 0	0.077 2
重庆	0.049 0	0.460 3	0.029 1	0.102 9	0.159 9	0.119 4
四川	0.136 4	0.415 1	0.059 3	0.148 1	0.123 2	0.056 6
贵州	0.015 4	0.471 8	0.000 3	0.027 5	0.121 1	0.023 6
云南	0.008 3	0.504 9	0.001 0	0.029 5	0.440 0	0.026 7
西藏	0.000 0	1.000 0	0.000 0	0.000 0	1.000 0	0.000 0
陕西	0.044 7	0.373 1	0.010 2	0.154 2	0.568 1	0.195 4
甘肃	0.003 8	0.637 2	0.000 6	0.028 9	0.358 3	0.077 9
青海	0.001 0	0.896 5	0.000 0	0.002 0	0.356 9	0.043 9
宁夏	0.001 7	0.439 0	0.000 3	0.007 0	0.286 9	0.073 3
新疆	0.001 2	0.353 9	0.000 7	0.014 5	0.196 5	0.072 1

② 创新型省份建设创新产出评价的计算

按照层次分析法所得到的权重,进行区域创新型省份建设的创新产出评价,其计算公式如下:

创新型省份建设创新产出评价＝$0.667 \times (0.163 \times D_{13} + 0.54 \times D_{14} + 0.297 \times D_{15}) + 0.333 \times (0.249 \times D_{16} + 0.594 \times D_{17} + 0.157 \times D_{18})$

据此计算的江苏省等省市的创新型省份建设创新产出评价综合得分,按由高到低排序如表 8.23 所示。

表 8.23　全国各省(市)创新产出评价得分及排序情况

省(市) ＼ 指标	排序	得分	省(市) ＼ 指标	排序	得分
西藏	1	0.558 0	四川	17	0.215 7
广东	2	0.424 5	河南	18	0.213 5
青海	3	0.396 1	山东	19	0.206 3
海南	4	0.364 0	辽宁	20	0.203 5
江苏	5	0.349 2	内蒙古	21	0.200 7
吉林	6	0.325 0	贵州	22	0.199 1
北京	7	0.307 5	天津	23	0.197 1
甘肃	8	0.307 4	湖南	24	0.177 2
湖北	9	0.294 5	黑龙江	25	0.171 8
陕西	10	0.276 6	新疆	26	0.171 6
云南	11	0.273 8	河北	27	0.163 6
上海	12	0.258 0	江西	28	0.158 5
山西	13	0.238 2	安徽	29	0.152 9
广西	14	0.237 1	福建	30	0.120 6
重庆	15	0.223 3	浙江	31	0.098 8
宁夏	16	0.219 5			

③ 结果分析

由表 8.23 可知,江苏省创新型省份建设的创新产出在全国位居第五。与广东相比,江苏在高新技术产业产值、高新技术企业产品出口额等指标上差距较大。

（4）江苏创新型省份建设的创新综合绩效指标横向比较

① 原始数据及其标准化

江苏及全国其他省市创新型省份建设创新综合绩效评价指标原始数据如表 8.24 所示。首先，对表 8.24 中原始数据做标准化处理，$x_i' = \dfrac{x_i - \min x}{\max x - \min x}$，标准化后指标值在 0～1 之间，得到表 8.25。

表 8.24　全国各省(市)创新综合绩效指标原始数据

指标 省(市)	D_{19} 技术市场成交 合同金额(亿元)	D_{20} 第三产业 增加值占 GDP 比重(%)	D_{21} 规模以上工业 企业增加值 中高技术产业 份额(%)	D_{22} 工业固体 废物综合 利用率(%)	D_{23} 万元 GDP 综合能耗 (吨标准煤/ 万元)
北京	2 458.50	76.46	25.84	78.96	0.46
天津	232.33	46.99	20.61	99.81	0.71
河北	37.82	35.31	2.80	38.09	1.30
山西	30.61	38.66	2.08	69.70	1.76
内蒙古	106.10	35.46	2.24	45.10	1.41
辽宁	230.66	38.07	5.54	43.48	1.10
吉林	25.12	34.76	6.40	67.59	0.92
黑龙江	100.45	40.47	2.85	73.60	1.04
上海	518.75	60.45	16.98	97.34	0.62
江苏	400.91	43.50	16.19	91.37	0.60
浙江	81.31	45.24	7.88	91.51	0.59
安徽	86.16	32.70	3.57	85.39	0.75
福建	50.09	39.27	12.36	89.22	0.64
江西	39.78	34.64	7.71	54.53	0.65
山东	140.02	39.98	6.46	93.08	0.86
河南	39.94	30.94	3.18	76.05	0.90
湖北	196.39	36.89	9.23	75.38	0.91
湖南	42.24	39.02	3.57	63.93	0.89
广东	364.94	46.47	20.33	87.14	0.56

续表

指标 省(市)	D_{19} 技术市场成交 合同金额(亿元)	D_{20} 第三产业 增加值占 GDP 比重(%)	D_{21} 规模以上工业 企业增加值 中高技术产业 份额(%)	D_{22} 工业固体 废物综合 利用率(%)	D_{23} 万元 GDP 综合能耗 (吨标准煤/ 万元)
广西	2.52	35.41	4.47	67.42	0.80
海南	0.57	46.91	5.80	61.74	0.69
重庆	54.02	39.39	5.96	82.48	0.95
四川	111.24	34.53	9.82	45.89	1.00
贵州	9.67	47.91	8.77	61.76	1.71
云南	45.48	41.09	2.56	49.50	1.16
西藏	2.13	53.89	15.30	1.61	1.28
陕西	334.82	34.66	8.36	61.29	0.85
甘肃	73.06	40.17	2.73	53.87	1.40
青海	19.30	32.97	2.38	55.53	2.08
宁夏	2.91	41.96	2.23	69.03	2.28
新疆	5.39	36.02	0.48	51.56	1.63

资料来源:《中国统计年鉴 2013》《中国高技术产业统计年鉴 2012》及各省统计年鉴、国家统计局网站和国家科技部网站。

注:① 规模以上工业企业增加值中高技术产业份额为 2007 年数据,万元 GDP 综合能耗为 2011 年数据。

② 除特别说明,以上均为 2012 年数据。

表 8.25 全国各省(市)创新综合绩效指标标准化数据

指标 省(市)	D_{19}	D_{20}	D_{21}	D_{22}	D_{23}
北京	1.000 0	1.000 0	1.000 0	0.787 7	1.000 0
天津	0.094 3	0.352 6	0.793 8	1.000 0	0.862 6
河北	0.015 2	0.096 0	0.091 5	0.371 5	0.538 5
山西	0.012 2	0.169 6	0.063 1	0.693 4	0.285 7
内蒙古	0.042 9	0.099 3	0.069 4	0.442 9	0.478 0
辽宁	0.093 6	0.156 6	0.199 5	0.426 4	0.648 4

续表

指标 省(市)	D_{19}	D_{20}	D_{21}	D_{22}	D_{23}
吉林	0.010 0	0.083 9	0.233 4	0.671 9	0.747 3
黑龙江	0.040 6	0.209 4	0.093 5	0.733 1	0.681 3
上海	0.210 8	0.648 3	0.650 6	0.974 8	0.912 1
江苏	0.162 9	0.275 9	0.619 5	0.914 1	0.923 1
浙江	0.032 8	0.314 1	0.291 8	0.915 5	0.928 6
安徽	0.034 8	0.038 7	0.121 8	0.853 2	0.840 7
福建	0.020 1	0.183 0	0.468 5	0.892 2	0.901 1
江西	0.016 0	0.081 3	0.285 1	0.538 9	0.895 6
山东	0.056 7	0.198 6	0.235 8	0.931 5	0.780 2
河南	0.016 0	0.000 0	0.106 5	0.758 0	0.758 2
湖北	0.079 7	0.130 7	0.345 0	0.751 2	0.752 7
湖南	0.017 0	0.177 5	0.121 8	0.634 6	0.763 7
广东	0.148 2	0.341 2	0.782 7	0.871 0	0.945 1
广西	0.000 8	0.098 2	0.157 3	0.670 2	0.813 2
海南	0.000 0	0.350 8	0.209 8	0.612 3	0.873 6
重庆	0.021 7	0.185 6	0.216 1	0.823 5	0.730 8
四川	0.045 0	0.078 9	0.368 3	0.450 9	0.703 3
贵州	0.003 7	0.372 8	0.326 9	0.612 5	0.313 2
云南	0.018 3	0.223 0	0.082 0	0.487 7	0.615 4
西藏	0.000 6	0.504 2	0.584 4	0.000 0	0.549 5
陕西	0.136 0	0.081 7	0.310 7	0.607 7	0.785 7
甘肃	0.029 5	0.202 8	0.088 7	0.532 2	0.483 5
青海	0.007 6	0.044 6	0.074 9	0.549 1	0.109 9
宁夏	0.001 0	0.242 1	0.069 0	0.686 6	0.000 0
新疆	0.002 0	0.111 6	0.000 0	0.508 7	0.357 1

② 创新型省份建设创新综合绩效评价的计算

按照层次分析法所得到的权重，进行区域创新型省份建设的创新综合绩效评价，其计算公式如下：

创新型省份建设创新综合绩效评价 $= 0.143 \times D_{19} + 0.286 \times (0.2 \times D_{20} + 0.8 \times D_{21}) + 0.571 \times (0.25 \times D_{22} + 0.75 \times D_{23})$

据此计算的江苏省等省市的创新型省份建设创新综合绩效评价综合得分,按由高到低排序如表 8.26 所示。

表 8.26　全国各省(市)创新综合绩效评价得分及排序情况

省(市) 指标	排序	得分	省(市) 指标	排序	得分
北京	1	0.969 7	四川	17	0.460 8
广东	2	0.748 9	河南	18	0.459 6
上海	3	0.745 8	湖南	19	0.458 1
天津	4	0.727 4	黑龙江	20	0.435 6
江苏	5	0.706 6	辽宁	21	0.406 5
福建	6	0.633 8	西藏	22	0.398 0
浙江	7	0.617 8	云南	23	0.367 3
山东	8	0.540 5	甘肃	24	0.319 1
江西	9	0.532 6	贵州	25	0.318 2
海南	10	0.529 6	河北	26	0.312 2
湖北	11	0.527 4	内蒙古	27	0.295 6
陕西	12	0.518 4	山西	28	0.247 2
安徽	13	0.516 9	新疆	29	0.232 2
重庆	14	0.493 7	青海	30	0.146 2
广西	15	0.485 6	宁夏	31	0.127 8
吉林	16	0.475 6			

③ 结果分析

由表 8.26 可知,江苏省创新型省份建设的创新综合绩效在全国位居第五,创新综合绩效不如北京、广东、上海、天津,但是优于福建、浙江、山东等地区。江苏的创新综合绩效,从单项指标来看,北京、上海、广东的技术市场成交合同金额、第三产业增加值占 GDP 比重、规模以上工业企业增加值中高技术产业份额等三项指标均优于江苏。为此,江苏应继续优化产业结构、努力发展高新技术产业,不断提高"江苏制造"中的高科技含量,促使"江苏创造"的新产品、新技术的不断涌现。

（5）江苏创新型省份建设的总体评价

① 按照层次分析法所得到的权重，计算区域创新型省份的总体评价得分，其计算公式如下：

创新型省份建设的总体评价＝创新环境评价得分$(B_1) \times 0.095$＋创新投入评价得分$(B_2) \times 0.16$＋创新产出评价得分$(B_3) \times 0.278$＋创新综合绩效评价得分$(B_4) \times 0.467$

据此可以测得江苏省及全国其他省（市）创新型省份建设的总体评价得分，按由高到低排序如表 8.27 所示。

表 8.27　全国各省（市）创新型省份建设总体评价得分及排序情况

省（市）	排序	得分	省（市）	排序	得分
北京	1	0.763 1	江西	17	0.325 3
广东	2	0.598 4	辽宁	18	0.324 9
上海	3	0.582 1	广西	19	0.324 8
江苏	4	0.553 5	河南	20	0.322 2
天津	5	0.507 5	湖南	21	0.305 6
浙江	6	0.446 9	黑龙江	22	0.291 6
山东	7	0.400 6	云南	23	0.276 6
福建	8	0.393 7	甘肃	24	0.263 0
湖北	9	0.387 5	河北	25	0.235 5
陕西	10	0.376 0	山西	26	0.231 5
海南	11	0.374 9	贵州	27	0.225 4
吉林	12	0.353 7	内蒙古	28	0.221 9
西藏	13	0.342 7	青海	29	0.201 3
重庆	14	0.334 5	新疆	30	0.189 4
安徽	15	0.333 1	宁夏	31	0.143 4
四川	16	0.328 6			

② 结果分析

由表 8.27 可知，江苏省创新型省份建设的创新总体评价在全国位居第四，不如北京、广东、上海，但是优于天津、浙江、山东、福建等地区。为促使江苏创新型省份建设的顺利实施,江苏应继续改善创新环境、加大创新投入、改善创新投入结构,从而提高创新产出和创新综合绩效。

8.5 江苏区域创新实证研究
—— 基于苏南、苏北、苏中比较视角

8.5.1 苏南、苏中、苏北的划分

21 世纪初,江苏省委、省政府在谋划江苏"十五"发展时,针对区域发展不平衡、梯度特征明显的现实情况,对江苏省区域发展战略布局做出重大调整,提出了苏南、苏中、苏北三大板块:第一次将沿长江北岸的南通、扬州、泰州三市作为一个经济板块确定为苏中地区;过去传统意义上的苏南板块以苏锡常为主,把长江以南的南京和镇江也划入苏南;苏北地区包括徐州、连云港、淮安、盐城、宿迁五个省辖市。明确提出三大板块的分类指导方针:提升苏南发展速度,促进苏中快速崛起,发挥苏北后发优势。

把大苏北地区的扬州、泰州、南通三个市重新独立界定为苏中板块,从当时谋划十五规划的战略思考,包括今后指导江苏省区域发展的目标要求来看,主要是考虑这个地区在地理位置、产业结构、经济基础上起着苏南向苏北传承、传递,更好地形成南北之间区域协调发展,在经济和社会布局上的传导纽带的作用。这样便可使苏南刚刚实施的现代化示范区建设和苏北加快振兴的发展战略,在沿江地区和苏中地区形成一个传导传递的地带,既承接产业转移,又承接科技创新,共同促进江苏的协调发展。苏中板块划分是基于这么一个战略思考来谋划的。从实际工作进程和今后的方向来看,确实也需要利用苏中地区,使江苏的区域经济三大板块可以取得协调发展。苏中发展战略、苏中进一步转型过程中的崛起战略,都是围绕全面融入苏南而进行的,总体上应使苏中达到长三角核心区的水平,从而在江苏的区域格局中更好的发挥承南启北、辐射带动的作用。

近几年来,苏北、苏中、苏南三大板块经济发展迅速,主要有以下几方面特点:一是综合经济实力显著提升。苏北、苏中地区主要经济指标增速连续几年高于江苏省平均水平,对江苏省经济增长的贡献份额不断提高。2012 年,苏中实现地区生产总值 10 193 亿元,占江苏省的比重由 2007 年的 18.1% 上升到 18.3%。苏北实现地区生产总值 12 182 亿元,占江苏省

的比重由 2007 年的 19.5% 上升到 22.0%。公共财政预算收入增长 17.1%。二是特色产业和现代农业得到迅速发展。大力实施转型升级工程,积极培育新兴产业和特色产业,改造提升传统产业,产业规模不断扩大,层次不断提升。积极推进产业项目建设,一批龙头型项目相继落户。充分发挥全国重要农产品生产基地优势,积极发展高效农业、特色农业和生态农业,农业综合生产能力进一步提升。

为进一步深入分析苏南、苏中和苏北的区域创新情况,本研究将使用数据包络分析法探讨三大板块及其所在城市的区域创新绩效。

8.5.2 数据包络分析法

数据包络分析法(Data Envelopment Analysis,DEA)是衡量具有多项投入与多项产出的决策单元(Decision Making Unit,DMU)相对效率的一种方法。其中,最基本的方法 C^2R 模型,是由 Charnes,Cooper 和 Rhodese 于 1978 年提出的。其原理是在固定规模报酬假定下,利用线性规划法及对偶定理,获得各决策单元的效率前沿,以计算各决策单元的相对效率。这一方法又被称为 C^2R 模型, C^2R 模型是假设在固定规模下来衡量整体效率,但并不是每一个 DMU 的生产过程都处于固定规模报酬之下,Charnes,Cooper 和 Rhodese 在上式中加入 $\sum_{j=1}^{n} \lambda_j = 1$ 来解除规模报酬不变的假设,得到了可变规模报酬下的 BC^2 模型。该模型能将纯技术效率和规模效率区分开,可以衡量决策单元在既定生产技术情况下是否处于最适规模状态。与 C^2R 不同的是,$\frac{1}{h_k}$ 表示的是纯技术效率值,$\frac{1}{h_k}<1$ 说明 DMU 不具有纯技术效率。一个无效率单元 k 欲达到最适规模的效率目标,需做如下的调整:$\Delta X_{ik} = X_{ik} - (X_{ik} - S_{ik}^-)$,$\Delta Y_{rk} = (\theta_k Y_{rk} + S_{rk}^+) - Y_{rk}$。即无效率决策单元需要减少投入 ΔX_{ik} 及增加产出 ΔY_{rk} 可以达到有效率,这就是 BC^2 模型的差额变量分析。最后用 C^2R 模型下计算的技术效率值除以 BC^2 模型下计算的纯技术效率值就得到各决策单元的规模效率值。

本研究采用改进后的 BC^2 模型,该模型既能计算技术效率又能计算规模效率,还能得到纯技术效率,从而分析江苏省苏南、苏中、苏北区域创新绩效。

8.5.3 指标的选择及分析结果

在实际的综合评价活动中,并非评价指标越多越好,也并非越少越好,关键是在于评价指标在评价中起的作用的大小。一般应尽量用少的"主要"评价指标用于实际评价。但在初步建立的评价指标集合中,也可能存在一些"次要"的评价指标,这就需要按某种原则进行筛选,分清主次,组成合理的评价指标集。结合各区域数据的可获得性,本研究参考表 8.1 所示的评价指标体系,选取规模以上工业企业科技活动人员、规模以上工业企业 R&D 经费内部支出为投入指标(原始数据见表8.28),选取高新技术产业产值、发明专利授权量为产出指标(原始数据见表8.29)。

表 8.28　江苏省各区域创新投入指标原始数据

板块(城市)	指标	规模以上工业企业科技活动人员(人)	规模以上工业企业 R&D 经费内部支出(亿元)
苏南板块	南京市	48 048	56.59
	镇江市	20 479	22.82
	无锡市	46 142	97.35
	常州市	58 503	44.79
	苏州市	101 724	125.72
苏南整个地区		274 896	347.27
苏中板块	南通市	37 319	35.66
	扬州市	22 114	25.82
	泰州市	17 254	22.26
苏中整个地区		76 687	83.74
苏北板块	淮安市	4 925	7.39
	盐城市	13 087	10.29
	宿迁市	3 230	2.14
	徐州市	16 120	21.99
	连云港市	6 442	8.10
苏北整个地区		43 804	49.91

表 8.29　江苏省各区域创新产出指标原始数据

指标 板块（城市）		高新技术产业产值 （亿元）	发明专利授权量 （项）
苏南板块	南京市	4 740	4 455
	镇江市	2 814	964
	无锡市	5 665	2 512
	常州市	3 555	1 188
	苏州市	11 889	4 309
苏南整个地区		28 663	321 196
苏中板块	南通市	3 823	700
	扬州市	3 107	482
	泰州市	2 639	351
苏中整个地区		9 569	93 097
苏北板块	淮安市	956	276
	盐城市	1 303	237
	宿迁市	390	55
	徐州市	3 016	462
	连云港市	1 145	218
苏北整个地区		6 810	53 183

资料来源：根据《江苏省统计年鉴 2013》及各市统计年鉴、江苏省统计局网站整理。

注：① 规模以上工业企业科技活动人员、规模以上工业企业 R&D 经费内部支出为 2008 年数据。

② 除特别说明，以上均为 2012 年数据。

DEA 测算 DMU 的技术效率有投入导向和产出导向两种模型，本研究选择从投入角度测算江苏省各区域（城市）的创新绩效。因此，本书运用投入导向的 BC² 模型，采用 DEAP2.1 程序进行模型的数学计算，最终得到评价对象各区域（及各城市）创新的综合效率、纯技术效率和规模效率水平，如表 8.30 所示。由表 8.30 可知，虽然苏南地区的创新投入人员配置和资金比苏中、苏北地区要多，创新总产出（无论是高新技术产值还是发明申请专利授权量）也比苏中和苏北地区的总量要大，但是其创新综合效率均不如苏中和苏北地区。这主要是由于苏南地区的创新规模效率相对较低，大多数苏南城市（除南京市）存在规模效益递减的情况（可能这些城市存在过度竞争情况，从而导致规模报酬递减）。就纯技术效率而言，苏南、苏北和苏中地区的差距不大，这说明苏南、苏中和苏北创新技术效率相对都比较高。总之,与苏南地区创新绩效相比,苏北和苏中地区创新绩效 DEA 相对有效。

就各地区内部而言,苏南地区的南京市创新绩效 DEA 相对有效,这可能与南京市高校和科研机构相对较多,存在比较明显的知识溢出效应有关。常州市研发人员相对过多,无锡市研发资金投入相对过多,从而导致这两个城市的创新绩效 DEA 相对效率低下。而苏州市由于市场规模过大,从而导致规模经济递减,最终使得创新绩效 DEA 相对效率低下。苏中地区的南通市也存在研发人员相对过多的问题,从而导致其创新绩效 DEA 相对效率低下。而苏北地区的盐城市也存在与南通市类似的问题。

表 8.30　江苏省区域创新绩效 DEA 评价结果

板块 (城市)	指标	S_1^+	S_2^+	综合效率	纯技术效率	规模效率	规模区间
苏南 板块	南京市	0.000	0.000	1.000	1.000	1.000	—
	镇江市	0.000	0.000	0.947	1.000	0.947	drs
	无锡市	0.000	41.113	0.778	0.941	0.826	drs
	常州市	12 111.78	0.000	0.559	0.645	0.867	drs
	苏州市	0.000	1.361	0.755	0.972	0.776	drs
苏南整个地区		0.000	0.000	0.724	1.000	0.724	drs
苏中 板块	南通市	4 058.79	0.000	0.692	0.777	0.890	drs
	扬州市	0.000	0.000	0.831	0.870	0.955	drs
	泰州市	0.000	0.000	0.847	0.858	0.987	drs
苏中整个地区		0.000	0.000	0.771	1.000	0.771	drs
苏北 板块	淮安市	0.000	0.000	1.000	1.000	1.000	—
	盐城市	2400.18	0.000	0.764	0.875	0.873	drs
	宿迁市	0.000	0.000	1.000	1.000	1.000	—
	徐州市	0.000	0.000	1.000	1.000	1.000	—
	连云港市	0.000	0.000	1.000	1.000	1.000	—
苏北整个地区		0.000	0.000	0.934	1.000	0.934	drs

第 9 章

江苏建设创新型省份的路径研究

前文通过进行描述性统计分析、SWOT 分析和主成分分析等,对江苏省创新型省份建设的总体情况和进程进行了系统全面的评价,并认为从基本环境、投入产出情况,以及与其他省份的比较等方面而言,江苏省创新型省份建设取得了长足的发展,但与发达城市或省份如上海市、北京市、广东省还存在着一定的差距,主要表现在:

(1)创新主体方面:企业和市场的活力仍显不足;企业科技创新能力有待提高;产学研等创新主体的创新产出对江苏省创新型省份建设的贡献率依然很低;高新技术产业,尤其是新兴产业的运行质态和竞争力还需提升等。

(2)创新资源方面:创新资源布局不完善;创新人力资源缺失;缺乏有效优质的创新平台等。

(3)创新环境方面:知识创造和保护机制亟待加强;成果转化机制需逐渐完善;自主创新政策体系系统性偏低等。

基于此,本章将以全面认识并实施创新驱动发展战略为基础,以发展创新型经济为目标,以有利于解放科技生产力、建立健全区域创新体系、大幅提高科技创新能力为动力,从企业、市场、创新平台、人才及政府等角度,对江苏省创新型省份建设的路径进行研究,如图 9.1 所示。

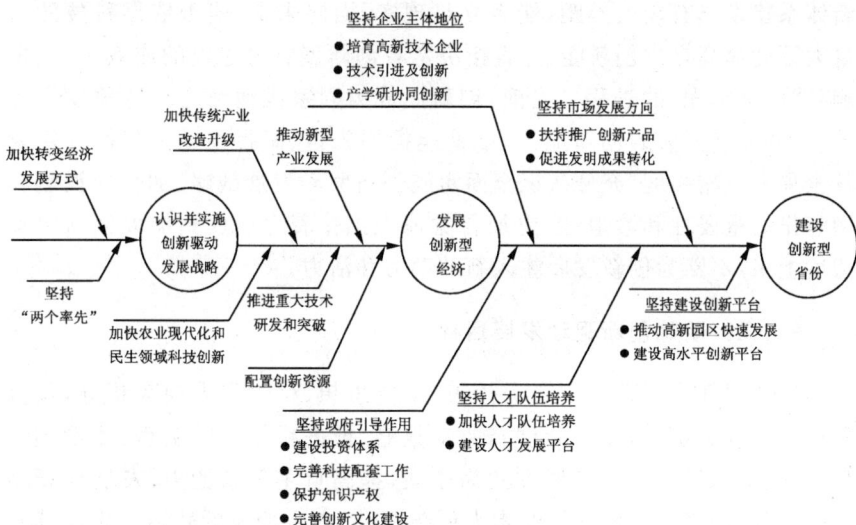

图 9.1　江苏创新型省份建设路径

9.1　全面认识并实施创新驱动发展战略，开启江苏发展新时代

9.1.1　发展创新驱动战略

当前,世界经济结构调整和转型升级力度明显加大,主要发达国家和地区正在加快转变科技和产业发展战略,依靠科技创新培育新的经济增长点、抢占未来发展制高点已成为世界发展的大势。① "十二五"时期是江苏全面建成小康社会并向基本实现现代化迈进的重要时期,坚持"两个率先",在新的起点上开创科学发展新局面,强调注重加快转变经济发展方式,注重加强自主创新是江苏实施创新驱动战略、建设创新型省份的必然要求。目前,江苏省大力推进科技进步与创新,江苏省自主创新能力、科技综合实力和竞争力迈上了新台阶,在促进经济社会发展中发挥了重要支撑作用。但与现代化建设需求相比,与发达国家和先进省市相比,江苏省人多地少、资源环境约束问题突出,创新投入、创新能力、创新效率和创

---

① 中共浙江省委:《关于全面实施创新驱动发展战略加快建设创新型省份的决定》浙委发〔2013〕22 号。

新体系建设仍有较大差距，能否立足现实、面向未来，能否依靠科技的力量大幅度提高自主创新能力，直接决定着创新型省份建设的成效，直接影响到"两个率先"的进程。当前，创新已成为国家或地区之间竞争发展的关键，谁拥有强大的创新能力，谁就能把握先机、赢得主动。我们一定要从全局和战略高度，充分认识全面实施创新驱动发展战略、加快建设创新型省份的重要性和紧迫性，更加自觉地把工作着力点放到加大创新驱动力度上来，不断为创新发展注入新的动力和活力。①

9.1.2 明确创新驱动发展目标

坚持以邓小平理论、"三个代表"重要思想、科学发展观为指导，认真贯彻中央有关精神，以实施创新驱动战略、推进科技创新工程、建设创新型省份、加快转变经济发展方式为主线，提高自主创新能力，发展创新型经济，促进经济社会发展尽快走上创新驱动、内生增长的轨道。由江苏省政府于 2013 年 9 月发布的《创新型省份建设推进计划（2013—2015）》可知，到 2015 年，江苏省全社会研发投入占地区生产总值的比重将达 2.5％以上，科技进步贡献率达 60％，万人发明专利拥有量达 8 件，率先在全国跨入创新型省份行列。届时，江苏省将会建立比较完善的区域创新体系，创新资源高度集聚，创新主体充满活力，创新能力显著增强，创新效益大幅提升，产业核心竞争力较强，科技创新在经济社会发展和财富增长中起关键作用，基本形成创新驱动发展格局。

9.2 发展创新型经济，推进江苏经济"稳中有升"

9.2.1 着力推进重大技术研发和突破

围绕发展战略性新兴产业、促进经济转型升级，江苏省应紧扣产业链重要节点，遴选若干关联性大、带动作用强的重大共性技术，集中力量开展科技攻关；积极引进高端技术，通过消化吸收再创新形成自主知识产权，争取掌握优势产业核心技术、前沿先导技术、产业化应用关键技术；组织实施高新技术攀登计划，在新型光伏电池及系统、大功率海上风电机

---

① 中共江苏省委、江苏省人民政府：《关于实施创新驱动战略推进科技创新工程加快建设创新型省份的意见》苏发〔2011〕10 号。

组、高性能战略材料、大品种创新药物、新型节能装备、物联网核心器件及应用系统等重点领域,推进重大产业技术研发,努力满足当前和长远发展的科技需求。此外,面向国际科技前沿、江苏战略需求与未来产业发展,在干细胞、微纳制造、系统生物、云计算、大数据、高温超导、数字农业等高技术领域超前部署,大力推进原始创新、集成创新和引进消化吸收再创新。主动融入国家创新战略,积极争取国家创新资源,促进应用基础研究、前沿高技术研究与产业关键技术攻关的紧密衔接,努力形成一批具有自主知识产权和广泛应用前景的重大原始创新成果,以争取创新发展的新优势。

9.2.2 积极推动新兴产业跨越发展

坚持有所为有所不为,加快完善新兴产业布局,鼓励和引导各地明确主攻方向,实施重点突破,培育各具特色的产业新优势。积极实践高新技术产业"双提升"计划,促进高新技术成果加快向产业转移和转化。集成各类产业技术发展资金,组织实施产业科技重大专项,加快新能源、新材料、生物技术和新医药、节能环保、软件和服务外包、物联网和新一代信息技术及高端装备制造、光电、智能电网等新兴产业发展,大力发展产业带动性强的战略整机或产品系统,加快重大创新产品的应用示范,建设一批支撑产业持续创新的重大科技平台及研发与产业化基地。大力推进服务业创新发展,着力培育基于新一代信息技术的新兴服务、工业设计、工程设计、现代物流、科技服务等新业态,推动高技术服务业与高端制造业融合发展,促进产业链向研发和服务两端延伸。运用数字化设计、绿色制造等新技术,大力提升高新技术产业的节能减排和信息化水平。鼓励支持商业模式创新,提升发展电子商务产业,加快建设国际电子商务中心。加快国家交通运输物流公共信息平台建设,推动港航、物流、金融等产业与信息化深度融合、有效联动。①

9.2.3 加快传统产业改造升级

推动信息化与工业化深度融合,深化信息技术集成应用,加快推动制造业向智能化、网络化、服务化转变。提升服务业与先进制造业同产业结

---

① 中共江苏省委、江苏省人民政府:《关于实施创新驱动战略推进科技创新工程加快建设创新型省份的意见》苏发〔2011〕10 号。

构优化升级的匹配性。全面启动现代化技术改造专项行动,大力推进减员增效、减能增效、减耗增效、减污增效,提高劳动生产率和优质品率。切实抓好企业自动化、智能化、生态化的技术改造,加快高新技术和先进适用技术在传统优势产业中的推广应用。积极推进先进装备制造业大发展,加大对采购和应用省产先进装备的支持力度。坚持淘汰落后产能,探索建立环保标准、调整城镇土地使用税、实行差别电价水价等新机制,倒逼企业技改和产业升级。分类推进"智慧城市"试点,加快"智慧江苏"建设。

9.2.4 加强农业现代化和民生领域科技创新

推动科技资源和成果向"三农"倾斜,以保障粮食安全、促进农业增效和农民增收为目标,推进粮食丰产、设施农业、科技富民强县、新农村建设、农村科技服务行动,提升现代农业发展水平。深入开展"送科技下乡、促农民增收"活动,加快江苏省农村科技服务超市网络建设,完善新型农业科技服务体系。加强农产品生产、食品全程质量安全控制、食品安全质量检测等技术集成示范,形成从"田头"到"餐桌"双向全程质量安全技术体系。开展秸秆等农村废弃物资源化利用、污水及垃圾处理、化肥农药减量使用等技术集成示范,建立新农村建设科技示范新模式。

实施民生科技促进计划,积极打造民生科技,围绕人口健康、食品药品安全保障、社会公共安全、生态环境保护等重大民生科技问题,开展自然灾害、突发公共卫生事件、生产安全事故防范和应急处置技术创新,组织实施防灾减灾技术、基层卫生适宜技术和服务业数字化技术三大科技成果转化工程,切实增强社会管理科技含量,全面提高健康安全水平和生态环境质量。

9.2.5 高效配置创新资源

区域创新能力越来越受到区域经济发展水平、区域资源环境、区域创新资源条件等因素的制约,一个地区如何经济、合理、高效地配置有限的创新资源,提高区域创新能力,是目前在加快经济转型升级、建设创新型国家、建设生态文明国家背景下亟须解决的问题。因此,应推动企业为主体的技术创新,加快培养一大批科技企业家;推动以高校、科研机构为主体的知识创新,将科技与教育相结合,大力实施大学生科技创新人才培养计划,增强学生创新精神和创业能力;推动政府为主体的制度创新,坚持市场经济改革取向,深化行政审批制度和资源要素市场化等改革;推动各创新服务机构为主体的服务创新,充分发挥民资充裕的优势,创新科技金融产品和服务。创新主体资源配置能力的加强有赖于各类创新主体真正做到各司其职、相辅相成,构成一个完整的体系。①

9.3 多元化推进,率先实现创新型省份建设目标

9.3.1 坚持企业主体地位

(1) 以培育高新技术企业为抓手,着力提升企业创新能力

高新技术企业是提升企业创新能力的关键,只有加快培育一大批拥有自主知识产权和自主品牌的高新技术企业和创新型企业,"江苏制造"才能彻底向"江苏创造"转化,江苏省的经济格局和产业竞争力才能发生根本性变化。要始终突出企业技术创新主体地位,特别是推动和支持大中型工业企业和规模以上高新技术企业建立研发机构,提升研发机构建设水平。加快培育壮大创新型企业,形成有自主知识产权、自主品牌、核心竞争力强的创新型企业集群,这样才能大幅提升企业创新能力,真正使企业成为决策的主体、研发投入的主体、科研组织的主体、成果转化的主体,才能有力地推动江苏省创新型省份的建设。

(2) 鼓励引进技术的消化吸收和创新,改善创新结构

积极有效地促进企业引进技术与提高自主创新能力相结合,通过多种途径鼓励企业引进技术消化、吸收和再创新。首先,加强对技术引进和消化吸收再创新的管理。依据国家制定的鼓励引进技术目录及禁止进口和限制进口技术目录,确定能够引进的重大装备和关键技术。② 同时,将引进的技术是否能够消化吸收形成自主创新能力,作为评估和验收的重要内容。其次,大力支持企业引进消化吸收再创新。通过建立专门的消化创新基金,扶持和引导各地加快引进先进技术。在重点产业领域,实施"参与国家重大科技计划行动",对高新技术产业发展中重要的关键共性技术、核心技术,以及需要技术升级的已有自主知识产权的产品,组织申报国家"863"计划、科技

---

① 陈才华:《江苏省区域创新资源配置研究》,江苏省委党校硕士论文,2005 年。

② 中共江苏省委、江苏省人民政府:《关于实施创新驱动战略推进科技创新工程加快建设创新型省份的意见》苏发〔2011〕10 号。

攻关计划、中小企业科技创新基金项目等,作为提升江苏产业创新能力的突破口。培育和扶持一批具有自主知识产权和核心技术的成长型中小企业和民营企业,鼓励企业跟踪行业技术发展的前沿,加大对引进技术的消化、吸收和再创新能力,鼓励支持企业拥有自主知识产权及核心技术的产品。再次,支持产学研联合开展消化吸收再创新。对重大核心、关键技术的引进,企业应联合高等院校和科研院所,在消化吸收的基础上,共同开展产业创新活动。政府在投资的科技基础设施建设中,优先支持在重点产业中由产学研合作组建的科技平台承担重大引进技术消化吸收再创新任务。

(3)充分发挥高校、科研院所"源头创新"作用,推进产学研协同创新

鼓励和推动高校、科研院所与企业形成创新利益共同体。积极探索江苏特色的企业出题、政府立题、协同解题的产学研合作创新之路,加强顶层设计和资源系统整合。健全产业技术创新战略联盟、校企联盟、技术转移联盟等创新合作组织,促进产学研各方围绕产业技术创新需求,整合创新资源,联合开展攻关,实现创新要素与生产要素在产业层面的有机衔接,形成各方优势互补、共同发展、利益共享、风险共担的协同创新机制。充分发挥高校、科研院所"源头创新"作用,提高知识创新、技术创新和成果转化能力。鼓励和支持江苏省企业、高校、科研院所到海外建立或兼并研发机构,进一步拓展获取和利用海外创新资源的渠道。

9.3.2 坚持市场发展方向

(1)扶持推广企业创新产品,提升企业市场拓展能力

综合运用政府采购、市场培育、需求创造、风险补助等多种措施,以市场引领创新,以应用促进发展。搭建信息平台,实施"江苏制造"工程,在政府采购和公共资源交易中,不断提高自主创新产品应用比重。依托国家级和省级重点工程应用项目等方式,推进本省企业新技术、新产品、新工艺和新材料的广泛应用。大力支持创新产品拓展市场,支持企业赴境内外参展,推进电子商务应用与发展,鼓励企业应用第三方电子商务平台发布信息、开拓市场,加快向网上网下市场融合创新转变,再创江苏市场新优势。在投资性消费、实物消费、服务消费、生态消费等各个领域,大力倡导和鼓励消费者使用创新产品、节能环保产品。[①]

① 中共江苏省委、江苏省人民政府:《关于实施创新驱动战略推进科技创新工程加快建设创新型省份的意见》苏发[2011]10 号。

公共科技创新平台是引进各种创新要素、盘活创新资源、转化创新成果的重要载体和有效途径。江苏应充分发挥政府的指导作用,加快推进创新载体及平台建设,使之成为科技创新要素集聚高地、科技创新及成果转化高地。按照"政府扶持平台建设,平台服务企业,企业自主创新"的原则,以董事会、理事会、会员制等多种方式,跨行业、跨部门、跨单位整合资源,全方位建设公共科技基础平台、行业创新平台和区域创新平台。培育各类生产力促进中心、科技企业孵化器、技术转移中心、专业化的科技信息平台,以提供科学技术咨询、信息咨询、科技文献、科技查新等服务,充分实现资源共享。加快江苏省大学科技园建设,利用当前国家鼓励建设大学科技园的有利时机,建立以"985 高校""211 高校"为主体,其他驻苏科研院所积极参与,现有的国家级、省级高新技术创业服务中心、高新技术开发园区为依托的大学科技园。

(2)加快高校、科研机构发明成果转化,促进企业创新能力提升

江苏高校林立,拥有大量的高新技术成果,但由于长期以来高校只重视科研成果,不重视科研成果产业化,使大量的科研成果无法转化为现实生产力。为此,应实行科研合同制,利用各种科技中介组织和科技创新服务平台,推行优势互补、风险共担、利益共享的政产学研的模式,为企业提供各种创新资源和创新要素,促进企业提升其自主创新能力,使得大量的科技成果能迅速专利化、商品化和产业化。首先,在市场的创新活动中,要坚持以企业为核心组织产学研联合创新。强化企业创新主体建设,积极探索促进企业产业创新的模式和机制。在战略上尽快确立企业产业创新的主体地位,在制订科技发展规划时,充分考虑企业需求,在科技投入、研究计划和人员配置上向企业倾斜。鼓励企业加大科研投入,开展自主创新。引导企业建立高水平的研发机构,加强对研发机构的运行机制、资金投入、人员结构及开发成果等方面的建设和管理。加快建立以企业为主体,科研院所和高校优势互补、风险共担、利益共享、共同发展的产学研合作机制。其次,要充分利用政府资源制定政策法规促进产学研的合作,同时吸引金融机构参与,发挥各自的优势。再次,加强江苏高校、科研院所与企业联合建设科研机构、工程技术中心、研究院、博士后工作站、科技型企业等,加快高校科技成果工程化、产业化。最后,要充分利用政府资源,制定政策法规,优先支持产学研合作项目及科技型中小企业技术创新基金项目。

9.3.3 坚持创新平台建设

(1) 推动高新园区转型升级、创新发展,实现空间拓展、协作共赢

高新区是科技创新的核心载体。实施创新型园区建设计划,引导高新园区着眼自主创新,着力集聚创新资源和高层次人才,加快研发和转化先进科技成果,大力发展高新技术产业和战略性新兴产业,全面提升内生发展能力和辐射带动能力。同时,应根据江苏各地实际情况和发展基础,整合提升省级高新技术产业园区、特色产业基地及各类工业园区,有针对性地加大扶持力度,突出主导产业,抢占产业技术创新和发展制高点,实现错位发展。此外,还需进一步推动海内外创新资源进入高新园区,重点建设集知识创造、技术创新和新兴产业培育为一体的创新核心区,使之成为园区转型发展的重要引擎。①

(2) 开发建设高水平创新平台,发挥创新纽带作用

结合江苏省科教优势,应引导相关高校集成创新资源,扎实推进大学科技园建设,加强大学科技园与高新园区的合作,充分发挥连接上游科学研究与下游科技成果转化的桥梁纽带作用。围绕经济转型升级的需要,大力发展企业孵化器、大学科技园、大学生创业基地、留学人员创业园等创新创业载体,吸引高层次人才创新创业、创办高科技企业,完善创业服务体系,强化创业辅导功能,促进科技企业孵化培育和科技成果产业化。②

9.3.4 坚持人才队伍培养

(1) 以高校科研院所为基地,加快创新人才队伍培养

世界各国经济发展的实践证明,人才是经济社会发展的决定因素。实现人才与经济、科技、教育一体化,关键在于实现人才发展战略与经济社会发展战略的对接。当前,江苏经济社会的发展已经站在了一个新的历史起点上,面对日趋激烈的国际竞争和日益趋紧的能源环境压力,迫切需要寻找新的增长动力,创造新的竞争优势。江苏省拥有众多高校和科研院所,具有培养创新型人才的坚实基础和条件。当前,应加强三个层次的创新型人才队伍建设:一是加强科技创新专业技术人才队伍建设,造就

---

① 《开放型经济转型升级研究(开发区专题)》课题组、葛守昆:《整合资源、放大功能 推动开发区率先转型升级》,《唯实》,2012 年第 7 期。

② 中共江苏省委、江苏省人民政府:《关于实施创新驱动战略推进科技创新工程加快建设创新型省份的意见》苏发〔2011〕10 号。

一批中青年为主体的领衔科学家和创新型领军科技人才。打造具备特色的科技人才团队,造就一批能解决江苏省重大战略问题的各类创新团队。二是加强创新型企业经营管理人才队伍建设。随着江苏省一大批工业企业的崛起,涌现出了一大批杰出的企业家,但与发达国家的大中型高科技企业相比,优秀的企业家尤其是具有创新精神的优秀企业家仍缺乏。三是加强高技能人才队伍建设。进一步加强企业研究生工作站、院士工作站、博士后工作站等载体建设,充分发挥"科技镇长团"的桥梁纽带作用,形成千军万马下基层的生动局面。加强创新方法培训,着力培养一批具有全球眼光、开拓精神和创新能力的优秀企业家。

(2)建设高层次人才发展平台,全力打造创新创业人才高地

政府应研究制定更加开放、更加灵活、更富效率的人才政策,大力发展人力资源服务业,引领江苏省各地建设一批人才智力高度密集、科技创新高度活跃、新兴产业高度发展的人才高地。以高层次人才和高技能人才为重点,组织实施十大人才工程,依托重大科研和工程项目、重点学科和科研基地、国际学术交流和合作项目,培养造就一批推动科技创新和产业发展的高端人才。进一步组织实施"江苏高校优势学科建设工程",支持高校联合企业布局建设一批战略性新兴产业等领域的重点学科和研发机构,加快培养高层次创新创业人才。发挥海外高层次人才创新创业基地作用,支持有条件的高新区创建国家级海外高层次人才创新创业基地。鼓励有条件的园区、高校、院所和龙头骨干企业开展人才管理改革试验,在人才管理体制和政策机制创新上先行先试,充分调动创新人才的积极性和创造性,让一流人才做出一流贡献、一流贡献获得一流回报。

9.3.5 坚持政府引导作用

(1)强化科技投入,建设多元化投融资体系

围绕建设江苏创新型省份的目标,把科技投入看作一种战略性投资,建立兼顾基本科技 R&D 经费投入和专项科技 R&D 经费投入的稳定增长机制。加大对 R&D 经费投入的引导力度,使全社会 R&D 经费投入占国内生产总值的比重逐年提高,力争到 2020 年,R&D 经费投入占 GDP 的比重达 3% 以上。强化科技投入,建设多元化投融资体系。R&D 经费是增强产业创新能力的基本要素和重要保障。各研究机构的 R&D 经费投入量仅靠自身资金实力是远远不够的,必须建立多元融资支持体系。要重视中小企业技术创新,着力解决中小企业融资困难的问题,为中小企

业提供资金支持，其融资渠道包括企业自筹研发资金、政府设立新技术新产品开发基金、政府提供税收支持、吸收民间资金、银行提供信贷资金以及引进外资等。其中，重要的是完善金融支持这一环节，即各商业银行建立完善的服务机制和信贷管理体制，不断简化贷款手续，提高工作效率。同时，应加快发展风险投资体系，以市场化为原则，积极培育多层次、多形式的风险投资主体，如风险投资公司、风险投资基金、种子基金，吸引民间资本进入风险投资领域，寻找省内外及国际风险投资机构涉足江苏高技术产业。

总而言之，江苏省应继续加强政府对科技创新的投资力度，加强银行金融创新，发挥中小型科技企业创新基金的引导作用，创建社会化资本风险投资公司，建立和完善风险投资机制、科技信贷和信用评估机制，使资本市场成为产业创新的强有力支撑。

（2）做好科技创新政策配套工作，营造有利于创新的良好环境

江苏省自确立"创新驱动"战略以来，各方面的实施细则和政策规划还未到位，R&D资金投入、税收、融资、人才培养等方面的政策倾向尚未完善，政策之间衔接和协调仍显不够，政策着力点也应进一步从研发链向创新链转变。因此，江苏省政府应该不断完善具有江苏特色的地方法规和激励政策：出台有利于企业加大R&D投入的税收政策；制定促进中小企业企业家与创新者技术创新的激励政策；制定新的有利于自主创新的政府采购和技术进出口政策等。总之，江苏省政府应进一步转变职能，强化服务意识，营造良好的有利于自主创新的环境，在政策、资金、人才、文化等方面协调一致地推动江苏创新型省份的建设。

（3）保护知识产权，扶持自主创新

我国虽已建立知识产权保护的法律框架，但还没有形成涵盖研究开发、合作创新、产学研合作、技术转移和扩散等各环节的创新产权界定与保护的法律制度和规范体系，使得技术追随者能够利用创新收益分配的不确定性和创新技术的可变性，通过技术追随战略获得企业后发优势，分享创新企业的收益。因此，有必要采取强有力的措施提高江苏高技术企业的自主专利意识，推动其技术创新活动，要对高技术企业采用专利技术给予一定的政策平衡，如完善在创新企业与追随企业之间合理分配的定价制度、税收制度等，通过政策手段完善自主知识产权保护、扶持自主技术创新。

（4）督促指导科技创新，完善创新文化建设

江苏省政府通过颁布相关的政策法规来规范和支持区域内创新活动的开展；同时要营造良好的创新环境，为创新主体的交流和互动以及创新活动的开展和创新氛围的形成提供良好的基础；还需要加强各创新主体之间的交流，实现资源的快速流转和知识的顺利传播，以加强各创新主体之间的合作。此外，在创新文化方面，政府需积极倡导尊重知识、崇尚创新、诚信守法，大力营造敢为人先、敢冒风险、勇于创新、敢于竞争、宽容失败的良好氛围，弘扬"三创"精神，充分发挥创新文化在实施创新驱动战略、推进科技创新工程、建设创新型省份中的引领作用；加强对重大科技成果、典型创新人物、创新型企业的宣传，加大对创新创造者的表彰奖励力度，充分激发创新创业活力，为创新型省份建设创造优质的创新创业创优氛围。

结论与展望

目前我国已进入建设创新型国家的重要阶段,江苏创新型省份建设也正处于向创新型区域跃升的重要节点,借鉴发达国家创新型国家建设的成功经验,分析江苏创新型省份建设的历程、现状与存在问题,进而提出具有针对性和前瞻性的江苏创新型省份建设的战略、模式和路径等,对于有效化解经济全球化和世界金融危机带来的外在压力,切实解决好自主创新发展进程中制约全局的深层次矛盾和问题,对于增强江苏自主创新能力和区域竞争力,推动经济发展方式的深层次转变,破解资源环境瓶颈制约,推动经济社会又好又快发展,乃至加快我国创新型国家进程均具有重要的理论价值和现实意义。

本研究从创新的基本理论、创新型国家的内涵入手,对典型创新型国家进行对比分析;分析了我国创新型国家的建设历程;分析了江苏建设创新型省份的内涵、目标、任务和总体情况;探讨了江苏创新型省份各创新主体的投入产出状况;对江苏建设创新型省份的政策变迁及其社会经济效应进行了深入分析;在明确了江苏创新型省份战略演进过程的基础上,采用 SWOT 分析法和 QSPM 矩阵确立了江苏建设创新型省份的战略与思路;探讨了江苏创新型省份建设的模式;通过构建江苏建设创新型省份评价体系,对江苏创新型省份建设进行了多维度、多层次的分析与评价;最后探讨了江苏创新型省份建设的路径与对策。

研究表明:

(1) 国内外有关创新型省份建设的系统性、跟踪性研究相对较少,对江苏创新型省份建设相关研究成果的深度和广度仍需进一步拓展

国外学者的研究主要集中在创新型国家、创新型城市层面,国内学者主要围绕创新型国家、创新型省份和创新型城市的内涵、战略、模式、路径、评价指标体系、创新体系、创新资源配置、创新能力等展开了大量的研究。我国创新型国家、省份、城市的建设实践也在快速推进,但对创新型

省份的系统性、跟踪性研究成果相对较少,对江苏创新型省份建设相关研究成果的深度和广度仍需进一步拓展。

(2)企业、高校、研究机构和政府等创新主体的创新活动对江苏创新型省份建设的影响显著

分析表明,企业、高校、研究机构三大创新主体的创新投入和创新产出对江苏创新型省份建设有着显著的影响,但是三大创新主体的影响程度却有所差别。企业、高校和研究机构三大创新主体的创新产出对江苏创新型省份建设的贡献率,都不及创新投入对江苏创新型省份建设的贡献率大。政府部门对江苏创新型省份建设具有重要的推动作用,主要表现为:一方面政府部门通过绘制创新蓝图,在区域创新体系中发挥着主导性作用;另一方面政府部门在引导和激励创新与研发方面发挥了重要作用,既表现为政府资金投入对 R&D 经费内部支出总额的带动作用显著,也表现为政府对企业开展创新活动的支持和鼓励已从直接拨款资助为主转变为政策优惠等间接方式为主。

(3)江苏建设创新型省份政策的社会经济效应显著

江苏省在高技术产业政策、企业科技创新激励政策、人才政策、产学研合作政策和创新城市、创新平台政策等方面推出了各种政策措施。其中,在高技术产业政策方面,主要从推动高新技术产业发展和促进科技成果转化两方面推出相关政策;在企业科技创新激励政策方面,主要从税收优惠、资金支持等方面促进高新技术企业、创新型企业和科技型中小企业的健康发展;在人才政策方面,主要出台各种人才引进计划,加大高层次创新创业人才的引进力度,并鼓励江苏省大学生创业;在鼓励产学研合作政策方面,通过签署合作协议促进中科院和江苏省的院省合作,并通过资金支持、企业院士工作站、导师计划、产业教授等,促进江苏省的产学研合作;在创新城市、创新平台政策方面,加大了科技公共服务平台、创新型园区、创新型城市的政策支持力度。通过以上政策的协同实施,江苏高新技术产业爆发式增长,拉动经济回升,经济结构进一步优化;推动企业不断提升自主创新能力;江苏省人才集聚效应显著,产学研合作水平明显提高,且正逐步转化为生产力;创新城市、创新平台建设迈上新高度,拉动创新型经济的增长。这些效应也可从政府部门对江苏创新型省份建设的推动作用中加以印证。

（4）江苏省创新型省份建设的创新环境、创新投入、创新产出和综合绩效位居全国前列，但苏南、苏中和苏北之间的创新效率存在差异

实证分析发现：江苏创新型省份建设的创新环境在全国位居第五，但不及北京、上海、广东和浙江；创新投入在全国位居第四，但与北京、上海等还有差距；创新产出在全国位居第五，但不如广东；创新综合绩效在全国位居第五，但不如北京、上海、广东、天津等省市；江苏创新型省份建设的总体评价在全国位居第四，不如北京、广东、上海。通过数据包络分析发现，苏南地区的创新投入比苏中、苏北地区要多，创新总产出也比苏中和苏北地区的总量要大，但其创新规模效率相对较低，除南京市外的苏南城市存在规模效益递减的情况。就纯技术效率而言，苏南、苏北和苏中地区的差距不大，这说明苏南、苏中和苏北创新技术效率相对都比较高。

（5）江苏创新型省份建设的总体战略应以自主技术创新、完善知识产权战略为核心，以国际化、多元化、信息化一体发展战略和产学研密切合作、拓宽创新领域发展战略为两翼，逐步加强战略性新兴产业技术创新主体地位

江苏创新型省份建设的 SWOT 分析包括了两个方面的主要影响因素：一是外部环境因素，包括机会因素和威胁因素，它们是外部环境对江苏创新型省份建设的有利和不利因素，属于客观因素，一般归属为经济、政治、社会、人口、市场等不同范畴。二是自身内部因素，包括优势因素和劣势因素，它们是江苏省在创新型省份建设过程中自身存在的积极和消极因素，属于主观因素，一般归类为管理、组织、经营等不同范畴。本研究应用 SWOT 战略分析法和定量战略规划矩阵（QSPM），确定了江苏创新型省份建设提升战略的主体方向。

（6）江苏创新型省份建设应采用多元网络型建设模式

区域创新系统的发展模式可以归纳为五类：基于产业集群的创新系统模式、主动学习型创新系统模式、跨行政区创新系统模式、基于创新主体的创新系统模式和多元网络型创新系统模式。基于江苏省目前经济发展和创新活动现状，以及在综合分析后得出的江苏创新型省份建设的总体战略指引下，多元网络型建设模式是适合江苏创新型省份建设的模式。其关键点包括：企业要重视自主创新能力的提升，并开展多形式的产学研合作，建立各类产业技术创新和产业发展联盟，引导产学研各方围绕产业技术创新需求重点打造产业链；高等院校和科研机构在创新型省份建设过程中主要是要将其科教资源真正转变为经济优势，并加强与其他创新

主体的互动;科技中介机构通过技术推广与信息传播、科技评估与咨询和科技创业服务等方式为江苏企业、高校和科研机构的产学研合作提供良好的服务保障,并以此推动创新型省份的建设;政府部门应注重创新环境建设,为创新能力的跨越式发展制定宏大目标导引,加强对科技和创新规划与管理的精细化,重视市场决定科技创新资源配置后政府作用的优化,并加强对地方推进科技创新的督促指导。

(7)优化江苏创新型省份建设路径,开启江苏发展新时代

江苏省以全面认识并实施创新驱动发展战略为基础,以发展创新型经济为目标,以有利于解放科技生产力、建立健全区域创新体系、大幅提高科技创新能力为动力,全力推进创新型省份建设。主要建设路径为:全面认识并实施创新驱动发展战略,开启江苏发展新时代。为此,应坚持创新驱动战略,进一步明确创新驱动发展目标;发展创新型经济,推进江苏经济"稳中有升"。为此,应着力推进重大技术研发和突破、积极推动新兴产业跨越发展、加快传统产业改造升级、加强农业现代化和民生领域科技创新,高效配置创新资源;多元化推进,率先实现创新型省份建设目标。为此应坚持企业主体地位、坚持政府引导作用、坚持创新平台建设、坚持人才队伍培养和坚持市场发展方向。

本研究对江苏创新型省份建设进行了多维度、多层次的理论和实证分析,在研究内容和研究方法上进行了有益的探索。然而,由于研究范围、资料的可得性和研究能力等方面的主客观原因,理论研究和实证研究的深度和精密度仍需进一步提高,比如对江苏与相近发展水平的国家的比较研究,对江苏创新型省份建设的动态仿真研究,以及从行业(尤其是战略性新兴产业)和企业角度对江苏创新型省份建设的实证研究等还需要加强,也为我们后续研究提出了新的研究课题。

江苏省工业企业科技资源配置研究[①]

本研究基于江苏省第二次 R&D 资源清查资料和有关时间序列资料，以资源配置效率理论、新制度经济学理论、广义梯度理论为指导，从地区、行业两个角度对江苏省工业企业科技资源配置状况进行全面分析，深层次挖掘江苏在工业企业科技资源配置方面所存在的矛盾与问题并揭示其形成的原因，进而提出促进江苏工业企业科技资源优化配置的对策体系。研究表明，江苏工业企业科技资源配置规模不尽合理，地区、行业科技资源分布差异大，配置效率普遍较低。要实现江苏工业企业科技资源优化配置应做到：加强工业企业科技人力资源队伍建设；加大政府的科技资金投入并建立多层次的科技资金投入体系；强化企业的科技创新主体地位，提高企业自主创新能力；优化科技资源区域结构，缩小地区差距，协调各地区科技和谐发展；加大知识产权保护力度；推进"产学研"相结合的技术创新模式等。

一、影响工业企业科技资源配置的因素分析

1. 科技资源的内涵

资源在人类生存和发展中具有重要的作用。最初提出资源经济学理论的是阿兰·兰德尔。他在《资源经济学》(1989)中从经济学角度来探讨自然资源和环境政策，将资源定义为"由人发现的有用途和有价值的物力"。由定义可以看出，他所指的资源仅指自然资源，包括可再生资源和不可再生资源两大类。随着人类不断地发展，资源的定义也在不断地扩

---

① "江苏工业企业科技资源配置研究"为江苏省第二次 R&D 资源清查课题（苏清查办字〔2010〕13 号），课题负责人：冯缨；承担单位：江苏大学；课题组成员：赵喜仓、杨道建、吴胜东、徐占东、梁洪、徐小阳、朱春晓等；项目完成时间：2011 年 6 月。

展。史忠良、肖四如在其所著的《资源经济学》(1993)中,将资源定义为
"自然界及人类社会中一切为人类所用的资财"。[①] 这里的资源在传统的
意义上包含了经济资源。随后,不断有各种社会要素被纳入到资源的内
涵中,逐步形成了既相互独立又相互联系的六大资源子系统,即自然资
源、经济资源、文化资源、人力资源、政治资源和制度资源。

经济的快速发展,科学技术起到了重要的作用,各国逐步将焦点从经
济领域延伸到科技领域。而作为科技活动的基础科技资源,其作用也被
逐步认识,并被赋予了"第一资源"的历史地位。

科技资源是科技人力资源、科技财力资源、科技物力资源、科技信息
资源等要素的总和,是由科技资源各要素及次一级要素相互作用而构成
的系统[②],是创造科技成果,推动整个经济和社会发展的要素的集合,是科
技活动的物质基础。

科技资源和天然气、石油、煤炭等自然资源的相同之处在于它们都是
一种资源,是人类进行社会实践活动的基础。但是,科技资源和这些自然
资源在来源上却存在着根本不同:自然资源来源于自然界;而科技资源来
源于人类社会,明显带有人类活动产物的特点。科技资源和其他社会资
源(如经济资源、政治资源等)一样,它们的划分都是相对的。只有当它们
服务于不同的活动领域时,这种划分才具有实际意义。

2. 企业科技资源的分类

企业科技资源包括科技人力资源、科技财力资源、科技物力资源和科
技信息资源等。

(1) 科技人力资源

科技人力资源是指分布在企业各部门中的构成科技创新活动基础和
投入科技创新活动中的科学技术工作者,他们是科技活动中发挥创造性
作用的主导力量。

(2) 科技财力资源

科技财力资源表现为对企业科技创新活动投入的研究经费,即其投
资能力和投资水平。投资能力是指为科技创新活动筹集的研究经费,而
投资水平是指实际已用于科技创新的经费支出,二者分别从增量和存量

---

① 师萍、李垣:《科技资源体系内涵与制度因素》,《中国软科学》,2000 年第 11 期。
② 丁厚德:《科技资源及其配置的研究》,《中国科技资源导刊》,2009 年第 2 期。

两个方面来考察科技的财力水平。

（3）科技物力资源

企业科技物力资源主要是指在科学技术研究活动中，所需要的科研机构（实验室）和科研仪器、设备的总和。其中，科研机构是指进行科学研究、技术开发和中试等活动的机构；科研仪器、设备主要指直接用于科研、开发、中试及工业性试验的专用设备，包括科研设备、技术监测设备和计算机等。

（4）科技信息资源

企业科技信息资源是指企业为保证科技创新活动得以顺利完成而向内部或外部收集、整理与存储的各种知识、情报资源。其涵盖的范围包括科技成果、科技信息、科技情报和竞争情报等。[①]

3. 影响科技资源配置的内部因素分析

影响科技资源优化配置的因素主要分为内部要素和外部因素，内部要素主要包括科技资源配置规模、结构以及方式等；外部因素是指资源存在的环境因素。

（1）配置结构

科技资源配置的总体目标是要使得全局的科技经济社会综合效益达到最优，具体体现为科技投入结构的优化。科技投入结构可分为以下几个方面：

① 地区结构，即各种科技资源、科技投入在地域间的分配结构。对江苏省工业企业科技资源配置系统来说，地区结构就表现为科技资源在苏南、苏中、苏北的投入结构，同时也表现为在 13 个地级市之间的配置结构。

② 行业部门结构，表现为科技资源在各产业之间、国民经济各部门之间的配置结构，以及在企业、科研单位、高等院校之间的配置结构。就本研究而言，则不存在部门结构的问题，仅表现为科技资源在不同行业如采矿业、制造业等的分布。

③ 学科结构，主要表现为科技资源在基础研究、应用研究、开发研究之间的配置结构。

（2）科技资源配置方式

工业企业的科技资源配置的方式有三种类型：① 计划配置，即通过政

---

① 王莹：《东北老工业基地科技资源优化配置研究》，吉林大学硕士论文，2006 年。

府的计划将各种科技资源进行分配。② **市场配置**,即通过市场机制,通过发挥利益调节、竞争机制的作用来进行科技资源的配置。③ **计划与市场相结合的配置**,即对于一些可以通过利益机制以扩大和调节资源流向的行业,可以采用市场机制配置的方式;而对于一些不能完全通过利益机制进行调节的行业,可以适当采取计划配置的方式。[①]

（3）科技资源投入数量

工业企业的科技资源投入主要包括人力资源和财力资源等的投入。数量投入的多少,直接影响到该行业或企业科技资源配置效果的好坏,直接影响到科技产出的多少,进而影响该行业或企业的科技发展水平。

另外,企业规模、企业销售收入、企业创新回报率及企业的创新意识等企业内部因素也会对企业科技资源配置行为产生影响。

4. 影响科技资源配置的外部因素分析

（1）宏观经济环境

宏观经济环境主要是指一定时期国家经济状况的好坏,以及所实施的宏观经济政策、投资趋向、发展重点,并为适应经济增长的需要和经济结构的变化而制定的各项经济政策。税收、价格、信贷、工资等经济杠杆则是经济政策中的重要组成部分。经济发展是科技资源配置优化的内在动因,它为科技资源投入提供物质的保证;科技资源配置优化反过来又能增强经济实力。制订合理的经济政策是实现经济与科技良性循环的根本保证。经济杠杆是实现科技资源配置优化的调节器,是加速科技进步的有力手段。

（2）政策法规环境

政策法规环境主要是指一定时期为实现科技资源配置优化、实现科技进步而制定的各项政策（宏观、微观政策,长期、短期政策）与法规制度的总和。政策方面除经济政策外,主要有科技政策、人才政策、技术发展战略等;法律环境则包括了有助于市场运作规范性的法规条例与制度,例如知识产权制度、技术合同法、公司法等。作为科技资源优化配置的激励手段,各项相关政策的制定必须以符合科学技术本身发展的规律性为基本前提,其目的在于规范科技创新主体行为与运作过程,优化资源配置,推动科技创新,使研发活动深入经济建设主战场。

---

① 冯永田:《区域科技资源配置与使用的研究》,武汉理工大学博士论文,2005 年。

（3）市场环境

市场环境是指有利于科技创新和经济增长所依赖的市场体系的总和,主要包括产品市场、技术市场、资金市场、人才市场等。市场的发展程度和完善程度,决定了对科技资源需求的压力大小,而市场的开放程度则影响科技资源配置的深度与扩散的广度。另外,市场结构以及市场竞争程度的高低也会对科技资源配置产生影响。

（4）人文环境

人文环境主要是指国家、地区或科技创新体系内部对科技资源配置的认知程度,以及由此决定的科研人员社会地位、科学研究的重视程度等一系列社会意识的总称。显而易见,科技资源配置的人文环境直接影响着科技投入的力度与广度。[①]

另外,企业的研发机会等因素对科技资源配置也会有影响。

二、江苏省工业企业科技资源配置状况

1. 江苏省科技资源配置的总体现状

（1）科技人力资源配置现状

科技人力资源,是指分布在各创新主体之中,在科技活动中发挥创造性作用的主导力量,并构成科技创新活动基础的科学技术工作者。我们从科技活动人员的投入强度和人员素质两个方面对江苏工业企业科技人力资源的配置情况进行研究。科技活动人员的投入强度是反映某一地区科技资源投入能力的重要指标,它从全社会劳动力配置的角度看科技活动在该地区所处的地位,是决定科技产出的关键因素。该指标用科技活动人员占从业人员的比重来表示。人员素质则通过科学家与工程师所占比重来反映。

从表专1.1可见,江苏大中型工业企业的科技人力资源相对比较丰富,科技活动人员从2000年的14.71万人增加到2008年的29.34万人,其中具有高、中级职称或大学本科及以上学历的人员由2000年的7.13万人增加到2008年的17.73万人,增长幅度超过科技活动人员的增长幅度;而具有高、中级职称或大学本科及以上学历的人员的比例也在逐年提高（由2000年的48.47％到2008年的60.43％）。以上数据在一定程度上说明江苏工业企业具备较高质量的科技人力资源。

---

① 姜钰:《黑龙江科技资源优化配置研究》,《工业技术经济》,2008年第1期。

表专 1.1　江苏省大中型工业企业科技人力资源投入情况

年　　份	从事科技的人员数 （万人）	具有高、中级职称或大学本科 及以上学历的人员（万人）
2000	14.71	7.13
2001	15.01	7.50
2002	15.81	8.40
2003	16.85	9.77
2004	16.95	9.11
2005	20.25	11.54
2006	20.50	12.19
2007	25.87	15.36
2008	29.34	17.73

资料来源：《江苏统计年鉴》(2001—2009)。

（2）科技财力资源配置现状

科技财力资源是指用于科技创新活动的投资能力及水平，是科学技术活动的重要支撑条件，通常表现为投入的研究经费。

江苏省大中型工业企业科技经费筹集额从 2000 年的 95.39 亿元增加到 2008 年的 769.99 亿元。一般而言，科技活动的经费主要是由企业自筹、财政科技拨款以及金融机构贷款等构成。江苏省大中型工业企业的科技资金来源情况如图专 1.1 所示。由图可知，江苏省大中型工业企业的科技资金大部分是来源于企业自筹，而财政科技拨款较少。

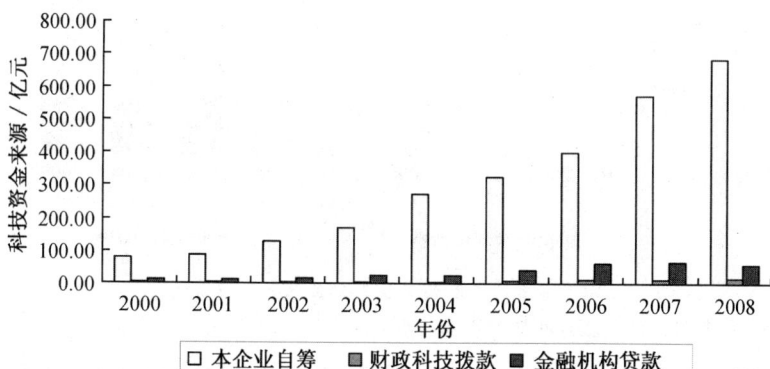

图专 1.1　江苏省大中型工业企业的科技资金来源情况
资料来源：《江苏统计年鉴》(2001—2009)。

对科技活动经费的支出，主要从新产品开发经费所占比例、消化吸收经费与技术改造支出总额之比等两个方面来分析。2007年和2008年,江苏省大中型工业企业的科技经费支出中用于开发新产品的经费分别为415亿元和505亿元,分别占其科技经费支出总额的60.64%和63.34%。同期用于技术改造支出总额分别为367.93亿元和417.32亿元,其中,购买国外技术的经费分别为51.74亿元和36.39亿元,购买国内技术的经费分别为10.9亿元和16.86亿元,企业用于消化吸收的经费分别为21.07亿元和15.28亿元,消化吸收经费占技术改造支出总额的比例分别为5.73%和3.66%,这种现状必然导致企业吸收和应用国内外科技知识的能力受到限制,这也是企业不能充分发挥技术创新主体作用的重要原因之一。

(3)专利申请状况

专利指标是衡量技术创新产出的重要指标,特别是发明专利申请量反映了一个国家技术创新的活跃程度。

2001—2009年,江苏大中型工业企业专利申请数从1 417件增加到19 503件,增加了12.8倍,年均增长率为40.51%;发明专利申请数从302件增加到5 843件,增加了18.35倍,年均增长率达45.67%。江苏专利申请已经进入快速发展时期,详见图专1.2。

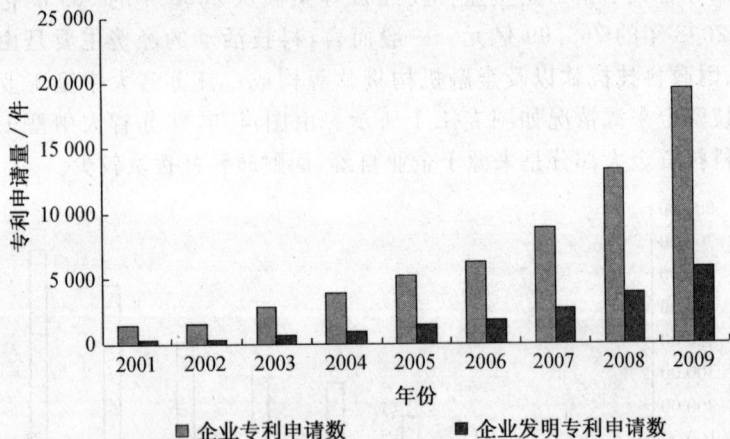

图专1.2 江苏大中型工业企业专利申请量

资料来源:《江苏统计年鉴》(2002—2010)。

发明专利申请量占专利申请总量的比重是反映专利质量的重要指标。在2001—2009年,该比重虽然有所增加,但增幅不大:2001比重为22.58%,到2009年为29.96%,年均增长率仅为3.64%。江苏的发明专利比重较低,增长缓慢,专利质量亟待提高,详见表专1.2。

表专 1.2　江苏大中型工业企业发明专利比重情况(2001—2009 年)

%

年份	2001	2002	2003	2004	2005	2006	2007	2008	2009
发明专利比重	22.58	23.01	24.17	25.06	26.94	28.12	30.19	29.54	29.96
比重增长率		1.90	5.02	3.72	7.49	4.35	7.39	—2.16	1.43

资料来源:《江苏统计年鉴》(2002—2010)。

2. 科技资源地区分布

（1）各地区工业企业科技人力资源

2009 年,江苏大中型工业企业 R&D 人员 210 043 人年,折合全时当量 163 032.1 人年。其中,参加项目人员 167 606 人年,占 R&D 人员的 79.8%;女性研究人员 44 336 人年,占 R&D 人员的 21.11%。

表专 1.3 反映了 2009 年苏南、苏中、苏北地区大中型工业企业 R&D 人员的基本情况。由表专 1.3 可知,苏南地区 R&D 人员规模最大,为 152 462人年,折合全时当量 119 977 人年,占江苏省 R&D 人员总和的 76.69%,占有绝对优势;苏中、苏北地区 R&D 人员相差不大,前者比后者多4 467.9人年(折合全时当量),两个地区 R&D 人员占江苏省总和的比重分别为 14.57%、11.83%。以上数据进一步说明苏中、苏北地区在科技创新方面与苏南地区差距较大。

表专 1.3　江苏各地区大中型工业企业 R&D 人员情况(2009 年)

地区	R&D 人员（人年）	R&D 人员折合全时当量（人年）	参加项目人员（人年）	女性 R&D 人员（人年）	R&D 人员占江苏省 R&D 人员比重（%）	参加项目人员占该地区 R&D 人员比重（%）	女性 R&D 人员占该地区 R&D 人员比重（%）
苏南	152 462	119 977.0	121 500	32 074	73.59	79.69	21.04
苏中	31 013	23 761.5	24 901	7 034	14.57	80.29	22.68
苏北	26 568	19 293.6	21 205	5 228	11.83	79.81	19.68

资料来源:江苏省第二次 R&D 资源清查数据。

另外,江苏三个地区参加项目人员及女性 R&D 人员占该地区 R&D 人员的比重大致相当,都接近于江苏省平均水平。各地区参加项目人员所占比重在 80% 左右,在一定程度上说明江苏具备较强的科研能力。近年来,越来越多的女性人员参与到科研创新活动中来,女性 R&D 人员数量持续稳步上升,使得 2009 年各地区女性 R&D 人员所占比重都在 20% 左右,女性研究人员成为科技创新的生力军。

2009 年,江苏各市大中型工业企业 R&D 人员数(折合全时当量)见图专 1.3。由图可见,江苏省 R&D 人员的区域分布差异很大,制约了江苏省 R&D 活动的纵深发展和区域发展差距的缩小。

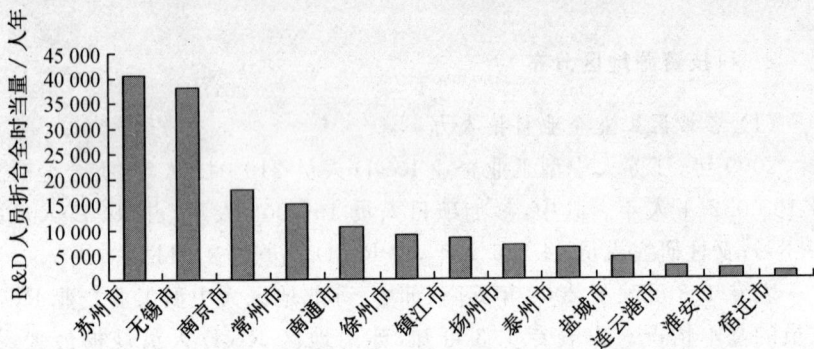

图专 1.3 各地区工业企业 R&D 人员(2009 年)

资料来源:江苏省第二次 R&D 资源清查数据。

2009 年,江苏大中型工业企业 R&D 人员投入强度为 4.11%。

从 R&D 活动类型来看,江苏各地区的人力资源配置结构严重不合理。2009 年,江苏省只有南京和扬州有应用研究人员,但规模都非常小,分别为 41.4 人年、41.9 人年。基础研究和应用研究投入力度的不足,在研发活动中的比重得不到根本性的提升,将会造成新产品、新工艺创新的水准不高,发明专利在三类专利中所占比重较小,进而可能会制约科技和经济的长期持续发展。

(2)各地区工业企业科技经费支出

近几年来,江苏各地区的科技经费支出迅速增长,R&D 经费投入总额屡创新高。2009 年,江苏省大中型工业企业 R&D 经费支出总额达 481.15 亿元,其中 R&D 经费内部支出 451.51 亿元,占 R&D 经费支出总额的 93.84%;R&D 经费外部支出 29.64 亿元,仅占支出总额的 6.16%。苏南、苏中、苏北大中型工业企业 R&D 经费支出数据详见表专 1.4。由相关数据分析可知,江苏 R&D 经费内外部支出比例严重失调,外部支出经费太低,不足支出总额的一成,且这一现象在苏南、苏中和苏北地区均相当严重。同时,苏南地区不仅在经济上遥遥领先于苏中和苏北地区,而且在科技经费投入上也远高于苏中苏北地区,如果不加以协调,这势必将进一步加大苏南地区与苏中、苏北地区的差距。

表专 1.4 江苏各地区大中型工业企业 R&D 经费支出情况

地区	R&D 经费内部支出（亿元）	R&D 经费外部支出（亿元）	R&D 经费支出（亿元）	R&D 经费内部支出占江苏省的比重（％）	R&D 经费外部支出占江苏省的比重（％）	R&D 经费支出占江苏省的比重（％）	R&D 经费内部支出占总支出的比重（％）	R&D 经费外部支出占总支出的比重（％）
苏南	333.72	20.35	354.08	73.91	68.68	73.59	94.25	5.75
苏中	72.74	5.23	77.97	16.11	17.63	16.20	93.30	6.70
苏北	45.05	4.06	49.10	9.98	13.69	10.21	91.74	8.26
江苏省	451.51	29.63	481.15	100.00	100.00	100.00	93.84	6.16

资料来源:江苏省第二次 R&D 资源清查数据。

从各地区工业企业科技经费支出考查,2009 年江苏 13 个地级市大中型工业企业科技经费支出如图专 1.4 所示。2009 年,江苏 13 个地级市大中型工业企业的 R&D 经费支出平均值为 37.01 亿元,苏州、无锡的工业企业 R&D 经费支出总额均超过了 100 亿元,两市工业企业 R&D 经费支出合计 231.53 亿元,占江苏省 R&D 经费支出总额的 48.12％。江苏省按"苏州、无锡—南京—常州、南通—泰州、徐州、镇江、扬州—盐城、连云港、淮安、宿迁"的五阶梯级递减,各地区科技经费投入极度不平衡。

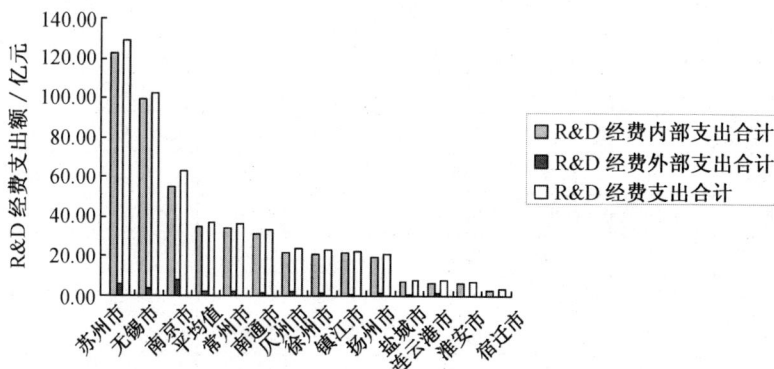

图专 1.4 各地区大中型工业企业 R&D 经费支出额(2009 年)
资料来源:江苏省第二次 R&D 资源清查数据。

从各地区工业企业 R&D 内部经费的来源考查,各地区工业企业 R&D

内部经费来源的基本情况详见表专 1.5。2009 年,江苏省大中型工业企业 R&D 内部经费主要来自以下几个方面:政府资金,包括中央和江苏地方各级政府的财政科技支出;自筹经费,指科技创新主体利用自身的技术条件和各种能力,面向社会取得的收入中用于科研的部分;国外资金,主要指工业企业吸引外商投资,其中用于科技创新活动的资金;其他资金。从表专 1.5 中可以看出,2009 年各地区工业企业 R&D 内部经费绝大部分来源于企业自筹经费,其所占比例一般都高达 85% 以上,该比例最低的南京市也为 84.55%。除企业资金外,政府资金和国外资金也是企业 R&D 内部经费的重要来源。表 1.5 反映出 2009 年各地区工业企业 R&D 内部经费中政府资金和外商资金所占比例太小,说明江苏各级政府对科技创新活动的重视程度还不够,工业企业吸引外商投资的能力太弱。同时,不同地区的政府资金和外商资金数额以及所占比例也存在一些差异。

表专 1.5　江苏各地区大中型工业企业 R&D 内部经费来源情况

地区	政府资金/R&D经费内部支出(亿元)	企业资金/R&D经费内部支出(亿元)	国外资金/R&D经费内部支出(亿元)	R&D经费内部支出(亿元)	政府资金占R&D经费内部支出比重(%)	企业资金占R&D经费内部支出比重(%)	国外资金占R&D经费内部支出比重(%)
南京市	2.06	46.90	6.41	55.48	3.71	84.55	11.56
无锡市	1.50	92.61	1.91	99.17	1.52	93.38	1.92
徐州市	0.49	20.61	0.10	21.31	2.28	96.69	0.47
常州市	0.74	32.18	0.86	34.31	2.16	93.80	2.49
苏州市	1.89	114.64	3.87	122.91	1.54	93.27	3.15
南通市	0.74	30.02	0.11	31.43	2.37	95.51	0.34
连云港市	0.55	5.87	0.01	6.42	8.49	91.31	0.08
淮安市	0.60	5.83	0.12	6.57	9.16	88.72	1.76
盐城市	0.72	6.65	0.00	7.50	9.54	88.65	0.05
扬州市	0.91	18.26	0.02	19.48	4.68	93.77	0.12
镇江市	0.79	20.60	0.09	21.86	3.60	94.20	0.43
泰州市	1.05	20.65	0.13	21.83	4.80	94.59	0.61
宿迁市	0.33	2.77	0.00	3.24	10.18	85.39	0.00

资料来源:江苏省第二次 R&D 资源清查数据。

从各地区工业企业科技经费强度考查,江苏各地区的大中型工业企业 R&D 经费占工业总产值的比重如图专 1.5 所示,各地区大中型工业企业 R&D 人员平均 R&D 经费如表专 1.6 所示。

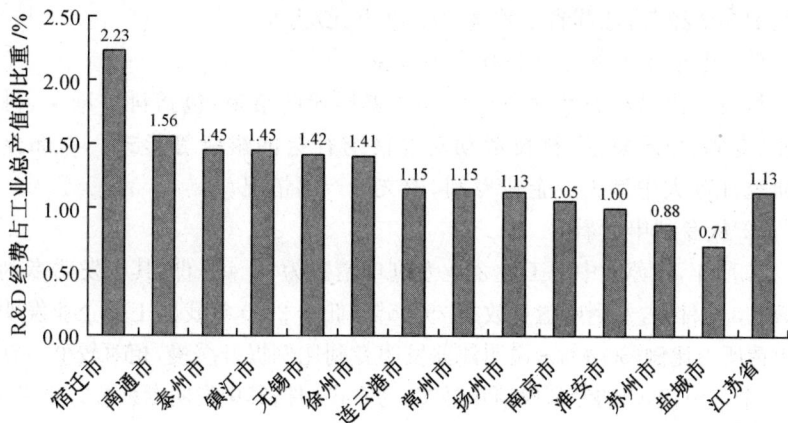

图专 1.5　各地区大中型工业企业 R&D 经费占工业总产值的比重（2009 年）
资料来源：江苏省第二次 R&D 资源清查数据。

表专 1.6　江苏各地区大中型工业企业 R&D 人员平均经费（2009 年）

地区	R&D 经费内部支出 （万元）	R&D 人员折合全时当量 （人年）	R&D 人员平均 R&D 经费 （万元/人年）
南京市	554 759.7	17 893.6	31.00
无锡市	991 674.4	38 192.9	25.96
徐州市	213 102.9	8 915.1	23.90
常州市	343 095.7	14 992.7	22.88
苏州市	1 229 072.8	40 713.5	30.19
南通市	314 343.4	10 627.7	29.58
连云港市	64 249.3	2 552.4	25.17
淮安市	65 712.8	2 079.7	31.60
盐城市	74 963.0	4 346.9	17.25
扬州市	194 780.1	6 858.0	28.40
镇江市	218 633.2	8 184.3	26.71
泰州市	218 318.7	6 275.8	34.79
宿迁市	32 427.1	1 399.5	23.17

资料来源：江苏省第二次 R&D 资源清查数据。

　　2009 年，江苏大中型工业企业工业总产值达 42 622.23 亿元，R&D 经费内外部支出合计 481.15 亿元，江苏省大中型工业企业 R&D 经费占工业总产值的比重为 1.13％。2009 年，江苏大中型工业企业 R&D 经费内部支出合计 451.51 亿元，R&D 人员 210 043 人，折合全时当量

163 032.1人年，R&D经费与R&D人员全时当量的比值即为R&D人员平均R&D经费，江苏省平均为27.69万元/人年。

(3) 各地区工业企业科技产出成果

科技产出是科技活动所产生的各种形式的结果，包括科技论文、科技著作、专利、技术贸易、科技活动对经济与社会的影响等形式。本部分重点研究江苏大中型工业企业专利、论文的产出情况。

① 从专利申请看

2009年，江苏大中型工业企业专利申请数为19 495件，其中发明专利申请数5 839件，占专利申请总数的29.95%，低于2000年我国工业企业发明专利申请所占比例(30.4%)，说明江苏发明专利比例提升缓慢，相对较低。江苏省13个市中，苏州的专利申请量最多，为6 497件，其中发明专利数2 021件；宿迁最少，专利申请数只有140件，其中发明专利数49件。省内差异悬殊。

2009年，江苏大中型工业企业拥有国外授权发明专利数共1 223件，占发明专利总数的14.61%，说明江苏大中型工业企业所拥有的处于国际领先水平的发明专利较少。表专1.7列出了2009年江苏各地区拥有的国外授权发明专利数。从表中可知，江苏各地区的专利质量水平差异巨大，出现苏州一家独大的局面，其他地区的专利质量亟待加强。虽然专利数量是一个重要指标，也是江苏当前专利工作的重中之重，然而一味追求数量并不能满足江苏提升竞争力的需要，同时也造成浪费和阻碍专利事业的发展。各级政府应该建立有效的专利质量评价指标，实现专利数量和质量共同提高，才能真正实现以专利制度促进技术创新，提升江苏技术竞争力。

表专1.7　江苏各地区大中型工业企业拥有国外授权发明专利数情况(2009年)

件

南京	无锡	徐州	常州	苏州	南通	连云港	淮安	盐城	扬州	镇江	泰州	宿迁
72	17	3	12	1 063	9	11	1	8	3	7	17	0

资料来源：江苏省第二次R&D资源清查数据。

② 从科技论文看

2009年，江苏大中型工业企业发表科技论文共计4 251篇，各地区的论文数量相差悬殊。

通过对科技论文与专利产出的地域分布特征的分析可知，科技产出与各地区的科技投入存在着一定的对应关系，即科技投入多的地区科技产出多，如苏州、南京、无锡等对科技人力财力投入均居江苏省前列，相应的科技产出情况也处在全省前列，而淮安、宿迁等地的科技产出和科技投入都处在较低水平。

(4) 各地区工业企业科技项目情况

近年来,江苏不断加大科技项目开发力度,科技项目开发规模和水平不断提升。2009年,江苏大中型企业实施科技项目15 250项,参加项目人员16.76万人,折合全时当量13.66万人年,投入项目经费407.87亿元,科技项目平均经费投入为267.45万元,项目人员平均经费24.33万元。江苏各地区的科技项目情况见表专1.8。从表专1.8中可知,2009年江苏省大中型工业企业实施的科技项目主要集中在苏南地区,苏南五市实施项目数列江苏省前五,共计11 174件,占江苏省的73.27%;投入项目人员12.15万人,项目经费302.81亿元,分别占江苏省的72.49%和74.24%。苏南地区中常州和镇江的项目规模相对较小。苏中苏北地区的项目规模大体相当,苏中地区略高于苏北地区。两个地区实施的科技项目、投入人员、经费仅占江苏省的26.73%、27.51%、25.76%,可见江苏大中型工业企业科技项目资源地区性分布差异较大。

表专1.8 江苏各地区大中型工业企业科技项目情况(2009年)

地区	全部科技项目数(项)	项目数占江苏省比重(%)	参加科技项目人员	项目人员占江苏省比重(%)	本年度项目经费内部支出(亿元)	项目经费占江苏省比重(%)	项目平均经费(万元)	项目人员平均经费(万元)
苏州市	3 360	22.03	42 909	25.60	113.07	27.72	336.53	26.35
南京市	2 516	16.50	21 088	12.58	50.69	12.43	201.49	24.04
无锡市	2 460	16.13	33 111	19.76	88.14	21.61	358.27	26.62
镇江市	1 586	10.40	8 846	5.28	19.76	4.85	124.62	22.34
常州市	1 252	8.21	15 546	9.28	31.15	7.64	248.77	20.03
苏南	11 174	73.27	121 500	72.49	302.81	74.24	271.00	24.92
南通市	786	5.15	11 038	6.59	26.81	6.57	341.13	24.29
扬州市	719	4.71	7 597	4.53	17.36	4.26	241.43	22.85
泰州市	664	4.35	6 266	3.74	19.87	4.87	299.24	31.71
苏中	2 169	14.22	24 901	14.86	64.04	15.70	295.26	25.72
徐州市	781	5.12	9 225	5.50	19.97	4.90	255.65	21.64
连云港市	432	2.83	3 047	1.82	5.61	1.38	129.82	18.41
盐城市	401	2.63	5 060	3.02	6.29	1.54	156.87	12.43
淮安市	179	1.17	2 280	1.36	6.19	1.52	345.54	27.13
宿迁市	114	0.75	1 593	0.95	2.96	0.73	260.01	18.61
苏北	1 907	12.50	21 205	12.65	41.01	10.06	215.07	19.34

资料来源:江苏省第二次 R&D 资源清查数据。

(5)各地区工业企业办科技机构情况

2009 年,江苏大中型工业企业办科技机构 2 286 个,其中国内机构 2 248 个,国外机构 38 个;拥有机构科技活动人员 14.04 万人,其中具有博士、硕士、本科学历的人员分别为 1 970 人、10 615 人、71 205 人,共占 59.69%;科技机构经费投入 313.02 亿元,平均每一机构经费支出 1 392.43万元,机构科技人员人均经费使用额 22.3 万元。表专 1.9 反映了各地区工业企业办科技机构的情况。由表可见,大中型工业企业国外科技机构设置方面,江苏各地区都很不理想。江苏省共办国外机构 38 个,其中苏州、盐城最多,为 8 个,情况相对较好,占江苏省的 21.05%。南京、泰州、淮安和宿迁在这方面还是空白,其他各市的国外科技机构数在 1~5 个之间,由此可见,江苏的地区大中型工业企业在这方面任重道远。

表专 1.9 江苏各地区大中型工业企业办科技机构情况(2009 年)

地区	国内机构数(家)	国内机构数占江苏省比重(%)	国外机构数(家)	机构科技活动人员(人)	机构科技活动人员占江苏省比重(%)	机构内部开展科技活动经费支出(亿元)	机构内部开展科技活动经费支出占江苏省比重(%)	机构平均经费(万元)	机构科技人员人均经费(万元)
南京	174	7.74	0	15 471	11.02	48.29	15.43	2 775.52	31.22
无锡	311	13.83	3	20 846	14.85	50.56	16.15	1 625.61	24.25
常州	252	11.21	5	13 043	9.29	24.03	7.68	953.43	18.42
苏州	555	24.69	8	39 727	28.30	83.84	26.78	1 510.58	21.10
镇江	131	5.83	2	7 308	5.21	9.46	3.02	722.44	12.95
苏南	1 423	63.30	18	96 395	68.68	216.18	69.06	1 519.17	22.43
南通	215	9.56	2	10 779	7.68	28.19	9.01	1 311.06	26.15
扬州	142	6.32	1	7 936	5.65	18.63	5.95	1 311.70	23.47
泰州	110	4.89	0	8 519	6.07	19.98	6.38	1 816.74	23.46
苏中	467	20.77	3	27 234	19.40	66.80	21.34	1 430.36	24.53
徐州	86	3.83	4	5 044	3.59	12.09	3.86	1 406.03	23.97
连云港	46	2.05	2	3 707	2.64	9.46	2.01	1 370.57	17.01
淮安	57	2.54	0	2 256	1.61	3.63	1.16	637.24	16.10
盐城	129	5.74	8	4 006	2.85	4.56	1.46	353.54	11.38
宿迁	40	1.78	0	1 713	1.22	3.45	1.10	863.20	20.16
苏北	358	15.93	17	16 726	11.92	30.04	9.60	839.17	17.96

资料来源:江苏省第二次 R&D 资源清查数据。

科技机构人员中具有本科及以上学历人员比例能够很好地反映出科技活动人员的素质,而人员素质又是衡量科技资源投入能力的重要指标。图专1.6给出了2009年江苏各地区大中型工业企业科技机构人员的素质情况。

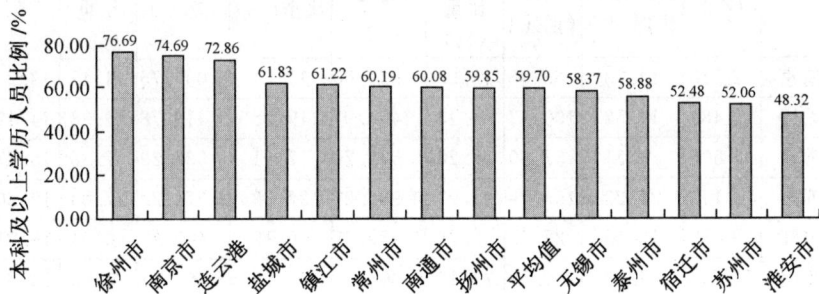

图专1.6　各地区工业企业科技机构人员中具有本科及以上学历的人员比例(2009年)
　资料来源:江苏省第二次R&D资源清查数据。

(6)各地区工业企业新产品开发、生产及销售情况

新产品开发是技术创新的主要形式,是企业将科技成果转化为生产力的有效方式。2009年,江苏大中型工业企业新产品开发经费支出518.99亿元,产值7 275.41亿元,实现销售收入7 293.94亿元,其中新产品出口销售收入2 008.1亿元,占销售总收入的27.53%。各地区的新产品情况见表专1.10。

新产品产值和新产品销售收入直接反映出新产品开发的成果。由表专1.10可知,江苏各辖市的新产品开发经费占比、新产品产值占比和新产品销售收入占比三项指标的数值都相差很小。这说明新产品的投入与产出具有明显的正相关关系,即新产品开发经费多的地区,相应的新产品产值和销售收入也多;新产品开发经费少的地区,相应的新产品产值和销售收入也少。新产品产值与开发经费的比值能够很好地反映出新产品开发的投入产出比,分析表明,投资回报率的高低与新产品的投入规模没有明确的关系。

新产品销售收入中出口销售收入所占比重某种程度上反映了新产品的市场竞争力。2009年江苏各地区大中型工业企业的国外销售比见图专1.7。

表专 1.10　江苏各地区大中型工业企业新产品情况(2009 年)

地区	新产品开发项目数(个)	新产品开发项目数占江苏省比例(%)	新产品开发经费支出(亿元)	新产品开发经费占江苏省比重(%)	新产品产值(亿元)	新产品产值占江苏省比重(%)	新产品销售收入(亿元)	新产品销售收入占江苏省比重(%)	产值经费比(%)
南京	2 520	14.73	63.48	12.23	839.50	11.54	1 033.75	14.17	13.23
无锡	2 484	14.52	100.82	19.43	1453.97	19.98	1 413.78	19.38	14.42
常州	1 508	8.81	37.69	7.26	575.70	7.91	536.29	7.35	15.27
苏州	4 146	24.23	155.29	29.92	1 988.27	27.33	1 971.20	27.03	12.80
镇江	2 079	12.15	27.30	5.26	450.67	6.19	440.89	6.04	16.51
苏南	12 737	74.43	384.58	74.10	5 308.11	72.96	5 395.91	73.98	13.80
南通	876	5.12	36.01	6.94	542.18	7.45	520.59	7.14	15.06
扬州	894	5.22	26.92	5.19	392.68	5.40	387.59	5.31	14.59
泰州	825	4.82	29.56	5.70	444.92	6.12	431.88	5.92	15.05
苏中	2 595	15.16	92.48	17.82	1 379.78	18.97	1 340.06	18.37	14.92
徐州	555	3.24	16.06	3.09	194.96	2.68	182.67	2.50	12.14
连云港	480	2.81	7.32	1.41	184.25	2.53	167.66	2.30	25.18
淮安	156	0.91	6.25	1.20	87.45	1.20	88.32	1.21	13.99
盐城	465	2.72	8.73	1.68	89.11	1.22	89.11	1.22	10.21
宿迁	124	0.72	3.56	0.69	31.74	0.44	30.23	0.41	8.90
苏北	1 780	10.40	41.92	8.08	587.52	8.08	557.98	7.65	14.01

资料来源:江苏省第二次 R&D 资源清查数据。

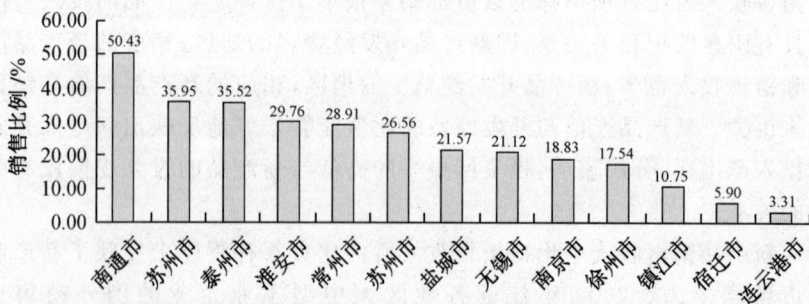

图专 1.7　各地区工业企业新产品国外销售比(2009 年)
资料来源:江苏省第二次 R&D 资源清查数据。

3．科技资源行业分布

根据国民经济行业分类（GBT4754-94），工业行业分为采掘业、制造业和电力、煤气及水的生产和供应业三个大类，其中采掘业又划分为6个中类、制造业划分为30个中类、电力、煤气及水的生产和供应业划分为3个中类。本研究是在江苏省第二次R&D资源清查的基础上进行的，由于某些行业的资料缺乏，将选取采掘业中类5个（忽略其他矿采矿业）、制造业中类29个（忽略废弃资源和废旧材料回收加工业）和电力、煤气及水的生产和供应业中类2个（忽略燃气生产和供应业）等共36个中类，并且根据惯例和子行业的相关性进一步将这36个中类重新划分为采掘、饮食烟草、服装纺织、木纸家具、印刷文体、石化、化纤胶塑、冶金、机械设备、高技术和电力及水的生产和供应业等11大子类，具体见表专1.11。

表专1.11　工业行业重新划分结果

采矿业	煤炭开采和洗选业、石油和天然气开采业、黑色金属矿采选业、有色金属矿采选业、非金属矿采选业
饮食烟草业	农副食品加工业、食品制造业、饮料制造业、烟草制品业
服装纺织业	纺织业，纺织服装、鞋、帽制造业，皮革、毛皮、羽毛（绒）及其制品业
木纸家具业	木材加工及木、竹、藤、棕、草制品业，家具制造业，造纸及纸制品业
印刷文体业	印刷业和记录媒介的复制、文教体育用品制造业、工艺品制造业
石油化工业	石油加工、炼焦及核燃料加工业，化学原料及化学制品制造业
化纤胶塑业	化学纤维制造业、橡胶制品业、塑料制品业
冶金业	非金属矿物制品业、黑色金属冶炼及压延加工业、有色金属冶炼及压延加工业、金属制品业
机械设备业	通用设备制造业、专用设备制造业、交通运输设备制造业、电气机械及器材制造业、仪器仪表，以及文化、办公用机械制造业
高技术行业	医药制造业、通信设备、计算机及其他电子设备制造业
电力及水的生产和供应业	电力、热力的生产和供应业，水的生产和供应业

(1) 各行业工业企业科技人力资源

2009 年,江苏各行业大中型工业企业 R&D 人员 210 043 人,折合全时当量 163 032.1 人年,其中参加项目人员 167 606 人年,占 R&D 人员的79.8%;女性研究人员 44 336 人年,占 R&D 人员的 21.11%。各行业的R&D 人员情况见表专 1.12。

表专 1.12 江苏各行业大中型工业企业 R&D 人员情况(2009 年)

行业	研究与试验发展(R&D)人员(人)	研究与试验发展(R&D)人员(全时当量)(%)	本年度参加项目人员/研究与试验发展(R&D)人员(人)	女性/研究与试验发展(R&D)人员(人)	R&D人员占江苏省比重(折合全时当量)(%)	参加项目人员占行业R&D人员比重(%)	女性R&D人员占行业R&D人员比重(%)
采矿业	4 767	3 766.8	3 908	464	2.31	81.98	9.73
饮食烟草业	3819	2 493.6	3 127	902	1.53	81.88	23.62
服装纺织业	12 748	9 214.5	10 526	5414	5.65	82.57	42.47
木纸家具业	3 480	2 804.5	2 549	648	1.72	73.25	18.62
印刷文体业	1 477	1 232.5	1 095	276	0.76	74.14	18.69
石油化工业	22 168	14 572.1	18 323	3674	8.94	82.66	16.57
化纤胶塑业	7 009	5 191.9	5 487	1468	3.18	78.29	20.94
冶金业	19 950	14 715.7	16 353	3449	9.03	81.97	17.29
机械设备业	82 076	65 282.1	64 178	14 400	40.04	78.19	17.54
高技术行业	51 287	43 046.2	40 909	13 530	26.40	79.76	26.38
电力及水的生产和供应业	1 262	712.2	1 151	111	0.44	91.20	8.80

资料来源:江苏省第二次 R&D 资源清查数据。

从表专 1.12 中可知,不同行业的 R&D 人员数量差异明显,同 R&D

经费一样,R&D 人员主要集中在机械设备业、高技术行业、冶金业以及石油化工业四个行业。相应地,项目人员与女性 R&D 人员也主要集中在上述四个行业。但是,各行业的项目人员比重差异不大,除电力及水的生产和供应业相对较高(91.2%)外,大都与 79.8%的平均水平相近。另外,各行业的女性 R&D 人员比重差异较大,11 个行业中只有服装纺织业、高技术行业和饮食烟草业的比重达到 21.11%的平均值,这主要是由行业特性所决定的。如服装纺织业的从业人员中女性人员数量相对别的行业较多,女性 R&D 人员比重也就更大;采矿业由于劳动强度大,从业人员大多为男性,女性 R&D 人员比重自然就小。

　　每万名从业人员中 R&D 人员数反映了科技活动人员的投入强度。2009 年,江苏大中型工业企业每万名从业人员中 R&D 人员数为 411 人年,图专 1.8 所示为 2009 年江苏各行业的科技活动人员投入强度情况。由图可知,每万名从业人员中 R&D 人员数最多的是石油化工业,最少的为电力及水的生产和供应业,前者是后者的 7 倍还多,差距明显。

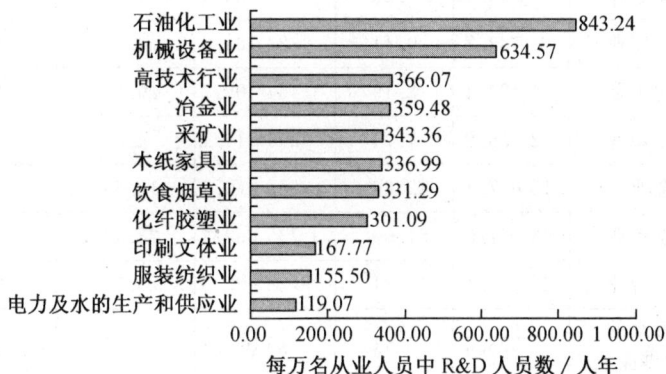

行业	每万名从业人员中R&D人员数/人年
石油化工业	843.24
机械设备业	634.57
高技术行业	366.07
冶金业	359.48
采矿业	343.36
木纸家具业	336.99
饮食烟草业	331.29
化纤胶塑业	301.09
印刷文体业	167.77
服装纺织业	155.50
电力及水的生产和供应业	119.07

图专 1.8　各行业工业企业每万名从业人员中 R&D 人员数(2009 年)
资料来源:江苏省第二次 R&D 资源清查数据。

(2) 各行业工业企业科技经费支出

① 各行业工业企业科技经费支出规模

2009 年,江苏各行业大中型工业企业的科技经费支出主要集中在机械设备业、高技术行业、冶金业及石油化工业,四个行业合计 R&D 经费支出 405.94 亿元,占江苏省所有行业 R&D 经费支出总额的 84.37%。11 个行业中机械设备业的 R&D 经费支出最高,为 186.66 亿元,占江苏省所有行业 R&D 经费支出总额的 38.79%;印刷文体业最少,仅为 2.38 亿元,占江苏省所有行业 R&D 经费支出总额的比重仅为 0.49%,前者是后者的 78.5 倍,差距十分明显。

② 各行业工业企业 R&D 内部经费中的政府资金

2009 年,江苏各行业大中型工业企业 R&D 内部经费中,政府资金共 12.36 亿元,仅占 R&D 内部经费总数的 2.74%。表专 1.13 反映了各行业大中型工业企业 R&D 内部经费中的政府资金的情况。

表专 1.13　江苏各行业大中型工业企业 R&D 内部经费中的政府资金

行业	政府资金（万元）	占江苏省政府资金比重(%)	R&D 经费内部支出（万元）	占江苏省内部经费的比重(%)	政府资金占内部经费的比重(%)
采矿业	530.9	0.43	64 159.8	1.42	0.83
饮食烟草业	3 756.4	3.04	83 329.5	1.85	4.51
服装纺织业	5 991.0	4.85	220 637.2	4.89	2.72
木纸家具业	346.4	0.28	74 283.0	1.65	0.47
印刷文体业	133.7	0.11	23 184.3	0.51	0.58
石油化工业	10 127.4	8.19	464 409.7	10.29	2.18
化纤胶塑业	2 155.2	1.74	200 714.4	4.45	1.07
冶金业	15 647.4	12.66	695 070.4	15.39	2.25
机械设备业	63 151.0	51.09	1 735 662.2	38.44	3.64
高技术行业	21 269.1	17.21	928 625.5	20.57	2.29
电力及水的生产和供应业	508.6	0.41	25 057.1	0.55	2.03

数据来源:江苏省第二次 R&D 资源清查数据。

从表专 1.13 中可以看出,江苏各行业的政府资金投入差异明显。2009 年,饮食烟草业、机械设备业的 R&D 经费内部支出的政府资金比例明显高于其占江苏省 R&D 经费内部支出的比重,这说明江苏政府资金在 R&D 经费内部支出上明显向这两个行业倾斜,占有相对更加重要的地位。

③ 各行业工业企业科技经费强度

2009 年,江苏省大中型工业企业 R&D 经费占工业总产值的比重为 1.13%,各行业所占比重见图专 1.9。

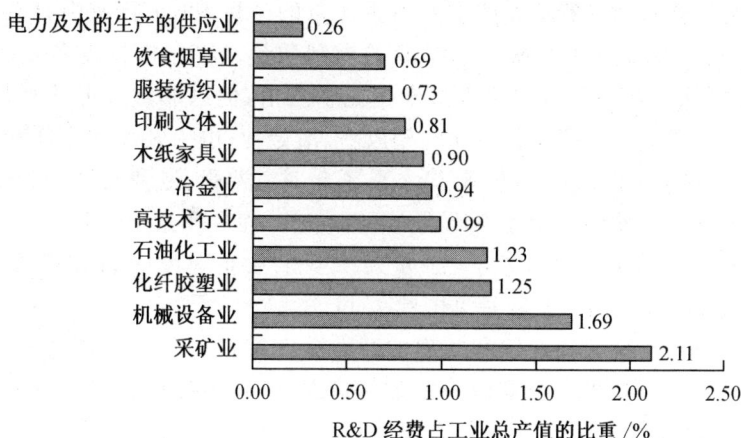

图专 1.9　各行业工业企业 R&D 经费占工业总产值的比重(2009 年)

资料来源:江苏省第二次 R&D 资源清查数据。

(3) 各行业工业企业科技产出成果

从专利申请看,2009 年江苏大中型工业企业专利申请数为 19 495 件,其中发明专利申请数 5 839 件,占专利申请总数的 29.95%。各个行业的专利申请情况,见图专 1.10。

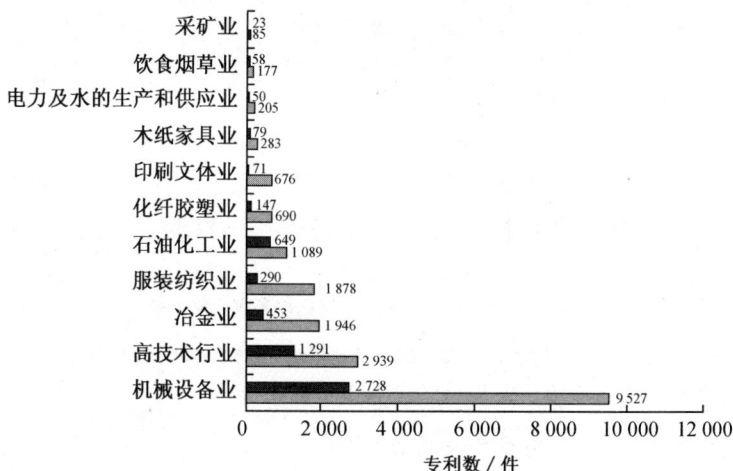

图专 1.10　各行业工业企业专利申请情况(2009 年)

资料来源:江苏省第二次 R&D 资源清查数据。

另外,发明专利占专利申请总数的比重也是衡量专利申请情况的重要指标。通过对各行业发明专利所占比重的分析,11 个行业中只有石油化工业、高技术行业及饮食烟草业的专利质量较高。机械设备业、采矿业、木纸家具业 3 个行业比重虽未达到平均值,但已非常接近该平均值,其专利质量处于中等水平。化纤塑胶业、冶金业、电力及水的生产和供应业的比重超过了 20%,但与平均水平还有一定差距,专利质量较为低下。印刷文体业和服装纺织业的比重均不足 20%,专利质量十分低下。

从科技论文看,2009 年,江苏大中型工业企业发表科技论文共计 4 251篇,各行业的论文数量见图专 1.11。

通过对科技论文与专利产出的行业分布特征的分析可知,科技产出与各行业的科技投入存在着一定的对应关系,即科技投入多的行业科技产出也多。

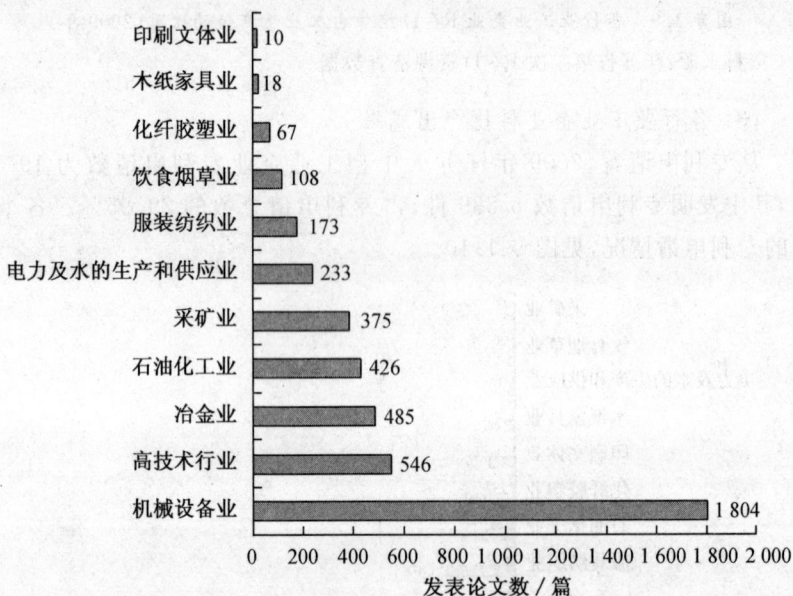

图专 1.11 各行业工业企业各行业的发表科技论文数(2009 年)
资料来源:江苏省第二次 R&D 资源清查数据。

(4)各行业工业企业科技项目情况

2009 年,江苏大中型企业实施科技项目 15 250 项,参加项目人员 16.76 万人,折合全时当量 13.66 万人年,投入项目经费 407.87 亿元,科技项目平均经费投入为 267.45 万元,项目人员平均经费 24.33 万元。江苏各地区的科技项目情况见表专 1.14。

表专 1.14 江苏各行业大中型工业企业科技项目情况(2009 年)

行业	科技项目数(个)	项目数占江苏省比重(%)	参加科技项目人员(人)	项目人员占江苏省比重(%)	项目经费内部支出(万元)	项目经费占江苏省比重(%)	项目平均经费(万元)	项目人员平均经费(万元)
采矿业	312	2.05	3 908	2.33	54 679.1	1.34	175.25	13.99
饮食烟草业	219	1.44	3 127	1.87	74 354.1	1.82	339.52	23.78
服装纺织业	784	5.14	10 526	6.28	191 606.8	4.70	244.40	18.20
木纸家具业	419	2.75	2 549	1.52	72 046.9	1.77	171.95	28.26
印刷文体业	101	0.66	1 095	0.65	19 519.2	0.48	193.26	17.83
石油化工业	1 674	10.98	18 323	10.93	423 252.9	10.38	252.84	23.10
化纤胶塑业	498	3.27	5 487	3.27	173 258.8	4.25	347.91	31.58
冶金业	1 341	8.79	16 353	9.76	653 196.9	16.01	487.10	39.94
机械设备业	6 932	45.46	64 178	38.29	1 553 138.4	38.08	224.05	24.20
高技术行业	2 731	17.91	40 909	24.41	839 842.4	20.59	307.52	20.53
电力及水的生产和供应业	239	1.57	1 151	0.69	23 779.3	0.58	99.49	20.66

资料来源:江苏省第二次 R&D 资源清查数据。

由表专 1.14 可见,江苏大中型工业企业科技项目资源行业性分布差异较大。从项目平均经费来看,不同行业的差异也较大。各行业的项目人员平均经费虽不及项目规模和项目平均经费的差异大,但差异仍然明显。

(5) 各行业工业企业新产品开发、生产及销售情况

2009 年,江苏各行业的新产品情况见表专 1.15。从表专 1.15 中可见,从行业角度分析,投资回报率的高低与新产品的投入规模存在一定的关系,即新产品投入规模大的行业其投资回报率就相对较高。

表专 1.15　江苏各行业大中型工业企业新产品开发、生产及销售情况(2009 年)

行业	新产品开发项目数(个)	新产品开发项目数占江苏省比重(%)	新产品开发经费支出(万元)	新产品开发经费占江苏省比重(%)	新产品产值(万元)	新产品产值占江苏省比重(%)	新产品销售收入(万元)	新产品销售收入占江苏省比重(%)	产值经费比(%)
采矿业	68	0.40	1.07	0.21	2.82	0.04	2.75	0.04	2.63
饮食烟草业	246	1.44	8.69	1.67	66.41	0.91	63.45	0.87	7.65
服装纺织业	1 000	5.85	27.38	5.28	338.98	4.66	337.04	4.62	12.38
木纸家具业	783	4.58	6.97	1.34	131.31	1.80	129.63	1.78	18.83
印刷文体业	130	0.76	3.89	0.75	26.51	0.36	26.10	0.36	6.81
石油化工业	1 334	7.80	41.56	8.01	669.03	9.20	689.87	9.46	16.10
化纤胶塑业	608	3.55	24.96	4.81	284.49	3.91	294.28	4.03	11.40
冶金业	1 506	8.80	85.83	16.54	776.69	10.68	795.59	10.91	9.05
机械设备业	7 977	46.63	199.56	38.46	3 087.30	42.43	2 953.71	40.50	15.47
高技术行业	3 199	18.70	117.60	22.66	1 891.87	26.00	2 001.51	27.44	16.09
电力及水的生产和供应业	257	1.50	1.42	0.27	0.00	0.00	0.00	0.00	0.00

资料来源:江苏省第二次 R&D 资源清查数据。

三、江苏省工业企业科技资源配置效率评价

1. 江苏省工业企业科技资源配置效率评价指标体系的构建

本研究的评价指标体系是在充分考虑反映科技资源配置效率的全面性以及江苏省第二次 R&D 资源清查(以下简称清查数据)的可得性的基础上建立的,主要从科技投入和产出两个方面对工业企业科技资源配置效率测度指标体系进行构建。在进行科技投入指标选取时,对科技人力

资源要素和财力资源要素给予了重点关注,在清查数据中具体表现为 R&D 活动人员数量和 R&D 活动经费支出额。另外,科技人力资源和科技财力资源只有直接投入到科技创新活动中去,才能转变为现实的科技创新力,而企业科技项目情况正好能反映出科技资源的直接投入。为避免与前两个指标出现重复,所以我们选取科技项目数而不是科技项目人员、科技项目经费来反映江苏工业企业科技资源的直接投入,在清查数据中具体表现为 R&D 项目数。

科技资源配置系统的核心功能是提供科学技术知识和促进科技成果的转化,这一功能描述为科技活动产出指标的选取提供了依据。以此为依据,我们将其分为科技资源配置的直接产出(主要代表知识性产出)和间接产出(主要代表科技成果的转化)两大类。国际上常用专利产出和科技论文产出来监测科技资源配置的直接产出,清查数据中也有相关的统计数据,但是清查数据中统计的科技论文数并不是国际上惯用的被世界公认的三大权威国际论文检索系统(SCI,EI,ISTP)收录的论文数,对反映科技资源配置的直接产出意义不大,因此我们仅选取专利申请量来反映科技资源配置的直接产出(由于专利申请授权量受到政府专利机构等人为因素的影响较多,使得专利申请授权量受不确定性因素影响较大、而容易出现异常变动,因而专利申请受理量比专利申请授权量更能反映研发产出的真实水平)。而对于科技资源配置的间接产出,国际上常用新产品产值、技术市场成交额、高新技术产值来反映,但是由于相关数据的缺乏(江苏省第二次 R&D 资源清查并未对技术市场成交额和高新技术产值进行统计),所以我们建立的指标体系中只包含新产品产值这一指标。该指标一方面代表了企业的研发产出能力,满足了科技需求的能力;另一方面则体现出科技与经济相结合的程度。本研究构建的科技资源配置效率测度指标体系见表专 1.16。

表专 1.16　江苏省工业企业科技资源配置效率评价指标体系

指标层次	具体指标	指标说明
科技投入指标	R&D 活动人员数量(X1)	反映科技人力资源要素投入
	R&D 项目数(X2)	反映研发项目的投入
	R&D 活动经费支出额(X3)	反映科技财力资源要素投入
科技产出指标	专利申请数(Y1)	反映科技活动的直接产出
	新产品产值(Y2)	反映科技活动的间接产出

2. 江苏省工业企业科技资源配置效率评价方法

目前,广泛使用的效率测量方法有两大类:参数方法(统计方法)和非参数方法(数学规划方法)。虽然每一种方法都有其自身的优势和不足,但只有技术效率测量的非参数方法能够方便地处理多输出生产过程,不需大规模样本数据,且 DEA 有效的生产单位为真正的技术有效。这是其他方法不可比拟的。因此本研究选择 DEA 方法建立模型。具体采用改进后的 BC^2 模型。该模型既能计算技术效率又能计算规模效率,还能得到纯技术效率,可以进一步分析企业技术无效率是源于规模无效率还是纯技术无效率,从而明确优化江苏省工业企业科技资源配置的思路。

区域科技资源的优化配置就是要实现各种要素的最佳组合,其实质是科技资源利用率的提高。科技资源利用率,指科技资源消耗与科技活动直接产出成果的比较。用公式表示为:科技资源利用效率=科技活动成果(产出)/科技资源消耗(投入)。

按照前文所选用的指标,图专 1.12 为江苏工业企业科技资源配置评价的简化模型。

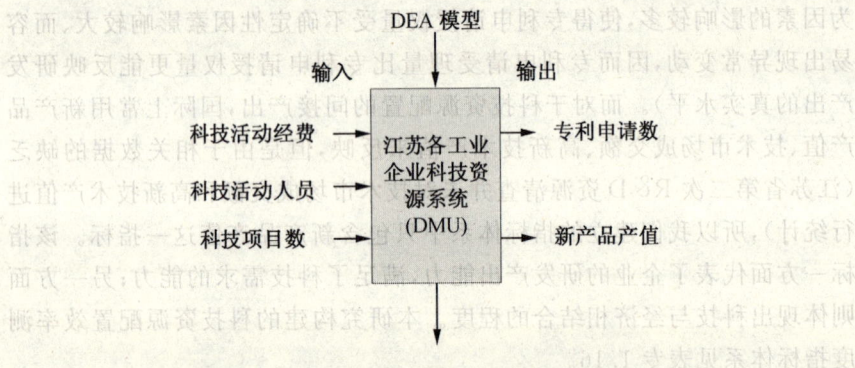

图专 1.12 基于 DEA 的科技资源配置效率评价模型

DEA 方法的研究对象是决策单元。江苏工业企业科技系统(不同地区、行业的同一时间的指标数值)可视为 DEA 方法中的一个决策单元,它具有特定的输入和输出,在将输入转化为输出的过程中,努力实现系统的目标即提高资源配置效率。应用 DEA 方法及模型可以评价区域科技资源配置效率,同时在评价的基础上还可以提供有关进一步优化区域科技资源配置的信息。

3. 基于 DEA 的江苏工业企业科技资源配置效率评价

这主要从地区和行业加以分析。

(1) 江苏各地区工业企业科技资源配置效率评价

① 原始数据

通过对 2009 年江苏 13 个市的科技资源投入产出状况进行评价,研究和分析各地区科技资源配置效率的相对有效性。以建立的科技资源配置评价指标体系为依据,输入指标为:X1 科技活动人员(人)、X2 科技项目数(项)、X3 科技活动经费筹集额(亿元);输出指标为:Y1 专利申请量(项)、Y2 新产品产值(亿元)。实证研究所需数据来自于江苏省第二次 R&D 资源清查,原始数据如表专 1.17 所示。

表专 1.17　江苏省各地区大中型工业企业科技情况(2009 年)

地区	X1	X2	X3	Y1	Y2
南京市	26 927	3 360	63.45	2 175	839.50
无锡市	45 897	2 516	102.53	3 884	1 453.97
徐州市	11 778	2 460	23.05	458	194.96
常州市	19 875	1 586	36.41	1 657	575.70
苏州市	48 563	1 252	129.00	6 497	1 988.27
南通市	13 570	786	33.06	1 095	542.18
连云港市	3 757	781	7.72	196	184.25
淮安市	2 924	719	6.90	239	87.45
盐城市	6 101	664	8.03	395	89.11
扬州市	9 537	432	20.79	871	392.68
镇江市	11 200	401	22.69	1 078	450.67
泰州市	7 906	179	24.12	810	444.92
宿迁市	2 008	114	3.40	140	31.74

数据来源:江苏省第二次 R&D 资源清查数据。

② 江苏各地区工业企业科技资源配置效率 DEA 分析

DEA 测算 DMU 的技术效率有投入导向和产出导向两种模型,我们选择从投入角度测算江苏省工业企业分行业的科技资源配置的相对效率。运用投入导向的 BC^2 模型,采用 DEAP2.1 程序进行模型的数学计算,最终得到评价对象各地区科技资源配置的综合效率、纯技术效率和规模效率水平,如表专 1.18 所示。

表专 1.18　2009 年江苏各地区大中型工业企业科技 DEA 评价结果

地区	S_1^+	S_2^+	S_3^+	综合效率	纯技术效率	规模效率	规模区间
南京市	389.798	2 008.982	0	0.737	0.781	0.943	drs
无锡市	5 629.69	1 302.749	0	0.781	0.898	0.87	drs
徐州市	24.282	797.69	0	0.424	0.454	0.933	irs
常州市	3 324.182	891.73	0	0.924	0.927	0.996	irs
苏州市	0	0	0	1	1	1	—
南通市	0	339.873	0	0.845	0.899	0.94	drs
连云港市	0	0	0	1	1	1	—
淮安市	0	576.743	0.466	0.722	0.976	0.74	irs
盐城市	0	0	0	0.977	1	0.977	irs
扬州市	0	0	0	0.958	0.963	0.994	irs
镇江市	0	0	0	1	1	1	—
泰州市	0	0	0	1	1	1	—
宿迁市	0	0	0	0.818	1	0.818	irs

由表专 1.18 可以得到如下结论:

第一,较多地区的科技资源配置不合理,科技投入不足问题较为突出。在江苏省 13 个地区中,技术非有效的地区有 8 个,规模收益递减的地区有 3 个,规模收益递增的有 6 个。

第二,达到 DEA 有效的地区有苏州、连云港、镇江和泰州 4 个地区,说明这些地区的科研管理制度、知识产权保护及转化等各项制度较为有效,能保证这些地区达到规模有效的状态。

第三,南京、无锡和南通 3 个地区的科技资源配置为非 DEA 有效,规模效益递减,且为技术非有效,说明这些地区的科研管理制度、知识产权保护及转化等各项制度均不太合理,而且科技投入偏大,从而造成这两个地区科技资源配置非 DEA 有效。

第四,徐州、常州、淮安、盐城、扬州和宿迁 6 个地区科技资源配置为非 DEA 有效,规模效益递增,说明这些地区科技投入不足,需要加大投入。其中,宿迁为技术有效,说明宿迁的各项制度较为合理。其余 5 个地区为技术非有效,特别是徐州,综合效率和技术效率都为江苏省最低,分别仅为 0.424 和 0.454。这些地区不仅要加大科技投入,同时还要进行科研管理制度、知识产权保护及转化等各项制度的创新,以提高其科技资源配置效率。

第五,江苏各地区科技资源配置相对效率的高低并未显现出明显的苏南、苏中、苏北的地域差异,和经济地带的划分相关性不大。

(2) 江苏各行业工业企业科技资源配置效率评价

① 原始数据

根据国民经济行业分类,工业企业分为采掘业、制造业和电力、煤气及水的生产和供应业 3 个大类,由于某些行业数据的缺乏,本文选取采掘业 5 个中类、制造业 29 个中类和电力、煤气及水的生产和供应业 2 个中类共 36 个中类来研究和分析各地区科技资源配置效率的相对有效性。从江苏省第二次 R&D 资源清查数据中得到原始数据如表专 1.19。

表专 1.19　江苏省各行业大中型工业企业科技情况(2009 年)

行业类别	X1	X2	X3	Y1	Y2
1. 采矿业	4 767	312	7.02	85	2.82
(1) 煤炭开采和洗选业	3 342	187	4.78	39	1.42
(2) 石油和天然气开采业	992	65	1.54	16	0.00
(3) 黑色金属矿采选业	72	32	0.12	5	0.00
(4) 有色金属矿采选业	127	10	0.16	7	0.00
(5) 非金属矿采选业	234	18	0.42	18	1.40
2. 制造业	204 014	14 699	468.08	19 205	7 272.58
(1) 农副食品加工业	480	53	1.20	68	45.30
(2) 食品制造业	545	50	0.90	41	3.98
(3) 饮料制造业	2 642	104	6.76	62	16.58
(4) 烟草制品业	152	12	0.24	6	0.55
(5) 纺织业	10 034	615	17.44	1 578	171.57
(6) 纺织服装、鞋、帽制造业	2 442	153	4.79	300	163.34
(7) 皮革、毛皮、羽毛(绒)及其制品业	272	16	0.35	0.00	4.07

行业类别	X1	X2	X3	Y1	Y2
（8）木材加工及木、竹、藤、棕、草制品业	641	262	2.20	208	61.94
（9）家具制造业	152	19	0.10	16	1.90
（10）造纸及纸制品业	2 687	138	5.15	59	67.48
（11）印刷业和记录媒介的复制	261	14	0.55	16	6.93
（12）文教体育用品制造业	816	31	1.21	616	6.33
（13）石油加工、炼焦及核燃料加工业	570	47	1.04	19	64.81
（14）化学原料及化学制品制造业	21 598	1 627	47.99	1 070	604.22
（15）医药制造业	7 154	775	19.45	309	222.43
（16）化学纤维制造业	2 857	233	12.25	225	156.38
（17）橡胶制品业	1 532	101	3.86	96	65.63
（18）塑料制品业	2 620	164	4.53	369	62.48
（19）非金属矿物制品业	3 149	233	5.57	331	84.88
（20）黑色金属冶炼及压延加工业	8 595	458	46.51	447	492.88
（21）有色金属冶炼及压延加工业	2 083	159	5.80	250	57.53
（22）金属制品业	6 123	491	13.26	918	141.41
（23）通用设备制造业	19 250	1 706	38.59	2 522	405.10
（24）专用设备制造业	9 622	699	18.79	1 109	195.02
（25）交通运输设备制造业	18 996	1 956	41.59	1 473	1 178.33
（26）电气机械及器材制造业	27 733	2 107	73.50	3 716	1 077.68
（27）通信设备、计算机及其他电子设备制造业	44 133	1 956	79.67	2 630	1 669.45
（28）仪器仪表及文化、办公用机械制造业	6 475	464	14.19	707	231.17

续表

行业类别	X1	X2	X3	Y1	Y2
(29) 工艺品及其他制造业	400	56	0.62	44	13.25
3. 电力、燃气及水的生产和供应业	1 262	239	6.05	205	0.00
(1) 电力、热力的生产和供应业	1 062	222	5.89	202	0.00
(2) 水的生产和供应业	200	17	0.16	3	0.00

数据来源:江苏省第二次 R&D 资源清查数据。

② 江苏各行业工业企业科技资源配置效率 DEA 分析

选取投入导向的 BC^2 模型,采用 DEAP2.1 程序进行模型的数学计算,最终得到评价对象各地区科技资源配置的综合效率、纯技术效率和规模效率水平,如表专 1.20 所示。

表专 1.20　2009 年江苏各行业大中型工业企业科技 DEA 评价结果

行业类别	S_1^+	S_2^+	S_3^+	综合效率	纯技术效率	规模效率	规模区间
1. 采矿业	0.00	0.00	0.014	0.028	0.047	0.592	irs
(1) 煤炭开采和洗选业	26.028	0.00	0.024	0.019	0.063	0.309	irs
(2) 石油和天然气开采业	20.169	0.00	0.069	0.021	0.159	0.135	irs
(3) 黑色金属矿采选业	0.00	0.00	0.00	0.092	1	0.092	irs
(4) 有色金属矿采选业	0.00	0.00	0.00	0.086	1	0.086	irs
(5) 非金属矿采选业	0.00	0.00	0.069	0.143	0.63	0.228	irs
2. 制造业	0.00	0.00	0.00	0.417	1	0.417	drs
(1) 农副食品加工业	0.00	0.00	0.295	0.95	0.99	0.960	irs
(2) 食品制造业	0.00	0.00	0.038	0.154	0.333	0.462	irs
(3) 饮料制造业	173.984	0.00	0.671	0.139	0.200	0.696	irs
(4) 烟草制品业	0.00	0.00	0.039	0.081	0.860	0.094	irs

行业类别	S_1^+	S_2^+	S_3^+	综合效率	纯技术效率	规模效率	规模区间
(5) 纺织业	0.00	0.00	0.00	0.338	1	0.338	drs
(6) 纺织服装、鞋、帽制造业	0.00	0.00	0.00	0.845	1	0.845	drs
(7) 皮革、毛皮、羽毛(绒)及其制品业	54.681	0.00	0.054	0.187	0.770	0.242	irs
(8) 木材加工及木、竹、藤、棕、草制品业	0.00	0.00	0.00	1	1	1	—
(9) 家具制造业	0.00	0.00	0.00	0.584	1	0.584	irs
(10) 造纸及纸制品业	313.071	0.00	0.248	0.367	0.376	0.976	drs
(11) 印刷业和记录媒介的复制	0.00	0.00	0.00	0.402	1	0.402	irs
(12) 文教体育用品制造业	0.00	0.00	0.00	1	1	1	—
(13) 石油加工、炼焦及核燃料加工业	0.00	0.00	0.00	1	1	1	—
(14) 化学原料及化学制品制造业	0.00	0.00	0.00	0.297	0.549	0.541	drs
(15) 医药制造业	0.00	0.00	1.760	0.309	0.457	0.677	drs
(16) 化学纤维制造业	0.00	0.00	4.986	0.557	0.775	0.719	drs
(17) 橡胶制品业	54.250	0.00	0.136	0.504	0.519	0.970	drs
(18) 塑料制品业	37.800	8.541	0.00	0.375	0.457	0.821	drs
(19) 非金属矿物制品业	67.606	24.645	0.00	0.356	0.467	0.761	drs
(20) 黑色金属冶炼及压延加工业	0.00	0.00	0.00	0.809	1	0.809	drs
(21) 有色金属冶炼及压延加工业	0.00	0.00	0.824	0.379	0.416	0.911	drs
(22) 金属制品业	0.00	28.241	0.00	0.376	0.662	0.567	drs
(23) 通用设备制造业	0.00	0.00	0.00	0.334	1	0.334	drs

行业类别	S_1^+	S_2^+	S_3^+	综合效率	纯技术效率	规模效率	规模区间
（24）专用设备制造业	0.00	1.981	0.00	0.311	0.657	0.474	drs
（25）交通运输设备制造业	0.00	0.00	0.00	0.609	1	0.609	drs
（26）电气机械及器材制造业	0.00	0.00	0.00	0.491	1	0.491	drs
（27）通信设备、计算机及其他电子设备制造业	0.00	0.00	0.00	0.666	1	0.666	drs
（28）仪器仪表及文化、办公用机械制造业	0.00	0.00	0.00	0.436	0.726	0.600	drs
（29）工艺品和其他制造业	0.00	0.020	0.00	0.460	0.568	0.809	irs
3. 电力、燃气及水的生产和供应业	0.00	28.084	1.036	0.215	0.250	0.861	irs

由表专 1.20 可以得到如下 4 个结论：

第一，绝大多数行业科技资源配置非常不合理，技术非有效性问题十分突出。采矿业的综合效率和纯技术效率都是 3 个行业大类中最低的，分别只有 0.028 和 0.047，远远低于平均值（0.401 和 0.694），配置效率十分低下，明显存在科技投入问题。电力、燃气及水的生产和供应业的效率比采矿业要高，但由于该行业竞争不够充分，所以综合效率和纯技术效率仍然较低。制造业的效率最高，该行业大类达到了技术有效，但综合效率不高，仅为 0.417。在全部 36 个子行业中，技术非有效的行业有 24 个；规模收益递减的子行业有 19 个，均来自制造业大类；另外有 15 个子行业的规模效益是递减的。达到 DEA 有效的行业只有 3 个，分别为木材加工及木竹藤棕草制品业、文教体育用品制造业和石油加工炼焦及核燃料加工业，都属于制造业大类。

第二，在采矿业内部的 5 个子行业的配置水平相差不大，都十分低下。综合效率最高的非金属矿采选业只有 0.149，最低的煤炭开采业和洗选业仅为 0.019。黑色金属矿采选业和有色金属矿采选业达到了技术有效,规模效益递增,说明其各项制度比较合理,但由于科技投入严重不足,导致该 2 个行业的综合效率较低。其他 3 个行业的综合效率和技术效率都很低,规模效益递增,这些行业不仅要加大科技投入,同时还要进行科研管理制度、知识产权保护及转化等各项制度的创新,以提高其科技资源配置效率。

第三,制造业内部不同子行业的科技资源配置相差悬殊,且总体配置水平较低。29 个子行业中接近九成(26 个)的行业未达到 DEA 有效,接近三分之二的行业(18 个)综合效率值不足 0.5,其中烟草制品业综合效率最低,仅为 0.081,远远低于 0.494 的平均值。有 17 个行业为技术非有效,需要进行制度创新。26 个非 DEA 有效的行业中有 8 个是效益递增的,需要加大科技投入,其中家具制造业、印刷业和记录媒介的复制以及农副食品加工业达到或接近于技术有效,说明该 3 个行业的科研管理制度、知识产权保护及转化等各项制度相对较为合理,但是科技投入规模偏小,从而造成该 3 大行业科技资源配置非 DEA 有效;其余 5 个行业为技术非有效,这些行业不仅存在科技投入问题,而且各项制度也不太合理。另有 18 个行业效益递减,要提高科技投入使用效率,其中纺织业、纺织服装鞋帽制造业、黑色金属冶炼及压延加工业、通用设备制造业、交通运输设备制造业、电气机械及器材制造业、通信设备计算机及其他电子设备制造业等 7 个行业为技术有效,各项制度较为合理,但科技投入使用效率相对偏低;其余 11 个行业,不仅要提高科技投入使用效率,还要进行技术创新。

第四,电力、热力的生产和供应业科技资源配置较不合理,其所属两个子行业配置水平相差较大。电力、热力的生产和供应业的综合效率比水的生产和供应业要高,但纯技术效率却低。2 个行业的规模效益都是递增的,需要加大科技投入,同时还要进行科研管理制度、知识产权保护及转化等各项制度的创新,以提高其科技资源配置效率。

4. 江苏省工业企业科技资源配置效率的聚类分析

聚类分析就是用某种准则将多维空间上靠近的点集归为一类而不同类间的距离尽可能大。当聚类的对象(个案或变量)的数量较少时,使用系统聚类法比较有效。本研究在 SPSS13.0 聚类分析中采用 WARD(离差平方和法)对前文计算所得的综合效率、规模效率、纯技术效率进行最优分割。通过上文的分析可知,从地区角度来看,2009 年江苏大中型工业企业的配置效率差别不是很大,但从行业角度来看不同行业工业企业的科技资源配置相差较大,因此主要对3个行业大类的36个子行业的效率进行聚类分析。

(1)综合效率聚类分析

通过对各行业综合效率进行聚类分析,可以将36个行业分为四类,如表专1.21所示。

表专1.21　江苏省各行业工业企业科技资源配置综合效率聚类结果

聚类类别	各 行 业
1	农副食品加工业,纺织服装、鞋、帽制造业,木材加工及木、竹、藤、棕、草制品业,文教体育用品制造业,石油加工、炼焦及核燃料加工业,黑色金属冶炼及压延加工业
2	家具制造业,化学纤维制造业,橡胶制品业,交通运输设备制造业,电气机械及器材制造业,通信设备、计算机及其他电子设备制造业
3	纺织业,造纸及纸制品业,印刷业和记录媒介的复制,化学原料及化学制品制造业,医药制造业,塑料制品业,非金属矿物制品业,有色金属冶炼及压延加工业,金属制品业,通用设备制造业,专用设备制造业,仪器仪表及文化、办公用机械制造业,工艺品和其他制造业,电力、热力的生产和供应业
4	煤炭开采和洗选业,石油和天然气开采业,黑色金属矿采选业,有色金属矿采选业,非金属矿采选业,食品制造业,饮料制造业,烟草制品业,皮革、毛皮、羽毛(绒)及其制品业,水的生产和供应业

由表专1.21可知,农副食品加工业等6个行业属于综合效率最高的第1类,家具制造业等6个行业属于综合效率较高的第2类,造纸及纸制品业等14个行业属于综合效率较低的第3类,煤炭开采和洗选业等10个行业的综合效率最低,属于第4类。

(2)纯技术效率聚类分析

通过对各行业纯技术效率进行聚类分析,可以将36个行业分为4类,如表专1.22所示。

由表专1.22可知,黑色金属矿采选业等16个行业属于纯技术效率最高的第1类,非金属矿采选业等8个行业属于纯技术效率较高的第2类,食品制造业等9个行业属于纯技术效率较低的第3类,煤炭开采和洗选业等3个行业的纯技术效率最低,属于第4类。

表专 1.22　江苏省各行业工业企业科技资源配置纯技术效率聚类结果

聚类类别	行　业
1	黑色金属矿采选业,有色金属矿采选业,农副食品加工业,烟草制品业,纺织业,纺织服装、鞋、帽制造业,木材加工及木、竹、藤、棕、草制品业,家具制造业,印刷业和记录媒介的复制,文教体育用品制造业,石油加工、炼焦及核燃料加工业,黑色金属冶炼及压延加工业,用设备制造业,交通运输设备制造业,电气机械及器材制造业,通信设备、计算机及其他电子设备制造业
2	非金属矿采选业,皮革、毛皮、羽毛(绒)及其制品业,化学纤维制造业,金属制品业,专用设备制造业,仪器仪表及文化、办公用机械制造业,工艺品和其他制造业,水的生产和供应业
3	食品制造业,造纸及纸制品业,化学原料及化学制品制造业,医药制造业,橡胶制品业,塑料制品业,非金属矿物制品业,有色金属冶炼及压延加工业,电力、热力的生产和供应业
4	煤炭开采和洗选业,石油和天然气开采业,石油和天然气开采业

（3）综合效率、规模效率、纯技术效率聚类分析

通过对各行业综合效率、规模效率、纯技术效率进行聚类分析,可以将 36 个行业分为 4 类,如表专 1.23 所示。

表专 1.23　江苏省工业企业科技资源配置综合效率、规模效率、纯技术效率聚类结果

聚类类别	行　业
1	农副食品加工业,纺织服装、鞋、帽制造业,木材加工及木、竹、藤、棕、草制品业,家具制造业,文教体育用品制造业,石油加工、炼焦及核燃料加工业,黑色金属冶炼及压延加工业,交通运输设备制造业,通信设备、计算机及其他电子设备制造业
2	饮料制造业,造纸及纸制品业,化学原料及化学制品制造业,医药制造业,化学纤维制造业,橡胶制品业,塑料制品业,非金属矿物制品业,有色金属冶炼及压延加工业,金属制品业,仪器仪表及文化、办公用机械制造业,工艺品和其他制造业,电力、热力的生产和供应业
3	黑色金属矿采选业,有色金属矿采选业,非金属矿采选业,烟草制品业,纺织业,皮革、毛皮、羽毛(绒)及其制品业,印刷业和记录媒介的复制,通用设备制造业,专用设备制造业,电气机械及器材制造业,水的生产和供应业
4	煤炭开采和洗选业,石油和天然气开采业,食品制造业

由表专 1.23 可以看出,农副食品加工业等 9 个行业的各效率值总体最高,属于第 1 类;饮料制造业等 13 个行业的各效率值总体较高,属于第

2 类;黑色金属矿采选业等 11 个行业的较低,属于第 3 类;煤炭开采和洗选业等 3 个行业的各效率值总体最低,属于第 4 类。

四、江苏省工业企业科技资源配置存在的问题及成因

1. 江苏省工业企业科技资源配置存在的问题

(1)从科技财力资源角度分析

① 科技经费持续增长,但经费强度较低且停滞不前。

② 科技经费投入地区差异大。由前文的分析可知,2009 年江苏各地区大中型工业企业科技经费投入不平衡现象严重。根据 R&D 经费投入额可以将江苏 13 个地级市划分为 5 个梯级,不同梯级之间 R&D 经费投入额差距较大。如果从苏南、苏中、苏北三大地区的角度考察,这种不平衡现象更加明显:三个地区经费投入之比约为 7∶1.5∶1。这说明,苏南地区不仅在经济上遥遥领先于苏中苏北地区,而且在科技经费投入上也远高于苏中苏北地区,如果不加以协调,势必将进一步拉大苏中苏北地区与苏南地区的差距。

③ 科技经费支出结构不合理,主要表现为 R&D 经费内外部支出比例严重失调和基础研究经费投入严重不足两方面。2009 年,江苏大中型工业企业 R&D 经费内外部支出比大约为 15∶1,R&D 经费外部支出主要是指对国内研究机构、高校以及境外科技机构的支出,R&D 经费外部支出的不足在一定程度上反映出江苏工业企业与高校、科研院所的合作不够紧密,“产学研”合作的体制机制还很不健全。研究机构、高校技术成果转化资金的缺乏是阻碍“产学研”合作的重要原因,所以,江苏工业企业加大对研究机构、高校的 R&D 经费支出对于推进“产学研”相结合的技术创新模式具有重大意义。

有证据表明,企业创新越来越多地来源于基础研究,这些本不以任何专门或具体的应用为目的的实验性或理论性成果商品化的可能性也越来越大。正因为如此,工业强国如美国、日本等基础研究经费通常占 R&D 经费的 20% 左右。但是,江苏省工业企业该比重呈逐年下降趋势,2009 年基础研究经费投入为零,已降至历史最低水平。江苏省大中型工业企业用于试验发展的经费占到 R&D 经费的 99.99%,对基础研究和应用研究投入极少。由此可见,江苏工业企业有一种急功近利的心态,也暴露出江苏工业企业基础性研究薄弱、原始创新不足的弱点。基础研究投入力

度的不足,在研发活动中的比重得不到根本性的提升,将会造成新产品、新工艺创新的水准不高,发明专利在三类专利中所占比重较小,进而可能会制约科技和经济的长期持续发展。

④ 江苏工业企业科技经费筹集渠道单一。2009 年,江苏大中型工业企业高达 92.49% 的科技活动经费是由企业自筹的,而来自政府部门和其他资金只占到 4.49%,外商资金占 3.02%,三者之比大约为 24∶1∶1。这表明江苏各级政府对工业企业的科技创新活动重视程度远远不够,国外投资者对江苏工业企业发展前景信心不足,工业企业自身吸引外商投资的能力也太弱。

⑤ 人均科技经费低。2009 年江苏大中型工业企业的 R&D 人员(折合全时当量)平均 R&D 经费支出 24.49 为万元/人年,低于同期全国平均水平(24.59 万元/人年),排在全国第 12 位。江苏 13 个地级市中 R&D 人员平均经费最高的是南京市,为 31 万元/人年,但仍然不及天津、上海、山东以及辽宁高,说明与国内一些地区相比,江苏工业企业科技人员人均经费较低。同美、日等工业强国相比,差距更大:美国在 1997 年 R&D 人员人均经费已达 19.12 万美元/人年,日本在 2000 年也达到了 15.24 万美元/人年。总体而言,江苏工业企业科技人员人均经费很低,与国内部分地区存在一定差距,甚至不及美国、日本十年前的水平。

(2) 从科技人力资源角度分析

近年来,江苏大中型工业企业科技活动人员规模不断扩大,人员素质也不断提高,但拔尖人才还远远不能满足江苏工业企业的发展要求,江苏工业企业的科技人力资源规模及质量都有待提高。

同科技财力资源一样,江苏大中型工业企业科技人力资源也存在地区差异较大以及基础研究人员严重不足等问题,江苏工业企业 R&D 活动类型结构严重失衡。因此,平衡各地区 R&D 人员投入及优化 R&D 活动类型结构,将是实现江苏工业企业科技人力资源优化配置的关键。

(3) 从科技产出角度分析

主要表现为专利申请总量较大,但专利质量不高;新产品市场竞争力不强。

(4) 从地区角度分析

与经济发展不均衡格局一样,江苏科技资源的不均衡特征也十分突出。江苏大中型工业企业工业总产值与 R&D 经费地域分布如表专 1.24 所示。江苏各地区之间大中型工业企业科技资源的差距必然导致各地区科技实力差距的加大,进而使经济差距加大;而经济差距反过来又会影响科技投入,导致大中型工业企业科技资源差距的进一步扩大,形成"马太效应",导致两极化发展。这就要求江苏各级政府在经济发展规划中必须考虑到科技的均衡发展,优化科技资源配置,协调各地区工业企业科技和谐发展。

表专 1.24　江苏大中型工业企业工业总产值与 R&D 经费地域分布(2009 年)

	工业总产值 (亿元)	工业总产值所占比重 (%)	R&D 经费 (亿元)	R&D 经费所占比重 (%)
苏南	32 717.46	76.76	354.08	73.59
苏中	5 627.35	13.20	77.97	16.20
苏北	4 277.42	10.04	49.1	10.21

资料来源:江苏省第二次 R&D 资源清查数据。

(5)从技术引进消化吸收角度分析

江苏省工业企业原始创新能力不强,只注重引进技术,而忽视引进技术的消化吸收和再创新,这导致江苏对外来技术的依赖程度已经到了危险的边缘。江苏工业企业技术引进的消化吸收和再创新能力与日、韩等国家存在明显差距。核心技术和关键设备长期依靠进口导致江苏工业企业技术发展形成了"引进→落后→再引进→再落后"的恶性循环局面,造成江苏工业企业长期无法摆脱对国外技术的依赖。

2. 影响江苏省工业企业科技资源合理配置的成因分析

(1)江苏工业企业创新动力不足

一般而言,企业进行研发投入是一种高风险的事业,因为研究活动本身具有不确定性,如果研究活动失败,投入的资源将无法收回,即使研究活动成功,取得了成果,能否收回投资并获利,还取决于研究成果能否以适当的价格转让出去,或者能否自主地将研究成果产业化。这一实际催生出企业的一种"输不起"心态,使得一般的企业不会在新产品的研发试制上投入太多的资金,进而导致大多数企业缺乏创新动力,尤其缺乏原创技术的创新动力。江苏工业企业同样也存在这一问题。正是由于这种"输不起"心态,才使得江苏工业企业存在如前文所述的科技经费持续增长但经费强度较低且停滞不前、人均科技经费低、科技人力资源规模,以及质量不能满足江苏工业企业的发展要求等问题。

（2）江苏工业企业研发资金来源渠道较窄

江苏工业企业的科技经费主要来自于自筹资金，江苏各级政府对工业企业的科技创新活动重视程度远远不够，工业企业自身吸引外商投资的能力也太弱。然而，企业仅凭自己的科技研发人员、技术设备和研发资金投入，要想获得完全的新技术产品和市场垄断地位，几乎是不可能的。即使企业具有强烈的创新动力和愿望，但由于缺乏实现技术创新的实力，还是不能通过技术创新的投入来实现企业的增值。

（3）江苏内部经济发展不平衡

2009 年，江苏省 GDP 达到了 34 457.3 亿元，在全国 31 个省市中排名第 2，仅次于广东，但江苏省区域内部不同地区之间经济发展的梯度特征十分明显，南北差距较大。这种区域内部经济发展的不平衡，一方面和不同地区经济发展基础有关，另一方面和不同地区科技创新能力也存在很大的关系。经济发展程度低反过来又会影响科技创新能力的进一步提高，进而形成经济发展与创新能力提高之间的恶性循环。所以，目前江苏省区域内部经济发展的不平衡导致江苏工业企业科技资源投入的不平衡，进而不利于江苏工业企业科技创新能力的提高，尤其是苏中、苏北地区工业企业创新能力的提高。

五、优化江苏省工业企业科技资源配置的对策分析

尽管"十一五"以来江苏省工业企业加大科技投入，为江苏省科技进步、产业结构优化升级和发展方式转变做出了重要贡献。但从总体上看，目前江苏工业企业科技资源配置不尽合理，且配置效率较低。这些问题的存在与江苏省"科教兴省、人才强省"和"创新驱动"的"十二五"发展战略极不相称，应该从根本上解决。因此，必须尽快优化江苏工业企业科技资源配置，提高其配置效率，以提升江苏工业企业的自主创新能力与江苏的科技实力与整体竞争力。为此，特提出以下对策建议：

1. 财力资源的优化配置

这主要是建立多元化的科技资金投入体系，加大科技经费的投入力度，提高科技强度。① 加大政府的科技投入，使科技投入与经济增长相协调。江苏各级政府要加大对工业企业科技活动的财政支出，并逐步建立科技经费投入的"稳定增长机制"，形成财政科技投入保障体系，力争在

"十二五"末使得江苏工业企业科技经费中政府资金比例达到·5％。同时，要逐步建立财政、税收、金融等协调配合科技投入机制，利用税收、金融等政策手段，借鉴美国、日本等发达国家的一些成功经验，如采取税收减免、项目竞标、建立风险投资机制等方式刺激工业企业对科技活动的投资欲望，最大限度地增加江苏工业企业的科技投入水平。② 加强企业自身的科技投入。通过企业自身的生产经营活动为研发活动积累资金，或者通过政府的政策供给，对研发活动给予补贴，激励企业从事研发活动。

2．人力资源的优化配置

（1）加强科技人力资源队伍建设，提升科技人员素质

① 加大教育投资，培养创新型人才，为研发注入新鲜活力。首先，江苏工业企业要加大对现有科技人力资源的开发利用，进一步提高其知识水平。其次，江苏工业企业要加强对潜在科技人力资源的开发利用，在人才培养上加强与政府、高校及科研机构的交流与合作。再次，伴随着企业的不断发展，对人才需求也将逐渐由生产和操作型人员向知识型人员进行转变。为了适应这种转变，一方面，江苏工业企业可以通过建立学习和技能理事会，为企业和个人技能的发展提供战略导向和发展平台，同时，发展竞争性的、有效的培训市场，使企业培训紧跟企业发展的节拍；另一方面，江苏各级政府可以通过税收减免、教育贷款、成立培训基金等措施来对投资于人员培训的工业企业提供财政支持，以推动企业人才的建设。

② 建立有效的激励机制，改善工作环境，提高资助水平，防止人才流失。首先，通过制定科技人员奖励制度，为高层次科技专家提供特殊津贴；其次，要做好专业技术职称评聘工作，积极解除科技骨干的后顾之忧；再次，允许科技人员用自己的知识产权作为投资股本，取得合法收益；最后，要充分尊重科技人员，对于他们的研发工作给予支持，使他们的潜能得到充分的挖掘。

③ 大力引进各种人才，提升科技人才的配置。一方面，通过大力引进高级科技人才完善江苏省科技人才市场。另一方面，通过进一步强化市场的多层次人才交流，引导科技人员合理流动，提高企业高级人才占有率，优化科技人才配置。

（2）优化科技人力资源结构

首先，江苏各级政府要加强宏观调控力度，实现工业企业科技人力资源的优化配置：要研究制定科技人才流动的地区导向、产业导向、行业导

向政策,统筹考虑,制定适应人才柔性流动要求的人力资源政策;要紧紧围绕经济结构和产业结构调整主线,调整人才结构;要以苏南、苏中、苏北三大区域经济协调发展为原则,合理布局地区人力资源。其次,要运用市场机制,由政府、工业企业、人才自身共同努力,不断优化整个科技创新人才队伍的结构,加强基础研究队伍、高新技术研究与开发人才队伍、科技创业人才队伍建设,同时要加强研发团队建设,高度重视拔尖人才、青年人才、科技服务人才和科技创新团队的培养,形成合理的人才梯队。

3．强化企业科技创新主体地位,建立健全企业科技创新激励机制

① 企业自身要不断强化创新意识。创新意识属于文化范畴,其从主导价值观上规范着企业的行为,影响着企业的资源配置方向。企业只有在更高的层次上、更广泛的意义上进行创新,才能赢得竞争优势、提升竞争能力、获得生存的本领。"创新则兴,不创新则亡",这一市场经济规律应是激励企业不断前行的动力。

② 在经济发展中扮演重要角色的政府应做到:一是要尊重市场规律,发挥市场作用,积极鼓励企业科技创新,充分调动企业科技创新的积极性和主动性。二是逐步削弱高校、科研院所与政府的裙带关联,将企业与其同等对待,给予企业更多地参加政府科技项目的机会,促进以企业为主体、企业与高校和科研院所联合的"产学研"结合的科技新体系的发展,强化企业在其中的主体地位,推动高校和科研院所的科技活动向面向经济、为企业服务的方向转变。三是建立健全企业科技创新激励机制。

4．优化科技结构,提高企业自主创新能力

① 加强基础研究,优化 R&D 活动类型结构。政府应鼓励有实力的企业进行基础研究,并向企业提供参与政府基础研究项目的机会,调动企业进行基础研究的积极性,并给予一定的基础研究的支持政策。

② 加强技术消化和再吸收,优化科技活动经费支出比例。一方面,江苏企业应向科技后发而赶超世界水平的日本和韩国学习其技术引进的实施策略。另一方面,政府应在反思近年来江苏技术引进上的失误与不足的基础上,强化对引进技术的消化吸收和再创新的要求,通过行政手段和相关法律法规或条例,鼓励企业自主创新和"二次创新",限制盲目重复引进。

5. 优化科技资源区域结构, 缩小地区差距, 协调各地区科技和谐发展

发展苏中、苏北地区, 协调区域发展, 缩小科技资源地区差距: 其一是需要政府加大对苏中、苏北地区的基础建设的投入, 发展科学教育事业, 强化中西部的知识储备和科研基础, 强化苏中、苏北地区的科技创新活动潜力; 其二是要因地制宜, 优先发展地方特色优势行业, 对这些行业加大科技投入, 如宿迁、徐州的食品与农副食品业, 无锡的服装纺织业, 苏州的高技术产业等行业, 集中力量, 重点突破; 其三是加强各地区之间的互助与协作, 调整苏南地区与苏中、苏北地区的产业结构搭配, 促进技术交流和合作, 以使苏南地区和苏中、苏北地区的经济与科技发展相益弥彰、和谐发展。

6. 推进"产、学、研"相结合的技术创新模式

(1) 将技术市场、金融、产权等机构组建为联合交易机构

可以将江苏省工业企业技术市场、科技金融促进会以及产权交易部门等机构组建为联合交易机构, 为工业企业的科技发展提供更多的选择。此外, 江苏可以通过与其他省份产权机构签署战略合作协议, 举办年会、论坛、项目推介会及具体项目合作等形式的活动, 增加江苏工业企业对技术、资金及知识产权的获取渠道, 为它们的发展创造良好的合作环境。同时, 应把专利工作的重心放在工业企业, 尤其是高新技术工业企业。

(2) 为创新主体提供优良的科技条件和环境, 激发工业企业的创新动力

首先, 服务对象社会化, 服务平台要面向研究、开发、产业化等不同环节的创新主体, 避免政府投入的科技基础资源基本上成为部门、单位甚至个人所有, 不能为社会共享。其次, 科技条件平台运行企业化, 即平台的管理采取企业化形式, 这样避免了科技资源利用率低下、重复购置、甚至人为破坏情况的出现, 但需要注意不要过于强调商业化运作, 否则将会使科技资源成为纯粹的商业工具, 使其失去公益性, 违背科技资源整合共享的初衷。通过以上措施, 市场将成为调动和配置科技资源的主要手段, 但在一些战略资源上必须做到政府主导, 或者市场机制与政府作用相结合, 最终实现运行机制市场化。

(3) 采取有效措施, 营造有利于产学研合作的政策环境

制定并完善有利于产学研结合的优惠政策和法律制度。通过制定鼓

励和促进产学研结合的各种财税、投资和贷款等政策（如对产学研合作的攻关项目产生的经济利益给予减免税的政策），增加合作的积极性，而且可以为下一步合作积累资金；对那些创新程度高、风险性大、暂时不能带来经济利益的项目可以采取政府采购和补贴的办法，刺激其合作研发的积极性。此外，制定有利于产学研合作顺利进行的法律法规，如产学研合作中存在的成果归属、权益分配、违约责任等问题，不仅需要双方协商进行确认，更需要法律的保护。通过以上措施，构建"产学研"相结合的技术创新模式可以做到有法可依。

主要研究结论和研究成果有以下几点：

① 江苏要提高其整体科技实力与科技竞争力，必须尽快优化江苏工业企业科技资源配置，以切实提高江苏工业企业的科技含量和经济效益。

② 通过对江苏大中型工业企业科技资源的总体现状，以及地区、行业分布的分析发现，目前江苏工业企业科技资源配置不尽合理，主要表现在科技经费投入不足、经费投入结构不尽合理、科技人员配置不够合理、科技资源地区和行业分布差异大、科技产出成果质量不高等。影响江苏省工业企业科技资源合理配置的主要原因是企业创新的动力不足、研发资金来源渠道较窄、江苏内部经济发展不平衡等。

③ 从地区角度得出的江苏工业企业科技资源配置效率评价结果表明：较多地区的科技资源配置不合理，科技投入不足问题较为突出；江苏各地区科技资源配置相对效率的高低并未显现出明显的苏南、苏中、苏北的地域差异，和经济地带的划分相关性不大。从行业角度得出的江苏工业企业科技资源配置效率评价结果表明：绝大多数行业科技资源配置非常不合理，技术非有效性问题十分突出；在采矿业内部的 5 个子行业的配置水平相差不大，都十分低下；制造业内部不同子行业的科技资源配置相差悬殊，且总体配置水平较低；电力、热力的生产和供应业科技资源配置较不合理，其所属两个子行业配置水平相差较大。

④ 为提高江苏工业企业科技资源的配置效率，从而切实提高江苏企业的自主创新能力与江苏整体科技实力，加快"创新型省份"创建进程，应做到：加大科研经费的投入，调整科技经费结构，建立多元化的科技经费筹集体系，提高科技人员的资助水平；加强科技人力资源队伍建设，优化科技人力资源结构；强化企业的科技创新主体地位，建立健全企业科技创新激励机制；优化科技结构，提高企业自主创新能力；优化科技资源区域结构，缩小地区差距，协调各地区科技和谐发展；推进"产学研"相结合的技术创新模式。

江苏工业企业自主知识产权和
自主品牌产品状况调查与分析[①]

在系统分析我国工业企业自主知识产权和自主品牌产品的内涵及现状的基础上,首次制定针对我国工业企业自主知识产权和自主品牌产品的调查方案和调查表,并且以江苏省内资制造企业为例制定抽样方案,进行统计调查,进而分析江苏省工业企业自主知识产权和自主品牌产品的发展现状及存在的问题。研究表明:江苏省工业企业缺乏自主知识产权和自主品牌;有研发机构的企业是自主知识产权和自主品牌产品的主力军;拥有自主知识产权和自主品牌产品企业的出口、利税率和自主创新活动相对突出;自主知识产权和自主品牌产品国际竞争力偏低;企业专利结构不合理;自主知识产权和自主品牌产品发展存在明显的产业差距和区域差异。为此,应采取以下对策:(1) 强化工业企业自主知识产权和自主品牌产品的创造意识;(2) 加大政府对工业企业自主知识产权和自主品牌产品的支持力度;(3) 提升我国工业企业自主知识产权和自主品牌产品的创造能力;(4) 促进我国工业企业自主知识产权和自主品牌产品的运用;(5) 强化我国工业企业自主知识产权和自主品牌产品的保护;(6) 加快我国工业企业自主知识产权和自主品牌产品的人才队伍建设;(7) 加强我国工业企业自主知识产权和自主品牌产品的管理;(8) 健全我国工业企业自主知识产权和自主品牌产品的服务体系。

① 全国统计科学研究项目(项目编号:2008LZ009);课题负责人:冯缨;承担单位:江苏大学;课题组成员:赵喜仓、王伏虎、宿永铮、周晓婷、杨道建、吴继英、樊茗玥、吴梦云等;完成时间:2010 年 6 月。

一、自主知识产权和自主品牌产品概述

1. 自主知识产权和自主品牌产品的内涵

(1) 自主知识产权的内涵

我国目前的知识产权制度建立于 20 世纪 80 年代。我国于 1983 年公布了《商标法》,1984 年公布了《专利法》,到 1990 年又颁布了《著作权法》,在此期间中国又相继成为《巴黎公约》《马德里协定》《专利合作条约》等国际公约的缔约国。自 20 世纪 90 年代开始,我国的知识产权立法和学术研究进入快速发展时期。但是,直到 1999 年的科技创新大会上首次提出要建立自主知识产权制度,我国政府才开始真正认识到知识产权制度的重要性。拥有自主知识产权,我国的科技才能走在世界的前沿。自主知识产权理论的提出标志着我国的科技开发已经和国际接轨,我国已经主动从政策法规方面来推动经济发展,并开始真正认识到在新经济概念下,资本和资源的定义最大限度地转向了知识财富。

自主知识产权作为具有中国特色的创新概念,它的提出是为了适应加入 WTO 并与国际知识产权保护接轨,避免被国外起诉侵权,从而鼓励创新的需要。自主知识产权包含的内容很多,不是一个约定俗成的法律概念,实际上很难做出清晰的法律界定。大多数政府部门文件都是从知识产权的主体角度来界定自主知识产权,如科学技术部 2000 年 11 月颁布的《高科技产业自主知识产权认定指南》定义自主知识产权是由中国自然人、法人或非法人单位主导研究开发、设计而创作形成的,并由其依法自主享有实现该技术权益的知识产权。科学技术部、国家发展改革委员会和财政部 2007 年 3 月公布的《国家自主创新产品认定管理办法(试行)》将自主知识产权定义为申请单位经过其主导的技术创新活动,在我国依法拥有知识产权的所有权,或依法通过受让取得的中国企业、事业单位或公民在我国依法拥有知识产权的所有权或使用权。

国内学者从知识产权的不同角度来阐述自主知识产权的涵义。芦琦(2000)认为自主知识产权带有公权色彩,是基于主权和主题两大要素而形成的一种绝对化、纯粹化的知识财产权利,是指在一国疆域范围内,由本国的公民、企业法人或非法人机构作为知识产权权利主体,对其自主研制、开发、生产的"知识产品"所享有的一种专有权利,其中主权的单一性和主体对主权的依附性是自主知识产权生产的根本性前提。有些学者从知识产权的客体,也就是知识产权的质量角度来界定自主知识产权。陈昌柏(2001)指出具有开创性的基本发明或者改进发明都可以拥有知识产权。林秀芹(2009)对众多的自主知识产权概念进行辨析,提出自主知识产权是由中国人(自然人、法人)最终控制的知识产权,包括中国国民控股的企业所拥有的知识产权,主要有专利权、非专利技术、著作权、商标权、植物新品种权等。

结合以上对自主知识产权概念的分析,我们认为科技部定义的自主知识产权概念更加全面并具有权威性。本研究认为,工业企业的自主知识产权是指中国的工业企业经过其主导的研究开发或设计创作活动而形成的、依法拥有的独立自主实现某种技术知识资产的所有权,其中包括从其他中国公民、法人或非法人单位那里购得的知识产权,因此工业企业自主知识产权的主体是我国的工业企业,客体是我国工业企业所拥有的专利权、自主专有技术、著作权、商标权、计算机软件、集成电路芯片布图设计、植物新品种权等。

(2)自主品牌的内涵

2003年10月29日,《经济日报》刊登了原一汽集团总经理、董事长耿昭杰与《经济日报》记者程远的对话"没有品牌,造多少车都是别人的辉煌"的文章,第一次提出自主品牌概念并且掀起我国汽车行业自主品牌大讨论以来,自主品牌越来越引起我国政府的重视。党的十六届五中全会及2008年6月国务院公布的《国家知识产权战略纲要》《国家中长期科学和技术发展规划纲要(2006—2010)》,都强调我国要形成一批拥有自主知识产权和知名品牌、具有国际竞争力的优秀企业。国内学者从自主品牌的不同侧面,比如品牌原产地、自主知识产权、自主研发、品牌所有权等方面提出了对自主品牌的不同理解和定义。喻新安(2004)认为自主品牌是扎根中国土壤,用自主知识产权培养出来的专有品牌,是企业资产、产品质量、技术、市场、信誉和售后服务等方面的综合体现,是实现和创造企业价值的核心能力,也是企业和国家综合实力的体现。桑百川和李玉梅(2005)指出自主品牌是拥有中国自主知识产权的品牌。周晓红(2005)提出自主品牌是一种商品和无形资产,是企业以自有知识产权为基础的核心竞争力。谢琼(2005)定义的自主品牌是指在拥有自主知识产权前提下,通过自主研发,在消费者心中形成独有特征,并能有效促进消费者购买其产品乃至产生品牌忠诚的名称、符号、形象或设计。汪涛、曹子夏(2005)认为自主品牌是企业以自己拥有所有权的品牌来生产及销售的产品,可以通过自创品牌、购买或购并拥有其他公司的品牌。费明胜、邹良明(2007)提出自主品牌是在跨国经营中,由我国所有与控制,相关经济收益流入我国的产品品牌、企业品牌、区域品牌和国家品牌的总称。

在综合学者对自主品牌定义的基础之上,我们认为本研究涉及的自主品牌是指,我国工业企业自身拥有并经权威机构(政府部门或行业协会)认证,被消费者认可,具有一定品牌知名度和一定市场竞争力的产品品牌,包括企业产品的商标、服务、标记、厂商名称和牌号。自主品牌涵盖了企业的创新能力、企业管理、市场定位、市场营销、售后服务等多方面特征,是在拥有自主知识产权的前提下,在消费者心目中形成的独有形象,能够有效促进消费者购买其产品,乃至产生品牌忠诚的名称、符号、形象或设计。

从法律角度来说,自主品牌属于自主知识产权的范畴。1967年签订的《建立世界知识产权组织公约》对知识产权定义中的"商标、服务商标、厂商名称和标记的权利"其实就是自主品牌。从经济全球化和技术创新周期的缩短角度来看,知识产权或者自主知识产权的保护时效性会逐渐缩短,利用自主知识产权来维持长期技术垄断变得越来越困难,因此企业必须将所拥有的自主知识产权转化为自主品牌,并且通过不断的品牌强化才能真正形成企业的核心竞争力,为企业带来长期稳定的收益。

企业拥有自主品牌产品,应该具有对自主品牌产品的自主运营权、自主商标权和自主知识产权。自主运营权是指企业拥有对自主品牌产品的资产处置、经营发展战略、自主品牌产品产生的经济收益,以及与自主品牌相关的经济活动的控制权力。改革开放以来,我国不少民族品牌产品在企业合资过程中逐渐丧失了品牌的运营权,如小护士化妆品、南孚电池、活力28洗涤用品等品牌均出现类似的品牌淡化和闲置现象。自主商标权是指企业拥有对自主品牌产品注册商标的控制权和所有权,目前国内很多企业对其采用贴牌生产的产品仅具有品牌使用权,而品牌的所有权和处置权都归外方控制。

(3) 自主知识产权和自主品牌产品的内涵

① 自主知识产权和自主品牌的关系

两者的关系主要体现在三个方面:一是自主品牌是自主知识产权的重要载体和市场成果表现。提高自主创新能力,培育自主知识产权,目的是提高企业核心竞争力,最终要以市场占有率和经济回报率来评价。但是在市场上,直接与用户、消费者见面的是品牌;决定产品优劣、竞争胜负的是品牌。品牌不仅意味着产品商标标志,还代表企业的整体形象,包括企业文化、信誉、服务、定位,以及产品的高新技术含量等。所以,品牌更多的是一个市场化的概念,具有市场价值,其发展体系内在地要求关注市场的动态需求,以市场为导向来全面提升企业服务、技术能力,以及提高产品质量、工艺。二是自主品牌的本质属于自主知识产权。自主品牌的知识产权属性,不只是体现在商品商标、服务标记、厂商名称和牌号等直接标识上。一个著名品牌应依靠先进技术的支撑、优良品质的保障、诚信经营的依托、先进文化的铺垫,达到社会喜闻乐见的精神和艺术品位。所以,品牌是多种和多项知识产权的集成。三是自主知识产权是自主品牌产生的基础,它决定了自主品牌价值的提升。自主知识产权是企业通过自主研发而掌握自主品牌产品的核心技术或关键技术,并且拥有核心技术或关键技术的自主知识产权。[①]

总之,从某种意义上来说,自主知识产权只有在市场上以自主品牌的形式体现出来,才能为企业带来巨额的利润;而自主品牌体系中也应当包括自主知识产权的成分,其价值才能得以提升和维持。企业的自主知识产权和自主品牌是相互融合的。

② 自主知识产权和自主品牌产品的内涵

结合对自主知识产权和自主品牌内涵的界定,本研究认为自主知识产权和自主品牌产品是指同时拥有自主知识产权和自主品牌的产品,自主知识产权和自主品牌这两个条件必须同时满足,缺一不可。企业的自主知识产权和自主品牌产品是企业自主知识产权要素和自主品牌要素相结合的产物(见图专 2.1)。自主知识产权和自主品牌产品中体现的自主

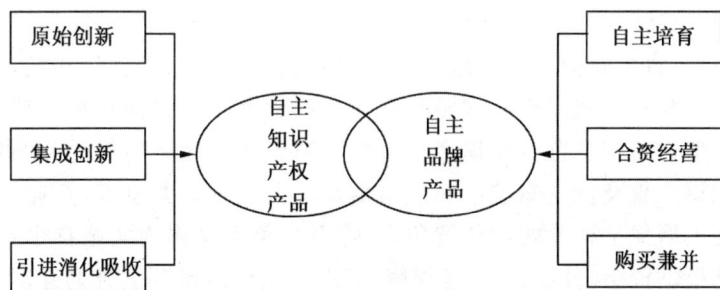

图专 2.1　自主品牌产品的构成要素

资料来源:杨晨:《品牌管理理论与实务》,清华大学出版社、北京交通大学出版社,2009 年。

---

① 武文仁:《基于耦合机注分析的企业知识产权管理对策研究》,《经济研究导刊》,2011 年第 1 期。

知识产权可以通过原始创新、集成创新或者引进消化吸收这三种方式获取，只要企业掌握了自主知识产权的使用权、收益权、控制权和处分权，就拥有了自主知识产权产品。自主知识产权和自主品牌产品中体现的自主品牌可以通过自主培育、合资经营和购买兼并方式获取，只要企业拥有对品牌产品的自主运营权、自主商标权和自主知识产权，就拥有了自主品牌产品。

2．自主知识产权和自主品牌与企业竞争力的关系分析

（1）自主知识产权与企业竞争力的关系

首先，自主知识产权是形成企业竞争力的主要因素。企业要想在国际市场上立足，必须拥有自主知识产权的核心技术。这是因为知识产权对企业的专利技术、商标等无形资产提供法律保护，赋予企业以排他权利，打击非法侵权行为，可以有效阻止竞争对手，使企业赢得市场独占的竞争优势。企业竞争力主要来自于企业自身的创新活动。在良好的知识产权环境下，企业会通过创新活动（知识的生产和转化）获得相应的自主知识产权，由此不断积累强大的自主知识产权创造能力。包含高质量知识产权的产品、技术一旦被运用，就会为企业带来巨大的价值。因此，为了追求自主知识产权价值的最大化，企业又不断形成和积累了良好的自主知识产权利用能力。与此同时，又会进一步推动企业的自主创新，并带动大量企业的自主创新，形成产业集群创新，为企业的持续创新提供良好的外部环境。[①]

其次，自主知识产权战略与企业核心竞争力的培育密切相关。自主知识产权及自主知识产权战略是企业核心竞争力培育的外在表现，企业核心竞争力培育是自主知识产权及自主知识产权战略的目的和归宿，即自主知识产权及自主知识产权战略培育了企业核心竞争力，企业核心竞争力大大增强了企业的综合竞争力，综合竞争力又将为实施自主知识产权战略提供资金、设备、人力等保障，从而构成良性循环上升的互动机制。由此可见，自主知识产权战略在企业核心竞争力的培育中具有重要的战略地位和深远意义。自主知识产权与企业竞争力的关系如图专2.2所示。

---

① 喻翠玲：《基于知识产权角度的企业竞争力分析》，《福州大学学报（哲学社会科学版）》，2009 年第 1 期。

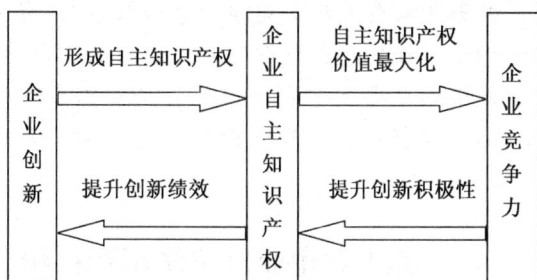

图专 2.2 自主知识产权与企业竞争力的关系

（2）自主品牌和企业竞争力的关系分析

迈克尔·波特提出：尽管各企业获得竞争优势的方法不同，但最基本的方法为低成本和差别优势。差别化是企业获得竞争优势的方法之一，随着市场竞争的日益加剧，同一行业中各企业之间的差异化越来越难以形成，即使有些产品达到了高度差别化，也会由于竞争模仿的日益加剧而不能持久。因此，自主品牌作为企业一种难以被模仿的无形资产，以其灵活多样的创新方式而成为现代企业赢得竞争优势的重要途径之一，为企业带来了差别化优势。自主品牌战略就是创造差异化的竞争战略，它是企业在日趋激烈的竞争环境中，面临产品、技术与服务日趋同质化的趋势，谋求以自主创新，拥有自主知识产权的品牌创造差异化的战略抉择。自主品牌的本质是塑造出企业的核心竞争力，从而确保企业的长远发展。因为，在科技高度发达、信息高速传播的今天，产品、技术及管理诀窍等容易被对手模仿，越来越难成为企业的核心竞争力。但企业如果拥有了自己的核心技术，拥有了自主品牌，对跟进者形成技术锁定，从而能够稳固其在行业中的核心地位，也就具有了企业的核心竞争力，所以说自主品牌是企业核心竞争力的内涵和载体。要想在激烈竞争的市场中掌握主动权，有充分的市场话语权，就必须培育和发展企业的自主品牌。企业必须将自主品牌作为核心竞争力来打造，而自主品牌也的确能够发挥核心竞争力的作用，它具有符合企业核心竞争力的六大特征：一是具有不可替代性；二是具有使企业持续盈利的能力（品牌通过本身的附加值持续获取额外利润）；三是处于企业各种能力中的核心地位（对快速消费品等行业而言，品牌可处于各经营要素中的核心地位）；四是企业长期所积累的，具有持续性和非偶然性特点；五是具有延展性；六是具有构建竞争力壁垒的能力（品牌作为消费者心理认知，由认知所搭建的品牌壁垒相对强大）。

正因为自主品牌所具有的核心竞争力的特性,所以自主品牌的打造已经被越来越多的公司作为企业获取核心竞争优势的战略性目标,并将之视为企业生存发展的基石。而我国大部分企业由于缺乏自主创新能力,没有自主品牌,使得我国企业缺乏以科技创新为主要特征的核心竞争力。

二、江苏工业企业自主知识产权和
自主品牌产品状况调查方案设计

在了解和掌握本地区自主知识产权和自主品牌产品状况工作方面,江苏省走在全国 31 个省市自治区的前列。江苏省科技厅 2008 年 10 月 31 日在南京召开了江苏省自主知识产权和自主品牌产品调查工作部署会议,组织实施了江苏省第一次自主知识产权和自主品牌产品状况调查。

1. 调查目的

江苏省自主知识产权和自主品牌产品状况调查的目的是为了全面了解江苏省工业企业创新情况、自主知识产权和自主品牌产品状况,分析江苏省自主知识产权和自主品牌产品对 GDP、产品出口等的贡献份额,为评价江苏省自主创新能力和监测创新型省份建设进程提供数据支撑,为提高科技产出绩效、加强科技宏观管理、完善和制定相关政策提供依据。

2. 调查对象

江苏省自主知识产权和自主品牌产品状况的调查对象是江苏省规模以上具有法人资格的内资制造企业,不包含外商独资、外商控股企业(留学生创业企业除外)。调查企业清单从江苏省统计局规模以上工业企业库中获取。

3. 调查内容

根据工业企业自主知识产权和自主品牌产品状况调查方案的要求,设计出我国工业企业自主知识产权和自主品牌产品状况调查表,调查表由企业基本情况、企业技术创新活动、自主知识产权和自主品牌产品情况三个部分组成。

企业基本情况由两个部分组成。第一个部分包含企业所在地行政区划代码、企业登记注册类型、企业所属领域、产业类型、行业类型、企业进区、企业科技机构、企业认定、上市情况、企业性质和控股情况（见表专 2.1）。

表专 2.1 企业基本情况（一）

企业所在地行政区划代码	企业登记注册类型	企业所属领域	产业类型
根据《江苏省行政区划代码》填写	根据《企业登记注册类型与代码》填写	按照企业主营产品进行填报（只限一项）	是否属于"双十"产业 1.是 2.否 □ "双十"产业类型

行业类别	企业进区	企业科技机构	
根据《国民经济行业分类与代码》进行划分 请填写四位行业代码	企业进区情况 0. 未进区 1. 国家高新区 2. 省级高新区 3. 特色产业基地 4. 创业园	类型（可多选）： 1. 博士后科研工作站 2. 重大研发机构 3. 重点实验室 4. 工程技术研究中心 5. 企业技术中心 6. 企业自建研发机构 级别：A. 国家级 B. 省级 C. 市级 类型 级别	

企业认定	上市情况	企业性质	控股情况
是否为经过认定的高新技术企业 1. 是 2. 否	上市情况（上市企业填） 1. 深交所 2. 上交所 3. 新加坡主板 4. 新加坡创业板 5. 香港主板 6. 香港创业板 7. 纳斯达克 8. 纽约交易所 9. 未上市	工业企业规模 1. 大型 2.中型 3. 小型	1. 国有控股 2. 集体控股 3. 私人控股

第二个部分由企业从业人员构成、工业总产值、工业增加值、总收入、企业产品出口总额、净利润、上缴利税总额和资产总计构成（见表专 2.2）。

企业技术创新活动主要由企业研发人员数、企业研发总支出、全部科技项目数、企业拥有自主品牌数、企业拥有商标数、企业拥有专利数、企业拥有版权数、企业制定国家或行业技术标准、企业内部保护的技术秘密和其他类型知识产权构成(见表专 2.3)。

表专 2.2　企业基本情况(二)

指标名称	调查时间
从业人员(人)	
其中：博士	
硕士	
本科	
其中：引进海归人员	
其中：高级技工	
工业总产值(万元)	
其中：新产品产值	
其中：自主知识产权和自主品牌产值	
工业增加值(万元)	
其中：自主知识产权和自主品牌工业增加值	
总收入(万元)	
其中：全部产品销售收入	
其中：自主知识产权和自主品牌收入	
企业产品出口总额(万美元)	
其中：自主知识产权和自主品牌出口	
净利润(万元)	
其中：自主知识产权和自主品牌净利润	
上缴税费总额(万元)	
其中：自主知识产权和自主品牌上缴税费	
资产总计(万元)	

表专 2.3　企业技术创新活动情况

指标名称	调查时间	指标名称	调查时间
企业研发人员数(人)		企业拥有自主品牌数(件)	
其中:博士		其中:名牌产品	
研究生		其中:国家级	
大学		省级	
引进留学归国人员		企业拥有商标数(件)	
聘用的研究人员		其中:驰名商标	
企业研发总支出(万元)		著名商标	
其中:政府资金		企业拥有专利数(件)	
其中:内部研究活动经费支出		其中:发明专利	
外部研究活动经费支出		实用新型	
其中:新产品研发支出		外观设计	
新工艺研发支出		企业拥有版权数(件)	
全部科技项目数(项)		企业制定国家或行业技术标准(项)	
其中:政府科技项目		企业内部保护的技术秘密(个)	
企业与高校、院所合作项目		其他类型知识产权(件)	

　　自主知识产权和自主品牌产品调查主要包括企业自主品牌名称、产品名称、产品产值、出口创汇、拥有自主品牌情况、产品拥有自主知识产权情况和自主知识产权在产品中的贡献份额(见表专 2.4)。

表专 2.4　自主知识产权和自主品牌产品情况

序号	自主品牌名称	产品名称		产品产值（万元）	出口创汇（万美元）	拥有自主品牌情况（填代码）：1. 国家名牌 2. 省名牌 3. 市名牌 4. 其他	产品拥有自主知识产权情况（填代码，可多选）：1. 专利 2. 版权 3. 技术标准 4. 其他	自主知识产权在产品中的贡献份额（%）
1		1						
		2						
		3						
		...						
2		1						
		2						
		3						
		...						
3		1						
		2						
		3						
		...						

4．调查时间、方法

调查时限为 2007 年全年及 2008 年 1 月 1 日—10 月 31 日，分两个时段采集调查数据；调查表的填报回收时间为 2008 年 11 月 1 日—12 月 12日。在调查实施过程中采取全面调查和抽样调查相结合的方式，对符合条件的大型企业和中型企业进行全面调查，小型企业进行抽样调查，样本抽取比例控制在 5% 左右。调查过程中重点对先进型制造领域自主知识产权和自主品牌产值、出口、占比、贡献份额等进行摸底调查，提出自主知识产权和自主品牌产品产出及其对经济社会发展作用的测度指标，建立自主知识产权和自主品牌产品常规性统计调查制度。

5. 调查组织实施及注意事项

（1）调查组织实施

江苏省自主知识产权和自主品牌产品状况调查的调查工作采用统一领导、分工负责的方式组织。江苏省科技厅和江苏省统计局负责综合协调与工作部署，江苏省科技统计中心负责调查表设计、培训。在组织实施过程中按行政区域属地化管理，各市、县科技局负责所辖范围内企业的统计调查工作，具体负责企业统计人员培训、报表回收、数据录入、审核和上报等工作。江苏省市、县级科技局，无需对所回收的报表进行汇总，只需把填报好的报表上交和催报各被调查单位及时网络上报，由江苏省省科技统计中心统一汇总（见图专2.3）。

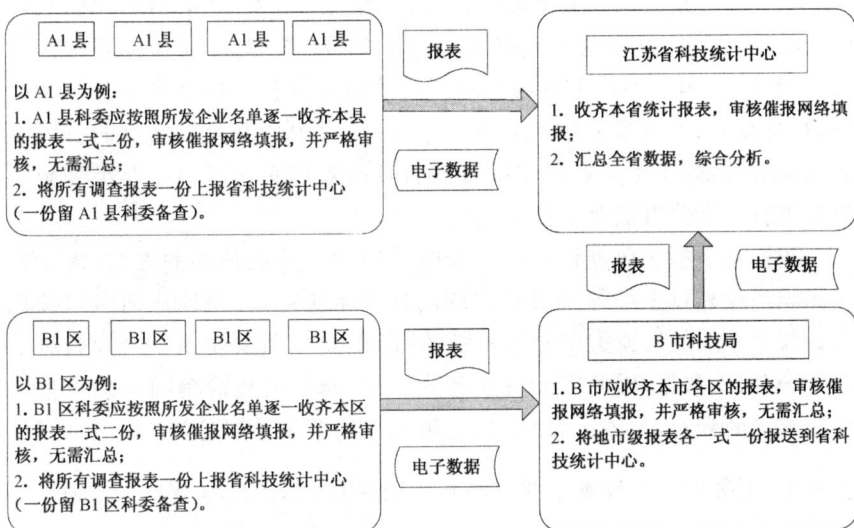

图专2.3　江苏省自主知识产权和自主品牌产品调查组织实施流程

在调查中，下发被调查企业清单3 870家，其中大型企业176家、中型企业1 753家、小型企业1 941家；实际上报3 784家，上报率为98%，经审核有效报表3 329份，占下发清单的86%，其中大型企业157家、中型企业1 580家、小型企业1 592家。

（2）调查注意事项

在对江苏省工业企业自主知识产权和自主品牌产品进行调查时，要确定一个企业是否拥有自主知识产权和自主品牌产品非常重要，应依据掌握的实际情况和经验,通过审核《自主知识产权与自主品牌产品情况》加以判断,企业产品生产过程中运用自主知识产权必须是核心技术,非核心技术知识产权占大比例的产品不属于自主知识产权和自主品牌产品;江苏省工业企业贴牌生产外省、外国企业的产品,同样也不属于自主知识产权和自主品牌产品范围。

在收集调查数据的过程中,江苏省各地科技局认真把握数据间的平衡关系,尽可能避免数据失真现象的出现。数据的录入、修改、管理等都应通过软件系统进行,禁止直接对数据库原始程序进行操作,避免由此造成信息丢失、重复劳动、返工等问题。各市数据经省科技厅、省科技统计中心统一审核、验收、汇总、测定、评估、公布后,方可提供给有关部门使用,禁止各市自行处理、公布数据。

(3) 调查数据的汇总及推算

江苏大学负责调查方案的设计,江苏省科技厅负责调查的实施,江苏省科技统计中心负责调查数据的汇总和推算。数据汇总和推算时间为2009 年 1—4 月。对江苏省内资制造企业自主知识产权和自主品牌产品产值、总收入、出口等指标数据进行汇总时,大中型企业按回收的有效报表实际数计算,小型企业根据回收的有效报表按企业所属产业类型分别进行推算。推算方法及计算公式如下:

我们对小型企业进行抽样调查时采用的是分层抽样的方法,由于自主知识产权和自主品牌主要集中在高新技术企业,分层抽样的层数按照高新技术企业的行业类型分为 8 层,但是第二类"计算机及办公设备制造业"没有回收数据,因此实际分层数为 7 层,每层通过简单随机抽样抽取一定容量的样本,具体见表专 2.5。第 h 层的企业总数用 $N_h(h=1,2,3\cdots$
7)表示,实际抽取的样本企业数用 n_h 表示,第 h 层的层权 $W_h=\dfrac{n_h}{N}$,抽样比
$f_h=\dfrac{n_h}{N_h}$。总体均值 $\overline{Y}$ 的估计是通过对各层 $\overline{Y}$ 的估计值按照层权 W_h 加权平均得到的,设第 h 层第 i 个单位的值为 Y_{hi},则第 i 层总体均值 $\overline{Y}_h=$
$\dfrac{\sum\limits_{i=1}^{N_h}Y_{hi}}{N_h}$,总体均值的估计量 $\overline{Y}_{st}=\sum\limits_{h=1}^{7}W_h\overline{Y}_h$。由于是分层随机样本,总体均
值还可以表示为 $\overline{y}_{st}=\sum\limits_{h=1}^{7}W_h\overline{y}_h=\dfrac{1}{N}\sum\limits_{h=1}^{7}N_h\overline{y}_h$,其中 $\overline{y}_h=\dfrac{1}{n_h}\sum\limits_{i=1}^{n_h}y_{hi}$,是第
h 层第 i 个单位的观测值。设第 h 层的样本方差为 s_h^2,则总体均值估计量

方差 $Var(\overline{Y}_{st}) = \sum_{h=1}^{7} W_h^2 \cdot \dfrac{s_h^2}{n_h} \cdot (1-f_h)$，总体总值估计值 $\hat{Y} = \sum_{h=1}^{7} N_h \overline{Y}_h$，

总体总值 95% 的置信区间可用公式 $\hat{Y} \pm 1.96 \sqrt{Var(\overline{Y}_{st})}$ 来进行计算。

表专 2.5　分层抽样基本参数

高新类别	总体数 N_h	样本数 n_h	层权 W_h	抽样比 f_h
航空航天制造业	9	2	0.000 3	0.222 2
电子及通信设备制造业	687	36	0.020 2	0.052 4
医药制造业	316	13	0.009 3	0.041 1
专用科学仪器设备制造业	449	27	0.013 2	0.060 1
电气机械及设备制造业	1 419	38	0.041 8	0.026 8
新材料产业	1 640	61	0.048 3	0.037 2
其他	29 413	1 450	0.866 8	0.049 3
合　　计	33 933	1 627	1	

　　注：由于江苏省航空航天制造企业数较少，因而在实际抽样时抽样比没有受 5% 的限制。鉴于操作人员对企业情况比较熟悉，最终决定抽取 2 家企业进行调查。

　　把根据上述公式推算得到的高新技术不同类型小企业相关指标的数据加总，即可得到江苏省小型企业相关指标的数据。由于我们在调查实施过程中采取大中型企业全面调查和小型企业抽样调查相结合的方式，所以，把江苏省小型企业相关指标的数据加上全面调查获得的大中型企业的实际数据，可得到江苏省工业企业自主知识产权和自主品牌产品产值、总收入、出口等指标的总量数据。

　　在推算江苏省内资制造企业自主知识产权和自主品牌产品产值、总收入、出口等产出指标时，使用的是 2008 年 1—10 月的汇总数据。为了得到 2008 年的全年数据，将前 10 个月的总值乘以 6/5 即得到全年的数据。在推算江苏省内资制造企业技术创新活动时，考虑到技术创新活动涉及的指标，如研发人员、科技项目数、专利发明、拥有商标数等在全年具有一定的稳定性，将前 10 个月的数据作为全年的数据。

三、江苏省工业企业自主知识产权和
自主品牌产品状况调查与分析

　　通过对江苏省工业企业自主知识产权和自主品牌产品调查数据的分析，可以了解江苏省工业企业自主知识产权和自主品牌产品现状，发现江苏省工业企业自主知识产权和自主品牌产品发展过程中存在的问题。

1. 江苏省工业企业(内资制造业)基本情况

我们首先从江苏省内资制造企业的数量分布情况、工业总产值、工业增加值、总收入、企业产品出口总额、净利润、上缴利税总额等方面对江苏省内资制造业企业的基本情况进行分析。

(1) 企业分布情况

① 江苏省分布情况

2008 年,江苏省规模以上内资制造企业总共有 33 933 家,其中大型企业 157 家,占江苏省内资制造企业数的 0.46%;中型企业 1 580 家,占江苏省内资制造企业数的 4.66%;小型企业 32 196 家,占江苏省内资制造企业数的 94.88%。2008 年,江苏省内资制造企业自主知识产权、自主品牌产品和研发机构企业情况如表专 2.6 所示。

表专 2.6　2008 年江苏省内资制造企业自主知识产权、
自主品牌产品和研发机构企业情况

企业类型	有自主知识产权和自主品牌产品企业占比(%)	有研发机构占比(%)	双自有研发占比(%)	合计
大型企业	85.35	85.35	77.71	157
中型企业	64.62	66.01	53.16	1 580
小型企业	29.83	36.23	17.89	32 196
所有企业	31.71	37.84	19.81	33 933

调查结果显示,在大型企业中,85.35%的企业拥有自主知识产权和自主品牌产品、研发机构;77.71%的企业同时拥有自主知识产权和自主品牌产品、研发机构。进一步的调查发现,既没有自主知识产权和自主品牌产品,又没有研发机构的大型企业主要集中在钢铁、纺织、船舶修造等传统行业中。

在中型企业中,64.62%的企业拥有自主知识产权和自主品牌产品;66.01%的企业拥有研发机构;53.16%的企业同时拥有自主知识产权、自主品牌产品和研发机构。小型企业拥有自主知识产权、自主品牌产品和研发机构的比重远远低于大中型企业。在小型企业中,29.83%的企业拥有自主知识产权和自主品牌产品;36.23%的企业拥有研发机构;17.89%的企业同时拥有自主知识产权和自主品牌产品、研发机构。在大中型企业中,80%以上拥有自主知识产权和自主品牌产品的企业设有研发机构,

80％以上设有研发机构的企业拥有自主知识产权和自主品牌产品；而在小型企业中,40％拥有自主知识产权和自主品牌产品的企业没有研发机构,50％设有研发机构的企业没有自主知识产权和自主品牌产品。

2008 年,江苏省规模以上内资制造企业中,29 413 家属于非高新技术行业,占规模以上内资制造企业数的 86.67％;4 520 家属于高新技术产业,占内资制造企业数的 13.33％。在高新技术产业中,企业数量较多的是新材料产业(4.83％)和电气机械及设备制造业(4.18％),其次是电子及通信设备制造业(2.02％)和专用科学仪器设备制造业(1.32％)(见图专 2.4)。拥有自主知识产权和自主品牌产品的企业有 10 779 家,其中高新技术产业占 21.32％。在高新技术行业中,拥有自主知识产权和自主品牌产品企业占比最高的也是新材料行业(7.69％)和电气机械及设备制造业(6.74％),其次是专用科学仪器设备制造业(2.71％)和电子及通信设备制造业(2.63％)。

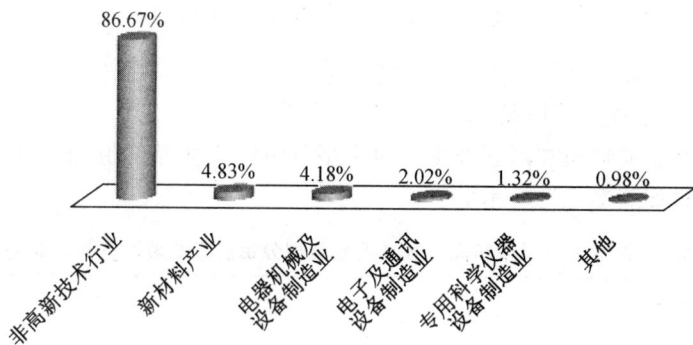

图专 2.4 非高新技术行业与高新技术行业分布情况

② 各区域分布情况

调查结果显示,江苏省各类型企业主要分布在苏南地区。其中,大型企业的 65.61％、中型企业的 66.46％、小型企业的 48.91％分布在苏南地区。在拥有自主知识产权和自主品牌的企业中,51.22％分布在苏南地区,22.60％分布在苏中地区,26.17％分布在苏北地区。在有研发机构的企业中,46.93％分布在苏南地区,20.30％分布在苏中地区,27.63％分布在苏北地区。高新企业中,60.25％分布在苏南地区,20.30％分布在苏中地区,19.64％分布在苏北地区。江苏各类型企业区域分布情况如图专 2.5所示。

总体来看,苏南、苏中、苏北的企业分布情况存在着较大差异。大、中、小型企业均主要分布在苏南地区,具有自主知识产权和自主品牌的企业、具有研发机构的企业及高新技术企业也主要分布在苏南地区。

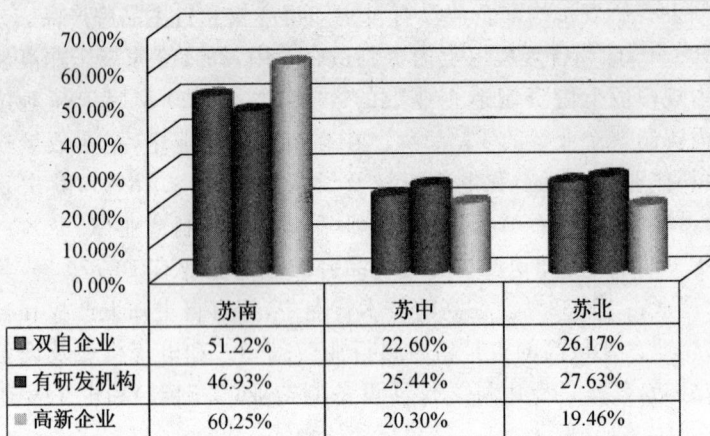

	苏南	苏中	苏北
双自企业	51.22%	22.60%	26.17%
有研发机构	46.93%	25.44%	27.63%
高新企业	60.25%	20.30%	19.46%

图专 2.5 各类型企业区域分布情况

(2) 企业工业总产值和工业增加值

① 江苏省分布情况

按照企业规模和高新技术产业类型分组的工业总产值和工业增加值推算资料如表专 2.7 所示。

表专 2.7 按照企业规模和高新技术产业类型分组的工业总产值和工业增加值

企业分组		工业总产值(亿元)	＃自主知识产权和自主品牌产值	＃高新技术产品产值	工业增加值(亿元)	＃自主知识产权和自主品牌增加值
总计		35 359	15 843	9 325	8 365	2 814
其中:有"双自"产品企业		21 667	15 807	8 348	4 523	2 769
一、按企业规模分组	大型企业	7 391	3 936	2 144	1 391	773
	中型企业	6 428	3 585	1 905	1 350	734
	小型企业	21 540	8 321	5 276	5 623	1 306

企业分组		工业总产值（亿元）	#自主知识产权和自主品牌产值	#高新技术产品产值	工业增加值（亿元）	#自主知识产权和自主品牌增加值
二、按高新技术产业类别分组	航空航天制造业	44	22	12	11	7
	电子及通信设备制造业	686	365	264	153	69
	医药制造业	530	299	264	121	59
	专用科学仪器设备制造业	276	158	64	63	39
	电气机械及设备制造业	2 058	1 314	715	477	284
	新材料产业	1 645	868	318	1 306	165
	其他	30 121	12 815	7 688	6 234	2 192

根据推算，2008 年江苏省规模以上内资制造企业的工业总产值为 35 359 亿元，其中自主知识产权和自主品牌产品产值为 15 843 亿元，在工业总产值中的比重为 44.81%；高新技术产品产值为 9 325 亿元，在工业总产值中的比重为 26.37%；全部企业的工业增加值为 8 365 亿元，自主知识产权和自主品牌产品增加值为 2 814 亿元，在工业增加值中的比重为 33.64%。

大型企业工业总产值在内资制造企业总产值中的比重为 20.90%，中型企业为 18.18%，小型企业为 60.92%；大型企业和中型企业自主知识产权和自主品牌产品产值在工业总产值中的比重都比较高，分别为 53.25% 和 55.77%，而小型企业的比重仅达到 38.63%；大型企业、中型企业和小型企业高新技术产品产值在工业总产值中的比重相差不大，分别为 29.01%、29.64% 和 24.49%；大型企业和中型企业自主知识产权和自主品牌产品增加值在工业增加值中的比重分别为 55.57% 和 54.35%，小型企业的比重明显偏低，仅为 22.80%。

在按照高新技术产业类型分组的企业中，电气机械及设备制造业的自主知识产权和自主品牌产品产值、高新技术产品产值、自主知识产权和自主品牌增加值都超过了其他几个高科技产业；该行业自主知识产权和自主品牌产品产值在工业总产值中的比重也是最高,达到 63.87%,而非高新技术企业自主知识产权和自主品牌产品产值在工业总产值中的比重最低,为 42.55%;医药制造业的高新技术产品产值在工业总产值中的比重最高,达到 49.87%,航空航天制造业的自主知识产权和自主品牌产品增加值在工业增加值中的比重最高,达到 63.37%,新材料产业高新技术产品产值在工业总产值中的比重以及自主知识产权和自主品牌产品增加值在工业增加值中的比重在所有类型企业中最低,分别为 19.32% 和 12.62%。

② 各区域分布情况

按照区域类型分组的工业总产值和工业增加值推算资料如表专 2.8 所示。

表专 2.8　按照区域类型分组的工业总产值和工业增加值

区域	企业类型	工业总产值(亿元)	#自主知识产权和自主品牌产值	#高新技术产品产值	工业增加值(亿元)	#自主知识产权和自主品牌增加值
苏南	大型	5 741	2 794	1 557	1 047	506
	中型	4 022	2 328	1 169	857	452
	小型	11 650	4 881	3 819	2 688	631
	合计	21 413	10 003	6 545	4 593	1 589
苏中	大型	769	553	355	147	113
	中型	1 392	758	485	293	168
	小型	4 562	1 310	668	1 650	255
	合计	6 723	2 621	1 508	2 091	536
苏北	大型	881	590	232	197	154
	中型	1 014	499	252	200	114
	小型	4 872	1 768	578	1 070	347
	合计	6 767	2 856	1 062	1 466	615

根据推算,2008 年苏南地区规模以上内资制造企业的工业总产值为 21 413 亿元,占江苏省的 61.35%。其中,自主知识产权和自主品牌产值为 10 003 亿元,在苏南地区工业总产值中的比重为 46.71%;高新技术产品产值为 6 545 亿元,在苏南地区工业总产值中的比重为 30.57%。苏南

地区工业增加值为 4 593 亿元,占江苏省的 56.36%。其中,自主知识产权和自主品牌工业增加值为 1 589 亿元,在苏南工业增加值中的比重为 34.60%。苏南地区小型企业的工业总产值占有较大比重,高达 54.41%,而大、中型企业分别只占 26.81%、18.78%。小型企业的工业增加值在苏南地区工业增加值中所占比重最高,为 58.52%,大型企业、中型企业分别仅占 22.80%、18.66%。

2008 年,苏中地区规模以上内资制造企业的工业总产值为 6 723 亿元,占江苏省的 19.26%。其中,自主知识产权和自主品牌产值为 2 621 亿元,在苏中地区工业总产值中的比重为 38.99%;高新技术产品产值为 1 508 亿元,在苏中地区工业总产值中的比重为 22.43%。苏中地区的工业增加值为 2 091 亿元,占江苏省的 25.66%。其中自主知识产权和自主品牌增加值为 536 亿元,仅占苏中工业增加值的 25.63%。

2008 年,苏北地区工业总产值为 6 767 亿元,占江苏省的 19.39%。其中,自主知识产权和自主品牌产值为 2 856 亿元,在苏北地区工业总产值中的比重为 42.20%;高新技术产品产值为 1 062 亿元,在苏北地区工业总产值中的比重为 15.69%。苏北地区工业增加值为 1 466 亿元,占江苏省的 17.99%。

(3) 企业总收入和产品出口总额

① 江苏省分布情况

按照企业规模和高新技术产业类型分组的企业总收入、企业产品出口总额推算资料如表专 2.9 所示。

根据推算,江苏省规模以上内资制造企业 2008 年产品总收入为 34 427亿元,其中自主知识产权和自主品牌产品总收入为 14 786 亿元,在总收入中的比重为 44.68%。江苏省规模以上内资制造企业产品 2008 年出口总额为 885 亿美元,其中,自主知识产权和自主品牌产品出口为 374 亿美元,在企业产品出口总额中的比重为 42.26%。在拥有自主知识产权和自主品牌产品的企业中,其总收入为 21 585 亿元,企业产品自主知识产权和自主品牌产品收入所占比重为 71.67%;自主知识产权和自主品牌产品出口在拥有自主知识产权和自主品牌的企业产品出口总额中的比重高达 51.59%,比在所有企业中所占比重提高了将近 9 个百分点。

小型企业的自主知识产权和自主品牌产品收入最高,其次为大型企业、中型企业。但是,小型企业自主知识产权和自主品牌产品收入在小型企业总收入中所占比重最低,为 36.50%;大型企业和中型企业均高于这一比重,分别为 50.80% 和 54.68%。小型企业的自主知识产权和自主品牌产品出口额最高,其次为大型企业、中型企业。但是,中型企业自主知识产权和自主品牌产品出口额在中型企业产品总出口额中所占比重最高,达到 54.39%,大型企业的这一比重最低,为 31.42%,小型企业居中,为 47.70%。

表专 2.9　按照企业规模和高新技术产业类型分组的企业总收入、企业产品出口总额

企业分组		总收入（亿元）	#全部产品销售收入	#自主知识产权和自主品牌收入	企业产品出口总额（亿美元）	#自主知识产权和自主品牌出口
总计		34 427	33 092	14 786	885	374
其中:有"双自"产品企业		21 585	20 423	14 638	725	374
一、按企业规模分组	大型企业	7 730	7 198	3 927	366	115
	中型企业	6 126	6 005	3 350	171	93
	小型企业	20 571	19 888	7 509	348	166
二、按高新技术产业类别分组	航空航天制造业	45	45	40	3	2
	电子及通信设备制造业	661	660	326	15	8
	医药制造业	519	515	293	7	4
	专用科学仪器设备制造业	273	264	139	5	5
	电气机械及设备制造业	2 000	1 977	1 198	19	14
	新材料产业	1 574	1 540	799	34	14
	其他	29 355	28 090	11 992	802	327

在按照高新技术产业类型分组的企业中,电气机械及设备制造业的全部产品销售收入、自主知识产权和自主品牌产品收入、自主知识产权和自主品牌产品出口额最高,分别为 1 977 亿元、1 198 亿元和 14 亿美元。航空航天制造业的自主知识产权和自主品牌产品收入在总收入中的比重最高,达到 88.89%,专用科学仪器设备制造业的自主知识产权和自主品牌产品 100% 出口。非高新技术产业的自主知识产权和自主品牌产品收

入在总收入的比重和自主知识产权和自主品牌产品出口在企业产品出口总额中的比重都是最低的,分别为 40.85% 和 40.77%。

② 各区域分布情况

按区域类型分组的企业总收入、企业产品出口总额推算资料如表专 2.10 所示。

表专 2.10　按区域类型分组的企业总收入、企业产品出口总额

区域	企业类型	总收入（亿元）	♯ 全部产品销售	♯ 自主知识产权和自主品牌收入	企业产品出口总额（亿美元）	♯ 自主知识产权和自主品牌出口
苏南	大型	5 979	5 582	2 803	332	88
	中型	3 971	3 894	2 149	93	52
	小型	11 934	11 238	4 538	252	129
	合计	21 885	20 713	9 490	677	269
苏中	大型	761	749	543	19	15
	中型	1 315	1 299	757	58	32
	小型	4 359	4 323	1114	51	15
	合计	6 435	6 371	2414	128	62
苏北	大型	990	867	580	14	12
	中型	840	812	444	19	9
	小型	3 870	3 800	1 573	32	17
	合计	5 700	5 480	2 598	66	38

2008 年,在江苏省规模以上内资制造企业总收入中,苏南地区最高,为 21 885 亿元,占江苏省的 64.33%;苏中、苏北地区分别为 6 435 亿元、5 700 亿元,仅占江苏省的 18.92%、16.75%。在苏南地区内资制造业总收入中,全部产品销售收入为 20 713 亿元,占比 94.64%,自主知识产权和自主品牌收入为 9 490 亿元,仅占 43.36%。在苏中地区内资制造业总收入中,全部产品销售收入为 6 371 亿元,占比 99.00%;自主知识产权和自主品牌收入为 2 414 亿元,仅占 37.51%。在苏北地区内资制造业总收入中,全部产品销售收入为 5 480 亿元,占比 96.14%;自主知识产权和自主品牌收入为 2 598亿元,占比 45.58%。苏南、苏中、苏北地区小型企业总收入在内资制

造业总收入中占有较大比重，分别为 54.53％、67.74％、67.89％。

2008 年，苏南地区内资制造业企业产品出口总额远远高于苏中、苏北地区，为 677 亿美元，占江苏省的 77.73％，但其自主知识产权和自主品牌产品出口额占其比重最低，为 39.73％。苏中地区的内资制造企业的产品出口总额为 128 亿美元，占江苏省的 14.70％；其自主知识产权和自主品牌产品出口额为 62 亿美元，占其比重为 48.44％。苏北地区的内资制造企业的产品出口总额最低，仅为 38 亿美元，但其自主知识产权和自主品牌产品出口总额占其比重最高，为 57.58％。

（4）企业净利润和上缴税费总额

① 江苏省分布情况

按照企业规模和高新技术产业类型分组的企业净利润和上缴税费总额推算资料如表专 2.11 所示。

表专 2.11　按照企业规模和高新技术产业类型分组的企业净利润和上缴税费总额

企业分组		净利润（亿元）	＃自主知识产权和自主品牌净利润	上缴税费总额（亿元）	＃自主知识产权和自主品牌上缴税费
总计		1 478	747	1 455	663
＃有"双自"产品企业		1 062	746	928	656
一、按企业规模分组	大型企业	406	221	302	189
	中型企业	279	173	268	157
	小型企业	793	354	884	317
二、按高新技术产业类别分组	航空航天制造业	1	1	1	1
	电子及通信设备制造业	35	21	25	15
	医药制造业	36	25	33	22
	专用科学仪器设备制造业	16	8	19	10
	电气机械及设备制造业	104	64	87	52
	新材料产业	81	32	57	28
	其他	1 205	596	1 233	535

　　根据推算,2008 年江苏省内资制造企业净利润为 1 478 亿元,其中自主知识产权和自主品牌产品净利润为 747 亿元,在净利润中的比重为 50.54%;拥有自主知识产权和自主品牌产品的企业,其自主知识产权和自主品牌产品净利润为 746 亿元,在净利润中的比重为 70.24%。2008 年,江苏省内资制造企业上缴税费 1 455 亿元,其中自主知识产权和自主品牌产品上缴税费 663 亿元,在上缴税费总额中的比重为 45.57%;拥有自主知识产权和自主品牌产品的企业,其自主知识产权和自主品牌产品上缴税费在上缴税费总额中的比重为 70.69%。

　　中型企业自主知识产权和自主品牌产品净利润在净利润中的比重高于大型企业和小型企业,达到 62.01%,大型企业和小型企业分别为 54.43% 和 44.64%;大型企业自主知识产权和自主品牌产品上缴税费在上缴税费总额中的比重高于中型企业,达到 62.58%,中型企业和小型企业分别为 58.58% 和 35.86%。

　　电气机械及设备制造业的净利润、自主知识产权和自主品牌产品净利润、上缴税费总额、自主知识产权和自主品牌产品上缴税费超过其他高新技术产业。航空航天制造业的各项指标在高科技产业中都是最低的,但是航空航天制造业企业自主知识产权和自主品牌产品净利润在净利润中的比重、自主知识产权和自主品牌产品上缴税费在上缴税费总额中的比重都是 100%。新材料产业企业自主知识产权和自主品牌产品净利润在净利润中的比重最低,为 39.51%;非高新技术产业企业自主知识产权和自主品牌产品上缴税费在上缴税费总额中的比重最低,为 43.39%。

　　高新技术产业类型中,企业自主知识产权和自主品牌产品产值、增加值等各项绝对值指标排在首位的都是电气机械及设备制造业,接下来依次是新材料产业、电子及通信设备制造业、医疗制造业、专用科学仪器设备制造业、航空航天制造业。虽然航空航天制造业的各项绝对值指标在按高新技术产业类型分类的企业中都是最低的,但是其自主知识产权和自主品牌产品增加值在总增加值中的比重、产品收入在总收入中的比重、产品净利润在企业净利润中的比重、产品上缴税费在企业上缴总税费中的比重这四项相对指标在各类型企业中最高。新材料产业自主知识产权和自主品牌产品增加值在总增加值中的比重、产品净利润在企业净利润中的比重在按高新技术产业类型分类的企业中最低,非高新技术产业类型企业自主知识产权和自主品牌产品产值在总产值中的比重、产品收入在总收入中的比重、产品出口额在企业产品出口总额中的比重、产品上缴税费在企业上缴总税费中的比重在各类企业中最低。

② 各区域分布情况

按照区域类型分组的企业净利润和上缴税费总额推算资料如表专2.12所示。

表专 2.12　按照区域类型分组的企业净利润和上缴税费总额

区域	企业类型	净利润（亿元）	♯自主知识产权和自主品牌净利润	上缴税费总额（亿元）	♯自主知识产权和自主品牌上缴税费总额
苏南	大型	283	131	184	92
	中型	172	107	163	94
	小型	355	156	370	136
	合计	811	394	717	322
苏中	大型	47	36	35	25
	中型	62	40	58	36
	小型	134	59	249	49
	合计	244	134	342	110
苏北	大型	75	54	83	72
	中型	44	25	48	27
	小型	281	122	238	119
	合计	401	201	369	218

2008 年,江苏省内资制造业净利润苏南地区最高,达到 811 亿元,占江苏省的 55.74%;其次是苏北地区,为 401 亿元,占江苏省的 27.56%;苏中地区最低,仅有 244 亿元,占江苏省的 16.77%。苏南地区自主知识产权和自主品牌净利润在净利润中所占比重仅为 48.58%,苏北地区为 50.13%,苏中地区为 54.92%。

上缴税费总额也以苏南为首,高达 717 亿元,占江苏省的 50.21%;苏中、苏北地区分别为 342 亿元、369 亿元,所占比重分别为 23.95%、25.84%。

2. 江苏省工业企业自主知识产权和自主品牌产品的现状分析

(1) 江苏省工业企业(内资制造业)技术创新活动现状分析

在对江苏省内资制造业企业的基本情况进行分析的基础之上,接下来从企业研发人员数及其构成、企业研发总支出和企业科技项目数来分析企业的技术创新活动。资料如表专 2.13 所示。

表专 2.13　按照企业规模和高新技术产业类型分组的企业研发人员数

人

企业分组		企业研发人员数	#博士	#硕士	#本科	#引进留学归国人员	#聘用的研究人员
总计		412 184	3 402	15 445	211 061	2 167	25 499
其中:有"双自"产品企业		302 199	2 814	12 659	165 431	1 548	18 292
一、按企业规模分组	大型企业	51 764	395	2 358	30 853	106	1 952
	中型企业	89 351	687	4 320	43 468	211	3 417
	小型企业	271 069	2 320	8 767	136 740	1 850	20 130
二、按高新技术产业类别分组	航空航天制造业	2 711	0	137	982	0	28
	电子及通信设备制造业	27 185	240	1 457	13 296	103	827
	医药制造业	10 420	250	646	6 215	72	507
	专用科学仪器设备制造业	8 911	176	359	5 110	26	1 106
	电气机械及设备制造业	30 637	208	1 090	15 170	199	2 554
	新材料产业	23 858	136	830	10 036	7	1 539
	其他	308 462	2 392	10 926	160 252	1 760	1 8938

　　根据推算,2008 年江苏省内资制造企业有企业研发人员 412 184 人,其中具有自主知识产权和自主品牌产品企业的研发人员为 302 199 人,占全部研发人员所占的 73.32%。在企业研发人员学历构成中,本科学历研发人员所占的比重最高,达到 51.21%;硕士学历研发人员比重为3.75%;博士学历研发人员在企业研发人员中的比重较低,仅为 0.83%。在具有自主知识产权和自主品牌产品的企业中,本科学历研发人员的比重达到了54.74%,硕士学历研发人员比重为 4.19%,博士学位研发人员比重为0.93%。在企业研发人员中,引进留学归国人员总数达到 2 167 人,占研发人员的比重仅约 0.5%;企业聘用的研发人员为 25 499 人,占研发人员的比重在 6% 左右。

　　大型企业本科学历研发人员在研发人员中的比重为 59.60%,高于中型企业和小型企业;中型企业的比重最低,为 48.65%。大型企业和中型企业硕士学历研发人员、博士学历研发人员、引进留学归国人员、聘用的研究人员在研发人员中的比重相差不大,小型企业硕士学历研发人员的比重稍低于大、中型企业,为 3.23%,而小型企业博士学历研发人员比重、引进留学归国人员比重、聘用的研究人员比重都高于大中型企业,分别达到 0.86%、0.68%和 7.43%。

在按照高新技术产业类型分组的企业中,电气机械及设备制造业的研发人员数最多,达到 30 637 人;其次是电子及通信设备制造业和新材料产业,分别为 27 185 人和 23 858 人;航空航天制造业的研发人员最少,仅为 2 711 人。医药制造业的本科学历研发人员比重、硕士学历研发人员比重、博士学历研发人员比重、引进留学归国人员比重在高新技术产业中都是最高的,分别为 59.64%、6.20%、2.40%和 0.69%;航空航天制造业企业中本科学历研发人员比重、聘用的研发人员比重最低。

按照企业规模和高新技术产业类型分组的企业研发总支出如表专 2.14所示。

表专 2.14　按照企业规模和高新技术产业类型分组的企业研发总支出

企业分组		企业研发总支出（万元）	＃政府资金	＃内部研究活动经费支出	外部研究活动经费支出	＃新产品研发支出	＃新工艺研发支出
总计		5 433 160	126 577	4 843 776	589 384	3 062 162	1 227 658
其中:有"双自"产品企业		4 567 633	114 522	4 104 957	462 676	2 631 920	991 758
一、按企业规模分组	大型企业	1 336 215	41 829	1 246 327	89 888	753 340	342 223
	中型企业	1 160 283	38 132	1 025 823	134 460	676 855	239 573
	小型企业	2 936 662	46 616	2 571 626	365 035	1 631 968	645 862
二、按高新技术产业类别分组	航空航天制造业	10 784	0	10 661	123	9 813	35
	电子及通信设备制造业	177 472	6 955	162 722	14 751	94 705	37 801
	医药制造业	160 221	7 394	128 659	31 561	67 988	33 682
	专用科学仪器设备制造业	67 157	3 423	59 352	7 805	35 871	8 688
	电气机械及设备制造业	474 696	24 506	382 622	92 074	294 642	95 390
	新材料产业	290 918	4 437	248 105	42 812	122 486	114 560
	其他	4 251 913	79 863	3 851 655	400 258	2 436 657	937 502

　　根据推算,2008 年江苏省内资制造企业研发总支出为 5 433 160 万元,其中有自主知识产权和自主品牌产品企业的研发总支出为 4 567 633万元,占全部企业研发总支出的 84.07%。对参与调查的全部企业,政府资金在企业研发总支出中的比重为 2.32%;对具有自主知识产权和自主品牌产品的企业,政府资金在企业研发总支出中的比重为 2.50%。对参与调查的全部企业,新产品研发支出为 3 062 162 万元,在企业研发支出中的比重为 56.36%,稍低于具有自主知识产权和自主品牌产品的企业;新工艺研发支出在全部研发支出中的比重为 22.60%,稍高于具有自主知识产权和自主品牌产品的企业。

　　大、中型企业政府资金在企业研发总支出中的比重分别为 3.13% 和3.29%,高于小型企业;中型企业新产品研发支出在企业研发支出中的比重为 58.34%,分别高出大型企业和小型企业 1.76% 和 2.96%。

　　在按照高新技术产业类型分组的企业中,电气机械及设备制造业企业研发总支出最多,达到 474 696 万元;其次是新材料产业;航空航天制造业的企业研发总支出在高新技术产业中最低,仅有 10 784 万元。电气机械及设备制造业政府资金在企业研发总支出中的比重最高,达到 5.16%;新材料产业的比重最低,仅为 1.53%。航空航天制造业内部研究经费支出在企业研发总支出中的比重、新产品研发支出在企业研发总支出中的比重都高出其他产业,分别为 98.60% 和 91.00%。而该行业外部活动经费支出在企业研发总支出中的比重、新工艺研发支出在企业研发总支出中的比重又低于其他产业。医药制造业外部活动经费支出在企业研发总支出中的比重高于其他产业,达到 19.70%。

　　按照企业规模和高新技术产业类型分组的全部科技项目数如表专2.15 所示。

　　根据推算,2008 年江苏省内资制造企业的科技项目总数为 33 238项,其中有自主知识产权和自主品牌产品企业的科技项目总数为 25 570项,占科技项目总数的 76.93%。在具有自主知识产权和自主品牌产品企业中,政府项目立项在科技项目总数中占比为 13.27%,稍高于全部企业中的比重;企业与高校、院所合作产学研项目在科技项目总数中的占比为25.26%,与全部企业中的比重大体相同。

　　中型企业政府项目立项在科技项目总数中的比重为 14.78%,高于大型企业和小型企业。小型企业与高校、院所合作产学研项目在科技项目总数中的比重最高,达到 28.53%;大型企业和中型企业的比重分别为

20.64％和18.54％。

表专 2.15　按照企业规模和高新技术产业类型分组的全部科技项目数

指标名称		全部科技项目数(项)	♯当年政府项目立项	♯企业与高校、院所合作产学研项目
总计		33 238	4 411	8 443
其中：有"双自"产品企业		25 570	4 085	6 459
一、按企业规模分组	大型企业	2 752	368	568
	中型企业	8 230	1 217	1 526
	小型企业	22 256	2 826	6 349
二、按高新技术产业类别分组	航空航天制造业	63	5	23
	电子及通信设备制造业	1 910	279	320
	医药制造业	1 310	146	529
	专用科学仪器设备制造业	2 557	230	206
	电气机械及设备制造业	2 554	332	621
	新材料产业	2 117	159	825
	其他	22 727	3 260	5 919

在高新技术产业类型的企业中，专用科学仪器设备制造业和电气机械及设备制造业的科技项目数超过了其他类型电气企业，分别为 2 557 项和 2 554 项；航空航天制造业的科技项目数最低，仅有 63 项。电子及通信设备制造业政府项目立项在科技项目总数中的比重最高，达到 14.61％；新材料产业的比重最低，为 7.51％。医药制造业与高校、院所合作产学研项目在科技项目总数中的比重远远高于其他产业，达到 40.38％；专用科学仪器设备制造业的比重最低，仅为 8.06％。

对大中小型企业技术创新活动进行对比分析可以发现，大型和中型企业中本科学历、硕士学历研发人员的比重高于小型企业，而小型企业博士学历研发人员的比重高于大中型企业。大型和中型企业政府资金在企业研发总支出中的比重、企业内部研究活动经费支出在研发总支出中的比重、新产品研发支出在企业研发总支出中的比重要高于小型企业，中型企业新工艺研发支出在企业研发总支出中的比重低于大型企业和小型企业。大型企业和中型企业科技项目中政府项目立项所占的比重超过小型企业，而小型企业与高校、院所合作产学研项目在科技项目数的比重超过大中型企业，表明小型企业和高校院所的科研合作比较紧密。

在高新技术产业中，医药制造业研发人员中的本科学历、硕士学历和博士学历人员在研发人员中的比重最高，而航空航天制造业的各项比重都是最低。专业科学仪器设备制造业、电气机械及设备制造业这两个产业中政府资金在企业研发总支出中的比重稍高于其他产业，表明这两个产业中的企业在研发过程中获得政府资金支持相对容易。航空航天制造业新产品研发支出企业研发支出中的比重远远超过其他产业，新材料产业新产品研发支出在企业研发支出中的比重在高新技术产业中最低，但是其新工艺研发支出在企业研发支出中的比重却高于其他高新技术产业。

（2）江苏省工业企业（内资制造业）自主知识产权和自主品牌产品现状分析

对企业自主知识产权我们从企业拥有的专利数、商标数等方面加以分析。按照企业规模和高新技术产业类型分组的企业拥有专利数、商标数分别如表专 2.16、表专 2.17 所示。

表专 2.16　按照企业规模和高新技术产业类型分组的企业拥有专利数

企业分组		拥有专利（件）	♯发明专利	♯实用新型	♯外观设计	制订国家或行业技术标准（项）	企业内部保护的技术秘密（个）
总计		55 890	6 588	21 400	27 902	10 658	35 991
其中:有"双自"产品企业		49 753	5 777	19 189	24 787	8 727	31 119
一、按企业规模分组	大型企业	5 619	1 017	2 394	2 208	438	401
	中型企业	13 759	1 366	5 658	6 735	1 955	7 551
	小型企业	36 512	4 205	13 348	18 959	8 265	28 039
二、按高新技术产业类别分组	航空航天制造业	100	4	24	72	11	120
	电子及通信设备制造业	2 196	365	1 316	515	448	1 112
	医药制造业	682	334	89	259	1 208	1 525
	专用科学仪器设备制造业	1 662	61	1 197	404	264	431
	电气机械及设备制造业	4 930	373	2 792	1 765	916	948
	新材料产业	1 517	745	241	532	1 075	2 513
	其他	44 803	4 706	15 741	24 356	6 736	29 342

表专 2.17　按照企业规模和高新技术产业类型分组的企业拥有商标数

企业分组		企业拥有商标数（件）	♯驰名商标	♯著名商标
总计		26 878	687	2 482
其中:有"双自"产品企业		23 685	583	2 211
一、按企业规模分组	大型企业	5 057	68	179
	中型企业	5 202	135	594
	小型企业	16 619	484	1 709
二、按高新技术产业类别分组	航空航天制造业	150	3	6
	电子及通信设备制造业	585	43	50
	医药制造业	1 679	27	125
	专用科学仪器设备制造业	378	4	82
	电气机械及设备制造业	1 276	20	257
	新材料产业	2 390	67	91
	其他	20 421	524	1 872

根据推算,2008 年江苏省内资制造企业拥有专利 55 890 件,其中发明专利 6 588 件,占专利总量的比重为 11.79%;实用新型专利 21 400 件,占专利总量的比重为 38.29%;外观设计专利 27 902 件,占专利总量的比重为 49.92%。有自主知识产权和自主品牌产品的企业拥有专利数 49 753 件,占专利总量的 89.01%;其中发明专利 5 777 件,占比为 11.61%;实用新型专利 19189 件,占比为 38.57%;外观设计专利 24 787 件,占比为 49.82%。参与调查的全部企业制定了 10 658 项国家或行业技术标准,拥有 35 991 个企业内部保护的技术秘密。有自主知识产权和自主品牌产品企业制定了 8 727 项国家或行业技术标准,占国家或行业技术标准总量的 81.88%;拥有 31 119 个企业内部保护的技术秘密,占企业内部保护技术秘密总量的 86.46%。

大型企业发明专利和实用新型专利在专利总量的比重高于中型企业和小型企业,分别为 18.10% 和 42.61%;中型企业发明专利的比重最低,为 9.93％。小型企业外观设计专利在专利总量中的比重达到 51.95％，超过大型企业和中型企业所占的 12.63％和 2.98％。

在按照高新技术产业类型分组的企业中，电气机械及设备制造业拥有的专利数最高，达到 4 930 件；而新材料产业拥有的发明专利数最多，达到 745 件。新材料产业、医药制造业发明专利在专利总量中的比重都比较高，达到了 49.11％和 48.97％；电气机械及设备制造业、航空航天制造业发明专利在专利总量中的比重较低，分别为 7.57％和 4.00％。专用科学仪器设备制造业、电子及通信设备制造业实用新型专利在专利总量中的比重较高，分别为 72.02％和 59.93％。航空航天制造业外观设计专利在专利总量中的比重远远超出其他产业，达到 72％。

根据推算，2008 年江苏省内资制造企业拥有商标数 26 878 件，其中驰名商标 687 件，占商标总量的 2.56％；著名商标 2 482 件，占商标总量的 9.23％。有自主知识产权和自主品牌产品的企业拥有商标数 23 685 件，其中驰名商标占商标总量的比重为 2.46％，著名商标占商标总量的比重为 9.34％。

小型企业驰名商标占商标总量的比重为 2.91％，高于中型企业的 2.60％和大型企业的 1.34％。中型企业著名商标占商标总量的比重为 11.42％，稍高于小型企业，而大型企业的比重仅为 3.54％，远低于中型企业和小型企业。

在高新技术产业中，新材料产业、医药制造业拥有的商标数较多，分别为 2 390 件和 1 679 件；专用科学仪器设备制造业、航空航天制造业拥有的商标数较少。电子及通信设备制造业驰名商标占商标总量的比重高于其他高科技产业，达到 7.35％。专用科学仪器设备制造业、电气机械及设备制造业著名商标占商标总量的比重高于其他产业，分别为 21.69％和 20.14％，其他产业的比重都在 10％以下。

按照企业规模和高新技术产业类型分组的企业拥有自主品牌数如表专 2.18 所示。

根据推算，2008 年江苏省内资制造企业共拥有自主品牌 23 654 件，其中名牌产品 6 626 件，占自主品牌总量的 28.01％；国家级自主品牌 1 096 件，占自主品牌总量的 4.63％；省级自主品牌 3 933 件，占自主品牌总量的 16.63％。有自主知识产权和自主品牌产品的企业拥有 21 192 件自主品牌，占自主品牌总量的 89.59％；名牌产品在自主品牌中的比重为 29.86％，国家级自主品牌的比重为 4.57％，省级自主品牌的比重为 18.28％。

表专 2.18　按照企业规模和高新技术产业类型分组的企业拥有自主品牌数

企业分组		企业拥有自主品牌数（件）	#名牌产品	#国家级	#省级
总计		23 654	6 626	1 096	3 933
其中:有"双自"产品企业		21 192	6 328	969	3 873
一、按企业规模分组	大型企业	1 229	400	146	237
	中型企业	2 871	1 162	180	760
	小型企业	19 554	5 064	770	2 936
二、按高新技术产业类别分组	航空航天制造业	14	3	2	1
	电子及通信设备制造业	415	127	10	62
	医药制造业	1 220	349	146	168
	专用科学仪器设备制造业	746	240	25	208
	电气机械及设备制造业	2 144	478	152	165
	新材料产业	1 187	429	16	215
	其他	17 930	5 000	745	3 114

中型企业名牌产品和省级自主品牌在自主品牌中的比重都超过大型企业和小型企业,分别为 40.47% 和 26.47%。大型企业国家级自主品牌在自主品牌中的比重最高,达到 11.87%,超过中型企业和小型企业所占的 5.61% 和 7.94%。小型企业名牌产品、国家级自主品牌和省级自主品牌的绝对量虽然较多,但是它们在自主品牌中的比重都低于大型企业和中型企业。

在高新技术产业中,电气机械及设备制造业拥有的自主品牌数和名牌产品数最多,达到 2 144 件和 478 件。新材料产业、专用科学仪器设备制造业、电子及通信设备制造业名牌产品在自主品牌中的比重都比较高,分别为 36.14%、32.17% 和 30.60%。

对大、中、小型企业的自主知识产权和自主品牌产品进行对比分析,可以发现大型企业发明专利在专利总量中的比重高于中型企业和小型企业,小型企业外观设计专利的比重高于大型企业和中型企业。在企业拥有的驰名商标和著名商标方面,大型企业驰名商标和著名商标占商标总量的比重都是最低的,表现不如中小型企业。在企业拥有的自主品牌方面,小型企业名牌产品、国家级产品和省级产品在自主品牌产品总量中的比重都低于大中型企业,和它们存在一定的差距。

对按高新技术产业分类的企业进行具体分析,可以看到它们在发明专利比重、驰名商标比重等相对指标方面存在较大的差距,某些产业在某个相对指标上具有突出表现,但是没有发现某个行业在自主知识产权和自主品牌的各个方面都具有领先优势。

(3)江苏省区域自主知识产权和自主品牌产品发展状况的省内分析

为分析江苏省各地区自主知识产权和自主品牌产品发展状况,经过多次分析,选出五项能够比较准确反映江苏区域自主知识产权和自主品牌产品发展状况的指标,作为江苏省13个市区自主知识产权和自主品牌产品发展状况的评价指标。其中,X_1 为大中型工业企业数(个),X_2 为企业 R&D 人员占企业职工比重(%),X_3 为每十万人口授权专利数(件/10万人),X_4 为 R&D 投入强度(%),X_5 为国家级自主品牌比重(%)。用上述五项指标构建的江苏省13个市区自主知识产权和自主品牌产品发展状况评价指标数据如表专 2.19 所示。

表专 2.19　2008 年江苏省 13 市自主知识产权和自主品牌产品发展状况评价指标

指标 城市	X_1	X_2	X_3	X_4	X_5
南京市	276	2.39	36.35	0.80	5.00
无锡市	678	1.28	46.26	0.76	3.36
徐州市	111	1.29	8.42	0.74	16.55
常州市	397	1.38	35.26	0.76	1.57
苏州市	1 546	0.84	54.58	0.52	6.54
南通市	262	1.14	10.27	0.56	2.96
连云港市	58	1.15	5.68	0.76	0.36
淮安市	89	0.63	5.31	0.34	1.89
盐城市	134	0.72	4.66	0.36	2.03
扬州市	157	1.41	19.61	0.81	5.06
镇江市	190	0.96	25.29	0.81	8.89
泰州市	138	1.28	12.63	0.84	6.13
宿迁市	38	0.01	1.09	0.01	0.63

资料来源:《江苏统计年鉴 2009》。

根据所选取的五项指标，经过聚类分析，将江苏省 13 个市区自主知识产权和自主品牌产品发展状况分为四类（见表专 2.20）。

表专 2.20　2008 年江苏省 13 市自主知识产权和自主品牌产品发展状况分类表

城市　类别 因子	自主知识产权和自主品牌产品发展状况			
	第一类（好）	第二类（较好）	第三类（一般）	第四类（较差）
大中型企业数（X₁）	苏州、无锡	南京、常州、南通	扬州、镇江、泰州、盐城、徐州	连云港、淮安、宿迁
企业 R&D 人员占企业职工比重（X₂）	南京	扬州、常州、徐州、无锡、泰州	苏州、南通、连云港、淮安、盐城、镇江	宿迁
每十万人口授权专利数（X₃）	南京、无锡、苏州、常州	扬州、镇江、泰州	徐州、南通	连云港、淮安、盐城、宿迁
R&D 投入强度（X₄）	南京、扬州、镇江、泰州	无锡、徐州、常州、连云港	苏州、南通、淮安、盐城	宿迁
国家级自主品牌比重（X₅）	苏州、南京、镇江、徐州、泰州、扬州	无锡、南通	常州、淮安、盐城	宿迁、连云港
综合因子	南京、苏州	无锡、常州、扬州、镇江、泰州	南通、盐城、徐州	连云港、淮安、宿迁

由表专 2.20 可知，南京市、苏州市的自主知识产权和自主品牌产品发展状况在江苏省 13 个市区中最好，分别排名第一、二。南京市作为江苏省省会，在企业 R&D 人员、R&D 投入强度及创新资金等方面具有较强的综合优势。苏州市大中型企业最多，企业家也较多，企业创新决策能力、自主品牌数量等方面占据优势。

无锡市自主知识产权和自主品牌产品发展状况排名第三，无锡市在大中型企业数量、专利数量、自主品牌数量等方面排名靠前，拥有雄厚的创新资源，具备发展自主知识产权和自主品牌的基本条件。其次为常州、扬州、镇江、泰州，属于江苏省自主知识产权和自主品牌产品发展状况较好的城市。南通、盐城、徐州属于自主知识产权和自主品牌产品发展状况一般的城市。

连云港、淮安、宿迁是江苏省自主知识产权和自主品牌产品发展状况较差的城市，其拥有的大中型企业的数量和自主品牌数量都较少，而且其工业企业的 R&D 人员比重、R&D 投入强度低，从而使得技术创新能力较差，不能对自主知识产权和自主品牌的形成产生导向作用，限制着这些城市工业企业自主知识产权和自主品牌的发展。

与对各区域企业基本情况的分析一致,苏南各市区自主知识产权和自主品牌产品发展状况好于苏中各市区,苏北各市区较落后。需要注意的是,尽管将江苏省自主知识产权和自主品牌产品发展状况分为 4 类,但并不能说明处于第一类的市区其所有指标都好,处于第四类的市区其所有指标都差。例如苏州市拥有一千多家大中型企业,每十万人口授权专利数最高,国家级自主品牌比重较高,但其 R&D 人员比重及 R&D 投入强度均较低。因此,对于具体市域,其自主知识产权和自主品牌产品的发展应具体分析。

3. 江苏省工业企业自主知识产权和自主品牌产品调查的基本结论

根据前述对江苏省工业企业自主知识产权和自主品牌产品现状的分析,我们得到下面的基本结论:

(1) 大中型企业拥有自主知识产权和自主品牌产品比例明显高于小型企业

本次调查中,157 家大型内资制造企业中拥有自主知识产权和自主品牌产品的企业有 134 家,占比 85.35%。在 1 580 家中型内资制造企业中,拥有自主知识产权和自主品牌产品的企业有 1021 家,占比 64.62%。在 1 592家小型内资制造企业中,拥有自主知识产权和自主品牌产品的企业有 471 家,占比 29.57%。企业规模越大,拥有自主知识产权和自主品牌产品的能力越强。

(2) 有自主知识产权和自主品牌产品企业的产品利税率高于江苏省工业企业平均水平

根据 2009 年江苏省统计公报,2008 年江苏省工业企业利税率为 8.08%。根据本次调查结果,江苏省规模以上内资制造企业的利税率为 9.19%,拥有自主知识产权和自主品牌产品企业的利税率为 8.90%,均高于江苏省工业企业平均水平。内资制造企业的利润主要来自拥有自主知识产权和自主品牌产品的企业,拥有自主知识产权和自主品牌产品的企业数占江苏省内资制造企业数的 31.77%,而它们实现的净利润占内资制造企业净利润总额的 71.85%。

(3) 有研发机构的企业是自主知识产权和自主品牌产品的主力军

根据推算,在江苏省规模以上内资制造企业中,大约 40% 的企业设有研发机构;拥有自主知识产权和自主品牌产品企业中,有一半以上的企业设有研发机构(大型企业 90%,中型企业 80%,小型企业 49%)。2008 年,江苏省内资制造企业自主知识产权和自主品牌产品产值为 15 843 亿元，有研发机构企业的自主知识产权和自主品牌产品产值为 13 184 亿元，占比 83.22％。内资制造企业自主知识产权和自主品牌产品出口额为 374 亿美元，有研发机构企业自主知识产权和自主品牌产品出口额为 321 亿美元，占比 85.83％。

（4）有自主知识产权和自主品牌产品的企业是江苏省内资制造企业出口的主导力量

根据推算，2008 年江苏省规模以上内资制造企业出口总额为 885 亿美元，其中自主知识产权和自主品牌产品出口额为 374 亿美元，占比 42.26％。而有自主知识产权和自主品牌企业出口额为 725 亿美元，占内资制造企业出口总额的 81.92％。中小型企业自主知识产权和自主品牌产品出口额在企业产品出口额的比重高于大型企业。大型企业自主知识产权和自主品牌产品出口额在企业产品出口总额中的比重为 31.42％，中型企业为 54.39％，小型企业为 47.70％。

（5）拥有自主知识产权和自主品牌企业创新活动表现突出

在企业研发人员中，拥有自主知识产权和自主品牌企业的博士、硕士和本科生所占比重（分别为 0.93％、4.19％和 54.74％）均高于内资制造企业的平均水平（分别为 0.83％、3.75％、51.21％）。在内资制造企业科技项目数中，拥有自主知识产权和自主品牌企业占比 76.93％。在内资制造企业拥有发明专利数中，拥有自主知识产权和自主品牌企业占比 87.70％。内资制造企业平均每家拥有发明专利 0.19 件，拥有自主知识产权和自主品牌企业平均每家拥有发明专利 0.41 件。内资制造企业 R&D 投入强度为 1.97％，而拥有自主知识产权和自主品牌企业 R&D 投入强度为 2.75％。

4. 江苏省工业企业自主知识产权和自主品牌产品发展中存在的问题

根据对江苏省工业企业自主知识产权和自主品牌产品状况的分析，可以发现江苏省工业企业自主知识产权和自主品牌产品发展过程中存在以下问题：

（1）拥有自主知识产权和自主品牌产品企业数少

从前面的分析中可以看到，仅有不到三分之一的江苏省内资制造企业拥有自主产权和自主品牌产品，这些内资制造企业共拥有 26 878 件商标和 23 654 件自主品牌产品，每个企业平均拥有的商标和自主品牌产品数不到 1 件。这些企业拥有的驰名商标、著名商标、名牌产品的数量更少。另外,这些企业的自主知识产权和自主品牌产品产值和增加值在工业总产值和工业增加值中所占的比重不高,其中自主知识产权和自主品牌产品产值在工业总产值的比重为 44.81%,而自主知识产权和自主品牌产品增加值在工业增加值中的比重为 33.64%。

(2) 自主知识产权和自主品牌产品增加值率偏低

2008 年,江苏省工业增加值率为 22.88%(根据江苏省统计年鉴计算),而根据本次调查推算得到江苏省内资制造企业工业增加值率为 24.65%,有自主知识产权和自主品牌产品企业的增加值率为 17.76%,明显低于江苏省工业企业和内资制造企业的平均水平。有自主知识产权和自主品牌产品的企业增加值率较低,主要原因在于有自主知识产权和自主品牌产品企业主要集中在传统产业,只有 21.35% 的企业从事高新技术产业,而高新技术产业增加值率明显高于传统产业,高新技术产业增加值率为 40.67%,传统产业增加值率为 20.70%。

(3) 自主知识产权和自主品牌产品国际竞争力偏低

根据本次调查推算,2008 年江苏省内资制造企业共出口 885 亿美元,其中有自主知识产权和自主品牌产品的企业出口 725 亿美元,占比81.92%。在 885 亿美元的产品出口额中,自主知识产权和自主品牌产品出口额为 374 亿美元,占比 42.26%,自主知识产权和自主品牌产品出口额在内资制造企业产品出口额占比不到一半,说明江苏省自主知识产权和自主品牌产品国际知名度低,产品的国际认可度不够,产品的国际竞争力不高。

(4) 企业专利结构不合理

专利是企业自主知识产权中最重要的部分,发明专利与实用新型专利、外观设计专利相比更加重要,涉及企业产品的核心技术或者关键技术,更能体现企业自主知识产权水平和企业自主创新能力。这次调查中,江苏省内资制造企业拥有发明专利 6 588 件,占专利数的比重仅为 11.79%,而外观设计专利的比重偏高,接近专利总量的 50%。企业缺乏原创性的发明专利将直接影响到企业自主知识产权的创造,无法提高企业产品的附加值,企业在形成核心竞争力、提高经济效益方面将处于不利地位。

(5) 自主知识产权和自主品牌产品发展的产业差距显著

在高新技术产业中,电气机械及设备制造业中拥有的专利数、商标数、自主品牌数最多,医药制造业拥有的商标数和自主品牌数也相对较多;新材料产业拥有发明专利数、商标数在高新技术产业中最多。在高新技术产业中,航空航天制造业拥有的专利数偏少,其专利数是电气机械及设备制造业的 1/49,发明专利数是新材料产业的 1/186,商标数是新材料产业的 1/15,自主品牌数是电气机械及设备制造业的 1/153,我们从中可以看出高新技术产业内各企业在自主知识产权和自主品牌产品发展过程中的不平衡。

(6) 自主知识产权和自主品牌产品发展的区域差异显著

根据调查结果推算,在江苏省 13 个地级市中,苏南、苏中和苏北各城市内资制造企业自主知识产权和自主品牌产品产值等基本情况、技术创新活动、自主知识产权和自主品牌拥有量等绝对指标方面都存在较大的差异。苏南的苏州市和无锡市的各项绝对指标基本位于江苏省的首位;南京作为江苏省的经济文化中心,整体情况较好,但就单个指标而言,其很多指标只能处于苏南地区的中间位置,这与它的省会城市的地位不太相符;苏北地区的连云港市和宿迁市的很多绝对指标居于江苏省最后两位,它们和苏南地区的差异较大。当然,苏北有些城市内资制造企业自主知识产权和自主品牌的相对指标也能处于江苏省的领先地位,比如淮安市内资制造企业自主知识产权和自主品牌产品产值在总产值中的比重、产品增加值在总增加值的比重、产品收入在总收入的比重、产品净利润在企业净利润的比重、产品上缴税费在企业上缴总税费的比重这五项相对指标江苏省最高;扬州市内资制造业驰名商标在商标总量的比重、名牌产品和国家级产品在自主品牌产品总量的比重江苏省最高。

四、江苏工业企业自主知识产权和自主品牌产品发展策略

本研究通过深入的调研与分析,以工业自主知识产权和自主品牌产品的内涵本质为最优考量,提出江苏省工业企业自主知识产权和自主品牌产品主要发展策略,从而在更高层次上推进江苏工业企业自主知识产权和自主品牌产品的发展。

1. 强化工业企业自主知识产权和自主品牌产品的创造意识

自主知识产权和自主品牌产品的创新需要企业有创造自主知识产权和自主品牌产品的动力和精神,江苏省的工业企业也需要一批具有创造自主知识产权和自主品牌产品的企业家。要创建自主知识产权和自主品牌产品必须不断开拓企业管理者的视野,通过不断地培育,企业应该逐渐

形成通过创建自主知识产权和自主品牌产品提供企业产业竞争力的理念,以技术创新形成品牌优势,以知识产权管理实现品牌价值,以品牌建设来扩大市场占有率和增强技术创新能力。

2. 加大政府对工业企业自主知识产权和自主品牌产品的支持力度

发挥政府政策的导向作用,通过财政、信贷和税收等政策,引导企业增加研发投入,推动企业自主知识产权和自主品牌产品的创建。实施人才计划,建立国际品牌管理人才交流平台,为企业自主知识产权和自主品牌建设提供人才资源,促进国内、国际自主知识产权和自主品牌产品管理人才的交流,提高企业应对市场变化、解决自主知识产权和自制品牌创建过程中所存在问题的能力,创建和完善知识产权转移机制。大力发展为企业服务的各类科技中介服务机构,促进企业之间、企业与高等院校和科研院所之间的知识流动和技术转移,提高企业应对市场需求的能力。完善现代企业制度和产权保护制度,创造良好的创新机制。增强企业创新的内在动力,扶持企业自主知识产权和自主品牌的创新活动;加大政府对具有自主知识产权和自主品牌产品的采购,增强企业创建自主品牌产品的信心。

政府对工业企业开发的具有自主知识产权的重要装备和产品,以及获得驰名商标、著名商标认定的商品和服务,符合政府采购规定的,予以优先采购。加大专利申请资助力度,省财政设立专利申请专项补助资金,对本省工业企业的重大发明专利以及向国外申请专利所需申请费、实审费给予补贴。制定知识产权质押、融资等配套政策,支持金融机构开展知识产权质押贷款业务,鼓励和引导各类金融机构、风险投资、创业投资基金及社会资金加大对知识产权成果转化、知识产权信息开发利用、知识产权服务的投入力度。

政府还应该调整外资政策,提高工业企业自主创新能力,提高企业自主知识产权和自主品牌产品的附加值。近年来,江苏外商直接投资的流入,对内资工业企业工业附加值率的提升产生了不利的影响,因此,在引进外商直接投资的工作中,应从利用外资数量的转向提高外资质量的轨道,不仅注重技术的引进,而且应从有利于内资企业产品价值链延伸和品牌产品建设等无形资产提升角度调整利用外资政策。外资的引进要实现由制造业向高端服务业延伸,以实现制造业与以信息经济、知识经济为核心的高级服务业相互融合。利用外资还要从技术的引进吸收和增强自主创新能力角度考虑,通过调整引资政策,大力吸引 R&D、设计、高端制造外商直接投资的进入,不断增强内资企业自主创新能力,促进企业自主知识产权和自主品牌产品的建设。

3. 提升工业企业自主知识产权和自主品牌产品的创造能力

建立以工业企业为主体、市场为导向、产学研相结合的企业自主知识产权创造体系。引导企业加大自主知识产权和自主品牌产品方面的投入,把创造自主知识产权和自主品牌产品作为企业自主创新的重要目标,把获取自主知识产权和自主品牌产品作为提高企业核心竞争力的主要手段。支持企业通过原始创新、集成创新和引进消化吸收再创新,形成企业自主知识产权,提高企业将自主创新成果转化为自主知识产权的能力。帮助企业提高实施自主品牌战略的重视程度,改变企业重视销售,忽视自主品牌建设的思想,引导企业加大在自主品牌研发、营销等方面的投入,提高企业产品质量和服务质量,支持企业打造自主品牌。

自主知识产权和自主品牌产品的发展需要企业和政府的共同努力。企业应以技术创新形成品牌优势,以知识产权管理实现品牌价值,以品牌建设来扩大市场占有率和增强技术创新能力。政府应该发挥导向的作用,强化企业拥有自主知识产权和自主品牌产品的意识,通过采购自主知识产权和自主品牌产品给创新企业带来新的市场,帮助企业分担开发新产品的风险。研发环节是企业自主品牌建设的薄弱环节,因此政府应该提供资金和政策上的支持。在资金支持方面,不光体现在拨款上,更需要引导金融机构向企业提供贷款,帮助企业进行技术改造、技术引进和技术开发;在政策上要制定一些鼓励创新的税收减免政策、科技开发贷款政策和知识产权保护政策等。

4. 促进工业企业自主知识产权和自主品牌产品的运用

工业企业是自主知识产权和自主品牌创造和运用的主体,引导企业通过知识产权转让、许可等方式实现自主知识产权的市场价值。借助高等学校、科研院所较强的科技力量,加强产学研的合作,形成有效的科技成果转化机制,促进高等学校、科研院所的自主创新成果向企业转移,重点支持核心技术或关键技术取得重大突破、具有自主知识产权的创新成果的转化,推动企业自主知识产权的应用和产业化。增强工业企业运用自主品牌的意识,成功打造企业的自主品牌,提升企业产品附加值。

5. 强化工业企业自主知识产权和自主品牌产品的保护

进一步完善知识产权法律法规,及时修订专利法、商标法等知识产权专门法律及相关法规,加强司法保护体系和行政执法体系建设,发挥司法保护企业自主知识产权的指导作用,依法惩治和遏制侵犯企业自主知识产权和自主品牌的违法犯罪行为和侵权行为。提高工业企业维护自主知识产权和自主品牌的意识和能力,同时要降低企业在维权时的成本,提高侵权的代价,严厉打击盗版、假冒等侵权行为及不正当竞争行为,有效保护企业的自主知识产权和自主品牌。不断增强企业保护自主品牌的意识,防止外国企业对我国知名自主品牌的恶意收购和抢注,采取法律策略保护企业自身的权益。

6. 加快自主知识产权和自主品牌产品的人才队伍建设

加强产学研之间的合作,大力培养具有自主知识产权和自主品牌产品专业知识的管理人员和策划人员。江苏省的高校众多而且具有较强的科技力量,但是产学研之间的合作并不强,尚未形成有效的学术成果转化机制。当企业自身没有足够的理论经验创造自主知识产权和自主品牌产品时,就可以借助高校和科研机构的力量,企业在和高校及科研机构的合作过程中,要逐步培养自己的自主知识产权和自主品牌产品管理人才队伍,提高自身的管理水平。与此同时,企业自身要建立长效的自主知识产权培训机制,加快培养具有较高素质的自主知识产权和自主品牌产品的管理人才、具有较强自主知识产权管理运用能力的企业知识产权工程师的步伐,以适应知识产权管理与服务需求。加快知识产权后备人才培养,鼓励高校设立知识产权学科,在理工科专业学生中开展知识产权双学位教育。支持有条件的高校创办知识产权学院,开设知识产权本科专业。

7. 加强我国工业企业自主知识产权和自主品牌产品的管理

帮助我国工业企业制定知识产权和自主品牌管理标准,实施企业知识产权管理标准化工作,引导企业全面加强专利、商标、版权、商业秘密等知识产权和自主品牌的管理。引导和推动企业实施自主知识产权和自主品牌战略,合理运用自主知识产权制度和自主品牌战略参与国际市场竞争。对工业企业重大技术和装备引进、技术改造等项目实施知识产权审议,防范和降低知识产权风险;对涉及自主知识产权和自主品牌的企业并购、改制、合资，以及技术出口等活动，进行相关的知识产权监督，避免企业自主知识产权和自主品牌的流失。

8. 健全我国工业企业自主知识产权和自主品牌产品的服务体系

建立集成工业企业专利、商标、版权、自主品牌等信息的知识产权公共信息服务平台，支持知识产权代理、交易、咨询、评估、法律服务等知识产权中介服务机构的发展，为工业企业的自主创新、重大装备和技术引进、应对知识产权和自主品牌方面的法律纠纷提供服务。以知识产权中介服务机构作为桥梁，完善知识产权和自主品牌中介服务的各项功能，促进企业之间、企业和高等学校、科研院所之间的知识流动和技术转移。充分发挥技术市场作用，积极开展各种类型的知识产权交易活动，加快产学研的合作，促进知识产权成果的转化，有效形成企业的自主知识产权和自主品牌。

江苏创新型城市建设的实证研究

一、评价城市与评价指标的确定

1. 评价城市的确定

本研究选取了江苏省 13 个地级以上城市作为样本进行评价。评价城市包括：南京市、无锡市、苏州市、常州市、镇江市、南通市、扬州市、泰州市、徐州市、宿迁市、淮安市、盐城市和连云港市。在评价过程中，通过城市之间的比较，找出各城市在创新型城市建设过程中的不同之处，为这些城市提高自主创新能力，加快建设成为创新型城市提供意见参考。

2. 评价指标与评价方法的确定

在实际的综合评价活动中，并非是评价指标越多越好，也并非越少越好，关键是在于评价指标在评价中起的作用的大小。一般应尽量用少的"主要"评价指标用于实际评价。但在初步建立的评价指标集合中，也可能存在一些"次要"的评价指标。这就需要按某种原则进行筛选，分清主次，组成合理的评价指标集。结合各个城市数据的可获得性，本研究从本书第八章表 8.1 所示的评价指标体系中选取以下核心指标作为实证评价的指标体系。

(1) 城市创新环境指标

创新环境指标又可以分为金融环境、教育环境、文化环境等方面的指标。即 X_1：金融机构年末贷款余额（亿元）；X_2：规模以上工业企业科技活动经费筹集金融机构贷款所占比重（％）；X_3：每十万人教育程度达到大专以上（人／十万人），X_4：每万人拥有公共图书馆藏书量（册、件／万人）。

（2）城市创新投入指标

城市创新投入指标分为创新人才投入指标和创新资金投入指标。即 X_5 : 规模以上工业企业科技活动人员（人）； X_6 : 规模以上工业企业 R&D 经费内部支出（亿元）； X_7 : 地方教育经费支出占地方财政支出比重（%）。

（3）城市创新产出指标

城市创新产出指标包括创新物质产出指标和创新知识产出指标。即 X_8 : 高新技术产业产值（亿元）； X_9 : 规模以上工业企业新产品出口额（亿元）； X_{10} : 专利申请受理量（项）。

（4）城市创新综合绩效指标

城市创新综合绩效指标主要包括产业结构优化指标和经济发展方式指标。即 X_{11} : 第三产业增加值占 GDP 比重（%）； X_{12} : 工业固体废物综合利用率（%）。

在大量查询相关统计资料的基础上,可得到如下原始数据,如表专 3.1、表专 3.2、表专 3.3、表专 3.4。

表专 3.1　江苏省各地级市创新环境指标原始数据

指标 城市	金融机构贷款余额（亿元）	规模以上工业企业科技活动经费筹集金融机构贷款所占比重（%）	每十万人教育程度达到大专以上（人/十万人）	每万人拥有公共图书馆藏书量（册、件/万人）
南京市	12 314.41	3.46	26.12	19 281.91
无锡市	7 467.03	8.59	12.88	8 743.35
徐州市	2 047.23	7.06	7.36	2 821.08
常州市	3 832.80	6.70	11.72	8 011.89
苏州市	13 626.86	4.65	13.97	15 763.48
南通市	3 832.14	13.48	7.67	7 353.18
连云港市	1 196.58	12.98	7.19	5 986.07
淮安市	1 173.18	25.93	7.08	6 239.81
盐城市	1 831.44	16.73	6.29	3 546.13
扬州市	2 006.50	5.45	9.54	6 314.03
镇江市	2 073.29	11.49	11.51	8 778.79
泰州市	2 007.97	9.93	7.01	4 160.44
宿迁市	1 002.86	8.74	3.94	1 882.05

表专 3.2 江苏省各地级市创新投入指标原始数据

指标 城市	规模以上工业企业 科技活动人员(人)	规模以上工业企业 R&D 经费内部支出(亿元)	地方教育经费支出占地 方财政支出比重(%)
南京市	48 048	56.59	14.11
无锡市	46 142	97.35	16.85
徐州市	16 120	21.99	18.80
常州市	58 503	44.79	14.43
苏州市	101 724	125.72	14.91
南通市	37 319	35.66	20.53
连云港市	6 442	8.10	15.14
淮安市	4 925	7.39	17.74
盐城市	13 087	10.29	16.87
扬州市	22 114	25.82	18.02
镇江市	20 479	22.82	16.97
泰州市	17 254	22.26	17.90
宿迁市	3 230	2.14	23.82

表专 3.3 江苏省各地级市创新产出指标原始数据

指标 城市	高新技术产业产值 (亿元)	规模以上工业企业新 产品出口额(亿元)	专利申请受理量 (项)
南京市	4 739.55	166.62	42 732
无锡市	5 665.21	296.53	79 873
徐州市	3 016.11	62.12	18 014
常州市	3 555.22	126.36	39 391
苏州市	11 888.80	1 728.59	139 965
南通市	3 822.80	183.32	49 924
连云港市	1 144.58	5.52	6 008
淮安市	956.49	7.64	9325
盐城市	1 302.54	13.98	15 456
扬州市	3 106.72	92.52	18 996
镇江市	2 814.42	82.83	19 235
泰州市	2 639.27	118.86	24 177
宿迁市	389.76	2.72	4 380

表专 3.4　江苏省各地级市创新综合绩效指标原始数据

指标 城市	第三产业增加值占 GDP 比重（％）	工业固体废物综合利用率（％）
南京市	53.4	88.82
无锡市	45.2	97.12
徐州市	41.5	99.98
常州市	43.9	94.90
苏州市	44.2	98.71
南通市	40.0	98.20
连云港市	39.6	91.89
淮安市	40.8	99.73
盐城市	38.2	93.00
扬州市	40.0	97.43
镇江市	41.6	92.85
泰州市	39.8	99.80
宿迁市	38.0	99.99

资料来源：《江苏省统计年鉴 2013》及各市统计年鉴、江苏省统计局网站。

注：① 规模以上工业企业科技活动经费筹集金融机构贷款所占比重、规模以上工业企业科技活动人员、规模以上工业企业 R&D 经费内部支出、规模以上工业企业新产品出口额为 2008 年数据；每十万人教育程度达到大专以上、地方教育经费支出占地方财政支出比重、工业固体废物综合利用率为 2010 年数据。

② 除特别说明，以上均为 2012 年数据。

3. 评价方法的确定

本研究最终确定的评价指标共有 12 个，这些指标之间常常存在很强的相关性，使得研究工作复杂化。因此，我们主要采用了主成分分析的方法，从反映特征的变量中提取几个主要成分，在减少原始变量的同时，使包含的信息量相对损失较少，进而分析影响创新型城市建设的主要因素。

二、综合评价结果分析

本研究运用经济学理论、多元统计分析方法及计算机技术相结合的一体化分析技术，对江苏省 13 个城市的创新状况进行了主成分分析及聚类分析,探讨了江苏省各地区创新型城市发展的特点与现状。数据处理运用统计分析软件 SPSS16.0 在计算机上完成。首先,将原始数据正指标化并进行标准化处理,消除不同量纲对分析结果产生的影响;然后,进行主成分分析,提取主成分;最后,得出各城市的得分。

(1) 巴特莱特球形检验

经过 SPSS16.0 软件计算,KMO 值为 0.621,表专 3.5 为指标的巴特莱特球形检验,其中,给出的相伴概率为 0.000,小于显著性水平 0.05,因此拒绝巴特莱特球形检验的零假设,认为适合进行主成分分析。

表专 3.5　指标的巴特莱特球形检验

	近似卡方值	199.870
巴特莱特球形检验	自由度	66
	显著性水平	0.000

(2) 数据分析结果

相关矩阵(R)的特征值和累积贡献率如表专 3.6 所示。

表专 3.6　方差分解表

主成分	初始特征值			提取载荷和的平方		
	特征值	变量贡献率%	累积贡献率%	特征值	变量贡献率%	累积贡献率%
1	1 166 053 319.265	93.276	93.276	5.139	42.287	42.287
2	56 846 590.139	4.325	98.964	4.202	35.015	77.302
3	11 638 691.675	0.931	99.926	0.450	4.367	81.669
4	636 977.435	0.049	99.977			
5	263 523.190	0.019	99.998			
6	19 489.606	0.002	100.000			
7	25.387	0.000	100.000			
8	17.523	0.000	100.000			
9	5.890	0.000	100.000			
10	1.000	0.000	100.000			
11	0.132	0.000	100.000			
12	0.049	0.000	100.000			

由于前三个特征值的累积贡献率为 81.669%,表明前三个主成分基本包含了全部指标所包含的信息,三个主成分为:

$$F_1 = 0.723X_1 - 0.319X_2 + 0.336X_3 + 0.276X_4 + 0.887X_5 + 0.891X_6 - 0.23X_7 + 0.95X_8 + 0.921X_9 + 0.984X_{10} + 0.169X_{11} + 0.178X_{12}$$

$$F_2 = 0.676X_1 - 0.421X_2 + 0.935X_3 + 0.948X_4 + 0.257X_5 + 0.278X_6 - 0.530X_7 + 0.219X_8 + 0.020X_9 + 0.05X_{10} + 0.92X_{11} - 0.683X_{12}$$

$$F_3 = 0.058X_1 - 0.359X_2 + 0.135X_3 + 0.049X_4 + 0.378X_5 + 0.156X_6 - 0.436X_7 + 0.129X_8 + 0.068X_9 - 0.002X_{10} + 0.123X11 - 0.118X_{12}$$

(3) 创新型城市建设的得分及排名

将指标的标准化数值代入主成分函数的各主成分的得分,综合评价函数为各主成分得分的函数,主成分得分前的系数是主成分的方差贡献率。因此,运用综合评价函数求得江苏省 13 个地级市的创新型城市建设得分及排名,如表专 3.7 所示。

表专 3.7　江苏省 13 个地级市创新型城市建设综合得分及排名

城市	综合得分	排名	城市	综合得分	排名
南京市	0.190	4	淮安市	−0.479	11
无锡市	0.678	3	盐城市	−0.432	10
徐州市	−0.256	8	扬州市	−0.248	7
常州市	−0.007	5	镇江市	−0.229	6
苏州市	2.386	1	泰州市	−0.361	9
南通市	0.921	2	宿迁市	−0.637	13
连云港市	−0.568	12			

由结果可以看出,江苏省的苏州市、南通市、无锡市和南京市的经济基础、社会环境、人力资源等条件比较优越,所以排名都比较靠前。其他几个城市由于经济结构、人力资源等方面因素的制约排名比较靠后,其中,宿迁市综合得分最低,位于最后。

(4) 聚类分析

为使评价结果更加直观、清晰,可对综合得分再进行聚类,以辅助分析。对表 3.7 的综合得分运用 SPSS16.0 聚类分析的 WARD(离差平方和法)法进行最优分割,可以将江苏省 13 个地级市的创新状况分为 4 类,如表专 3.8 所示。

表专 3.8　江苏省 13 个地级市创新型城市建设状况分类表

第一类	苏州市
第二类	无锡市、南通市、常州市、南京市
第三类	镇江市、扬州市、徐州市
第四类	泰州市、连云港市、宿迁市、淮安市、盐城市

第一类为苏州市。苏州市以其卓越的地理、人力资源优势和经济条件居于首位,由于苏州毗邻上海这个国际性的大都市,受上海经济辐射较好,因此,其创新型城市建设的情况也较为理想。

第二类是无锡市、南通市、常州市和南京市。这一类城市的特点是总体得分比较高,经济发展水平与创新能力排名比较靠前,是江苏省比较先进的城市,但是它们也有需要发展的薄弱环节。需要指出的是,南通市原来经济发展与苏南发达城市相比较为落后,近几年发展突飞猛进,与苏通大桥的开通所导致其独特的区位不无关系。南京市作为江苏省的省会城市,是政治、经济、文化中心,拥有众多科研机构和高校,是科技信息最集中、传播条件好的城市。因此,南京市创新发展综合状况也居于领先地位。

第三类有镇江市、扬州市和徐州市。这些城市的自主创新能力居中上位置,但与无锡市、常州市等城市相比,其在各方面创新能力都有差距,因此,镇江市等根据其实际情况,发展其独特优势的高新技术产业,并努力加大其相关产业的人、财、物的创新投入。

第四类有泰州市、连云港市、宿迁市、淮安市和盐城市。这些城市高等科研院所相对很少,政府对教育与科技人力的投入不足,经济、人力资源基础相对比较薄弱,所以,这些城市应努力借鉴其他城市的经验来提高自身的自主创新能力。

课题负责人相关成果
(2010—2013)

[1] 江苏产业创新的系统研究:"六大人才高峰"资助项目(07-A-017);完成时间:2010年。

[2] 江苏省创新型省份建设进程综合评价研究:江苏省软科学项目(BR2010024);完成时间:2011年。

[3] 江苏专利实力状况及统计指标研究:江苏省知识产权局项目(JSIP-2012-R-6);完成时间:2012年。

[4] 江苏企业知识产权产品价值与竞争力研究:江苏省软科学项目(BR2009015);完成时间:2010年。

[5] 我国知识产权密集型产业测度理论与方法研究:全国统计科研计划重点项目(2012LZ011);完成时间:2013年。

[6] 江苏战略性新兴产业人才需求预测与开发研究:江苏省社科研究(人才发展)课题;完成时间:2013年。

[7] 江苏文化产业与转变经济发展方式:关联、路径与实证研究:江苏省文化厅项目(10YB11);完成时间:2011年。

[8] 我国工业企业自主知识产权和自主品牌产品状况调查与分析——以江苏省为例:全国统计科研计划重点项目(LX2008LZ009);项目负责人:冯缨、赵喜仓;完成时间:2010年。

[9] 赵喜仓、华欢欢:《基于分位数回归的我国R&D支出影响因素分析》,《科技进步与对策》,2012年第20期。

[10] 赵喜仓、徐鹏辉等:《中国制造业R&D知识溢出的空间计量经济研究》,《科学学与科学技术管理》,2011年第11期。

[11] 陈海波:《R&D投入绩效评价研究》,江苏大学博士学位论文,2010年。

［12］鲁铭:《区域技术创新的区位约束研究》,江苏大学博士学位论文,2011年。

［13］董洁:《高新技术产业创新发展评价及其战略研究》,江苏大学博士学位论文,2010年。

［14］吴继英:《我国专利产业化机制有效性评价研究》,江苏大学博士学位论文,2013年。

［15］陈晓阳:《知识产权对经济增长贡献的测度——以江苏省为例》,江苏大学硕士学位论文,2010年。

［16］戴琴:《江苏省建设创新型省份模式研究——基于创新主体的视角》,江苏大学硕士学位论文,2012年。

［17］杨卫华:《中国知识产权能力评价研究》,江苏大学硕士学位论文,2012年。

［18］华欢欢:《江苏省区域创新体系系统动态仿真研究》,江苏大学硕士学位论文,2011年。

［19］刘露萍:《基于EIS的江苏省创新型省份建设进程综合评价研究》,江苏大学硕士学位论文,2009年。

［20］吴晓莉:《江苏省知识密集型服务业创新研究》,江苏大学硕士学位论文,2009年。

［21］滕家佳:《江苏省高技术产业技术创新评价研究》,江苏大学硕士学位论文,2009年。

后　记

　　创新型省份是推进国家创新体系建设和建设创新型国家的重要载体,是加快国家新型城镇化进程与全面建成小康社会的重要路径,也是推进区域经济协调可持续发展的迫切要求。目前我国已进入"2020 年建成创新型国家"的重要阶段,借鉴发达国家创新型国家建设的实践经验,分析我国创新型国家建设的历程,科学评估江苏创新型省份建设的进展、现状与存在问题,进而提出具有针对性和前瞻性的江苏创新型省份建设的战略、模式和路径等,这对增强江苏自主创新能力和区域竞争力,加快我国创新型国家建设进程具有重要的理论价值和现实意义。

　　本书是江苏省高校哲学社会科学研究重大项目"江苏建设创新型省份:战略、模式与路径研究(2010ZDAXM005)"的最终成果。该项目自2010 年着手研究以来,课题组进行了大量的文献检索和实地调查,在此基础上,进行了系统的分析研究,明确了研究目标,形成了研究大纲。2012年 6 月,经过多次修改、讨论,完成了总体研究报告初稿。2012 年 7 至 12月,在征询专家意见的基础上,课题组结合专家意见又进行了大量调查研究,不断修改、完善课题成果。2013 年 6 月,本课题的研究成果通过了江苏大学出版基金资助项目两位校外评审专家的精心评审,根据专家的评审意见,课题组对课题的内容结构进行了进一步的修改和完善。

　　本书由赵喜仓负责总体框架设计并总纂定稿。全程参与课题研究和报告写作、修改的成员有陈海波副教授、徐小阳博士、樊茗玥博士、宿永铮讲师、李芳林副教授、吴继英副教授、鲁铭博士、戴琴硕士、华欢欢硕士、杨星硕士等;参与后期资料调研、文献校对的研究生有孙晓阳、潘志昂、徐恬恬、陈柳池、贾祥玉、杜慧、余正娟、崔永亮、陆蓓蓓、崔冶真、顾颜、丁瑶、朱宾欣、刘丹等;江苏大学管理学院冯缨教授参与了本课题的全程调研、讨论和修改,为本书提供了她主持完成的两个相关专题研究报告。本书的完成还得到了诸多领导、专家的支持和鼓励,江苏省统计局孙建祥处长、江苏省科技厅李建民处长、江苏省科技情报研究所汪长柳硕士为本研究提供了大量基础资料和建议,江苏大学管理学院马志强教授、何有世教授、江苏大学财经学院吴梦云教授在本课题的研究过程中也提出了诸多建设性建议。感谢为本课题提供调研支持的各企事业单位,感谢为本书初稿提出意见的两位匿名评审专家,感谢本书参考文献的作者们,感谢本书责任编辑对本书的出版给予的精心指导和帮助,感谢家人长期以来给予的支持和理解。

　　创新型省份建设研究是集管理学、经济学、统计学等多学科领域的交叉性研究,本书的探讨是初步的和探索性的。限于研究者的能力和水平,本书一定存在不少疏漏和不足,恳请领导、专家和读者批评指正。本书在写作过程中,参考了许多专家学者的研究成果,我们尽可能地在引文部分一一注明,由于本书结构、内容多次修改、调整,如有遗漏之处,还望海涵。

赵喜仓

2013 年 12 月于镇江